第十二届江苏九三论坛

U0890553

科技创新与促进江苏区域协调发展

九三学社江苏省委员会　编

东南大学出版社
SOUTHEAST UNIVERSITY PRESS
·南京·

图书在版编目(CIP)数据

科技创新与促进江苏区域协调发展/九三学社江苏省委员会编. —南京：东南大学出版社，2019.6

(江苏九三论坛)

ISBN 978-7-5641-8436-0

Ⅰ.①科… Ⅱ.①九… Ⅲ.①技术革新—影响—区域经济发展—江苏—文集 Ⅳ.①F127.53-53

中国版本图书馆 CIP 数据核字(2019)第 107387 号

科技创新与促进江苏区域协调发展

Kejichuangxin yu cujin jiangsu quyu xietiaofazhan

九三学社江苏省委员会　编

出版发行　东南大学出版社

社　　址　南京市四牌楼 2 号　　**邮编**　210096

出 版 人　江建中

网　　址　http://www.seupress.com

电子邮箱　press@seupress.com

经　　销　全国各地新华书店

印　　刷　江苏凤凰数码印务有限公司

开　　本　700 mm×1 000 mm　1/16

印　　张　19.5

字　　数　408 千

版　　次　2019 年 6 月第 1 版

印　　次　2019 年 6 月第 1 次印刷

书　　号　ISBN 978-7-5641-8436-0

定　　价　60.00 元

前　言

随着经济的快速发展，区域发展的不协调、不充分，一定程度上制约着一个地区，乃至一个国家的进一步发展。具体到我省，由于受多重客观因素的制约，区域经济社会发展还面临着诸多挑战，迈进新时代后，加快区域协调发展的重要性愈加凸显。当前，我省区域协调发展面临着新的重大机遇，“一带一路”建设、长江经济带发展和长三角区域一体化发展三大国家战略的叠加优势，使发展条件更加明显；扎实推动“六个高质量”，深入推进“两聚一高”新实践，统筹做好改革发展稳定工作，“强富美高”新江苏建设，已到关键节点，解决区域发展不协调、不充分问题的需求愈加迫切。只有实施区域协调发展战略，培育和发挥区域比较优势，加强区域互补，深化分工协作，形成有序竞争，提高区域经济发展的协同性和整体性，高质量发展才能愈加稳健。

创新发展是区域经济发展的基本路径，而科技创新是破解资源不足、环境污染、产能过剩、区域发展不协调、不充分问题的重要利器。功以才成，业由才广。一切创新成果都是人做出来的。九三学社作为以科学技术界高、中级知识分子为主的参政党，人才荟萃、智力密集，汇聚了一批致力于科技创新的人才。长期以来，九三学社江苏省委高度重视科技创新在经济发展中的关键支撑作用，把科技创新促进经济转型升级作为参政议政的重点工作，深入调研，广泛凝聚共识、集聚智慧、汇聚力量，提交了一批有分量的建言材料，展示了良好的履职成效。

第十二届“江苏九三论坛”以“科技创新与促进江苏区域协调发展”为主题，契合中心工作和社会关注。中共十九大报告把实施区域协调发展战略作为贯彻新发展理念、建设现代化经济体系的重要组成部分，进行了顶层设计和全面部署。2017年5月，中共江苏省委、省政府召开苏北发展座谈会，提出“1+3”重点功能区的战略构想。2019年省政府工作报告，把深入推进区域一体化发展作为今年要重点做好的九项工作之一，进行统筹安排和布置。我们要按照中共江苏省委、省政府的统一部署，紧紧抓住重大发展机遇，在落实国家战略中提升江苏竞争力，努力在区域一体化发展中实现更高质量发展，为推动江苏高质量发展走在前列添智助力。

本次论坛共收到了91篇论文，围绕“科技创新与促进江苏区域协调发展”主题，内容涵盖区域经济、文化、社会和生态等各个方面，既有宝贵经验，又有实践创新和理论探讨，尤其是在推进江苏区域协调发展的现状分析、制约瓶颈、破解路径和对策建议方面，提出了许多富有针对性和可操作性的真知灼见，为参政议政工作提供了第一手资料。现将入选此次论坛的63篇论文汇集出版，供大家交流和参考。

本次论坛得到了九三学社各社市委、省直工委和有关专家、学者的支持和响应。论文集的出版得到了东南大学出版社的帮助。在此一并表示感谢！

由于篇幅有限，一部分论文未能入选，对此深表歉意。因区域协调发展的内涵在不断深化和完善，涉及方方面面，加之论文集的出版时间较紧，难免存在错误和不足，恳请读者批评指正。

编　者

2019年5月21日

目　录

对科技创新激发江苏区域协调发展内生动力的思考

张立莹

九三学社常州市委

摘要：纵观历史，横看世界，江苏省在城市化率和区域协调发展等方面均已走在全国前列，如何在高起点上再发力，为全国发展探路，值得思考和探索。本文从科技创新必将成为推动江苏高质量发展走在全国前列系列改革潮流所向这一观点展开，遵从"五大发展理念"，围绕实现"两个率先"目标，用足用好长江经济带和"一带一路"的发展机遇，全方位融入长三角一体化发展，提出江苏省应以科技创新为抓手，全省"一盘棋"统筹规划，加快转型，增强省内全域协调发展的内生动力。

关键词：科技创新；区域协调发展；内生动力；差异化的配套政策；空间格局

习近平强调："要深入研究和解决经济和产业发展亟须的科技问题，围绕促进转方式调结构、建设现代产业体系、培育战略性新兴产业、发展现代服务业等方面需求，推动科技成果转移转化，推动产业和产品向价值链中高端跃升。"改革开放40年来，江苏省经济总量增长超过100倍，2018年达到9.3万亿元，已从加快发展步入率先发展，站到了我国发展的前沿，但仍存在着支撑高速增长的生产要素成本相对较低、与高精尖的技术有一定落差、资源环境承载能力在不断减弱等因素，倒逼着发展模式必须从追求高速度向追求高质量转变，而实现区域协调发展是经济高质量发展的条件之一。世界上各发达国家都高度重视区域发展，区域协调发展是一个重大的战略问题，区域经济学家胡佛-费希尔将区域发展分为五个阶段，按此理论江苏的不同区域所处的阶段还不尽相同，虽然2018年十三个地级市的GDP均已进入全国的前100名，但各地仍因固有的自然禀赋、产业结构等因素不同而处在农业生产结构转换、后工业化、服务业输出等不同阶段；参照对发展中国家深有研究的约翰·弗里德曼的核心-边缘理论，江苏省在推动县域经济发展和城镇化建设进程中，平稳实现由高速发展向高质量发展转向，在区域规划和协调发展的政策引导和政府推动上大有可为。

省委书记娄勤俭在2018年第一期县委书记工作讲坛上指出：江苏虽然是全国创新能力最强、创新环境最好的地区之一，但科技对经济增长的贡献率还不够高，关键核心技术受制于人的局面尚未根本改变，创造新产业、引领未来发展的科技储备远远不够，产业总体还处于全球价值链中低端。江苏人多地少、资源短缺，每平方公里人口密度达到 779 人，是全国平均水平的 5.8 倍，环境容量“先天不足”。如果把江苏分为苏南、苏中和苏北，苏北面积占全省的 58%，人口约占到全省总人口的 44%，经济总量 2018 年占到 28%，这一数据逐年向好，但区域发展失衡的问题仍然存在。在省内已实施的“四项转移”“南北共建”“区域发展战略”“三沿战略”等政策措施，不断从人力、财力和政策上向苏北倾斜，使苏北地区连续 10 年在主要指标的增幅上超过全省水平，取得了良好的成效。对于如何将这些实践和制度成果在构建江苏区域协调发展、推动江苏高质量发展工作中发扬光大，如何在较高的起点上再发力，如何让知识创新、技术创新和管理创新激发区域协调发展的内生动力，我有以下三点思考，仅供参考。

一、区域发展是什么，衡量区域协调发展的指标是什么

区域发展是指在一定的时空范围内以资源开发、产业组织、结构优化为主要中心的一系列经济社会活动。区域协调发展是中共十六届三中全会提出的“五个统筹”之一，对于全国来说是解决各地区和省之间发展的不平衡，而对于江苏则是解决各市和各区县之间发展的不平衡。国内外有许多从不同角度考量区域协调发展的指标和方法，我国在高速发展阶段，偏重于一个地区的 GDP 或人均 GDP 的考量，各区域政府之间 GDP 的竞争促进了经济的发展，同时也带来了区域发展不平衡、城乡之间发展不平衡、工业化率和城市化率不匹配等一系列问题，从区域角度来看，就是忽视了发展的高质量；随着社会生产力水平显著提高，即将全面建成小康社会，社会主要矛盾发生重大变化，人民对美好生活的需要日益广泛、更加全面，突出问题是发展不平衡和不充分。因此，衡量区域协调发展不但要从经济角度，还要从社会及生态等多角度的相关指标来考虑问题。

二、江苏省内区域协调发展应考虑的外在因素

区域协调发展应考虑的因素有诸多，包括区域内政策、地理条件、生产要素和技术进步等内生因素，还包括国家政策、周边环境、全国其他省乃至世界范围的各外在因素。与江苏省相关且已列入国家战略的就有“一带一路”、长江经济带及长三角一体化，江苏省内的区域协调发展不可能不考虑这些因素对江苏的影响。江苏作为一个整体与世界、与国内及周边的联系日趋紧密，全世界正面临百年未有的大变局，江苏怎样在全球的大发展大变革时期，找准时机，把握趋势，联合 13 个地级市相互协同，形成全方位对外开放格局；与“珠三角”“京津冀”等城市群怎样学用相长；与长三角城市群中的主要城市特别是中心上海怎样密切联系，在人流、物流、商流、资金流、信息流涌动中，怎样挖掘自身人才及科技优势，怎样利用“互联网+数据+金融”技术疏通各“流”中的堵点，将是江苏未来几年努力的方向。

三、激发江苏省区域协调发展内生动力需要在三个方面发力

(一) 做好顶层设计,“全省一盘棋”促转型升级

“不谋全局者,不足谋一域”。区域协调发展不能等同于区域共同发展,两者虽然都是以共同富裕为目标,但在实现发展的聚焦点上还是有区别的,应是在区域共同发展的基础上更关注“协调”,在江苏省区域内考虑协调发展,就是要以科学为统领,全省统筹规划,将全省范围内的总体战略布局纳入省发展纲要中,形成全省各市县区分工合理、特色鲜明、优势互补的产业格局,构建更趋合理、有助于协调发展的空间格局,打造并形成一条可以贯通南北辐射东西的江苏中轴经济带、互补优势、纵横联通的“区块链”网络发展模式;向苏北地区的基础设施、教育卫生和文化等公共服务设施建设倾斜,使基本公共服务相对均等化;通过推进产学研合作机制建立和实施,以结果为导向抓技术成果的转化应用,鼓励省内企业的产业结构优化升级和转移;建立健全省内资源开发有偿使用制度和补偿机制,加大对农业和粮食主产区的支持力度,探索运用生态补偿、产权交易、购买服务、产业转移、人才培训、园区共建等多种手段,从而逐步缩小全省人民生活水平差距;需要依靠更多更好的科技创新实现经济社会协调发展,缓解人口老龄化、消除贫困、保障人民健康,解决环境污染困境,建设天蓝、地绿、水清的美丽江苏,降低能源安全、粮食安全、网络安全、生态安全、生物安全、国防安全等风险。

(二) 发挥政府统领作用多方位配备资源,寻找新的增长极

长三角城市群发展规划中的“一核五圈四带”涉及江苏的“二圈二带”中包括了13个地级市的10个城市,淮安、宿迁和徐州不在其列。在此情形下,政府在规划、指导和对投资的引导方面的作用极为重要。日前,一些新政显示,江苏除南京和苏州两个城市实行积分落户政策外,其余11个地级市基本全面取消落户限制。这是江苏省对人、土地这些基本要素的流动性的政策利好,期待人口经济布局更加合理,依此来进一步激发经济增长的内在活力和动力,有利于打破长期以来形成的二元经济,有助于城乡共同发展,有效于发挥市场在资源配置方面的决定性作用。除此,省委省政府还应充分考虑自然、人口、法律、政治、文化、思想等各种社会因素,构建网络化、开放型、一体化发展格局,在省内弱化行政区域的分割。若评价每一个地级市都只关注GDP,重复建设的问题便很难得到解决,全省“一盘棋”的整体规划就很难协调,应遵从“以人为本”和“物竞天择”逻辑,在充分考虑全省各区域自然资源和生产要素的前提下,以生态优先、绿色发展为引领,布局合理的产业格局和强制执行机制,让计划和市场的经济手段共同发挥作用,在一定时期内配以产业调整的财政金融政策,以保障在保“稳”前提下,在趋于合理的宏观调控下产生更多效益,取得博弈均衡意义上的协调。从宏观经济学角度,产业布局合理和市场自然发展,市场就不会失灵,才会产生均衡,才能吸引更多的投资和生产要素,才能从根本上激活市场,是真正意义上产生的内生动力。

（三）激活发展内生动力，融入区域一体化

习近平总书记曾指出，科技创新应面向世界科技前沿、面向经济主战场、面向国家重大需求。我国长期以来主要依靠资源、资本、劳动力等要素投入支撑经济增长和规模扩张的方式已不可持续，发展正面临着动力转换、方式转变、结构调整的繁重任务。随着经济发展不断深化，在和谐增长才是健康增长、协调发展才能持久发展问题上得到了共识，需要依靠更多更好的科技创新为经济发展注入新动力，“科学发展观”和“统筹发展”思想揭示了现代协调发展的永恒主题就是发展基础上的协调，是科学的协调、创新的协调。协调本身就应是动态的，是在不断自我调整的过程中求得相对均衡，在已有的协调中再提升、在全省范围内聚合发展的整体性、综合性和内在性，在找到新的促进协调的发展增长极等问题上下功夫、探索突破口，用足用好省内、国内乃至全球的专家学者，培育具有全球影响力的科技创新高地，提升科技对经济增长的贡献率，解决关键核心技术受制于外的问题，提升创造新产业、引领未来发展的科技储备能力，带领省内的产业逐步走向全球价值链中高端；关注农村的发展，解决好“三农”问题，以科技创新为引领，推行工业反哺农业、城市资助农村的共同发展策略，聚焦技术成果转化的成效，实行向技术创新成果的产业化尤其是农业现代化倾斜的政策，赋予科技成果主动力去推动农业现代化；充分发挥省内高校、科研院所、大型实验室等科技平台作用，支持成立由行业协会、智库、社会组织等组成的专家咨询委员会，特别是以农业规模经济为主题的协会，加强政策研究和宣传推介，让乡村在以工促农中壮起来，在以城带乡中富起来，在城乡互动、南北互动、海陆互动中不断强起来，省内区域工业化、信息化、城镇化、农业现代化协同并进，持续在制度创新、科技进步、产业升级、城乡统筹、全方位开放、绿色发展等方面走在全国前列，以不让一个地级市落后的强劲团队走在全国前列。

参考文献

[1]《长江三角洲区域一体化发展规划纲要》《国务院关于进一步推进长江三角洲地区改革开放和经济社会发展的指导意见》《长江三角洲地区区域规划（2011—2020）》《长江三角洲城市群发展规划》《长三角地区一体化发展三年行动计划（2018—2020年）》《长江经济带发展规划纲要》《全国主体功能区规划》《全国海洋主体功能区规划》《关于高质量推进“一带一路”交汇点建设的意见（江苏省）》《中共中央国务院关于建立更加有效的区域协调发展新机制的意见》.

[2] 江苏省委书记娄勤俭在2018年第一期县委书记工作讲坛上的讲话.

[3] 邓宏兵，曹媛媛.中国区域协调发展的绩效测度[J].区域经济评论，2019(1).

[4] 肖金成，安树伟.从区域非均衡发展到区域协调发展[J].区域经济评论，2019(1).

[5] 陈雁洁，李韦.激发江苏发展的绿色内生动力[J].群众，2017(9).

[6] 2019年1月26日《求是网》转载的湖北省社科院长江所副所长、研究员 张静发表于《湖北日报》的《准确把握区域协调发展新特征》.

[7] 李克强.增强经济增长内生动力 促进发展方式加快转变[R].中国发展高层论坛，2010.

[8] 王业强，郭叶波，赵勇，胡浩.科技创新驱动区域协调发展：理论基础与中国实践[J].中国软科学，2017(11).
[9] 陆红娟.科技创新平台推动江苏区域协调发展的实践与思考[J].江苏科技信息，2011(7).
[10] 克劳斯·施瓦布.第四次工业革命：转型的力量[M].北京：中信出版社，2016.

附表　2018年13个地级市的GDP等指标

	GDP（亿元）	同比增长（%）	常住人口（万人）	GDP全国排名	城镇人口（万人）	城市化率（%）	占地面积（平方千米）
苏州	18 597	6.8	1 068	7	810	75.8	8 848
南京	12 820	8	850	11	686	82.3	6 598
无锡	11 438	7.4	655	14	497	76	4 664
南通	8 427	7.2	731	20	482	66	8 001
常州	7 050	7	520	29	339	71.8	4 375
徐州	6 755	4.2	892	33	559	63.8	11 571
盐城	5 487	5.5	724	36	489	62.9	14 983
扬州	5 466	6.7	500	37	298	66.1	6 638
泰州	5 107	6.7	508	42	302	64.9	6 029
镇江	4 050	−3.1	319	55	225	70.5	3 843
淮安	3 601	6.5	564	67	301	61.3	10 030
连云港	2 771	4.7	452	91	279	61.7	7 444
宿迁	2 750	6.8	491	92	288	58.5	8 660

注：此表中的数据来自互联网最新公布信息，其中GDP、同比增长具体数据因时间关系未经确认，只因为了看趋势，如有误差敬请谅解。

发展共享农业循环经济的途径与对策

吴建敏

常州市水产技术指导站

摘要：共享农业循环经济将共享农业与农业循环经济有机结合，实现资源共享、循环利用、协调发展。共享农业循环经济是促进乡村振兴的必然选择、农村环境整治的重要手段、城乡融合发展的可靠保障。可通过人才共享促进乡村振兴、资源共享建设美丽乡村、产业共享推进旅游农业。目前受到政策、认识、规划、管理、技术等方面的制约，应通过调整政策法规、加强宣传引导、科学设计规划、健全管理团队和共享先进技术等鼓励共享农业循环经济发展。

关键词：共享农业；循环经济；协调发展

随着互联网时代的发展，共享经济应运而生，"互联网＋"成为当代热点发展模式。共享农业的实质就是农业生产资料、生产环境和农副产品等农业资源让全社会共享，从而促进农业农村发展和农民增收，促进城乡融合，丰富城乡人民生活。农业循环经济是对农业资源的循环利用，核心是对农业农村废弃物的资源化利用。共享农业循环经济将共享农业与农业循环经济有机结合，实现资源共享、循环利用、协调发展。可以说发展共享农业循环经济是农业农村区域协调发展、经济协调发展和生态协调发展的核心。

一、现实意义

发展共享农业循环经济对于乡村振兴和农业农村可持续发展具有重要意义。

（一）是促进乡村振兴的必然选择

产业兴旺、生态宜居是乡村振兴的重要目标，是农业农村发展的主要方向。共享农业循环经济以农业农村资源为平台，面向全社会的参与和共享，集聚人才、信息、法律、科技、资金、市场等主要生产要素的共享配置服务；通过对农田秸杆、人畜粪便、餐厨垃圾、生活废水等农业农村废弃物的资源化循环利用，生产提供有机肥等绿色投入品，为农业现代化建设提供有力支撑，壮大优质农产品生产、加工和流通等产业，为生态宜居提供根本保障。

（二）是乡村环境整治的重要手段

修复和保护农业农村生态环境是乡村振兴的基础条件，实施农业农村环境整治是治标，而推进农业农村环境管护是治本，通过建立农业农村环境管护体系，实施农业农村废弃物从全面处理向全面资源化循环利用发展，从根本上解决农业农村环境污染问题，才能真正实现生态宜居的美丽乡村。

（三）是城乡融合发展的可靠保障

发展共享农业循环经济，让各类生产生活要素资源共享与循环利用，如农业农村产业、美丽乡村环境、乡风民俗等吸引城市人民投资、体验、旅游、休闲、养老，从而吸引农村年轻人回乡本土创业，促进乡村振兴的良性循环，形成带动城乡融合发展的保障机制。

二、发展途径

（一）人才共享促进乡村振兴

人才是乡村振兴的关键，人才是乡村振兴的紧缺资源，人才培育是长期的积累，而人才集聚主要在发达地区并以城市为主，乡村振兴首先要吸纳人才，而吸纳人才需要考虑成本。实行人才共享战略是快速高效吸纳人才的重要途径，随着互联网的发展，人才智慧可以通过远程发挥作用，这为人才共享提供了技术保障。乡村振兴首先要组建乡村振兴的管理团队，这是一个综合型科学型的管理团队，包括规划、法律、行政、信息、技术等多层次的人才队伍。产业兴旺必然是一二三产融合的规模化组织化经营，必须走区域协调发展之路，需要多层次的管理技术人才团队，通过人才共享不仅可有效降低生产管理成本，更可实现与先进的生产管理水平同步，达到产业技术先进、管理高效，从而实现产业兴旺。生态宜居关键是生态环境的修复与维护，从农业农村废弃物的减量化到循环利用，各个环节实施集中管控，要有专业的管护团队，通过人才共享，打破行业分工，实行区域统筹协调生态环境治理，特别是农业农村废弃物的循环利用，从根本上实现生态宜居。抓好产业兴旺与生态宜居两个基础，即可吸纳更多人才回归乡村，服务乡村，因此人才共享可实现人才的良性循环，以不断促进乡村振兴。

（二）资源共享建设美丽乡村

农业强、农民富、农村美、乡村文明程度高，是美丽乡村应有的目标，美丽乡村的重点是生态宜居，只有生态宜居的美丽乡村才能实现乡村振兴，产业兴旺与生态宜居的着力点在农业农村资源的高效利用，只有高效利用才能减少浪费、减少污染、降低成本、提高效益，从而实现产业兴旺和生态宜居。资源高效利用的途径包括横向资源共享利用与纵向资源循环利用。建设美丽乡村重点要解决农业农村废弃物的资源化利用问题，主要包括农田秸秆、人畜粪便、养殖底泥、河道污泥、养殖尾水、餐厨垃圾、生活废水和农产品加工下脚料等有机废弃物，以及农用薄膜、农产品包装和生活垃圾等无机废弃物。其中资源化利用重点在有机废弃物，分为固态有机废弃物和液态有机废弃物，应通过区域协调布局，发展共享农业循环经济。一是发展高效绿色投入品，以有机废弃物为原料重点发展高效生物有机肥和生物制剂产业；二是推行复合农业模式，以有机废弃物就近还田和循环利用为基本原则，因地制宜探索各类种养结合共享循环利用模式；三是实行区域处理利用，以乡村自然沟渠改造为重点，建立有机废弃物储蓄处理利用区域，发展高效水生种养产业。

（三）产业共享推进旅游农业

旅游、体验、休闲、养老等旅游农业成为农业农村的新型产业，农业农村功能得到新的拓展，成为一二三产融合、城乡融合发展的重要载体，是农业农村经济新的增长点，是农业供给侧改革途径之一，也是大健康产业的重要内容。由此可见，农业农村产业是全社会共享的产业。共享农业循环经济既是综合型产业体系，也是区域特色的产业体系，发展共享农业循环经济产业具有独到优势，一是从乡村区域布局发展共享农业循环经济特色产业，以个性特色推进旅游农业；二是从长效管理维护发展共享农业循环经济生态产业，以生态宜居推进旅游农业；三是从高质量运行发展共享农业循环经济品牌产业，以绿色产品推进旅游农业。同时以区域优势融合乡风民俗、历史文化，讲好乡村故事，打造不同类型的旅游农业品牌，可以是集旅游、体验、休闲、养老等于一体的综合型旅游农业品牌，也可以是其中单一性旅游农业品牌，实现旅游农业产品的多样性、环境的舒适性、管理的规范性，促进旅游农业提档升级，吸收更多的人共享旅游产业，促进旅游农业的良性循环。

三、问题对策

共享农业循环经济是乡村振兴的一项系统工程，是农业农村产业发展和人居环境改善的重要抓手，应当着力研究发展过程中存在的问题与相应的对策，以保障共享农业循环经济顺利推进。

（一）问题

1. 政策问题

发展共享农业循环经济涉及许多政策层面的问题，一是人才政策，我们习惯于一人一岗的用人制度和岗位考核制度，工资奖金等收入与岗位职务职称相挂钩，造成人才偏重于取得成果和职级的提升，人才流向大城市，较少流向农业农村，致使农业农村人才紧缺，制约了农业农村的发展；二是土地政策，耕地与基本粮田两条红线、农业农村“大棚房”整治和农村宅基地政策，制约了旅游农业和乡村人居环境整治；三是环保政策，目前有机肥生产企业分类为化工行业，而国家和地方政府对新建扩建化工企业实行限制甚至停止环境影响评价，制约了有机肥产业的发展；四是补贴政策，国家和各级政府花费大量财力用于农业农村建设和环境整治，但由于政策变化造成一边建设，一边拆除，致使大量财力浪费；政府用于环境整治的经费主要是达标处理，很少用于资源化利用。

2. 认识问题

基层政府部门存在规避问职风险的工作思路，对于中央政策缺乏系统研究，往往实施“一刀切”的措施，特别是迫于环境压力对农业中的养殖业，有点谈“农”色变，认为养殖就是污染，不愿再度发展；农民意识和生活习惯也是影响产业发展与人居环境的制约因素。

3. 规划问题

现在各级政府部门和企业都很重视规划，但往往规划不如变化，造成规划的随意性；部门之间的规划都是立足本部门本行业考虑，缺乏规划的系统性和协调性，给基层造成执行难；乡村规划一般委托大专院校，而好多规划未进行针对性调研，偏重于文字游戏，套用别处规划，造成规划的千人一面，个性不足。

4. 管理问题

农业农村的管理部门依然存在多头管理，政出多门，各搞各的，部门之间协调性不强，致使很多资源得不到共享。如农村厕所改造、生活垃圾分类、餐厨垃圾处理、生活废水管理等分别由各个相关部门管理，得不到统一收集处理和资源化利用。农村自然河道等也缺乏专门机构管护。

5. 技术问题

农业农村产业，特别是一二三产融合产业，技术需求信息不对称、价值不对称，存在有技术无市场和有市场无技术，特别是农业农村有机废弃物高附加值资源化利用技术短缺。

（二）对策

1. 调整政策法规

一是调整人才政策，鼓励机关事业单位和科研院所管理和科技人才去乡村基层组织或乡村企业兼职、创新创业，对人才本职岗位实行责任清单考核，在确保完成责任任务前提下允许兼职、创新创业，对兼职、创新创业实行备案管理，备案范围的收益为合法收益；二是鼓励科技人才与乡村基层组织或乡村企业合作及自主创新创业申报乡村振兴有关科研项目，科研成果由合作各方共享；三是调整土地政策，在确保基本粮田红线前提下，允许规划配套种养结合、一二三产融合、有机废弃物资源化利用等共享农业循环经济设施性建设，允许规划下的宅基地自建共建；四是鼓励发展有机废弃物处理利用环保产业，实行相关产业统一管理，优先开放环评，按资源化处理利用考核补贴。

2. 加强宣传引导

在政策宣传上对各级政府部门加强协调发展理念的宣传，形成乡村振兴与农村人居环境的整治是相辅相成、是促进可持续发展的共识，要重点抓住共享农业循环经济这个牛鼻子，促进农业农村区域协调发展、经济协调发展和生态协调发展。在科普宣传上加强对乡村基层组织、新型农业主体和普通农民的共享循环发展的科普宣传，尊重人才、尊重科学，自觉成为发展共享农业循环经济的践行者。

3. 科学设计规划

在区域规划中要融入共享农业循环经济，根据不同区域特点规划不同的共享农业循环经济发展模式；乡村规划根据区域规划，结合乡村自然特色、文化特色和民俗特色，融入个性化的共享农业循环经济发展模式，如乡村自然河沟的利用、地方风俗的体现等。

4. 健全管理团队

在原有管理组织基础上，乡村应当健全共享农业循环经济管理团队，重点整合有机废弃物资源，改变多头管理，协调发展有机废弃物处理利用环保产业，促进各类有机废弃物有效利用。

5. 共享先进技术

建立农业农村技术需求共享对接平台，包括人才、资源、技术等需求交流，促进需求技术双方对接合作，实现共享先进技术。如常州市丰彩清洁能源科技服务专业合作社研制的“沼液生态处理利用一体化设备”，是目前液态有机废弃物处理利用比较先进的配套设备。以沼液生物强化、曝气、吸滤等低成本工业化流水线生产工艺为核心，使处理沼液废水生物强化、脱色除臭，开发高附加值的生物酵素系列产品，回用于农田、水产和畜禽等农业生产，达到水溶性生物肥料和生物防控病害等功效。

江苏区域协调发展的特色经济路径研究

卢小龙

常州开放大学

摘要：区域协调发展是经济持续、快速发展的重要保证。江苏区域经济非均衡发展的特征非常显著，江苏区域发展不平衡制约着江苏经济的可持续发展。发挥比较优势，突出特色经济，建立符合江苏特点的区域特色经济体系是实现江苏区域协调发展的着力点，是形成江苏更强大的整体竞争力的关键。

关键词：协调发展；特色经济

区域协调发展是经济持续、快速发展的重要保证。实施区域协调发展战略，是社会主义现代化建设的战略任务，是全面建设小康社会、构建社会主义和谐社会的必然要求，也是江苏经济发展的重要方针。区域发展不均衡，是江苏的基本省情特征。江苏既是经济发达地区，又是典型的区域发展不平衡的省份之一，江苏地跨大江南北，经济较发达地区、次发达地区和欠发达地区并存，区域间的经济发展水平呈现出明显的差异，江苏区域经济非均衡发展的特征非常显著。虽然江苏经济持续快速发展，各区域经济发展水平都有了显著提高，区域经济增长速度格局有所扭转，区域差距扩大的势头得到一定程度的遏制，但区域发展不均衡现象仍然较为突出，区域实质性差距并未明显缩小。江苏区域发展不平衡极大地制约着江苏经济的长期可持续发展。区域发展差异已经成为影响江苏经济进一步发展和社会稳定的重大经济问题，江苏区域经济差异成为关注的热点问题①。而实现区域协调发展的核心问题，是最大限度地缩小或消除区域发展差距。区域存在差异正意味着各具特色，找到特色、强化特色正是不同区域明确定位、扬长避短的关键所在。发挥比较优势，突出特色经济，推动各区域特色发展，才会形成江苏更强大的整体竞争力。建立符合江苏特点的区域特色经济体系是实现江苏区域协调发展的着力点。本文针对江苏区域经济发展的现状和产业结构的特点，利用特色经济模式，提出切实可行的促进江苏区域经济协调发展的选择路径。

一、经济同质化竞争对区域协调发展的影响

（1）区域经济同质化竞争是造成江苏区域经济发展差异的一个重要因素。江

① 厉以宁.区域发展新思路[M].北京：经济日报出版社，2000：105-128.

苏区域经济发展所面临的差异有各种因素，这些因素有市场垄断、资源枯竭、要素匮乏、环境影响等等，但归根到底区域经济同质化现象是造成江苏区域经济发展差异的一个重要因素，区域经济同质化造成市场供大于求，产业产能过剩的倾向日益突出，限制了企业与整个行业规模的扩大，使得区域经济难以做大做强，制约了区域经济的发展。从而造成区域发展的差异，并对整个江苏经济发展格局产生不利的影响。

(2) 区域经济发展面临的产业同质化问题使得区域经济之间结构雷同，造成产业趋同、产能过剩，资源浪费，生产要素、原料资源、市场份额的配置产生不合理的状况，使区域企业面临的竞争不断加剧，形成经济运行环境的紧张局面，成为加快区域经济发展的一大弊端。

(3) 同质化经济科技含量低，行业准入门槛低，经济同质化企业主要集中在中低端的制造业和传统产业，制约区域经济自主创新能力的提升，影响发展方式的转变。产业同质化产品的生产经营企业的显著特征，主要表现为技术上比较低端，以加工贴牌为主；管理上比较粗放，以家族管理为主。同质化经济存在一哄而上、造成市场和行业的无序和混乱，影响区域经济的健康发展。经济同质化既对区域的现时经济产生影响，而且对整个区域的产业结构、可持续发展、社会稳定带来全面和深远的影响。

二、特色经济对于区域协调发展的重要作用

1. 发展特色经济是加快推动区域经济发展，促进区域协调发展的有效途径

加快欠发达地区经济发展是缩小区域差距实现区域协调发展的根本途径，而在市场条件下要加快欠发达地区经济发展就必须注意发挥其资源优势，发展特色经济，促成一批在国内外市场有较强市场竞争力的特色产业。大力发展特色经济，既是产业结构调整的方向和落脚点，也是实现可持续发展的重要途径。对于区域经济发展来说，要想实现长久发展，只有立足自身实际，着力培育和着重发展具有区域鲜明特色的当地特色经济，才能真正增强区域竞争能力。在区域经济发展过程中，特色经济占据重要的地位，起到举足轻重的作用。发展特色经济，能为区域经济发展注入强大的活力，有助于形成经济增长极，是增强区域经济竞争力，提升区域经济水平，实现区域经济可持续发展的关键，培育特色优势经济是市场经济条件下加快欠发达地区发展的必然选择。

*2. 发展特色经济是优化区域经济结构的现实选择*①

发展特色经济是从本区域比较优势和资源禀赋出发，充分利用市场和科技的推动力，形成具有鲜明产业特色及企业产品特色的经济结构。从宏观上看，通过发展特色经济形成区域优势产业，有利于推动产业结构调整，合理配置生产要素，促

---

① 陆大道.区位论及区域经济研究[M]. 北京：科学出版社，1988：101-108.

进经济增长。从微观上看,发展特色经济的集群效应促使区域范围内的企业朝同一产业类型集聚,企业之间形成的网络可产生多种效应,推动产业结构向高技术化、高知识化、高资本密集化、高加工化和高附加值化发展。这有利于企业间的合作、竞争与创新,有利于区域竞争力的提升。发展特色经济是区域产业结构战略性调整的主攻方向,特色经济作为促进区域经济结构重组与优化的一种有效发展模式①,可以在一定区域内促进当地资源、技术、市场等生产要素的合理配置,有利于发挥区域优势,调整优化经济结构,以鲜明的特色开辟独特的市场空间,避免产业趋同和不合理的重复建设,改变区域内各产业之间的资源分配和利润对比关系,对推动区域经济增长,促进不同区域经济协调、区域平衡发展、缩小贫富差距、构建和谐社会有着重要的意义。

3. 特色经济更容易形成规模优势

在日趋激烈的市场竞争中,欠发达地区经济底子薄弱,基础设施落后,自我投入能力差,外部资金吸入能力较弱,在短时间内很难形成规模效益,同时发展高科技产业大多不具备现实条件,很难与发达地区比拼。欠发达地区唯有根据本地的实际情况,依托本地的资源禀赋,引进外部经济要素,创造性地培育特色产业,将比较优势转化为竞争优势,才能找到适合本地发展的道路,才能在市场竞争中找到自己的位置。要想赢得市场竞争,只有充分突出产品的特色,才能提高产品的市场竞争能力。发展特色经济,有利于欠发达地区摆脱跟风的思维误区,找准经济发展的突破口,真正发挥当地资源的先天优势,最大限度地集中财力、物力和人力,以独特的资源条件、明显的区域特征、特殊的产品品质、特定的消费市场,有效带动多种相应产业的共同发展,做大、做强、做优,形成别人无法竞争的特色经济优势,形成规模优势和产业群聚优势,以集团优势形成市场竞争力,振兴区域经济。

三、江苏区域经济协调发展的特色经济路径选择

1. 政府政策引导,加大政府对特色经济的政策支持力度

特色经济产业一般主要由市场自发形成,但受地区比较优势和其他因素影响,政府在特色经济的发展过程中起着重要的作用,政府的政策对特色经济集聚的形成、发展模式都有着重要的影响,政府可以通过各项措施来调控、影响和促进特色经济产业集聚的发展。政府要营造良好的政策环境,出台资金支持、创业风险扶持、成果转化、市场开拓等各种促进特色经济发展的政策。加大区域财政支持力度,合理地进行财政拨付,强化特色经济企业的金融支持。加强各种支持政策的区域聚焦,调整优化区域产业政策,让有关支持政策在特色经济实现聚焦,从而提高区域政策的执行力度,增强特色经济政策的有效性。要在政府政策的支持下,培育出具有强大竞争力的特色经济产业,加快形成区域经济增长点。

① 周应堂.农业特色经济理论问题研究[J].农业现代化研究,2006(2):37-40.

2. 规划引领，合理布局，因地制宜地选择适合各区域特点的特色经济发展路径

制定突出区域特色的产业发展规划，要综合考虑区域资源状况、经济发展水平、地理区位特征、资源禀赋和现有产业基础等因素，明确区域特色经济的发展重点。一个区域的经济是由多种产业、多种经济资源组成的复合体，对于区域特色经济的选择，关键是要找准优势，准确定位，筛选的特色产业，必须具备一定的资源可产出性、资源稀缺性、市场需求性①，避免同质企业入驻投资，避免产业雷同，避免无序竞争。要提高产业门槛，对特色产业设置必要的准入门槛，使区域特色经济企业向专、精、特、新方向发展，打造区域特色产业名牌名企，形成一批市场知名度高、品牌信誉好、具有竞争力的特色经济企业。科学地选择各区域最有优势和发展潜力的特色主导产业，通过对资源的优化配置，达到资源配置效率与收益率的最大化，进而把区域资源方面的优势转化为竞争优势，形成具有优势竞争力的特色产业。形成多途径多模式培育区域特色经济的格局，创造出独具区域特色的支柱产业，并逐步变成真正的经济优势，从而迅速扩张经济总量，实现大幅度提高经济效益的目的，促进区域经济发展。

3. 促进区域特色经济主导产业集群的形成，形成区域特色产业的规模化，利用规模经济效应，强化区域特色经济的竞争力

区域特色经济要取得跨越式发展，就必须使区域特色产业上规模上档次，在发展区域特色经济的过程中，要促使企业走联合发展之路，实现强强联合，优势互补。而企业集群作为一种产业组织，以它对市场环境的变化和经济发展的不同阶段都具有的适应能力，是形成区域特色产业规模化的重要力量，对促进区域特色经济的快速发展功能十分明显。要依托各区域经济形成以手工制品为主的出口加工贸易型、农副产品加工型、依托大企业的中卫型、专业市场型等各种专业的特色型企业集群，并逐步演进为具有综合优势的特色产业集群②。通过发展区域特色的企业集群，建立合理产业分工，产业链完备，具有比较优势的产业集群，整合生产要素的使用效果，提高资源的综合利用率，使产业链将核心企业和配套企业有机集聚在一起，形成集聚效应，逐步形成核心竞争力，从而促进区域特色经济竞争力的整体提升，增强区域特色经济发展的持续动力。

发展区域特色经济是江苏推动区域协调发展的重要路径，必须根据各区域的资源特点、区位特点和市场特点，充分发挥比较优势，突出特色经济，以区域特色经济发展模式，作为区域经济的增长极和发展的持续动力，提升区域竞争能力，促进区域经济实现突破性持续健康发展，唯有如此，在区域特色经济发展之下，苏南、苏中、苏北的协调发展才具有新的时代内涵和具体指向。因地制宜、分工合理、优势互补、协调发展，建立各具特色的区域特色经济，才能真正实现江苏区域的协调发展。

---

① 周灿芳.我国特色农业研究进展[J].广东农业科学，2008(9)：157-160.

② 任懿奇.江苏中小企业产业集聚发展的实践与思考[M].北京：机械工业出版社，2006：48-47.

培养科技创新人才　促进江苏区域协调发展

孙定华

常州交通技师学院

摘要：苏南、苏北区域经济发展不平衡是我省的一个基本省情，缩小地区间经济差异，实现区域经济协调发展的当务之急是科技创新人才的培养问题。通过为培养科技创新人才提供政策支持、管家式服务、创新孵化平台、高校院所等方式为苏北创新跨越发展提供人才支撑。

关键词：科技创新；人才；区域经济；协调发展

江苏省由于历史原因、地理位置、文化教育、政策制度以及人们的思想观念等差异，造成了苏南、苏北的区域发展不协调的现状，苏南地区的经济发展水平较高，区域内基本提前实现小康；而苏北地区的一些市县经济发展相对滞后，有的乡镇仅仅是刚刚脱贫，暂时还谈不上小康。这种区域经济不协调现象严重影响了江苏省全面实现小康的目标实现，更影响到江苏省社会经济的可持续发展。江苏省委、省政府历来重视苏北和苏南的协调发展，一直在推动区域经济协调发展，陆续采取了一系列加快苏北发展的措施：如持续增加苏北基础设施建设投入、扶持苏北产业发展、促进对内对外开放、加快科技教育事业发展、推动苏南、苏北一对一帮扶共建等[1]。虽然省政府也开展了人才培养的“两后双百工程”“四全工程”[2]，但是，历史欠账太多，经济发展又时不我待，苏北的经济虽然已经开始发展了，但是苏南的经济发展更迅速了，区域的发展不平衡差距反而有了扩大的趋势。

一、科技创新人才对江苏区域发展的重要意义

经查阅《江苏统计年鉴——2018》相关数据和到苏南、苏北城镇实地调研发现了一些现象和问题：与苏南相比苏北地区的科技创新水平较低、能力较弱，2017 年盐城市、连云港市、淮安市和宿迁市专利实力指数低于 0.2；苏北地区科技人才数占人口总量的年增长率不超过 1%，而苏南地区却可达 3%以上[3]。科技创新既是发展经济的中心环节，也是经济发展的不竭动力，更是区域发展的战略支撑，而且科技创新在某种程度上降低了经济发展对自然资源的依赖程度，能够形成后发优势，实现弯道超车。科技创新人才历来都是经济发展的第一资源[4]，科技创新人才拥有强大的创新资源整合能力，能够通过强大的技术资源优势，帮助企业、社会调整产品、产业调整结构、升级转型，还能敏锐地捕捉市场信息，及时开发出市场需求度

高、附加值高、质量高、科技含量高的新产品；创新人才团队不仅能创造国内、国际领先的重大科技成果，可以带动产品、产业的异军突起，还能使企业处于市场竞争的优势地位，更能使社会发展从资源依赖型向人才引领型转变；因此科技创新人才是苏北地区经济发展的核心要素，加强苏北科技创新人才培养是实现江苏省区域协调发展的根本保证。

二、苏北地区培养科技创新人才的措施

苏北地区严重缺少科技创新人才，已经成为严重制约苏北经济发展的主要因素，严重影响到江苏省在新时代协调区域发展的战略计划实现。必须在创新科技人才培养的体制、机制等政策引领下，优化为科技创新人才服务的环境、打造科技创新功能园区、培育科技创新产业集群、集聚科技创新的领军人才，加快高层次创新创业人才的聚集，实现科技资源优势向现实生产力优势转化，为实现江苏区域协调发展提供强大驱动。

1. 创新培养科技创新人才的体制机制

省委、省政府层面要加强培养科技创新人才的政策导向，地方政府要综合配套人事、财政、金融、税收、科技、教育等各项政策，将创新型科技人才队伍建设列入市县党政领导科技进步目标责任制考核和国有企业负责人业绩与考核的重要内容[5]。苏北各市要以《江苏省“十三五”科技人才发展规划》为指导，牢固树立“科技创新人才是经济发展的支撑”的工作理念，充分发挥地方政府统筹协调人才资源市场配置中主导作用和决定性作用，建立科技创新人员的测评制度、激励机制和知识产权转移机制，大力培养造就一大批具有国际水平的科技创新人才和高水平科技创新团队，为江苏区域协调发展提供坚强支撑。

2. 优化培养科技创新人才的服务软环境

苏北各市县政府要成立专业的科技创新人才培养服务部门，悉心为科技创新人才的成长提供“店小二”式服务。主动对接国际、国内的高校、科研院所，委托培养定向苏北的科技创新人才；利用好各类媒体、论坛等载体宣传苏北特色的人才政策，吸引域外青年科技创新人才到苏北锻炼成长；积极探索并不断完善“财政基金为引导、企业资金为主体、金融资本和知识产权投入”的多元化科技创新融资机制，进一步完善科技创新风险补偿机制和“科技创新券”运行机制，促进资金、研发资源、知识产权等创新要素向苏北地区集聚。针对苏北地区科技创新工作的新情况、新特点，研究制定切合苏北实际的知识产权创造、科技成果转化和科技人才引进等方面奖励政策和激励措施。为科技创新人才的技术职称晋升开辟绿色通道，为科技创新人才搭建高水平、创新性国际合作与交流平台[6]。一句话，就是鼓励科技创新人才创新、创业，扶持科技创新人才成长、发展，到2020年，重点培育2 000名具有创新活力的青年科技人才队伍，助力科技创新人才振兴苏北经济。

3. 打造科技创新人才成长的功能园区

苏北区域幅员辽阔，辖江临海，扼淮控湖，要紧紧抓住“淮海经济区中心城市”“江淮生态大走廊”“徐州都市圈”“苏北计划”“苏北中心城市建设”等战略机遇，根据自身区域特点有侧重地打造现代物流服务区、现代农业科技园、特种渔业养殖业、医药城、文化旅游观光带等等。结合各种功能园区的建设，以新的区域支柱产业发展吸引高端人才，有目的地培养各类、各层次的科技创新人才；结合国家农村土地流转等有利政策，充分利用区域优势资源吸引集聚高端资本和形成产业形态，支持帮助科技创新人才参与创建一大批高新技术产业和中小科技企业。立足重大科技成果的转化和产业化，不断创新人才培育机制，充分发挥高新技术产业园区、大学科技园、科技企业孵化器等创新创业平台的人才培养作用[7]，以重点项目实施全过程培养实践型的科技创新人才；引导企业加大技术创新和人才培养投入，鼓励企业建设院士和博士后工作站，打造国家级、省级工程技术研究中心和重点实验室；鼓励科技领军人才参与企业自主创新活动和实施重大科技成果转化和产业化，带动和培养一大批科技创新人才。形成科技创新产业园区促进科技创新人才成长，科技创新人才促进科技创新产业园区发展壮大的良性循环机制，为振兴苏北区域经济夯实人才基础。

4. 依靠高校科研院所等创新人才集聚地培养壮大科技创新人才队伍

人才不是泥土中长的，而是要教育机构培养和实践锻炼的。苏北的高校科研院所相较于苏南非常少，每年苏北的本科升学比例与苏南也相差较大。可以从省级层面推动各大高校、科研院所主动作为，与苏北地方政府或高科技企业结成帮扶对子，或直接合作办学、设立分支机构，引导科教资源向苏北集聚。苏北要抓住江苏省在“十三五”时期支持苏北地区筹建两所大学（淮安大学、江苏海洋大学）的契机，大力引进创新型领军人才，加快高层次人才集聚，形成一支有竞争力的领军型科技创新人才队伍，为打造创新型区域经济发展模式提供有力支持。也可以考虑在苏南高校科研院所集中的城市中设立苏北的市、县级科技创新中心、研发机构，利用互联网技术突破地域限制，形成孵化在苏南，落地、开花、结果在苏北的创新型人才模式。还可以有针对性地对苏北的一些能工巧匠、技术能手进行科技理论和创新方法的培训，让他们由无意识的推陈出新变成有目的的科技创新。

“得人则安，失人则危”[8]。只有培养创新人才，才能促进区域协调发展。因此，在江苏区域协调发展的事业中，必须优先考虑创新人才的培养。江苏省即将全面建成小康社会，客观上已经具备科技创新的宏观条件；因此，当前解决苏南苏北两大区域经济发展不协调问题的关键就是培养更多的科技创新人才。

参考文献

[1] 百度百科.苏北（江苏北部地区的简称）[EB/OL]. https://baike.baidu.com/item/%E8%8B%8F%E5%8C%97/1181676? fr=aladdin.

[2] 连云港市人民政府办公室关于印发贯彻落实省促进苏北地区发展若干政策意见任务分解方案的通知[Z].连政办发〔2011〕121号
[3] 张建伟,杜德斌,姜海宁.江苏省科技人才区域差异演变研究[J].地理科学,2011,31(3):378-383.
[4] 王晓婷,王姬,王珊.新时期江苏区域经济协调发展研究[J].现代商贸工业,2015(26):16-18.
[5] 毛光烈.进一步发挥高新园区在我省战略性新兴产业发展中的核心载体作用[EB/OL].http://www.zjdpc.gov.cn/art/2014/11/27/art_233_689110.html.
[6] 王从河.实施创新驱动战略,加快转型升级步伐,保持县域经济可持续发展[J].科学大众(科学教育),2017(8):206-208.
[7] 盘健斌.关于广西高层次科技人才队伍建设的思考[J].企业科技与发展,2014(17):1-2.
[8] 曹丕.秋胡行三首//乐府诗集[M].北京:中华书局,1979:495.

提升常泰镇城市组群发展水平，推动江苏省更好地融入国家区域战略

孙秀峰

溧阳市人民政府

摘要：在中国城镇化发展迈入城市群主导阶段的背景下，考虑常泰镇城市组群在江苏省"1＋3"重点功能区中的特殊区位，应将提升常泰镇城市组群作为江苏省落实长江经济带战略，融入长三角一体化发展格局，推进全省"1＋3"重点功能区战略，促进全省区域协调发展的重要举措。立足常泰镇城市组群发展基础，要科学谋划常泰镇城市组群定位，积极融入国家战略格局，推进基础设施一体化，强化城市间产业分工协作，加强生态环境共保共治，构建区域一体化发展机制。

关键词：常泰镇城市组群；长三角一体化；长江经济带

一、中国城镇化发展迈入城市群主导阶段

(一) 以城市群为主体形态优化城镇化布局和形态

改革开放以来，伴随着工业化进程加速，我国城镇化经历了一个起点低、速度快的发展过程。京津冀、长江三角洲、珠江三角洲三大城市群，以2.8％的国土面积集聚了18％的人口，创造了36％的国内生产总值，成为带动我国经济快速增长和参与国际经济合作与竞争的主要平台。《国家新型城镇化规划》根据世界城镇化发展规律，提出"以城市群为主体形态，推动大中小城市和小城镇协调发展"的新型城镇化指导思想。城市群是我国新型城镇化主体形态，是支撑全国经济增长、促进区域协调发展、参与国际竞争合作的重要平台。

(二) 以都市圈为重点推进城市群高质量发展

为推进以城市群为主体形态的新型城镇化发展，国家发展改革委印发了《关于培育发展现代化都市圈的指导意见》。意见指出城市群是新型城镇化主体形态，是支撑全国经济增长、促进区域协调发展、参与国际竞争合作的重要平台。都市圈是城市群内部以超大特大城市或辐射带动功能强的大城市为中心、以1小时通勤圈为基本范围的城镇化空间形态。针对我国都市圈城市间交通一体化水平不高、分工协作不够、低水平同质化竞争严重、协同发展体制机制不健全等问题，明确要以促进中心城市与周边城市(镇)同城化发展为方向，以创新体制机制为抓手，以推动统一市场建设、基础设施一体高效、公共服务共建共享、产业专业化分工协作、生态

环境共保共治、城乡融合发展为重点，培育发展一批现代化都市圈，形成区域竞争新优势，为城市群高质量发展、经济转型升级提供重要支撑。

二、提升常泰镇城市组群发展水平的重大意义

（一）提升常泰镇城市组群是江苏省落实长江经济带战略，融入长三角一体化发展格局的重要举措

推动长江经济带发展是党中央、国务院作出的重大战略部署。江苏省为长江经济带四大战略定位，提出共抓大保护，不搞大开发，以长江黄金水道为依托，以创新驱动、转型发展为导向，以深化改革、扩大开放为动力，扎实推进江海联动、跨江融合、东中西协同发展，着力创建生态文明示范区，着力实施创新驱动促进产业转型升级发展战略，着力构建综合立体交通走廊，着力加快新型城镇化进程，着力形成对内对外开放新格局，努力在推动生态更优美、交通更顺畅、经济更协调、市场更统一、机制更科学的黄金经济带建设进程中发挥重要作用。常泰镇城市组群是江苏省推进跨江融合发展的重要潜力区域，是构建综合立体交通走廊的重要战略位置，是创新生态文明示范区的重要生态屏障，提升常泰镇城市组群发展水平是江苏省落实长江经济带战略的重大举措。

2018 年 11 月 5 日，习近平总书记在首届中国国际进口博览会开幕式主旨演讲中指出，为了更好地发挥上海等地区在对外开放中的重要作用，决定将支持长江三角洲区域一体化发展并上升为国家战略，着力落实新发展理念，构建现代化经济体系，推进更高起点的深化改革和更高层次的对外开放，同“一带一路”建设、京津冀协同发展、长江经济带发展、粤港澳大湾区建设相互配合，完善中国改革开放空间布局。2019 年国务院政府工作报告提出要将长三角区域一体化发展上升为国家战略。常泰镇城市组群是江苏全面强化与上海的功能对接与互动的关键链接节点，是接受上海势能并向苏北和皖南传递的重要通道，因此提升常泰镇城市组群发展水平是江苏省融入长三角一体化发展格局的重要举措。

（二）提升常泰镇城市组群是江苏省推进“1＋3”区域战略，实现全省区域协调发展的重要举措

为推进发展思路和路径转变、行政区经济向功能区经济转变、同质竞争向协同发展转变，江苏省委省政府提出并实施“1＋3”重点功能区战略。扬子江城市群要促进沿江城市南北畅通、跨江联动发展，加快形成集聚协同效应，建成具有国际竞争力和影响力的世界级城市群，打造成为我国基本实现社会主义现代化的先行区。

受历史等多重因素影响，扬子江城市群形成了明显的“两头胖、中间瘦”现象，常泰镇城市组群是扬子江城市群的中部塌陷区。提升常泰镇城市组群发展水平有利于加快推进“1＋3”区域战略，实现扬子江城市群的整体提升，有利于实现全省区域协调发展，破解区域发展不平衡问题。

三、提升常泰镇城市组群发展水平的基础与挑战

（一）相对均衡是合作发展的最大基础

常州市、泰州市和镇江市有一定的共性基础，如沿江港口城市、历史文化名城、装备制造基地等，与周边苏州、南京等城市相比，常泰镇三市横向之间处于相对均衡的态势，同时在产业门类、空间格局等具体方面又各具特色。如在产业发展方面，常州市和镇江市均注重高新技术创新和先进制造业的发展，强调产业集群式的综合发展；泰州市则在医药、船舶、装备制造等专项领域力争进一步创新发展和提升产业竞争力。在空间格局方面，常州侧重于发挥区域和交通优势建设区域型交通枢纽城市，衔接转换沪宁经济轴线的“溢出”效应，辐射带动苏中地区协同发展；泰州市、镇江市注重发挥港口优势，积极承接区域核心城市的发展“外溢”，是建设连接长三角城市群及扬子江城市群的重要节点城市。

（二）竞争语境仍是合作发展的最大挑战

在经济发展与考核压力下，各级政府普遍采取大而全的发展思路，资源要素成为同级政府之间竞相争夺的目标对象，市场机制失去了调解筛选的作用，导致城市之间竞争关系大于合作关系，协同互补的发展态势更是难以形成。从常泰镇三市经济产业发展现状来看，常州是苏南模式的发源地，在政府管理、发展策略、空间区划甚至文化传统上更倾向于接轨上海一体化发展；镇江西靠南京，已形成与南京产业结构互补和要素市场协调关联的局面，同时镇江与扬州一江之隔，具备同城化发展基础，《江苏省城镇体系规划（2015—2030 年）》也明确了扬镇城市组群，具有较强的组合发展意愿；泰州市受空间地域限制，主城区缺少直接联系区域主轴的高等级交通通道，发展相对独立。竞争逻辑导致产业结构趋同，并进一步导致有限资源要素的过度分散，难以形成有效的优势互补和分工协作，常泰镇城市组群的整体竞争力难以得到提升，也阻碍了沿江城市群及长三角城市群的一体化发展进程。

四、提升常泰镇城市组群发展水平的构想和建议

（一）科学谋划常泰镇城市组群定位，积极融入国家战略格局

要站在国家战略高度认识谋划常泰镇城市组群发展定位，将常泰镇城市组群打造成为长江经济带跨江融合发展示范区和江苏推进长三角一体化先行区。在长江经济带国家战略中，江苏省要发挥区位条件好、综合实力强、开放程度高的优势，以扬子江城市群为核心，强化双向开放、东中西联动发展格局，着重推进沿江城市跨江融合发展。常泰镇城市组群具有得天独厚的跨江融合发展条件，应作为长江经济带跨江融合发展示范区进行打造。立足三市发展基础，探索在空间规划、交通体系、体制机制上有更高位的谋划、更系统的融合和更大力度的改革创新。

在长三角一体化国家战略中，江苏省重点是做好与上海的功能对接与互动，特别是上海大都市圈外围城市与上海的对接关系。常泰镇城市组群在江苏省独特的

区域位置决定了他们在江苏融入长三角一体化格局中的中转性战略作用，将常泰镇城市组群提升为江苏推进长三角一体化先行区，作为常-泰-淮-宿全省发展中轴崛起的重要抓手和先期突破口，注重接轨宁、沪、杭，承南接北，带动苏北地区加快融入长三角一体化发展格局。

常泰镇城市组群发展要处理好与上海都市圈、南京都市圈以及江苏“1+3”重点功能区的关系。首先常泰镇城市组群是上海都市圈紧邻区域，要做好功能承接和势能传递，发挥好中转枢纽的功能。其次常泰镇城市组群南京都市圈的外围区域，要服务于省委省政府提升省会首位度的战略部署，加强与南京都市圈的协同合作。再次常泰镇城市组群作为扬子江城市群的中部塌陷区，要加快转型升级补足扬子江城市群区域短板。

（二）打造江浙交通中轴枢纽，推进基础设施一体化

长三角地区已形成以上海为龙头，沪宁、沪杭、宁杭经济带为三条边的核心发展区。但在这个三角核心区内，缺少一条中轴线支撑。而从地理位置看，从泰州向南，经常州、湖州，和杭州连成一线，正处于核心区中轴线上。沿此中轴线，向南可延伸至绍兴、温州、福州，向北可至淮安、临沂，既接轨上海，又能促进沿线城市的互联互通，将成为推动长三角一体化发展新的突破口。常州市和泰州市已在市级层面开展了江浙交通中轴的前瞻性研究，并在江苏省两会进行呼吁。

提升常泰镇城市组群发展水平要依托江浙交通中轴，形成区域一体化的交通网络体系。充分利用常泰通道，抓紧规划建设泰-常-杭铁路，可打通长三角中部轨道交通“断点”，开辟京杭二通道。全力争取尽早开工建设北沿江高铁、盐泰锡常宜铁路两条铁路。加快沿江高速铁路、城际轻轨和常泰跨江通道建设，增强周边城市连接能力，形成环江快速交通网。围绕扬州泰州机场、常州奔牛机场打造多式联运枢纽，完善集疏运体系。支持常泰镇三市加强港口合作，支持长江与内河联航联运，加快港口功能整合与体系建设，适时开辟近中洋航线，构建现代物流体系，实现由喂给港、转运港向深水直挂港的转型。

（三）构建产业科技创新联盟，强化城市间产业分工协作

深化产业空间布局和结构调整，在更大的空间范围内推进产业转型升级。科学谋划城市定位和功能分工，围绕产业高端化、品牌化、高附加值化，每个城市形成各具特色的优势产业集群。依托省先进制造业集群建设，重点支持常泰镇城市组群围绕生物医药、智能装备制造、新材料、健康食品等产业方向，推进相关产业集聚。共同打造产业集群融合发展示范区，在项目跨江建设、园区南北共建、创新资源共享、产业协作配套、产业联盟打造等方面给予政策支持。结合三市产业特色，设立产业创新基金和引导基金，加大特色科教资源向相关城市集聚的支持力度。

（四）优化区域绿色生态网络，强化生态环境共保共治

严格保护长江、茅山等跨行政区重要生态空间，加强中心城市生态用地维护与建设，联合实施生态系统保护和修复工程。加强区域生态廊道、绿道衔接，突出长

江生态保护，支持常泰镇三市加大生态环保合作力度，加快实施长江生态环境修复保护项目，携手打造长江风光带。助力三市以公路、铁路、河流为骨架开展两侧绿色通道建设，携手打造从太湖至里下河的多条绿色生态廊道。

（五）构建区域一体化发展机制，激发制度创新活力

加强常镇泰城市组群区域协调机制建设，建立完善党政联席会议等沟通协调合作平台。重点加快区域基础设施建设、市场准入和质量标准体系建设、社会保障政策体系建设、区域生态环境保护建设、区域产业合作与政策衔接等重点领域的一体化进程，拓展医疗、教育、文化等领域跨区域合作。通过政府间的联合服务协定，政府服务转移，政府间服务合同等手段，在空间布局、基础设施、生态环境保护等多个方面深入对接。深化关检合作建设，全面推进“一站式作业”。

提升农村信息化　促进城乡协调发展

王　卿　刁振宇　陆星星

中国联合网络通信有限公司常州市分公司

中国联合网络通信有限公司江苏分公司

江苏赛红科技发展有限公司

摘要：党的十九大明确提出，要实施乡村振兴战略，加快推进农业农村现代化。信息化应该贯穿于农业现代化建设的各个方面，现今虽然我国的农村信息化已经取得了很大成就，但是随着改革的深入推进，暴露出了一些新的问题。本文分析了目前农村信息化存在的主要问题，并从规划、建设、宣传、人才培养等多个方面提出了解决建议，以助力缩小城乡“数字鸿沟”，促进城乡协调发展。

关键词：农村信息化；城乡协调发展；5G；人才队伍建设；

党的十九大明确提出，要实施乡村振兴战略，加快推进农业农村现代化。当前，物联网、移动互联网、5G等新一代信息技术发展迅速，正推动世界加速进入数字化、信息化社会，信息化能力已成为促进城乡区域和经济社会协调发展的重要资源。信息化的建设能够对农村经济发展过程中的各种影响因素进行充分整合与运用，使之更好地服务于经济社会的发展，对农村经济发展起到良好的信息资源整合的作用。因此，重视并且科学地做好农村信息化必将进一步缩小城乡数字鸿沟，促进城乡协调发展。

一、农村信息化发展的现状

在过去的多年发展中，随着智能手机的大量普及、农村网民的大比例提升、智能家电进村入户，农民的信息化、科技化发展意识有了普遍提升。但功能利用和操作水平仍处于初级阶段，农业信息化蕴含的价值和功能利用还有很大的挖掘空间。

根据农业农村部发布的《农业农村信息化发展前景及政策导向》表明，到2017年底我国农村网民规模达2.09亿人，农村互联网普及率上升至35.4%。我国农村网民网上消费支付的比例已提升至47.1%。农村电商处于高速发展阶段，尤其是2015—2016年农村网络零售交易额翻了一倍多，2017年达到12 448.8亿元，同比增长39.1%。

农业农村部市场在2019年提出“全面实施信息进村入户工程”，百万农民上网工程，“加快数字农业农村建设”等，政府鼓励与政策引导将为我国农村信息化发展增加新的动力。

二、农村信息化存在的问题

农村信息化化虽然在各级政府的引导下取得了一定成绩，但是仍然存在着一定的问题和困难。

（一）农村信息化基础设施的建设有待进一步加强

1. 农村信息化数据采集及应用的规范标准不统一

农村信息化数据的采集受到地域、气候、环境、温度、交通等诸多方面的影响，不同数据中心存在着数据采集模式不统一的情况，在数据的交互与数据的共享中存在着巨大差异，直接影响着农村信息化的发展质量。

2. 信息化基础架构不完善

农村网络基础设施建设滞后，互联网普及率尤其是接入能力还较低，城乡差距较大。信息化基础设施如光缆、管道、互联网、物联网、4G\5G 基站等的建设亟待增强。同时，交通、物流等配套设施也有待提升。

3. 农业生产信息化手段应用有限

在农业生产过程中，从土地检测、作物生长情况监测，使用农机耕作、到农产品收获和检测仍以传统的方式为主，现代化、信息化的手段（如通过物联网基础数据自动搜集、精准施肥和用药、远程控制播种和收割、病虫害遥感监测等）应用非常有限。部分信息化技术在农业领域的应用停留在试验示范阶段，农业信息化建设缺乏顶层设计，造成资源浪费、低水平重复建设。

（二）农村信息化人才短缺

我国长期的城乡二元结构，使得城乡之间存在巨大的文化、知识、消费、生产差距。长期以来，农村的信息化人才的培养力度不够，而少量培养出的人才，大多选择进入城市就业。这导致了既懂农业技术、又懂物联网、5G、大数据等高新信息技术应用的信息人才在农村非常紧缺，影响了农村信息化和农业现代化的进程。

（三）农民信息化意识和技能不高

农民较低的文化程度与信息技能水平，限制了农业信息化的发展速度，同时农民的信息化意识水平远远没有跟上社会信息化发展的速度，大部分农民仅通过互联网获取简单信息，能够有效利用信息的农民比较少，这直接制约着我国农村信息化的发展质量与进度。

三、农村信息化的对策及建议

（一）加强农村信息化基础设施建设

1. 统一数据规范和标准

建议政府及相关行业协会建立相对统一的农村、农业信息化数据规范，充分整合各个平台的农业气象、农作物“四情”监测、农产品供求、农机作业调度、农产品检测等信息，形成农业信息化大数据库，向农业从业人员提供一站式农业信息服务。有效提升我国农村信息化的规模和进程，缩小城乡数字鸿沟，促进城乡协调发展。

2. 抓住5G建设契机，完善农村信息化基础设施

目前，4G网络覆盖到全国所有乡镇用户，5G建设和发展成为国家战略，正在不断建设中，物联网、人工智能、大数据等信息技术也正迅猛发展。我国信息化新技术的进程中，建议抓住契机，积极推广通过基于4G/5G的移动互联网进行信息最后一公里传递，缩短城乡信息基础设施差距。政府统一纳入规划，并加大农村5G通信、物联网等基础设施（主要是通信基站、通信管线、物联网监测传感、大数据平台、远程播种、收割系统等）建设力度，使得农民不论在田间还是在住所，随时随地都能进行农业生产相关的监测数据上传、相关信息获取、农机具的远程控制等交互。

另外，还需要进一步完善农村专门负责信息化工作的机构，在加大对农村信息化的推进力度的同时，实现政府与农村农民之间信息传播的高效、快速、准确、扁平，提升政府对"三农问题"的管理和公共服务能力。

（二）人才培养和队伍建设

1. 要加强农村干部队伍建设

要加强对村组干部，特别是村级党组织主要负责人的培养和培训，加强对驻村干部、大学生村官、乡村技术员等人员的培养和管理，充分提升他们的信息化意识和技能水平，发挥他们的优势和特长，带动更多农民跨越数字鸿沟。

2. "软""硬"兼施，留住人才

实现乡村"生态宜居"，是农民的梦想，也是每个国人的梦想。建议大力推进农村基础设施建设，为人员回流创造良好的"硬件"条件；同时通过制定和完善相关创业政策、税收政策、资金政策、落户政策、土地流转政策等"软件"，吸引人才尤其是懂得物联网、大数据、5G等信息技术的人才进一步流入，通过人才拉动农村信息化的发展。

3. 加大对农民的培训

在不断完善基础设施建设加大对信息技术专业人才的引进的同时要加强对农民的培训工作。可以充分利用农村的教育机构，主要指的是当地的中小学，让农村地区的中小学成为信息技术传播与运用的人才培养中心。

（三）推进经验借鉴和新技术成果应用

1. 加快新技术应用、成果推广

我国目前在大规模种养殖业、园艺、商超及物流等领域已开始试点使用物联网、人工智能和大数据技术。新型装备农业开始涌现，如无人机植保、大棚设施智能化、自动化动物饲喂设备、远程植物病理诊断系统等都已经有了应用，并且产品的迭代和更新速度非常快。这些运用现代信息技术手段的新型农业生产机具，为农村的信息化和农业的产业转型升级、发挥了巨大作用。后续我们需要总结试验

成果，进一步发挥带动示范作用，推广已成功的试验成果，加快农村、农业信息化进程，缩短城乡信息化差距，促进协调发展。

2. 推进公共服务经验借鉴

随着近年来“智慧城市”建设的发展，城镇公共服务方面已经积累了一批应用效果较好、适于推广的项目。建议利用信息化技术借鉴“智慧城市”建设管理经验，推进“智慧农村”建设，从农村群众关注的政务管理、教育、医疗、留守家庭关爱等热点痛点问题入手，持续引入城市信息化建设成果，使城镇的优质服务资源逐步向农村延伸，持续提升农村地区的综合治理和社会服务水平，缩短与城镇信息化公共服务的差距，促进城乡协调发展。

（四）加快农村电商平台和物流体系建设形成示范效应

建议基层政府通过政策引导、整体规划和建设投入，进一步建立健全电子商务的相关法律法规、行业标准体系。大力发展农村电子商务，支持经营主体主动对接大的电商平台。大力开展农业电子商务应用，建设网上农产品专业市场，为农业产业基地及龙头企业、种养经营大户、农业专业协会和农工提供农产品市场信息服务和营销服务。

同时推进道路基础设施建设升级，推进末端物流点的落地，培养、吸引和稳定物流相关从业人员。如在逐步推进实现村村通公路的基础上，依托各快递公司、邮政等部门，建立农村物流服务点等，最终建立全面覆盖农村末端的物流体系。通过电商平台和物流体系的完善必将进一步提升农村信息服务体系，更可以通过规模效应、示范效应，提升农民参与农村信息化的积极性，助力跨越思想上的城乡“数字鸿沟”。

（五）加大宣传、提升百姓意识

各级政府要加强宣传教育，提高全社会对农村信息化的认识。比如通过各种媒体进行相关宣传，针对农民创新宣传形式，让广大农民更容易理解和接受，提高农民的信息化意识。同时加大对优秀案例，尤其是创业案例的宣传，更好地推进农村信息化发展。

四、小结

可以预见，未来农村信息化和现代化将获得巨大发展，信息化将引领农村和农业发生巨大变革，相信通过政府、政策、市场等多方合力，定能大大推动农村信息化的发展，进一步缩小城乡差距，最终实现乡村振兴战略和城乡协调发展。

参考文献

[1] 胡扬名.城乡统筹发展背景下农村信息化建设问题研究[J]. 江西社会科学，2016(2).
[2] 魏晓涛.农业信息化带动农业经济发展的模式分析[J].北京农业，2014(15).
[3] 马晓河.推进农村一二三产业深度融合发展[J].中国合作经济，2015(2).

物联网技术在建筑施工与维护一体化管理中的应用研究

肖光华

江苏城乡建设职业学院

摘要： 随着智慧城市如火如荼的开展，物联网渗透到了各行各业，推动着传统产业的技术升级和改造。借助物联网技术有助于解决建筑在施工和维护管理中存在的问题，提升管理水平，减少事故发生的可能性。本文从物联网概念出发，介绍了目前物联网在建筑施工维护领域的发展现状，指出了其中存在的问题，阐述了物联网对建筑施工维护一体化的意义以及未来的发展方向，以供相关研究借鉴。

关键词： 物联网；建筑；施工；维护；一体化

一、引言

建筑工程质量和安全问题是我们国家、社会和人民重点关注的重大民生问题之一，同时也是广大人民群众追求安全保护和实现自我幸福感的迫切需要。近年来，我国政府高度重视物联网技术在我国经济社会各个领域的广泛应用。物联网技术有着全时性、远程性、准确性等优点，尤其是随着射频识别技术、传感技术的不断发展以及5G技术的到来，将其应用于建筑过程及使用过程的安全管理，可以弥补当前建筑施工及管理中存在的不足，以减少事故发生的可能性。

二、物联网概念在建筑施工维护中的延伸

物联网的概念最初是把所有物品通过射频识别等信息传感设备和互联网连接起来，实现智能化识别和管理。随着研究的深入，物联网的内涵已经发生了很大改变。现如今的物联网指的是将具有一定感知能力、计算能力和执行能力的各种信息传感设备，如射频识别（RFID）装置、红外感应器、全球定位系统、激光扫描器等装置，通过网络设施与互联网结合起来而形成的一个巨大的网络，从而让所有的物品都与网络连接在一起，实现信息传输、协同和处理，使系统可以自动实时地对物体进行识别、定位、追踪、监控。物联网在互联网的基础上，实现物理世界与数字世界的融合，将联网的对象从人扩展到了所有的物品，从而实现“人与人”的联网以外的“人与物”、“物与物”的联网。基于物联网的内涵，结合建筑工程的特点，通过信息传感设备对建筑工程的全面感知，以及特定的网络实现建筑工程中的安全影响

要素(包括设施、设备、施工环境、人员等)泛在互联,信息交换、通信、处理、分析,以实现智能化识别、定位、跟踪、监视、控制、管理和决策的一体化计算平台。建立突破了人员监控的传统管理模式,掌握了施工与维护中难以获悉和控制的管理盲点,通过物联网技术达到了信息空间、施工现场、建筑结构和管理空间的高度融合,逾越了建筑施工与维护管理之间的“信息鸿沟”,有效提升了建筑安全管理保障能力。

三、物联网在建筑施工维护领域的发展现状

(一) 物联网应用于建筑施工安全管理的研究现状

目前应用最为广泛的是 RFID 射频识别技术,利用射频信号的空间耦合原理,实现短距离、无接触的信息交互,并通过所传递的信息实现物体识别的目的。在建筑施工现场利用此技术进行工作人员的标签管理,通过工作人员随身携带的有源标签和设立于施工现场内不同区域的读卡器,通过设立于监控室内的电脑终端可以实现施工人员查询、工人分布查询、未到达区域查询、施工人数查询、区域人数查询等结果,并且通过对特定区域设置报警功能,设定标签卡权限,在没有权限的人员进入时实现区域报警功能。从而实现对施工现场内人员的全方位监控,避免无关人员进入施工现场或危险区域,切断了人与安全隐患的接触途径,保证了人员安全。但是,在实际的使用过程中,由于缺乏对作业人员携带标签的检查,导致标签的不携带、乱传递现象时有发生,无法完全实现预设功能。

类似于有源标签管理的“人脸识别”技术也应用于施工现场的人员管理。如新的“建筑起重机械安全控制系统”正处于试点研发阶段。起重机械操作室内,安装有面部识别装置,特种作业人员通过面部识别“刷脸”上岗,人脸识别装置自动将信息与数据库内特种作业人员信息进行比对认证,匹配成功后,建筑起重机械随后得以开启。这样保证了特种设备操作的单一性,从根本上遏制了由于无资质人员操作特种设备而导致的安全事故。

传感技术也同样正应用于施工现场的安全管理与事故预防。通过施工现场内温度传感器、烟雾报警器等传感设备的布置,在终端实现了对施工现场内火灾安全隐患的远程监控。利用远程视频监控技术,可以查看消防控制室等重点部位值班人员的在岗和履职情况。在起重机设备监控方面,其中塔式起重机安全管理系统(Safety Management System for Tower Crane Groups,SMS－TC)实现了对起重机的全方位监测:每个塔式起重机的操作状态是由一组定制的传感器检测,包括车臂水平和垂直位置传感器、加载角度传感器、塔身倾斜和风速传感器等,传感器收集的数据通过无线信号传送至监控终端。而针对传感技术在隧道变形中的监测研究,也有学者提出了一种 WSN 信息感知平台技术,综合利用了包括传感器技术、微机电技术、嵌入式技术、无线通信技术等。无线传感器网络由传感器节点、汇聚节点和管理节点组成。广泛应用于机械状态监测、建筑物监测、地质灾害监测等领域。英国剑桥大学的 Soga 教授团队已将此项技术成功应用于伦敦地铁工程的监

测。2008年,他们对不同的地铁隧道针对衬砌裂缝、倾斜角、位移、温湿度等参数开展了长达一年半的监测工作,分析了若干条发展中的裂缝开裂速度、衬砌变形的速度、管片间的相对移动,并及时提出了预警。如果将此项技术应用于施工现场的基坑安全状态监测,将实现对基坑周边形变的监测,在此基础上,咨询专家计算临界形变阈值,将能够对基坑安全状态做出定量评定,决定是否需要采取加固措施,也能实现危险的提前预警。

(二)建筑行业政府监管信息化方面的研究

为适应建筑业规模不断增长带来的建筑施工质量安全管理工作的需要,落实现行质量安全管理制度及有关规定,有必要进行创新,利用信息化技术建立管理系统,提升管理效率和管理能力。目前全国建设工程主管部门均在探索信息化手段加强建筑工程质量监管的有效途径,如:上海市逐步推广应用了"数字工地"建设工程质量监督管理信息系统,该系统利用互联网和平板电脑,应用现代化信息采集、传输、处理技术和自动化控制技术对施工现场进行动态、实时、客观地监督控制,重点解决了质量安全监管中监管人员在施工现场"查什么、怎么查、如何管理"三个方面的问题,大大提高了质量安全监督效率。江苏省住建厅自2013年起联合移动运营商,利用LBS手机定位方式落实住建部关于项目负责人带班的有关制度,对施工现场关键岗位人员的到岗履职情况进行考勤管理。广州市针对材料检测过程中出现的问题,为防止混凝土试块人为造假现象的发生,开发了工程质量检测监管信息系统和混凝土质量追踪与动态监管系统,将物联网技术应用于混凝土检测监管工作。该系统通过在混凝土试块中植入芯片,实时追踪混凝土试件从施工现场到检测实验室的运输情况,杜绝混凝土试块造假问题。

(三)物联网在建筑管理中的应用研究

智能建筑源于上世纪80年代早期的美国,它是将建筑、设备、服务和经营四要素各自优化、互相联系、全面综合并达到最佳组合,以获得高效率、高功能、高舒适与高安全的建筑物。武建集团提出在高校楼宇的不同区域广泛部署功能各异的无线传感设备,通过有线、无线或其他通信方式实现感知信息的互联互通,通过系统的中央监控管理中心的数据处理,实现对建筑物内水、暖、电、消防、安防等各类设备的综合监控与管理。高效的管理工具和手段的迅速发展必将给古老的建筑业管理带来一场革命。

四、物联网在建筑施工维护应用中存在的问题

(一)"信息孤岛"问题

物联网技术应用于建筑工程监测的技术有很多,只是这些技术都只是单独针对某一项工程作业的应用研究,或者是针对一个或几个工程结构,缺乏基于整个项目安全管理层面的应用方法和公共统一的管理融合平台,因此信息很难共享,同时也缺乏同其他管理系统的有机衔接。

（二）开发平台不统一

工程监测过程有其特殊性，针对不同类型不同结构的建筑工程，监测项目内容也会有所差异。通过针对具体结构类型或建筑类型开发一套专用的监测软件，这会导致开发周期长，重复利用率低，管理和开发成本非常高。建筑管理平台与工程安全监测平台不兼容，信息无法共用。

（三）监测时效短

由于建筑结构的运营周期长达几十年，在目前情况下，监测系统很难完成对结构整个运营过程中的实时在线跟踪式的监测，对建筑结构进行有效的指导和养护管理。因此监测系统不能充分利用时间尺度上蕴含的信息，实现挖掘数据演变过程的信息。

随着物联网技术的逐渐成熟，建筑施工过程与建筑管理运维将作为一个整体，建造与维护将不再是两个不同的体系，物联网技术作为其一体化平台的桥梁与载体必将发挥出更大的作用，从而推动建筑行业的质量与技术水平的持续提高。

五、物联网对建筑施工维护一体化的意义

（一）完善建筑施工与运营维护管理体系

随着技术的不断发展与成熟，物联网逐渐应用于工作、生活的各个领域，建筑业承担着国家基础建设与民生发展的重要职责。但我国目前建筑业的安全水平，与整个行业的发展水平还存在一定程度的不相匹配。通过研究物联网在建筑过程及管理过程中的应用，有利于弥补当下施工管理和建筑交付后管理的不足，提高行业整体安全管理水平，从而缩短建筑业安全水平与其发展水平之间的距离。

（二）将建筑安全与管理数据融入“大数据”体系

物联网的发展推动社会从“信息时代”迈向“数据时代”，随之兴起的“大数据”，成为各行各业科学决策的重要支撑。物联网应用于施工现场的管理及运行管理中，其强大的感知层技术，可以广泛收集施工与管理过程中的各类安全数据，为建筑施工及管理研究提供丰富的数据资源，从而向进一步实现智能建筑和智慧城市的方向发展。

（三）促进建筑过程与管理维护一体化

建筑施工单位与建筑管理单位通常是分开管理，各成体系，在施工交付后，管理单位对于建筑施工过程中的情况掌握不多，如果没有重大的建筑质量问题，通常无法追踪建筑物在施工过程中存在的问题。通过物联网技术，不仅可以获取施工过程的各项数据，便于建筑管理单位进行评估与接收，也为建筑物使用过程及维护和管理提供了参考与保障，将建筑物的施工与使用维护相统一。

六、物联网是建筑施工维护一体化管理的重要手段

物联网技术依据自身的特点之所以能应用于建筑施工维护一体化管理，主要

因为以下几点：

1. 运用物联网技术的全时性对各类建筑实现建筑过程的实时安全监测，确保建筑过程中的施工管理过程按照要求执行。

2. 运用物联网技术的远程性，实行建筑过程的远程监控，以便工程管理人员进行跨区域工程监理。

3. 结合物联网的准确性，记录施工过程的数据，根据监测过程与结果进行建筑整体质量评价与分析，建立一个完善可行的建筑过程安全评价与预警决策体系，将异常的事后管理变为事前预警，使得对建筑安全有一个全面、客观且整体的评价，同时对建筑物使用的安全状态有一个正确的估计。

4. 建筑运营与维护单位根据建筑施工过程中产生的数据以及安全评价的结果确定建筑工程交付，对因设计、施工以及使用不当等原因导致的质量安全问题的建筑物进行及时的加固与维修，降低建筑物损坏的风险，从而更好地保障广大人民群众的生命与财产安全

七、结语

利用物联网技术建设施工管理与维护平台，对现场管理的大量数据信息进行全面感知、可靠传送、深度分析和智能监管，不仅可以减小建筑交付使用后的维护压力，而且在对建筑维护的过程中还可以对新建工程项目施工质量的改进提供帮助，最终实现建筑施工与维护管理相互影响，相互促进，实现建筑施工与维护的一体化管理的目的。

参考文献

[1] 陶君鹏.物联网技术在建筑工程安全管理中的应用[J].四川水泥，2018(9)：152.
[2] 王奇呐.互联网＋在智能建筑弱电系统及综合布线中的应用[J].电子世界，2018(15)：155，157.
[3] 焦安亮，付伟，张中善，冯大阔，郑培君.我国建筑智能工程施工技术及新应用[J].建筑技术，2018，49(06)：623-627.
[4] 齐乐乐.物联网技术在建筑施工人员安全管理中的应用研究[D].西安：西安建筑科技大学，2017.
[5] 李念勇.物联网在建筑施工管理上的应用与前景[J].建筑，2017(8)：72-73.
[6] 刘晓丽.基于智慧建造的项目管控机制研究[D].济南：山东建筑大学，2017.
[7] 刘辉光.基于物联网建设的建筑企业安全生产管理研究[D].杭州：浙江工业大学，2014.
[8] 杜群.基于物联网的智能建筑安全系统的研究[J].自动化与仪器仪表，2014(6)：41-42，46.
[9] 郭瑞峰.信息技术在建筑工程质量政府监管中的应用[D].合肥：合肥工业大学，2014.
[10] 徐继强，喻天波，吕春雨.对建筑工程重要环节的思考[J].合作经济与科技，2011(10)：49-50.

乡村振兴中的技术、人才与教育

董晓英

江苏理工学院

摘要：乡村社会存在着一些亟待解决的问题，主要表现为：公义性缺乏、组织性不足、前瞻性不够、创造性阻抑，需要有强大的动力和积极的作为，充分发挥人才与技术的作用。根据劳动分工不同需对不同劳动者分别施以不同的技术教育：领导者——“知技术”；管理者——“懂技术”；技术师——“会技术”；操作工——“干技术”。在技术教育的同时还要培育职业精神和创新意识与能力，激发和促进人才与科技在乡村振兴战略中的重要作用。同时，要面向未来的涉农劳动者开展系统全面而优质的教育，以保障乡村的持续发展。

关键词：乡村振兴战略；乡村社会新型职业农民；职业教育与培训

中共十九大提出“到 2020 年全面脱贫，两个十五年建成社会主义现代化强国”[1]的宏伟目标，着力解决发展中的“不平衡，不充分”问题，而其难点在“三农”[2]。在此背景下，“乡村振兴战略”被提出。笔者通过实地调查，发现在乡村振兴中，人才是第一资源，教育至关重要。

一、乡村振兴的必要性和困难

乡村振兴之所以重要，原因主要体现在五个方面。首先，人口因素：乡村人口所占全国人口的比例高于 40%，而与他们通过亲缘关系相联系起来的人口所占全国人口的比例高达 80%以上。就中国国情而言，即使到了现代化阶段，乡村人口也不应低于 40%。就目前而言，贫困人口的 70%在乡村，因之“小康不小康，关键看老乡”。第二，国土因素：中国 80%的可利用国土在乡村，发挥着巨大且不可替代的环境与生态功能。科学保护，合理利用，永续利用这些国土，是保持和改善水、气、土，予国家以可持续发展的有效保障。第三，经济因素：粮、油、肉、蛋、奶，菜、果、茶、蜜、药等作为生存的必需品，既要有对十三亿人的数量保证，又要有事关健康的质量保证。其四，社会因素：广大乡村是否安全和稳定，公平和正义，清洁和美丽，乐业和幸福不仅是国家的关怀，更是全国人民的需要。第五，文化因素：乡村是乡韵，乡情，乡风的保留地，是传统文化根脉的延伸空间，记得住乡愁，愈来愈成为现代社会人的需求。

乡村振兴追求的目标：富强，即以农业为主题的经济发达，劳动者收入丰厚，居民生活幸福；民主，即组织有效力，党的领导有力，村民自治有效，企业管理有序，社团组织有作为，乡民有尊严，弱势群体得到有效照拂；文明，即乡风优良，乡韵浓郁，乡情友好，有效遏制黑恶势力、不良宗教、腐败分子的危害；和谐，即人际互惠，产业合理，生态友好；美丽，即村容整洁，健康卫生，环境友好，生态增益。

然而，乡村社会也面临着诸多问题，据笔者的观察，目前乡村中普遍存在的问题有四个方面。其一，公义性缺乏，原有的乡土美德正在流失，如亲情、孝道、义气、互助、怜悯、谦让、敬畏、勤劳等等；而一些陋习恶俗则有增无减，势利、小气、逐利、凌弱、盲从、铤险、懒惰等等，不良宗教蔓延，传销、赌博、偷窃、作假、破坏环境者比比皆是。其二，组织性不足，领导力量弱，团队意识差，有的乡村干部住在城市，有的挂职干部只“挂”不“职”。其三，前瞻性不够，目光短浅，视野不足，混混日子者很多，“拆二代”麻将度日者有之，父母勤劳致富，子女四体不勤者有之。其四，创造性阻抑，知识缺失，好学者追逐应试，厌学者丢书弃学；开拓创新的动力不强，信心不足，协作不力。笔者访某偏远山区一农民，他困惑，“机械耕种我不会，水牛被你们城市人买的价格高不可攀，我又用不起”，当今社会这种现状使他原先自给自足的小农生活难以为继。乡村社会存在的这些亟待解决的问题，有些还有持续恶化的危机。

二、乡村振兴关键是人才

实践证明，乡村振兴最关键的要素是有科学决策能力的带头人，他们或者是当地成长起来或党和政府派来的乡村干部，或者是来乡村创业的企业家，他们的共同特征是具有全局的视野、爱乡的情怀、奋斗的意志以及精明的头脑。当然，与带头人共同奋斗的管理队伍和劳动力以及相应的资金投入也必不可少。但更重要的是他们科学决策的能力，即对项目、人力和技术的选择和运用能力，而能够接地气，面向具体对象创新是其中的核心。

不同地区的社会经济状况，自然资源禀赋，人口资源特征各有不同，其所依托的内生和外生动力各有不同。最优的项目选择是充分开发地方优势的项目，是集成创新的结果，如 A 先生，在一片原为劳改农场的近乎荒废的湿地建立了青虾养殖基地，致富一方；拥有海外经历并事业成功的经济学博士 B 先生回到家乡溧阳，把一片大山开发成国际水准的旅游、休闲和生态保护园区；或与传统产业或地方文化相关联，溧阳 C 先生通过自主研发实现了溧阳白芹生产的机械化；创出新业态，武进孟河镇 D 先生挖掘了中医、乱针绣、齐梁等地方文化要素，建起文产融合，国际交流的“小黄山艺术馆”；或与目标市场对应，金坛 E 先生创业成功，事业有成，回乡创业，面向养老产业，开发山地 1 600 亩建设“怡园”。这些项目的共同特征是发挥当地优势，吸纳当地人优质就业，为当地经济、社会、文化、生态建设与发展做贡献。

乡村振兴的关键要素是成熟适切有效的技术。技术必须是成熟技术，F 先生为生产当地特产乌饭树苗木，扦插两万多株，成活无几，直到请来省林科院专家，通过组织培养解决了繁殖问题；技术必须是成套技术，C先生的白芹生产六大环节全部实现了机械化，才得以成功；必须是适切技术，苏北某螃蟹养殖区请来大牌专家讲螃蟹养殖，村民说：“非常感谢专家，专家讲得很好，但他讲的是海水养殖，我们这里是淡水”；同时，也必须是落地生根的可推广实用技术，让使用者能学会做。

综上，人才是乡村振兴的第一资源，科技是乡村振兴中最重要的动力，教育和培训是这一动力得以生效的有力条件。欲全面提升乡村人力资本，要培育一批有文化、懂技术、会经营、善管理的涉农人才，使之成为乡村振兴的中坚力量和致富带头人[3]。

三、在乡村振兴中要充分发挥教育的作用

随着现代农业的发展，新型职业农民产生了，并逐渐成为农业现代化发展的中坚力量。但与此同时，还需要并确实存在一大批“非职业”农民。伴随着工业化和城市化的趋势，从事农业劳动的人数逐渐减少，素质(体力、智力、精力)逐渐降低的问题不可避免，我们更难以苛求当代农民能够像传统农民那样从事超负荷的劳动。其中，许多劳动者一年之中会在农业、工业、商业和服务业中频繁转换，会在家庭和不同的企业从事不同岗位的劳动。因此，使农业劳动得以减量提效，易学易做势在必行。

职业教育与培训作为乡村振兴的生力军，尤其是县级职业教育机构所开设的涉农专业，面向三农的技术培训，与当地生产实践直接接轨的科技创新活动，都是三农发展，乡村振兴的宝贵动力。在职业教育与培训中，因材施教对于促进人力资源的优化配置和技术作为第一动力的有效转化具有重要意义。根据劳动分工可将新型职业农民分为四种人群，须分别施以不同的技术教育。

(一) 领导者——“知技术”

农业企业主或乡村干部，是一个人或团队，兼有出资人、策划者、决策者、领导者的角色。他们作为“乡村精英”是新兴职业农民的典型代表，是乡村振兴的实践和行动主体[4]，他们不缺乏先进的理念、知识、视野或品格，并可能有相当强的技术专长，他们具有事业发展的需要和对当地自然与民俗的深入了解。对他们的教育，当由政府、高校、科研院所等实施，如种白芹的C先生与江苏大学、扬州大学建立了产学研合作基地；搞乌饭树的F先生与江苏省林科院、江南大学建立了紧密关系；搞孟河文化的D先生与乌克兰国家艺术学院建立紧密合作关系，网罗常州高校的人文学者参与。同时，他们最需要的是“知技术”，须自己沉下去，接地气，访民情，了解乡风民俗、人口素质、自然条件等状况，理解技术，理解运营，理解管理，理解市场等在当时、当地的存在方式和运用策略。

(二) 管理者——“懂技术”

管理者不仅要具备管理的基本素养，而且要有基于具体管理对象的有效管理方法，要求知识视野的持续拓展，因此，需要对他们进行系统的，有层次的，有针对

性的教育培训，这些培训可由社区教育机构或职业教育机构完成。通过职业教育与培训，使他们能够正确地处理好三方面的内容：第一，可以因地制宜、因时制宜地选择合理的运营模式，或“农工商一体企业”，或“公司＋农户”，或“小农联合体”，或“专业化＋业务外包”等等；第二，能够合理运筹人力资源的开发，与乡村社区和区域经济相协同，促进城乡一体化体系的建设，实施有效的内部管理制度，对农时季节的特征进行准确把握；第三，建立起有效的鼓励技术创新的机制，从根本上找到本企业发展的重点与难点，确定发展主题，选择组建团队，开展重大攻关，破解当下难题。

（三）技术师——“会技术”

技术师是指掌握与所从事产业相关的专业知识和技能的人。他们主导着技术实施和生产过程，保证产品的质量和产量，同时，他们有职业发展的需要。技术师能够熟练掌握所需技术，会新技术是保障产品质量和提高产品产量的关键，而欲提高和更新技术师的技术，就要对他们进行有针对性的，阶段性的，持续性的新技术教育和训练，这些新技术教育与培训可由行业业务主管部门、校企结合、院所基地相关专家完成。通过职业教育与培训，使他们能够做到“四会”：第一，会学，能够及时获取产业升级的新信息，掌握技术发展的新趋势，学会新工具、新技术、新方法；第二，会做，能够准确、熟练地掌握重要技术环节的生产技术；第三，会用，能够对相关的技术、工具、生产资料进行科学合理的调配，根据自然条件和管理条件的不同进行变通使用；第四，会教，在自己准确熟练掌握新技术方法的同时，能够把相关技术的操作方法教授给生产一线的操作工。

（四）操作工——“干技术”

操作工是一个企业的主体，他们最贴近于产品的一线生产，而且人数最多，流动性最大，岗位变化最快，因此，操作工能够知理、达标、高效对于企业发展具有重要影响。作为一线的操作工，工作场所在企业，在车间，企业中具有最先进的生产设备，了解最新的产业需求，因此，要由企业对他们进行或即时的或集中的职业教育与技术培训，使他们明晰生产中的道德伦理、法律界限，明确生产中的工作任务性质与目标要求以及产品的质量标准，让他们在生产过程中在操作时能够做到熟练运用技术，操作规范，了解自己在生产环节中的角色，从而保障产品生产的质量。而对于一些专业性较强的岗位，人员应该尽量稳定，这些人要送至社区教育机构或职业院校进行更加专业的职业教育与培训。

对于这四类人群，不仅要进行不同种类的技术教育，还要加强价值观、责任感和合作意识的教育，激发乡土情怀，培育职业精神。在加强技术教育与培育职业精神的基础上，激发其创新动机，促进其创新能力的发展，推动其将科技创新成果转化为现实生产力，从而实现人力和科技作为乡村振兴战略的资源与动力的创新性转化。

要面向未来的涉农劳动者开展系统全面而优质的教育，以保障乡村的持续发展。这类教育要使未来的涉农劳动者能够面向“三农”——学农、爱农、兴农，不仅有职业的技能，还要有学习的能力以及发展的潜力[5]。要学农业，发展实践能力，能动手，有科技创新潜力，掌握专业知识，针对产业，可以迁移；要爱农业，滋养敬业精神和乡土情怀；要兴农业，树立发展现代化农业的理想信念。

参考文献

[1] 习近平.决胜全面建成小康社会夺取新时代中国特色社会主义伟大胜利——在中国共产党第十九次全国代表大会上的报告，2017-10-18.

[2] 中共中央国务院关于实施乡村振兴战略的意见，2018-01-02.

[3] 王慧.产教融合：农村职业教育发展方向[J].教育研究，2018，39(7)：82-84.

[4] 马建富.乡村振兴战略实现的职业教育机会与应对策略[J].中国职业技术教育，2018(18)：5-11.

[5] 谭绍华.实施乡村振兴战略职业教育应该怎么做[N].中国教育报，2018-05-15(009).

关于“大运河文化带”高质量建设探析

——以江苏省淮安市盱眙段为例

谈晓芳　金　健

淮安市盱眙县机关事务管理中心

省直综合委员会

摘要：淮安市西南的历史文化古县——盱眙，是隋唐大运河的重要枢纽城市，是大运河江苏文化带建设的有机组成部分。大运河在此留下汴河、泗州城、明祖陵、第一山、盱眙古城等珍贵的文化遗产，其历史文化底蕴，不应在打造大运河江苏带建设过程中被忽视。但是，受经济发展不平衡、文化建设不充分等因素制约，大运河文化带盱眙段建设，面临着规划引导、个性特色、传承开发、高层次人才稀缺等问题。只有通过高标准规划引领，挖掘不可复制的盱眙段运河文化资源，探索文物保护与利用、遗产传承和发展共赢模式，才是推动大运河文化带盱眙段高质量建设的关键所在。

关键词：运河文化；泗州城遗址；高质量建设

大运河是我国古代最伟大的工程之一，具有强烈的人文意义和文化、经济战略价值，是流动的文化，传承的载体，也是中国制度文化、技术文化、社会文化的集合体。2014 年 6 月中国大运河被列入世界遗产名录，自此中国大运河文化带建设步入快车道。目前各级政府部门在陆续出台各类大运河规划、规范及法规后，都开始推动大运河文化区域段建设，这也为促进区域文化、经济等发展提供了目标和框架。

淮安市西南的历史文化古县——盱眙，是隋唐大运河的重要枢纽城市，是大运河江苏文化带建设的有机组成部分。大运河盱眙段的汴河就是连接洛阳到淮河，沟通黄淮的运河干线，隋唐大运河 4 个遗产点（河南洛阳含嘉仓遗址、洛阳回洛仓遗址、浚县黎阳仓遗址，安徽淮北濉溪柳孜运河遗址），5 段河道（通济渠郑州段、通济渠商丘南关段、通济渠商丘夏邑段、永济渠滑县浚县段、通济渠泗县段），基本全跟汴河相关，大运河在此留下汴河、泗州城、明祖陵、第一山、盱眙古城等珍贵的文化遗产，其历史文化底蕴，不应在打造大运河江苏带建设过程中被忽视。

自大运河文化带建设战略实施以来，盱眙县学习贯彻习近平总书记“大运河是祖先留给我们的宝贵遗产，是流动的文化，要统筹保护好、传承好、利用好”的重要指示精神，紧紧联系旧城改造、文化遗产保护、全域旅游等相关重点工作，全力推进大运河文化带盱眙县各项建设。积极推动盱眙县纳入淮安市大运河文化带建设整体规划范围，成为大运河文化带淮安段规划的三大片区之一——隋唐运河文化遗址保护展示片区。整合泗州城和第一山资源，明确规划建设泗州城遗址国家文化公园。深度挖掘运河文化的历史价值和现实价值，突出大运河文化资源中极富区域特色——泗州城遗址文化。初步完成沿淮片区游道贯通、黄牌街至第一山主游步道铺装、内城河片区张家大院修缮以及游客中心等附属建筑建设等工作。

但是，受经济发展不平衡、文化建设不充分等因素制约，大运河文化带盱眙段建设，也面临着一些问题和挑战：规划编制方面，如何与省市级规划多级、多层次统筹协调，更好地规划项目建设，需要上级有关部门组织更多的论证和指导。盱眙特色方面，如何因地制宜体现不同于其他运河文化，是一大难题，提炼具有盱眙特色的大运河文化内涵还需要深入挖掘。传承开发方面，如何在泗州城、第一山等核心文化遗产保护传承的同时，做好资源开发利用的文章还需进一步谋划。项目推进方面，如何实现近期、中期、远期的可持续发展，以及建设资金的多元统筹，文化引领的战略路径选择都需要一个清晰思路。此外，还有文化带建设任务日益繁重，相关机构不健全、人才短缺，本地文化遗产、文化产业等高层次人才稀缺，省内外专家参与不足，传承资料整理和文创产业开发能力不足等问题。

2018 年 6 月 8 日，娄勤俭在省大运河文化带建设工作领导小组举行第一次全体会议上提出，推动大运河文化带江苏段建设走在全国前列，打造江苏文化建设高质量的鲜明标志和闪亮名片。作为大运河江苏文化带建设的有机组成部分，大运河盱眙段建设将为区域未来发展打开新的一扇门，是促进区域经济社会发展的重要契机。在这一战略决策背景下，针对大运河盱眙段发展现状，可以通过探究以下几方面来解决建设中存在的问题。

一、定位起点要高　整体规划高质量

大运河文化带盱眙段建设，需要省、市、县三级联动，多措并举，用高质量发展的大视野、大格局全面推进各项工作。一要高起点定位。隋唐大运河盱眙段连接黄河、淮河，并沟通长江，是历史上较早、变迁较复杂的河段，也是当时的水运枢纽、物资转运和文化交汇的中心，所以要按照国家考古遗址公园和大运河文化带建设示范项目的要求进行高标准定位，抓住这一新中国成立以来首个战略机遇。二要省市县联动。按照高质量发展要求制定省、市、县一脉相承的规划，与省、市级规划做好统筹协调，争取上级有关部门更多的论证和指导，确定大运河文化带建设标准、发展重点和保障措施。三要全域整体规划。完善并推动城市总体规划、文化遗产保护、全域旅游规划、经济发展规划等相互衔接、有效融合。特别是做文化遗产保护规划前，要形成统一思路，要符合盱眙社会经济发展水平，并做好规划、建设、文化等职能部门之间的沟通。

二、弘扬运河文化　保护传承高质量

盱眙与泗州因大运河成为漕运重镇、淮汴要冲，繁荣千年，大运河丰富的历史文化资源，为发展区域文化提供了可持续性资源支撑。一要深入挖掘内涵。以列入世界文化遗产名录的历史遗存为核心，对境内运河遗产资源调查摸底、建档立案、统筹保护。收集整理泗州城、第一山等与大运河相关的历史渊源文化遗产，深入挖掘提炼运河文化资源——“泗州城文化”“僧伽文化”“帝王文化”“汴河文化”等。二要加强展示宣传。借助传统方式和新媒体平台，做好运河文化的主题展示和保护宣传，阐述运河发展历史，展示盱眙与运河文化血脉相连的历史关系，树立“活化保护”理念，增强社会公众的文化遗产认知、传承及保护意识。三要健全保护机制。鉴于遗址文化的脆弱及不可再生性，保护是开发的首要原则，建立健全大运河盱眙段文化遗产保护机制，加强发改委、规划、水利、住建、文物、交通、旅游、环保等部门和相关县区运河文物保护、遗产传承的协作和督查，探索文物保护与利用、遗产传承和发展的共赢模式。

三、塑造文化精品　打造产业高质量

大运河文化遗址展示精品不多，盱眙要用好自身优势，系统梳理盱眙段特有的唯一性、原真性历史文化价值与特色，打造区域中无可替代的盱眙段运河文化。一要塑造特色精品。盱眙拥有江苏省大运河国家文化公园中唯一的古城遗址——“泗州城遗址”，古泗州城完全具备成为世界级旅游资源的潜质，是杰出的世界遗产和遗址精品，素有“东方庞贝”之称，推进遗址文化公园建设，将会为盱眙经济社会发展提供源源不绝的动力。二要整合资源要素。以“泗州城遗址”为核心，统筹“第一山”“明祖陵”“淮河文化”“都梁善道”以及非物质文化遗产、水利文化工程等，整合历史文化资源要素，形成系统化项目体系，齐头并进抓好大运河盱眙段全线项目建设。三要推动产业融合。依托大运河沿线遗产资源及运河水系承载的各类旅游空间，做好保护、传承、利用，明确产业准入目录，坚决摈弃低端业态，支持大运河文化带文化创意产业、旅游业、现代农业和休闲观光农业等，将文化集聚带、旅游集散带、绿色产业发展带融合发展，让文旅产业成为盱眙社会经济发展的重要支撑。

四、着眼中期远期　持续发展高质量

大运河盱眙段第一期工程已启动建设，初步完成沿淮片区、第一山片区等建设工作，聚焦如何实现保护开发可持续协调，是中期和远期发展着眼的方向。一是积极招才引智。成立大运河文化带人才智库，整合、挖掘智力资源，强化文化遗产队伍建设，推进人才体制机制改革，重点引进文物修复、遗产规划、文物科研等方面专业人员或团队，并加快制定传承人培养制度、带徒传艺制度等，为盱眙运河文化建设出谋划策。二是完善财税金融政策。积极向上争取专项资金，引导和推动国家政策性金融机构在大运河文化建设基础设施等领域扩大贷款规模，支持绿色企业发行绿色债券，设立绿色金融、文化金融，鼓励民间资本以捐助和投资等多种形式参与文化遗产开发利用，扶持、鼓励文化带建设区域内民办博物馆、私营文化景区、特色文化企业的发展。三是加强生态协同保护。严守生态红线，构建统筹机制，有力保护运河生态，以改善环境质量为核心，以生态建设为抓手，严守用地指标，以优化布局、绿色转型、完善环境风险防范体系为重点，建立管理、监测、规范、考核问责等长效机制。

按照“城水相依、组团相间、生态相连、文脉相融”的要求建设盱眙运河文化带，凸显不可复制的盱眙段特色，积极探索淮河、隋唐运河等流域生态补偿机制，加快对接省城南京乃至长三角地区的山水历史文化休闲旅游目的地，必将成为全省大运河文化带建设中一颗闪亮的文化明珠。

浅论科技创新与江苏区域协调发展的联系

吴松廷

淮安市审计局

摘要： 江苏省作为长三角经济圈的核心，是"一带一路"与长江经济带的重要交汇地带，在中国国家现代化建设大局和全方位开放格局中具有举足轻重的战略地位。但近年来由于政策体制、经济基础、资源禀赋等因素导致江苏省内各地区发展存在较大差异，尤其是苏南、苏北差距逐渐扩大，严重制约了江苏省总体经济实力的进一步提升和全面小康社会目标的实现。如今，我国已经进入以创新促转型、以转型促发展的新阶段，本文旨在通过研究分析科技创新与江苏省内区域协调发展的关联，推进区域创新体系建设。

关键词： 江苏经济；科技创新；区域协调发展；创新体系建设

江苏省作为东部沿海的发达省份之一，在改革开放战略的正确领导下，在经济建设方面取得了举世瞩目的成就，但江苏经济的发展在地域上并非是齐头并进的，而是存在着一定的梯度，即苏南、苏中和苏北三个层次：苏南地区发展较快，苏中适中，苏北较慢，由此将江苏省的经济发展划分成阶梯状，这样的现状影响了江苏省内各区域的协调发展。党的十八大提出关于深化我国经济体制改革的目标和任务之一就是统筹区域发展，因此，如何促进江苏区域经济协调发展，逐步扭转地区差距扩大的趋势，已成为当下的一个重要课题。

一、江苏省区域发展现状及差异分析

按照最新的统计口径划分，苏南包括南京、无锡、常州、苏州、镇江 5 个地级市，土地面积达 28 085 平方公里，2017 年末户籍人口 2 514.53 万人(年末常住人口 3 347.52 万人)；苏中包括南通、扬州、泰州 3 个地级市，土地面积达 22 927 平方公里，2017 年末户籍人口 1 729.64 万人(年末常住人口 1 646.51 万人)；苏北包括徐州、连云港、淮安、盐城、宿迁 5 个地级市，土地面积达 54 865 平方公里，2017 年末户籍人口 3 550.01 万人(年末常住人口 3 035.27 万人)。

(一) 省内三区域经济发展方面的差距

在经济发展方面，由于改革开放，长江三角洲被开辟为沿海经济开放区，内河航运发达，沪宁、沪杭铁路的相继建成为苏南地区的崛起带来了便利，这就促使省内生产要素向南部地区流动，大大促进了苏南地区快速稳步的发展。表 1 中的各项指标反映,江苏省2017年度苏南地区各项经济发展状况均优于苏中、苏北地区,尤其是苏南、苏北的差距较大。苏南的地区生产总值是苏北的2.5倍,人均地区生产总值是苏北的3.5倍,城镇常住居民人均可支配收入是苏北的1.75倍。江苏省要想实现全面小康的目标,就必须促进各地区尤其是苏南、苏北的协调发展。

表1 2017年苏南、苏中、苏北经济指标比较

指　标	苏南合计	苏中合计	苏北合计
城镇化率(%)	76.4	65.7	62
地区生产总值(亿元)	50 175.2	17 544.1	20 268.77
人均地区生产总值(元)	201 159	101 230	56 966
城镇常住居民人均可支配收入(元)	54 169	40 920	31 007
农村常住居民人均可支配收入(元)	26 759	20 000	16 501

注:根据《江苏统计年鉴2018》得出上述数据

(二)省内三区域资源禀赋方面的差异

影响经济发展的一个重要因素是资源,不同地区在长期的发展过程中依靠各种资源不断进行资本积累,为以后的发展奠定了坚实的基础。江苏省内三区域资源禀赋方面的差异主要体现在3个方面:

1. 区位环境方面

从区位环境方面来看,苏南地处长江三角洲,京沪铁路和沪宁高速公路贯穿境内,地理位置十分优越。同时苏南地区紧邻上海,长期受到上海龙头辐射作用,是沿海开发地带和长三角开放地带的重要组成部分。苏北地处江淮平原,拥有丰富的矿产资源,是江苏省重要的能源基地,但是苏北地区基础设施建设不足,交通欠发达,机场和港口吞吐量也不能适应现代经济发展需求,距“长三角经济区”核心城市上海相对较远,受其辐射作用较弱,不具备苏南地区“地利”的优势。

2. 经济基础方面

苏南的城市经济基础相对较好,尤其是工业基础优于苏中、苏北。而苏北一直以农业为主导产业,工业基础相对落后。改革开放以来,苏南已建成各种产业链,在地方经济发展中发挥了很大的作用,逐步形成了区域经济链,带动了整个地方经济健康有序发展。而苏北依靠着丰富的自然和农副产品资源,却未能构建一个具有影响力的大市场,来推动地方产业的发展。同时,在经济的对外开放程度方面,苏南苏北的差异也比较明显。苏南地区利用其处于国际、国内过渡地带这一优越地理位置逐步实现了产业结构的转型升级,不断提高其产品在国际市场上的竞争力,对外贸易得到了迅速发展。在进出口总额这个重要的指标上,2017年度苏南是苏中的8.5倍、是苏北的15.5倍,这样的差异显示了三个区域背后经济全球化水平的巨大差距。

3. 科技投入方面

在区域竞争力的培育和发展中，科技相关的投入是一个重要的因素。随着社会技术的进步，科技的优势越来越凸出，这些优势主要从劳动技能、知识水平、劳动力文化素养等方面表现出来。在政府投入和吸引各类技术人员方面：2017 年度江苏省科学技术相关财政支出苏南地区 271.27 亿元、苏中地区 55.51 亿元、苏北地区 72.62 亿元。2017 年末，苏南拥有各类专业技术人员 44.95 万人、苏中 21.81 万人、苏北 40.26 万人，苏南和苏中、苏北地区相比平均每位技术从业者获得的政府专项支出均大幅领先。同时，由于苏南经济发达、收入水平高，对高素质人才的吸引力较大，而苏北地区相对贫困，缺少吸引人才的条件，导致人才外流现象严重，这进一步加剧了苏南、苏北地区经济的差异，使得苏北长期处于人才流失与经济发展缓慢的恶性循环之中。

二、江苏区域协调发展与科技创新的内在联系

我国在改革开放 40 年的高速增长中，从发达国家引进先进的技术成果，取得了巨大的成绩。但这种经济增长模式也在一定程度上抑制了自主创新的发展。如今，我国已经进入以创新促转型、以转型促发展的新阶段。科学技术作为第一生产力的观念也已成为共识，科技与经济的关系变得日益密切，在转变经济增长方式、调整产业结构，提升核心竞争力等方面发挥着重要的作用。科技创新成为区域协调发展的最重要手段和突破口，也是实现可持续发展的基础保障。

（一）科技创新能创造经济发展的需求

经过 40 年的发展，我国的科技水平已达到国际一流水平，科技的进步对经济增长的贡献越来越突出，成为推动经济结构调整、产业优化升级的主要力量。江苏省三区域在加快发展、促进就业、改善民生、创造需求等方面都有着不同层次的需求，而科技创新能不断加快战略性新兴产业的发展和新经济形态的产生，从而在上述几方面作用巨大，让各区域发挥自身优势、形成互补。同时还影响着人们的思维方式、消费观念和就业取向，从根本上改变竞争格局和财富的获取方式。

（二）科技创新是实现可持续发展的必由之路

江苏经济发展的重要内涵之一是实现经济发展和生态保护的有机统一。而可持续发展的经济对资源和环境的要求就变得更加严格，这也必然需要通过科技的不断进步与创新来促进转型升级和产业结构调整。这对于智能设备和科技创新提出了更高的要求，只有科技创新的持续和快速推进，才能有效保障江苏实现可持续发展所需的技术支撑，助力新兴产业的发展，不断延长与完善产业链，推动产业规模的壮大，加快省内三区域全面统筹协调的步伐，提升国内外综合竞争力。

（三）统筹协调发展能反哺科技创新

科技创新需要持续不断的资本投入，特别是在高附加值产业技术的研发方面，而只有江苏三区域统筹协调的新型经济才能为科技创新提供有效的资本保证。从

这个意义上来讲，江苏的统筹协调发展将产生强大的反哺效应，为科技创新奠定丰厚的物质基础。此外，三区域经济的协调发展与区域综合竞争力的提升将带来人力、资源等要素投入的增加、科技创新需求的增长以及创新环境的不断完善。总之，科技创新与区域统筹协调发展紧密融合，会起到强有力的彼此支撑和促进作用，共同推动新型经济的高效发展。

三、提高科技创新力，促进省内区域协调发展

江苏省经济快速发展的背景下，区域经济不协调发展的结果是必然存在的，但我们必须降低这种差距。这就需要政府认识到区域经济不协调发展的危害，深入了解江苏省区域经济不协调发展存在的根本原因，希望政府能够从全局出发，统筹兼顾，促进江苏区域经济协调发展。

(一) 构建区域创新体系，提高企业自主创新能力

在区域创新体系的建设中，企业是创新的主体，企业的技术创新能力不仅是企业竞争力和产业竞争力的核心，也是一个区域、一个国家的核心竞争力之一。目前，国内相当多的产学研合作仍然以高校、科研院所为主，企业的参与度较低，因此，要完善技术创新政策体系为企业创造良好的创新环境，通过重大科技计划、相应的税收激励措施鼓励企业加大研发支出，建立以企业为主体的产学研合作的创新模式，大力提高企业自主创新能力。

(二) 建立自主创新基地，引导产业集群化

产业集群是指地理上一些相互联系的公司、专业化的供应商、服务提供商、相关机构等在某一地域某一产业的集中，它们既相互竞争又彼此合作。国内外的一些区域创新体系形成的许多经验已经证明了产业集群是区域创新体系的重要模式。产业集群之所以能推动自主创新是因为一方面集群的企业可以更便捷地获得新客户的资讯、更快地掌握最新的消费趋向，另一方面集群的企业可以更快地学习新的知识、技术和技能。要引导产业集群化，建立自主创新的创新基地，关键在于选好具有区域特色，适宜区域发展的主导产业。政府要制定支持产业集群的政策，营造产业持续发展的环境。

(三) 建立苏中新增长极，实现区域经济协同发展

由增长极理论可知，为了区域经济协同发展可以让一部分地区先发展起来，形成特定的增长极，然后借助增长极的辐射和带动功能促进其他地区经济发展。实际上促进江苏区域经济协调发展的关键，就当前而言，并不是促进苏北地区经济的发展，而是加大力度促进苏中地区经济的崛起。因为苏北地区和苏南地区有一定的距离，苏南地区的辐射功能不可能直接影响到苏北地区。而苏中地区距离苏北和苏南地区都比较近，因此可以先加大力度发展苏中地区，促使苏中地区形成新的增长极，然后利用苏中地区的辐射作用来带动苏北地区的发展，其最终目的是为了江苏区域经济共同发展。

（四）因地制宜，以创新推动苏北发展特色经济

发展经济既要依赖科技的不断进步，也要和当地特有资源相结合。各区域应当发挥特色优势，努力挖掘能够给地方带来经济发展的资源。如苏北区域的徐州市煤炭资源较丰富，一方面要借助科技创新的力量努力促进产业转型升级，另一方面应当以煤炭资源为基础，努力发展煤电、煤化工等规模化产业。同样，苏北地区的淮安、盐城、连云港、宿迁等市，经济总量相对比较低，可以围绕各自的特色，发挥其在湿地、能源和绿色生态等方面的自然资源优势。将其打造为重要的生态湿地旅游目的地和绿色生态城市群，同时整合相应的旅游资源，建设有竞争力的旅游集群，开发更多与旅游业相关的产业，极大地挖掘旅游业的附加值。

当然，江苏各区域经济各有所长，为了实现江苏区域协调发展，必须充分认识到苏南苏中苏北各自在全省经济发展中的地位和作用，充分发挥各自优势，借助科技创新实现优势互补，缩小差距，在现代化发展过程中走出一条协调发展的新路。

参考文献

[1] 王娟，屠立峰，赵广凤.江苏区域协调发展的统计分析[J].商场现代化，2006(5).
[2] 吴先满，张立冬."六大组团"：江苏区域协调发展的战略思考[J].群众，2014(11).
[3] 董昕.科技创新驱动区域协调发展的国际经验与启示[J].区域经济评论，2016(6).
[4] 王苧萱.科技创新驱动黄蓝区域经济实现协调跨越发展[J].海洋开发与管理，2014(1).
[5] 熊必军.加快构建区域创新体系 进一步提高自主创新能力[J].湖北省社会主义学院学报，2006(3).
[6] 徐泰玲.大力促进江苏区域经济协调发展[J].群众，2010(6).

实施“1+3”功能区战略
推进江苏区域协调发展

朱育红

九三学社淮安市淮阴区委员会

摘要：由于自然地理和经济社会诸因素叠加的影响，江苏区域经济发展存在明显的梯度特征，要改变这种态势，必须通过不断深化改革，加快交通、水利、信息等基础设施建设，提高资源配置效率；高度重视“三农问题”，促进苏北农村区域尽快融入现代江苏经济体系；实现区域基本公共服务均等化；加快苏北的教育普及和科技进步。江苏正在启动实施的“1+3”重点功能区战略，正是促进区域协调发展的生动实践。

关键词：区域；协调；战略

区域发展不平衡是世界各国发展史上普遍存在的现象，几乎所有的国家都对区域问题表示了极大的关注，积累了许多解决区域问题的成功经验。我国地域辽阔，地区之间的发展很不平衡，可以说区域发展不平衡是绝对的、长期的必然现象，即使某个行政主体在某一个历史时期解决了区域发展差距问题，新的不平衡现象又会产生。解决区域发展差距问题，是一个世界性的经典难题，而区域协调发展格局的真正出现，绝非一蹴而就、轻而易举。由于自然地理和经济社会诸因素叠加的影响，江苏区域经济发展存在明显的梯度特征，地带性差距不断扩大，引起了一系列的区域问题。

一、江苏区域经济发展不平衡依然存在

江苏省位于我国东部沿海地区，河网密集、地势平坦、资源丰富、气候宜人等优势为经济发展提供了良好的基础。在改革开放浪潮的推动下，江苏地区成为我国经济体制改革和对外开放的先行者，经济增速和国内生产总值处于全国领先地位。虽然江苏经济发达，但存在区域经济发展不平衡问题，滔滔长江奔涌而过，将江苏划为苏南、苏北两大区域，多年来，苏南富庶、苏北相对落后已成为外界论及江苏区域发展格局的常识。

(一) 区域综合实力明显不协调，区域之间的绝对差距仍在扩大

据有关统计截止到2016年，苏北的经济增速虽然已经连续10年快于全省平均水平，但毕竟是以占全省1/2强的面积和近2 /5的人口，只创造了占全省1/5的GDP，综合实力仍然薄弱。从绝对值指标的变化来看区域发展的绝对差

距也在拉大。

（二）区域投资结构存在较大差异，经济发展方式转变不平衡

人民群众的收入水平，与区域投资方式和产业结构关系极大，高投资率虽然能够拉动经济快速增长，有助于形成规模经济，但很容易造成发展不平衡，导致投资主要集中在工业领域，对消费产生挤出效应。最近十年来，苏北、苏中经济增速比较高，主要就是依靠“招商引资”来拉动的，还处在“投资驱动”发展阶段。同时，苏中、苏北的科技创新能力相对薄弱，经济发展方式转变较慢。

（三）区域公共资源分布差距很大，公共服务供给不平衡

最近十几年来，江苏十分重视推进区域基本公共服务的均等化，但由于长期以来苏北积重难返，目前区域公共资源分布和公共服务供给仍然很不平衡，在这方面，教育、医疗卫生资源分布的不平衡更为突出。

二、区域经济发展不平衡成因分析

（一）历史基础因素

经济发展是一个长期的不断累积的过程，区域经济发展水平与该地区历史基础有着密切的关联。在江苏，苏北地区曾是我国古代的重要粮仓，但受黄河溃决影响陷入连年洪灾的困境，全国的经济中心便开始向苏南转移。明清时期，资本主义萌芽最先在苏州、无锡等地发展起来，商品经济在苏南地区蓬勃发展。到了近代，江苏的工业主要集中于苏南，经济发展上呈现出南高北低的局面，苏北经济发展基础明显弱于苏南。

（二）地理区位因素

在市场经济条件下，地理区位因素直接影响着该地区的开放次序和开放程度，是造成区域经济发展差异的关键因素。苏南地区位于长江三角洲的核心地带，其北濒长江，京杭运河、沪宁铁路贯穿全境，便捷的交通系统方便了苏南地区与其他城市间的经济贸易往来，同时受上海辐射影响，上海地区产业转移也让苏南地区成为技术、人才、资本等资源的重要汇集地，为该地区经济的快速发展提供了助力。苏北地区受长江阻隔远离上海这类经济发达城市，且周边地区经济发展相对落后，经济发展上的辐射带动力不足，经济发展势头较弱。

（三）文化观念因素

区域文化始终潜移默化地影响区域发展主体，并以其为载体和中介在微观层次影响企业的发展水平、产权安排、产业选择等，在宏观层次影响区域经济活性、区域创新和区域综合力等。先进的地域文化，也必然会造就人们在观念、意识等文化方面上的高素质，有力地推进区域经济健康、持续发展，从而形成区域经济与地域文化的良性循环。江苏苏南地区人们的思想观念普遍开放，市场观念意识强，勇于开拓创新，把握机遇，积极探索新的经济发展方式，充分发挥主观能动性推动区域经济发展。而苏中、苏北地区在市场经济发展中的创新意识与苏南相比则存在明

显不足，在经济发展上缺乏打破传统、挑战自我的拼搏精神。

（四）区域政策因素

按行政区域划分的苏南、苏中、苏北的区域分类方法显得过于简单，因为南、中、北发展梯度分类的基础是行政区划，而不是以产业结构水平、人均 GDP、经济总量、固定资产投资规模、就业状况、教育水平、环保等一系列经济和社会发展综合指标进行分类的。区域经济差异的不断加剧与政府部门的政策导向有着密切的关联，就江苏省而言，作为省域经济洼地的苏北腹地和沿海地区的受重视程度一直不够。

三、江苏推进区域协调发展必须扎扎实实“补短板”

（一）加强交通、信息基础设施建设

苏北发展之所以相对滞后，有自然条件、历史基础、思想观念等很多方面的原因，但基础设施建设相对落后是一块明显的“短板”。完善的基础设施是经济腾飞的前提和繁荣的标志，一个没有交通、通讯、电力等基础设施的区域，要想实现工业化、现代化是难以想象的。加上体制机制的障碍，要素流动就会受到很大的影响，造成大量优质的要素如人才、技术等纷纷从苏北单向流动到苏南和其他发达地区，导致要素拥有上“强者愈强、弱者愈弱”的两极分化，形成区域发展中的“马太效应”。要改变这种态势，必须通过不断深化改革，加快交通、水利、信息等基础设施建设，提高资源配置效率。

（二）创新实施“乡村振兴战略”

高度重视“三农问题”，促进苏北农村区域尽快融入现代江苏经济体系。江苏城乡居民中农民收入偏低，农民之中苏北农民收入更低，高水平全面建成小康社会，“短板”和未来的“亮点”都在苏北农村。江苏应取行之有效的政策措施，加速农村区域发展。十九大强调今后三年要坚决打好精准脱贫攻坚战，因此必须按照十九大的要求，创新实施“乡村振兴战略”，坚持精准扶贫、精准脱贫。要加快推进农业供给侧结构性改革，坚持农业农村优先发展，深化农村产权制度改革，明晰农村集体产权归属，赋予农民更加充分的财产权利，持续实施强农惠农富农之策，努力实现农业现代化。没有苏北农村的现代化，就没有苏北的现代化；没有苏北的现代化，就没有江苏的现代化。

（三）推进基本公共服务均等化

实现区域基本公共服务均等化，是区域协调发展的鲜明标志。从目前的实际情况来看，首先要补齐苏北的“短板”，提高苏北基本公共服务的供给能力。省委、省政府要进一步加大对苏北基本公共服务财政投入和公共资源配置的倾斜力度，在逐步扩大覆盖面的基础上，优先安排政府基本公共服务投资项目，确保基本公共服务供给水平不断提高。

（四）加快苏北的教育普及和科技进步

江苏省政府将国有重大项目直接投资在苏北，同时争取国家级项目的直接投资。国有企业直接投资在落后区域，可以很快改善投资地区的产业结构、就业状况，还可以带动与之配套的相关产业的发展，形成产业群。政府对苏北的教育、科技项目的直接拨款，为苏北区域的可持续发展提供人才保障和科技支撑。科技水平是构成一个区域核心竞争力的根本要素之一，苏北的落后表现在教育、科技水平与苏南的全方位差异。现在的各级教育收费政策，对收入很低的苏北农村人力资源的开发极为不利。为了促进区域共同发展，江苏必须加快苏北的教育普及和科技进步，把发展教育、科技作为开发的战略重点。

四、"1＋3"功能区战略，重塑经济地理

党的十九大报告提出要实施区域协调发展战略，江苏正在启动实施的"1＋3"重点功能区战略，正是促进区域协调发展的生动实践，必将深刻重塑江苏经济地理版图。如何打破地域壁垒，缩小苏南苏北发展差距，走向共同富裕，一直是江苏统筹区域协调发展的着力点之一。随着一座座大桥连贯长江南北，一条条高速铁路通达全省，江苏南北区域间交流往来、资源共享越来越密切，差距逐渐缩小。

在2018年5月10日省委、省政府召开的苏北座谈会上，时任省委书记李强提出，要跳出传统的地理划分，重新研究全省发展格局，实施重点功能区战略。"1＋3"功能区战略由此确立。"1＋3"重点功能区摆脱按照苏南、苏中、苏北区域发展梯度"排队走"的老路，打破三大传统板块的地理分界和行政壁垒。作为"1"的扬子江城市群重在创新驱动、集群发展，"＋3"的主要功能依次是：主攻现代海洋经济，赚足海的钱；培植生态经济区，扩大生态竞争力；推动江苏纵深发展，使徐州成为淮海经济区中心城市。四大功能区组团合力提高江苏全省整体竞争力。仔细观察"江苏省行政区划图"，江苏的空间格局犹如竖起来的"π"，一竖是岸线近1 000公里的沿海区域；上面一横是东陇海发展带，东中西纵深，连接"一带一路"；下面一横是扬子江城市群，与长江经济带相呼应。大片中间腹地则是江淮生态经济区，江、河、湖、海是江苏省区域协调发展的宝贵资源。打造苏北水乡风貌，把水乡独特资源转化成发展动力，将一个个湖泊串连成线，必将构建起江淮生态经济区新的魅力空间。

区域协调不仅仅是GDP的协调，更是文化认同和人民共同富裕的协调。区域协调发展是现代化经济体系的重要特征和组成内容。区域协调发展是我国社会主义现代化建设中绕不过去的重大问题，而"1＋3"重点功能区战略的提出，既是新发展理念与江苏实际紧密结合的具体行动，也是江苏促进人口经济资源环境协调和区域协调发展的客观需要，对全面落实习近平总书记提出的"建立更加有效的区域协调发展新机制"具有重大实践意义。

参考文献

[1] 魏晓锋. 国内外经验对江苏实施区域共同发展战略的启示[J]. 科技经济市场，2006(3)：

78-81.
[2] 祁岚. 江苏区域经济差异及其对策研究[J]. 时代金融，2017(3):130;132.
[3] 储东涛. 江苏更加坚定推进区域协调发展的当务之急[J]. 江苏大学学报（社会科学版），2018(1):79-86.

乡村振兴背景下休闲观光农业发展路径探析

——以苏北地区为例

戴慧婷

淮安市农业农村局

摘要：本文通过对苏北地区休闲观光农业的实地调研，结合苏北地区发展特点，分析苏北地区休闲观光农业存在的问题及不足，进而提出解决问题的主要思路。建议苏北地区走出一条融生态农耕、新型农业观光、农业体验于一体的休闲观光农业道路。

关键词：乡村振兴；休闲观光农业；苏北地区

今年中央一号文件明确，农村人居环境整治是全面建成小康社会必须完成的硬任务，是实施乡村振兴战略的第一场硬仗，为农民提供干净整洁的生活环境是应有之义。

一、背景

休闲观光农业是农业与旅游业交叉的新型产业，发展休闲观光农业能够优化农村产业结构、增加农民收入、改善乡村环境，基础功能是可以为农民提供干净整洁的生活环境。近几年在政府的推动下，我省休闲农业随着城市化的进程迅速发展，市场数量增长很快。但由于苏南苏北地区经济文化等因素差异，休闲观光农业的发展严重不平衡。苏南地区创建了一大批高品质的省级、市级乃至国家级的休闲农业示范点和示范县。就全省休闲农业与乡村旅游园区数量总量而言，苏南休闲农业与乡村旅游园区占了一半以上，苏南地区的节庆活动占了全省一半以上。苏南各市近郊休闲农业丰富多样，不仅有观光果园、生态有机茶园，如江阴九州果业、东山果茶园，还有特色化主题农园，如常熟沙家浜声苹荡风景区、苏州未来农林大世界等。

二、发展概况

苏北地区平原水网密布，农业生产发展历史悠久，各地具有众多特色产品优势，为休闲农业发展奠定了良好的产业基础。近年来，苏北经济社会发展呈现蓬勃向上的良好势头，我省已经启动连淮扬镇、徐宿淮盐、青连、连盐、郑徐等铁路建设，江苏开工建设的铁路项目达8个，基本上全部在苏北及沿海地区，为发展休闲农业提供了极其便利的交通条件。苏北开发休闲农业具有丰富的自然条件，地处暖温带，四季分明，山区夏季可以避暑，冬季可以滑雪，具有发展自然生态休闲旅游的良好条件。苏北地区耕地面积占全江苏的50%以上，滩涂面积占江苏75%以上，占全国20%以上，因此有着巨大的土地开发潜力，具备发展休闲农业的天然优势。此外苏北地区文化淀积深厚，具有开展休闲度假、科教旅游、文物博览、森林和生态旅游等多种休闲旅游活动的得天独厚优势。苏北地区积累了大量的民间艺术和民俗文化，为发展休闲农业奠定了深厚的基础。

当前苏北休闲观光农业模式主要有：(1)农业主题公园休闲旅游模式；(2)农家乐休闲旅游模式；(3)科普教育休闲旅游模式；(4)休闲度假旅游模式；(5)民俗风情休闲旅游模式等。

截至2017年，连云港市休闲观光农业从业人数11.01万人，带动农户近2万户，形成了大樱桃节、花卉节、西瓜节、葡萄节、荷花节、豆丹节等品牌。淮安市共有休闲农业经营主体近600个，国家级、省级森林公园和湿地公园5个。全市获批全国休闲农业与乡村旅游示范创建企业(园区)四星级1个、三星级4个，江苏最具魅力乡村5个，省级休闲农业精品线路8条。

三、存在问题及不足

1. 基础设施有待提高

具体表现在道路交通建设质量差、电网设备差且用电成本高、互联网普及率低、天然气普及率不足等方面。道路养护和管理的任务也比较沉重，将会成为政府一笔不小的开支。农村电力设备很多都已破损，效率低，耗电大，浪费十分严重，同时也存在较大的安全隐患，给农民的生活造成了极大的不便。

2. 功能特色有待拓展

休闲农业开展的项目基本都是采摘参观吃饭为主，经营内容大体相同，农事体验、科普教育等功能不全。不少地区由于片面强调对乡村自然资源的开发，而忽视了乡土文化、乡村民俗等文化内涵开发。休闲观光农业项目盲目跟风，普遍存在规模小、经营者品牌意识淡薄的现象，多以专项旅游产品出现，如观光果园、观光茶园、高科技农业博览园、多功能花卉园、休闲渔场等，与其他景区和自然资源结合程度不够，缺乏“叫得响”的品牌。

3. 行业管理有待规范

受自身能力限制，不少旅游点建设较为粗糙，配套设施不全，接待设施简陋。如餐饮消费环境不够卫生、停车场地不尽合理、道路行车缺乏指引等。从业人员大多没有专业农业生产管理经验，也没有接受系统专业的培训和教育，部分农事体验定价不够合理。有的休闲农业场所处于粗放经营，形成轻管理、低质量、低收入的恶性循环。

4. 知名度有待提高

不少新型休闲园区由于在建时间短，建设成果不显著，各方面的设备设施正在完善过程中，离正式对外广泛宣传还需要很长一段时间，再加之它们地理位置一般都在郊区，流动人口有限，因此这些新兴休闲观光农业园区的知名度一般都不是很高。除此之外，要想打造一个品牌本身就需要很长时间，要经受消费者长时间的“考验”，这就要求企业在加大宣传力度的同时，还要不断完善自身的建设，给消费者带来更多舒适的体验，增强园区的竞争力，维持园区的持续发展。

5. 资金投入有待拓宽

休闲观光农业的建设耗资巨大，管理成本也十分高昂。休闲农业比一般的农业项目投入要多，投资门槛较高，投资主体大多是工商资本，前期回报收益慢，贷款投入负担加大，主要靠其他产业来支撑。农民大户投资少，不利于农民创业。投入资金大部分都是企业通过融资得来的，政府虽有补助，但杯水车薪。企业一旦经营不善，出现资金短缺或是破产的话，在建园区就会立刻成为企业巨大的经济负担，企业很可能会被迫停建，以后园区的去向将不可预测。

四、建议

如何进一步加快苏北地区休闲观光农业发展？建议要充分发挥乡村各类物质与非物质资源富集的独特优势，利用好“旅游＋”、“生态＋”等模式，壮大新产业新业态，走出一条融生态农耕、新型农业观光、农业体验于一体的休闲观光农业道路。

1. 编制发展规划，优化产业布局

通过规划来明确发展目标和思路，整合休闲农业资源，挖掘文化内涵，突出苏北地区文化内涵，优化产业布局，塑造产业特色，提高休闲农业发展水平。建成一批具有农业生产、农耕体验、娱教一体、衍生产品加工销售等功能的休闲农业园区，鼓励产业间联合与协作，构建新型休闲农业产业联盟，打造生产标准化、经营集约化、服务规范化、功能多样化的现代休闲农业特色优势产业带和产业群。

2. 夯实工作基础，建立动态管理机制

充分利用各级财政、社会和金融机构等不同渠道资金，加大对休闲观光农业公共服务设施建设的支持力度，改造提升一批休闲农业村庄道路、供水、停车场、厕所、垃圾污水处理等设施，鼓励因地制宜兴建特色餐饮、特色民宿、购物、娱乐等配套服务设施，满足消费者多样化的需求。结合全市现代农业产业示范园创建，因地制宜制定和宣传贯彻休闲观光农业地方标准。组织开展相关培训，提高管理及从业人员服务规范化水平。

3. 创新发展模式，强化品牌建设

以自然生态、田园文化、农耕文明为基础，以诚信经营、提升内涵、保障质量为重点，加快培育一批经营特色化、管理规范化、服务标准化的休闲农业示范点，形成一批休闲农业特色品牌。大力发展以“吃农家饭、住农家院、摘农家果”为主要内容的农家乐。以休闲度假和参与体验为核心，发展功能齐全、环境友好、文化浓郁的休闲农庄。突出传统农耕文化与现代大科技的结合，拓展教育示范功能，推进现代农业示范园建设。充分利用农业生产过程的时空景观，发展农业观光园，彰显人与自然和谐的丰收景象。全面提升农事节庆活动内涵，实现“以节会友、以节拓市、以节富民”。

4. 加强队伍建设，提高经营水平

围绕休闲农业产业发展要求，可依托职业院校、行业协会和产业基地，分类、分层开展休闲农业管理和服务人员培训，提高从业人员素质。对休闲农业管理人员重点开展政策法规、宏观管理、发展理念、农业创意、信贷融资、生产安全、综合服务等知识培训。对一线员工开展专业知识、服务技能和服务礼仪培训，重点培训职业道德、作业内容、操作规程、工作方法、产品知识、安全生产等知识，增强服务意识，提升管理水平。

5. 加大营销推介力度，健全服务体系

开发具有区域特色的创意产品，开展创意休闲农业精品发布推介活动，加快完善行政管理体系、信息统计体系和社会服务体系。强化对各类创意休闲农业合作组织和行业协会的管理与支持力度，增强行业自律性。顺应互联网、物联网和手机等新兴媒体发展趋势，拓展信息终端，加快信息服务体系建设。

众包模式在江苏特色田园乡村建设中的应用

刘海健

淮阴工学院苏北发展研究院

摘要：江苏省特色田园乡村的规划、建设和运营尚存在一些瓶颈，行政主导、市场运作和公众参与之间的关系仍需理顺。在公众参与方面，应充分运用现代管理与技术手段切实提高特色田园乡村建设绩效，促进政府、企业和农民实现共赢。其中，以大数据为基础的众包模式成为一个可能选择。该模式依托互联网技术，实现地方政府、外来资本、本地精英和普通农民之间的良性互动，优化特色田园乡村的创新创业环境，进一步打通乡村特色产品和服务的市场通道，提升创业主体的综合能力和资源利用率，使特色田园乡村建设成为实施乡村振兴战略的重要载体。众包模式不仅是一种市场服务平台，更是一个促进乡村治理现代化的媒介，其成功运用有赖于对乡村自然禀赋、产业基础、民情样态的深入理解。

关键词：特色田园乡村；众包模式；社会价值；公众参与

一、引言

特色田园乡村建设是江苏省委省政府于 2017 年开始推进的旨在塑造乡村田园特色、促进乡村高质量发展的重要举措，是实施乡村振兴战略的重要载体[1]。乡村不仅是产业发展和农民的栖居之地，还兼具社会、文化、生态等多重价值和功能。特色田园乡村与“产业兴旺、生态宜居、乡风文明、治理有效、生活富裕”为依归的乡村振兴理想类型有较强的内在契合度。在江苏部分地区的特色田园乡村建设试点推进过程中，出现规划科学性不足、资源浪费、公众参与度低、经营效益欠佳等问题。解决这些问题，成为当下诸多乡村发展项目的挑战。在“大众创业、万众创新”的社会潮流中，特色田园乡村建设同样需要一定的创新创业平台。目前，基于大数据和信息技术的众包模式成为可能的方案。

众包指的是一个公司或机构把过去由员工执行的工作任务，以自由自愿的形式外包给非特定的（而且通常是大型的）大众网络的做法。在大数据时代和全球化的背景下，众包不仅广泛应用于商业领域，也作为数据收集的手段被广泛应用于新闻生产、交通路况更新、应急救援等方面的信息收集和在线互动[2]。然而，众包模式尚未在一些乡村发展项目中得以广泛应用。我们认为，江苏省特色田园乡村可以尝试采用众包模式提高建设运营效益。这是因为，作为一种建立在信息技术基础上的市场化手段，众包可能会有助于提高特色田园建设运营绩效。特色田园乡村建设涵盖了产业培育、文化创意、空间规划、乡村意象、特色产品的打造与营销等诸多层面。这些目标的实现，均需要科学有效的平台。江苏省委出台的《江苏省特色田园乡村建设行动计划》从宏观上提出了特色田园乡村建设“生态优、村庄美、产业特、农民富、集体强、乡风好”的目标和原则，实现这些目标和原则，载体和平台建设尤为重要。其中，众包模式则可能成为一种可行的解决方案。

二、众包模式应用于特色田园乡村项目的可能性

随着互联网技术、移动客户端、大数据处理技术的快速发展，众包模式已被广泛应用于各个行业。当前各类众包平台的出现以及“众包新闻”“众包物流”“众包快递”和“众包式营销”等概念的出现充分说明了众包模式已被广泛应用。网络时代，公民通过网络途径在城市规划、政策实施、新业态发展等公共事务充分发表意见、主张公民权利成为可能[3]。众包模式在特色田园乡村建设中也具备必要性和可行性，因为东部发达地区的乡村已初步具备运用众包模式的条件。当前，我国东部发达地区乡村的现代化水平越来越高，智能手机日渐普及，互联网基础设施在农村日渐覆盖，传统的产业发展和生计模式发生了较大转型。网络购物、网络娱乐、智慧医疗、智慧交通、智慧街道等 APP 日渐融入农民的生产生活。但是，我们在苏北部分特色田园乡村试点调研发现，各类农村农业项目实施中，信息不对称非常明显。很多项目无法吸引年轻人参与，不少“农二代”对乡村发展项目知之甚少，也缺乏参与动力，并未将其作为创业机会。在一些特色田园项目建设试点村，项目规划建设大多由政府主导，公众参与不足，且缺乏规范平台。久而久之，诸多乡村旅游、特色农业等发展项目对资本和村民均失去吸引力，难以产生理想的经济和社会效益。本文认为，众包模式是解决信息不对称和信息整合力不足等问题的可行选择之一。

众包模式将政府、创业精英、农民等主体整合到一个平台中，在政府引导下，充分发挥创业者（投资者）与本地农民的能动性，真正使特色田园乡村建设项目实现经济、社会、文化和生态等综合价值。在特色田园乡村建设过程中，众包模式可以实现社会力量的陪伴式持续互动。它表现为一种“开源式治理”模式，可应用于特色田园乡村管理领域，使普通公众能以较低的交易成本与边际成本为乡村公共事务做出贡献并从中受益[4]。各类业态可以搭建众包平台，促进城市资本与消费能力向乡村转移[5]。众包模式具有响应时效快、操作效率高、使用成本低、综合效益好的特点。值得注意的是，已有众包应用案例多聚焦于经济价值，而社会、生态与文化层面的价值体现相对薄弱。通过优化设置，将特色田园乡村建设的更多层面嵌入众包平台，乡村发展的多元价值就得以更充分地实现。因而，可借鉴公共管理、城市规划、商业服务等领域众包模式的应用方案，形成以社会力量为接包主体的众包模式，应用于特色田园乡村建设项目中。在具体实施中，可利用互联网技术和移动智能客户端，由政府搭建平台和组织发包，引导本地精英、外来资本等社会

力量参与特色田园乡村建设项目，提高建设与运营绩效。

三、特色田园乡村项目众包平台模块设置

从上文可知，众包模式具有应用到特色田园乡村建设中的现实可能性。那么，众包平台的组织及模块设置则是其中的重要基础[6]。利用智能手机客户端的优势，开发众包应用平台，实现政府管理与公众各方力量的在线互动，主要有几个环节：政府组织发包、大众有序接包、信息数据的处理。主要内容有：田园乡村建设元素征集、规划草案反馈、项目推进及项目运营期间的陪伴式在线互动等等。众包平台的推进方式可以选择通过传统的金字塔式层级撒网推进或者利用手机 GPS 定位技术，设置覆盖半径，对覆盖范围内的智能手机用户发布众包邀请，邀请村镇农民主体通过身份核准的方式加入平台[7]。主要功能模块有：接包主体基本信息、政府管理业务信息库、互动论坛及数据处理模块。具体运行机制如图 1 所示。

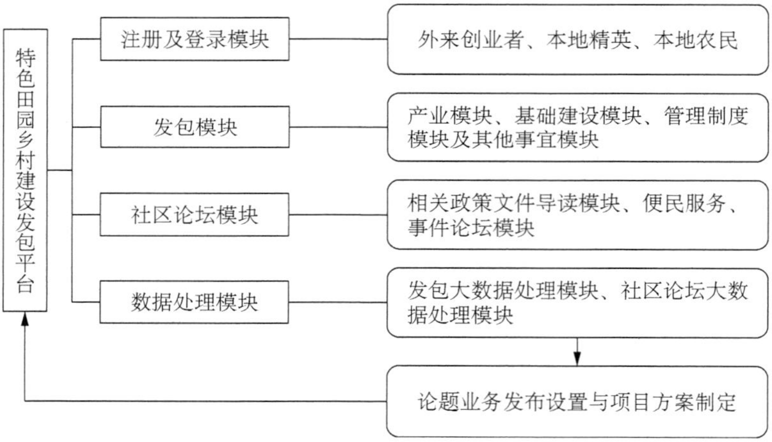

图 1　特色田园乡村项目众包平台运行机制图

根据上图所示，接包主体基本信息库（注册及登录模块）的主要内容是：构建特色田园乡村建设人人参建网平台，通过身份准入的网民成为实质上的意见征集接包者（为便于管理与统计，可分为外来创业者、本地精英、本地农民三类接包者），主要核准信息包括组织的机构代码、企业基本信息及登录人员的真实姓名、年龄、职业、文化程度、地址、备注说明等基本数据。

1. 政府管理业务信息库（发包模块）

主要包括产业模块（含产业转型、新产业孵化、产业融合、文化建设等内容）、基础建设模块（含乡村规划建设、信息化建设、产业园建设、现代农业科技服务建设、生态环境建设与治理、治污排污建设、村容村貌建设等内容）、管理制度模块（含水利及土地管理、文化建设、种植管理、社会保障、环境保护、教育医疗、就业培训、社

区服务等内容）、其他事宜模块等四个模块。

在特色田园乡村众包模块中，产业模块是一个基础部分。首先，产业转型重在延长农产品价值链，打造产销一体化的产业链，打造基于特色农产品的家庭农场等等。通过产业转型信息汇总，在众包平台上对乡村产业进行全方位呈现，为接包者提供丰富的产业选择参考。其次，文化建设就是要进行项目实施乡村的民风民俗的搜集和整理，包括地方名人轶事、民间技艺、民间餐饮、历史遗存和红色文化等。结合相关产业接包反馈情况进行统计分析，形成文化产业立项论证的重要参考。第三，新产业孵化，就是通过完善并发布政策信息，激发原住民的生存智慧，引导他们与外来投资者共建体验农业、创意农业、光伏农业等新业态。第四，产业融合，即把现代产业发展理念和组织方式引入乡村，推进要素跨界配置，形成以农民和民间精英为带头人，以众包平台与政府部门在线互动陪伴式发展为主要模式，最终实现乡村一二三产业融合发展，从而大力提升特色田园乡村建设绩效。

2. 互动论坛（社区论坛模块）

包括政策文件导读模块、便民服务模块、事件论坛模块。本模块主要基于尊重农民主体地位和能动性，将项目各个阶段均嵌入论坛，以充分听取民意，实现政府权利的充分让渡，引导和鼓励农民及农村集体经济组织自主筹资筹劳开展村内基础设施建设[8]。同时，将论坛打造成村民一事一议制度实践的全新平台，实现乡村公共事务（包括特色田园乡村建设项目）管理的民主化。借助该平台，使财政奖补力度的投放更具针对性，从而有效激发农民参与乡村发展项目的积极性和创造性。

3. 数据处理模块

包括发包大数据处理模块、社区论坛大数据处理模块。其主要含义是，根据接包主体人员基本信息进行分类，根据不同事宜建立有效数据识别标准，根据数据集聚情况，进行数据分级归类，最终为特色田园乡村建设的方案提供参考。在特色田园项目立项方案初稿形成之前的意见征集阶段，可通过数据分析及时发现风险信息，实现“对抗性参与”风险的有效规避，不断完善项目方案。

四、特色田园乡村众包的过程管理

构建特色田园乡村的众包模式体系不仅需要信息技术支持，也需要充分重视更为复杂的过程管理。

（一）科学评估接包者的动机与需求

在特色田园乡村众包模式实施初期，对接包者动机与需求进行科学评估很有必要。众包模式的参与动机不外乎满足兴趣爱好、盈利水平刺激和个人能力提升等[9]。在特色田园乡村建设项目接包者中，各方无疑均具有获利动机，但要全面评估他们对此类项目的全面认知水平，才能合理判断其能否成为合适的接包主体。特色田园乡村以生态文明、乡村意象和田园景观为核心价值，同时具有重要的生计依托功能。政府相关部门应以上述核心价值为标准，组织多学科专家团队对各类接包者进行科学评估，以确保中标者的建设运营活动能符合特色田园乡村的核心价值。值得注意的是，必须严防仅有逐利动机的投机者参与到项目中。

（二）对接包者的经营行为进行规范管理

特色田园乡村建设项目接包环节完成后，接包者便开始建设运营活动，而众包平台的工作并未结束。平台要对项目实施过程进行规范管理，确保项目实施效果。众包平台打通了特色田园乡村建设各主体之间的言论壁垒，提供了自由沟通平台，对于信息流通、公众参与具有积极作用[10]。根据这一特点，要设置项目建设过程监管平台，让政府、原住民和其他公众都成为监管主体。结合平台运行特点，对接包者提出关于接包业务和论坛参与等行为过程的制度约束和等级评分积分制度，建立信息监管和应急事件处理中心，加强平台运行过程的监管。

（三）优化公众参与的政策环境

众包平台可实现政府与各方投资者实现在线互动，这只是一种技术支撑。要提高特色田园乡村建设绩效，就要优化投资环境，完善投资制度安排。比如，苏北发展的核心定位是绿色生态，那么，政府在利用众包平台发包时，就要在平台设计和互动模式上凸显生态优先、绿色发展的理念。而且，政府部门也要有效推介特色田园乡村建设项目试点的区位特点、资源禀赋、基础设施等方面的各种优势，明确项目试点村可以推出的核心产品和衍生产品。同时，也要实施优惠的税收政策，增强社会资金的流入动力。而且，为使招商引资更加精准有效，政府也要通过众包平台对投资者进行跟踪和互动，实现政策的及时调整和补充。

（四）构建原住民共建共治共享的良性机制

特色田园乡村建设项目的根本目标是在打造生态社区的基础上实现多方共赢，原住民是项目实施的核心受益者。要完善利用众包平台与村组成员在线互动的机制，及时发布项目实施动态，设置意见征集模块，广泛吸收原住民的意见和建议。比如，在特色田园乡村文化意象和景观打造过程中，要从原住民中广泛收集与生产活动、生态文明、民风民俗、名人轶事等有关的乡村元素，让原住民成为特色田园乡村建设的重要主体。此外，在特色田园乡村建成后的运营阶段，更要吸收本地劳动力，更好地解决村民的就业和村庄空心化问题[11]。总之，要在特色田园乡村建设项目中完善众包平台，吸收原住民智慧，促进公众参与，保障原住民利益，构建各类主体共建共治共享的有效模式。

五、余论

以科技创新推动江苏乡村振兴和区域协调发展，要紧紧围绕我省高水平全面建成小康社会的目标，以“六个高质量”发展要求作为新时代乡村发展的指针，积极、理性地运用最新的信息技术，助力乡村产业发展、社会治理和文化传承。众包模式就是可以充分发掘的新手段，要根据不同乡村的资源、产业、文化、民情和治理基础、特点，汇集信息技术、经济管理、社会文化等领域的专家共同参与到众包模式的打造过程中。利用互联网技术获取数据具有精准、实时、可动态跟踪互动等特点，有助于在特色田园乡村建设实践中发挥各类主体尤其是农民的潜能，提高政府决策的针对性和响应时效，塑造更能吸引人才和资本并实现良好运营绩效的美丽乡村。

需要注意的是，在特色田园乡村建设过程中采用众包模式的前提是充分理解乡村的自然禀赋、产业基础、社会治理及民情样态。只有探明乡村社会的现实样貌，才能真正充分利用众包平台，引导各类主体有效地参与特色田园乡村建设和运营过程中。换言之，众包模式成功的关键不是技术采用，而是村庄创新创业环境和民情基础的改善和成长。目前的村庄空心化、人口结构老龄化、年轻人缺乏回乡创业动机等，成为众包模式助力特色田园乡村建设的瓶颈和挑战。因此，要使众包模式的成功运行，需要进一步完善乡村治理体系，以便营造乡村创业环境，优化创业政策，使政府、村庄带头人、外来资本、高端人才和普通村民形成良性互动关系。此外，要让原住民真正参与到众包模式中去，新型职业农民培育的改革也必须加快跟进。对进入众包平台的新型职业农民来说，除了要具备现代农业技术之外，还要具备符合乡村产业发展的基本市场能力。唯有如此，众包模式才能真正助力于特色田园建设，实现“留住乡愁”与产业振兴的融合共生，使现代科技与管理创新真正造福于民。

参考文献

[1] 汪晓春，张伟.浅议特色田园乡村内涵、背景及特点[J]. 小城镇建设，2018(10)：6-9.

[2] 严杰.国内外众包研究综述[J]. 中国科技论坛，2017(8)：59-63.

[3] WEXLER M N. Reconfiguring the sociology of the crowd: exploring crowdsourcing[J]. International journal of sociology and social policy，2011，31(1/2)：6-20.

[4] 史莹，等. 公民网络参与的意义、障碍及发展路径[J]. 小城镇建设，2018(10)：40-42.

[5] 冯小亮.众包模式中问题解决者参与动机机制研究[J]. 商业经济与管理，2013(4)：26-33.

[6] 王谦，代佳欣.政府治理中网络众包模式的生成、构建及效用[J]. 公共管理学报，2014(4)：61-69

[7] 魏拴成.众包的理念以及我国企业众包商业模式设计[J]. 技术经济与管理研究，2010(1)：36-39.

[8] 王谦，代佳欣.众包模式中问题解决者参与动机机制研究[J]. 公共管理学报，2014(10)：61-69

[9] 张权. 单一政策过程中公众网络参与的可持续性分析：聚焦结构性要素与决定性要素[J]. 中国行政管理，2013(11)：61-65.

[10] 王姝，陈劲，梁靓.网络众包模式的协同组织创新效应分析[J]. 科研管理，2014(4)：26-33.

[11] 张勇，冯健. 村落终结：快速城镇化进程中村庄的空心化与乡村性演化[J]. 城市发展研究，2017(9)：98-108.

科技创新促进江苏沿海经济高质量发展

徐红成

连云港市徐圩新区社会事业局

摘要： 江苏沿海地区是长江经济带中的重要区域，具有独特的区位优势。全面整合江苏沿海地区区域科技资源，提高科技发展水平，加快建设技术创新体系和创新服务体系，提升自主创新能力，对于江苏沿海地区经济高质量发展具有战略意义。文章全面梳理了江苏沿海区域科技创新发展现状，探讨了沿海区域科技创新存在的问题，提出了科技创新推动江苏沿海经济高质量发展的对策建议。

关键词： 江苏沿海；科技创新；高质量发展

2019年两会政府工作报告提出，“坚持创新引领发展，培育壮大新动能。发挥我国人力人才资源丰富、国内市场巨大等综合优势，改革创新科技研发和产业化应用机制，大力培育专业精神，促进新旧动能接续转换。”创新是引领发展的第一动力，谁牵住了科技创新这个“牛鼻子”，谁走好了科技创新这步先手棋，谁就能占领先机、赢得优势。《江苏沿海地区发展规划》提出，“提高科技发展水平。全面整合区域科技资源，加快建设技术创新体系和创新服务体系，提升自主创新能力。”科技创新对于江苏沿海地区经济高质量发展具有战略意义。江苏沿海地区必须坚持以科技创新为引擎，释放科技创新新红利，增添经济发展新动能，推动沿海经济实现高质量发展。

一、科技创新促进江苏沿海经济高质量发展的必要性

（一）科技创新对推动江苏沿海经济高质量发展起着重要的支撑作用

近年来，我国经济发展的新动能不断涌现，特别是基于新技术产生的新业态、新模式、新产业蓬勃发展，信息经济、共享经济、平台经济成为新的经济增长点。江苏沿海经济高质量发展包括基础设施建设、企业集群、金融发展等多方面，江苏沿海区域内航空、铁路、公路、水路等交通设施不断成长和优化需要科技创新来支撑；经济高质量发展需要大量企业集群从而形成经济高质量发展极，也需要科技创新来实现；江苏沿海经济高质量发展需要金融发展的支撑，区域内金融发展的水平则受制于金融创新，而科技创新又能有效促进金融创新中的金融技术创新。因此，科技创新是推动江苏沿海经济高质量发展的重要支撑。

（二）科技创新对推动江苏沿海高质量发展具有强大的驱动作用

科技创新在江苏沿海经济高质量发展进程中扮演着核心驱动力的角色。经济

高质量发展的主体是企业，而企业的高成长性和巨大市场估值主要来源于科技创新。尤其是独角兽企业的科技创新活动在很大程度上能驱动一个区域的高质量发展。当前，江苏沿海经济发展正处在转型升级的关键时期，面临新一轮科技革命的战略机遇，必须依靠科技创新打造经济发展新引擎，发挥科技创新的驱动作用，实现产业的跨越式升级。

（三）科技创新对解决江苏沿海经济发展不均衡不充分问题具有关键性作用

由于地理、历史等原因综合作用，江苏沿海科技和经济发展存在着不均衡不充分的问题。比如南通地理位置靠近上海，获得的溢出效应较多，科技和经济发展水平较盐城、连云港高一些，而江苏沿海整体还存在着科技投入和发展不充分。这些都必须根据江苏沿海内部不同城市各自情况，采取个性化的科技创新发展路径，促进科技创新与经济发展深度融合，使科技创新成为高质量发展的强大动能，实现优势互补和共同发展。

二、江苏沿海地区科技创新发展现状

（一）技术创新投入

1. 人力资源投入

从科技活动人员数量来看，江苏沿海地区按南通、盐城、连云港依次递减。从企业R&D活动人员占企业职工比重、R&D活动人员占科技活动人员比重来看，江苏沿海地区内部，南通、盐城情况较好，位于全省前列，而连云港相对较弱。从科技人员受教育程度来看，研究生以上比例仍较低。从科研人员结构来看，基础研究人员缺乏，试验发展人员占比重最大，应用研究人员占比在其次。

2. 经费投入

从经费投入来看，按照南通、盐城、连云港依次递减。2017 年，连云港全社会研发经费约为 50.69 亿元，占 GDP 的比重为 1.92%，南通达到 2.69%以上。2018 年，盐城科技研发投入占地区生产总值的比重为 2.1%。研发经费在投入规模、投入强度均不及苏南地区。对各产业的投入结构进行分析，先进制造业和现代服务业的研发投入强度还偏低，原创型专利成果还较少。

3. 科技平台建设

近年来，随着江苏沿海三市的努力，科技平台建设取得了显著成绩。2017 年南通市新建市级公共技术服务平台 2 家，市级工程技术研究中心 65 家，企业研究院 2 家，重点实验室 4 家，科技孵化器 47 家，其中国家级 14 家、省级 26 家；连云港 716 研究所获批省级高价值专利培育示范中心建设，全市总数达 5 家。但是，距离发达地区仍有较大差距，科技服务业技术平台建设仍显薄弱。

（二）技术创新产出

1. 专利情况

2017 年，江苏省发明专利申请总量成为全国首个突破 100 万件的省份。而江苏沿海的南通市2017年专利申请量54 742件，专利授权量19 057件，同比减少21.7%；盐城市2017年申请发明专利9 137件，比上年增长62.5%；连云港市2017年申请发明专利9134件，占全省申请专利总量比重偏小。同时，2017年南通市发明专利授权量2 630件，下降3.5%；盐城授权发明专利1 390件，比上年增长65.1%；连云港专利授权量6 311件，比上年增长37.2%。江苏沿海地区专利授权量整体上升比较明显。

2. 新产品产值情况

2017年，连云港实现新产品产值703.99亿元，增长14.5%，占规模以上工业11.5%。盐城全市战略性新兴产业产值增长19%。智能终端产业产值突破200亿元，增长40%，智能终端整机出货量突破2 000万台，大数据产业营业收入22.5亿元，增长26%。南通高新技术产业产值7 564.3亿元，增长14.9%，占规模以上工业比重达到50.3%，六大新兴产业完成产值5 083.6亿元，增长11.7%，占规模以上工业的比重达到33.8%。虽然总量比省内发达地区小，但是整体呈现向好趋势。

三、江苏沿海地区科技创新存在的问题

（一）人才引进与培育有待加强

近年来，江苏沿海地区人才总量不断提升，但结构性矛盾仍然很突出。沿海地区高层次科研院所较少，对科技人才吸引力不足；高层次人才较少，缺乏复合型创新创业人才，各方面的领军人才、拔尖人才远远不能满足沿海开发进程的需要，人才结构与产业发展不匹配。江苏沿海地区的人才工作制度存在含金量不高、配套性不强等问题，迫切需要在人才吸引制度、评价发现制度、服务保障制度、激励回报制度等方面加大改革创新力度。

（二）资金需求问题尚待妥善解决

据调查，江苏省目前尚无用于支持产学研合作的专项资金，缺乏稳定的产学研合作资金来源。已有的科技型中小企业技术创新基金、火炬计划等项目基金，对企业的技术创新和科技成果产业化起到了一定的促进作用，但由于资金总额有限，存在“量少面广”的问题。

（三）科技创新平台提档升级迫在眉睫

目前，江苏沿海地区平台的创新能力不够强，还难以充分满足企业发展和产业转型的需求。高层次平台较少，缺少真正具有突破性、有国际影响、对行业发展具有引领作用的技术成果；平台运营机制不健全，平台成果转化能力弱，支持平台建设发展的科技金融尚处于起步阶段。

（四）产学研合作与区域间协作水平需进一步提升

江苏沿海地区科技创新服务平台和载体发展不平衡，南通市科技服务业发展势头较好，但盐城和连云港两市科技支撑和服务能力远远不能满足新兴特色产业发展的新要求，存在科技孵化器建设不足、孵化功能不强、科技公共研发平台较少

等问题。江苏沿海地区科技创新平台体系建设缺乏统筹协调，存在互不统属、开放性不足、定位模糊、权责不清、分工不明、重复建设等现象。产学研合作与区域间协作水平需进一步提升。

四、以科技创新推动江苏沿海经济高质量发展的对策建议

（一）健全联动区域创新布局

紧紧围绕"一中心""一基地"建设，加快构建沿海产业科技创新体系，加大沿海科技创新投入，推进"智慧沿海"工程，实施创新型企业培育行动计划，增强沿海产业发展后劲。推动沿海地区和省属企业、高等院校、科研机构合作共建，强化面向海洋经济的产业技术创新，催生一批高科技海洋经济新业态。全面落实中国制造2025江苏行动纲要和"互联网＋"行动计划，大力发展战略性新兴产业、现代服务业、先进制造业和现代农业，促进沿海产业做大规模体量，加速迈向中高端水平。

（二）提高科技与经济社会融合度

以市场为导向，建立"政企学研"四位一体的技术创新体系和创新服务体系，沿海地区政府要建立健全区域创新投入体系，采取设立创业投资引导基金、政府直接采购等多种方式来完善创新融资的政策体系。要成立沿海科技创新发展联盟，走协同创新深度融合之路，对同质化产业开展联合科技攻关，共创凝心聚力、提质增效、合作共赢的新局面。沿海企业作为创新的主体要采用专利、技术以及项目等多种入股方式，将企业与科研院所密切地联系在一起，形成利益共同体。

（三）加快关键核心技术攻关

以科技平台为载体，大力提升企业自主创新能力，以"两聚一高"为着力点，重点布局建设一批引领产业发展、增强企业创新活力、支撑沿海开放开发的重大科技核心技术攻关平台。要建好海洋资源开发利用、装备制造研发服务、院士工作站等平台，做好创新平台的建设和服务工作。大中型以上企业要建立重点实验室、工程技术研究中心、企业技术中心等研发机构。面向新兴产业和区域优势主导产业发展需求，依托政府、骨干企业、学校、科研院所等，建设一批产业技术研究院等重大创新载体。

（四）拓展招才引智新思路

1. 围绕江苏沿海开发对高层次人才的迫切需求，营造释放人才潜能的环境，进一步完善聚才用才体制机制

按照"爱才为才、引才聚才、用才留才"的工作思路，制定出台相关政策，以新理念新机制广泛吸纳天下英才。依托江苏省《关于聚力创新深化改革 打造具有国际竞争力人才发展环境的意见》等政策，在激励保障等方面打出政策"组合拳"，打造江苏沿海创新创业生态系统。突出青年人才、紧缺人才、高技能人才等重点群体加大培养力度，注重发挥本地高端人才的引领作用，既招得来"女婿"，又能留得住"儿子"，"输血"与"造血"并重，"女婿"与"儿子"同心，为江苏沿海科技创新发展创造更好的人才环境。

2. 进一步拓展与创新型国家之间的产业研发合作，提高沿海地区科技创新国际化水平

分类定策，因地制宜。支持南通市继续推进实施“江海英才”等人才计划，鼓励盐城市和连云港市推行积极的人才引进政策，围绕石化、海洋工程、新能源及装备等新兴产业的关键技术攻关和产业化基地建设，制定高层次创新创业人才专项计划，以特色产业基地等科技创新载体为基础，大力引进国内外高层次科技人才，形成以领军人物为核心、团队结构合理的若干技术创新人才团队。

（五）深化科技创新开放合作

科学技术是世界性的、时代性的，江苏沿海科技创新必须具有全球视野，把握时代脉搏。江苏沿海是“一带一路”交汇点重要区域，江苏沿海科技创新必须是服务“一带一路”、融入“一带一路”的科技创新，要积极开展与“一带一路”沿线及辐射范围内国家及地区的科技合作，最大限度解放和激发科技作为第一生产力蕴藏的巨大潜能。绝不能关起门来搞创新，而要充分利用“一带一路”倡议的全面扩大开放的有利条件，聚四海之气、借八方之力，积极参与和主导国际大科学计划和工程，开发新技术、新产品，与世界人民共享创新成果。

（六）营造良好创新生态

提供创新生态的有力保障，加强党对科技工作的领导。习近平总书记曾说过，“我们坚持党对科技事业的领导，健全党对科技工作的领导体制，发挥党的领导政治优势，深化对创新发展规律、科技管理规律、人才成长规律的认识，抓重大、抓尖端、抓基础，为我国科技事业发展提供了坚强政治保证。”做好政策落地，明确责任，加强督查，加强政治引领，按照关键核心技术攻关的战略性需求，形成加快推进科技创新的政策包。大力营造“鼓励创新、虽败犹荣”的创新氛围，出台“允许试错、不行再来”的鼓励措施，让广大科研人员解放思想、放下包袱，敢啃“硬骨头”、勇闯“无人区”。让科技创新在党的旗帜下迸发出新活力，让政策红利充分释放、创新力量充分涌流。

参考文献

[1] 商丽媛，沈瑾秋.江苏省沿海地区“十三五”科技创新发展路径研究[J].江苏科技信息，2016(21).

[2] 刘波，陈丽.江苏沿海地区科技创新能力评价及提升对策研究[J].沿海企业与科技，2017(05).

[3] 隋映辉.创新驱动与沿海经济区转型升级[J].发展研究，2012(11).

[4] 江苏省统计局，国家统计局江苏调查总队.江苏省统计年鉴 2014[M].北京：中国统计出版社，2015.

[5] 刘秀兰，刘宾.论科技创新与沿海区域经济发展战略的选择[J].经济与管理，2012(11).

[6] 韩彬.使科技创新成为高质量发展强大动能[N].经济日报，2018-12-07.

创新农业科技推广模式　助力农业高质量发展

——连云港市农业科技推广应用状况调研报告

尚庆伟　李　筠　宋中萃

连云港市农业农村局

摘要：农村科技服务体系建设是全面推进质量兴农战略的重要任务之一。连云港市是农业大市，是江苏省最大的蔬菜出口基地和重要的国家级商品粮基地。随着农村改革不断深化，农业科技供给主体和需求主体日渐多元化，原有的农业科技推广体系面临着严峻挑战、激烈的竞争和更大的挑战。本文基于连云港市多个县区、乡镇、村庄的调研基础上，通过分析得出了当地科技推广发展现状、存在问题以及原因，并提出了相关对策。

关键词：农业；科技推广；对策；

实施乡村振兴战略是党的重大历史任务，新时代做好“三农”工作的总抓手，乡村振兴离不开农业高质量发展，农业科技推广体系是农业高质量发展的重要支撑。连云港市是农业大市，是重要的农产品供应基地，所辖东海县、灌云县、灌南县、赣榆区均为国家级商品粮基地。连云港市是江苏省最大的蔬菜出口基地，出口量占全省一半以上。近几年，随着惠农政策的相继出台并付诸实施，农业有了较快发展，农民收入水平不断提高。但科技应用水平不高、农业科技贡献率低、粮食产量徘徊不前、农产品品质不优，成为该市农业健康发展的障碍。探寻适合当地农业经济发展的措施和农业科技推广模式尤为重要。

一、连云港市农业科技推广体系发展现状

(一) 初步形成适应社会需要的农业科技推广网络

在推进农业科技创新的过程中，着力构建以公益性农技推广体系为主导、社会化农业服务组织为有益补充、农科教企联合协作，社会力量广泛参与，公益性服务与经营性服务相结合、专业性服务与综合性服务相协调的“一主多元、网状立式”农业服务体系，为全市农业科技创新发展提供体系保障。全市 86 家乡镇农技综合服务中心，已有 85 个乡镇完成“五有”建设工作。现有县区级农业推广机构 55 个、实有 561 人；乡级农业推广机构 116 个、实有 1 156 人。全市农民专业经济合作组织总数达 2 538 家，农户参加合作组织比重达 35.6%。在产业分布上加速向种植、畜

牧业、农机、渔业等各个产业门类拓展。服务范围逐步拓展，由单纯生产、技术合作向生产、加工、销售、信息服务综合发展[1]。

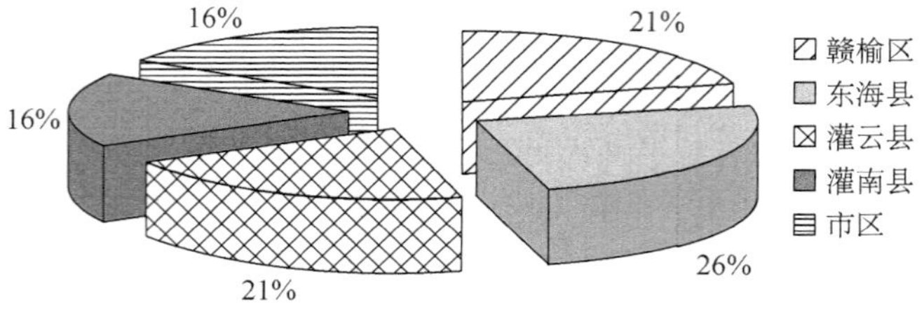

图 1　基层农业推广机构分布占比情况

（二）农业技术与推广人才培养现状

培育农业科研领军人才、农业技术推广人才、农村生产经营型人才、农村服务型人才、农村管理型人才“五支队伍”，是加快现代农业进程的重要举措。农民培训与技能鉴定工作有续推进，全市新型职业农民达 10.35 万人，新型职业农民占农业劳动力比重 18.5%。全市职业农民培训 20%、创业农民培训 80%、学历教育 100%参加技能鉴定。农业特有工种技能鉴定，培训达到 2 365 人，实际鉴定考核合格 1 170 人。建立一支由技术专家、科技工作者、农业部门领导、业务骨干、乡土人才组成的农民培训讲师团，覆盖种植业、养殖业、农机化、农产品质量、资源环境、农村经济和政策法律法规等专业 750 多人。创新培训形式，根据主导产业、优势产业、特色产业以及农民、企业需求，针对性选配老师，针对性地编印教材。充分利用教学试验基地，现场培训指导农民，“做给农民看，带着农民干”，多渠道开展农民科技培训工作。

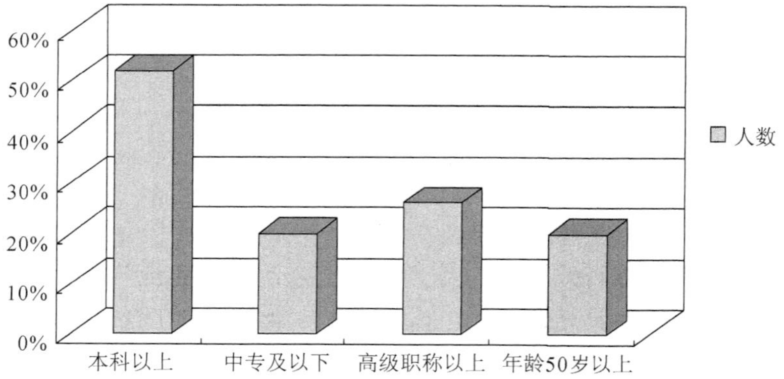

图 2　县区级农业推广机构在岗学历、职称、年龄分布比例

（三）农业技术示范推广成效

全市引进、推广新品种 30 多个，推广水稻精确定量栽培技术、节水优质高产高效技术等新技术10多项。开展农业科技入户活动,在现有实施范围的基础上扩大产业规模和科技示范户数量。投入农业科技入户工程资金568万元,部级农技推广服务体系补助工程资金770万元。项目实施村1 465个,遴选培育12 950户科技示范户,辐射带动周边农户,将科技示范户培养成为农情调查员、技术推广员、政策宣传员。以推广主导品种、主推技术和实施主体培训为关键措施,推行“包村联户”的农技推广责任制,解决技术推广“最后一公里”问题的长效机制。以加快农业科技成果集成创新与转化应用为核心,建立了一批农业新品种新技术新模式新产品集成创新现代农业科技综合示范基地,建成农业科技综合示范中心4个,创建乡镇农技推广综合服务示范中心10个、村级规范化农业科技服务示范站100个,培育农业科技核心示范户1 000户,提升现代农业科技创新与推广能力。

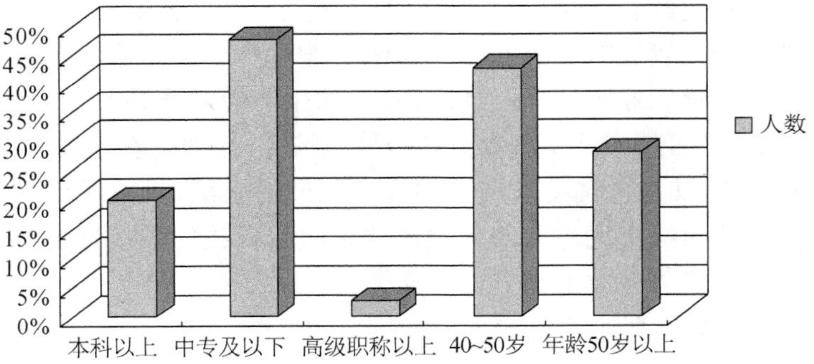

图3　乡镇级农业推广机构在岗人员学历、职称、年龄分布比例

二、连云港市农业科技推广体系存在问题

(一)推广体系管理机制不顺

农业科技推广体制、机制不顺,依靠财政供养的公益性农业科技推广服务体系,难以适应市场经济发展需要,新型的、适应现代农业发展的公益性农业科技推广体系还不完善。乡镇农技服务中心人权、财权、事权均在乡镇,农技中心存在技术资源青黄不接、先进技术推广不畅等问题。农业行业技术协会规模小、组织化程度低,其作用难以发挥,个体农业科技中介组织发展缓慢。农业科技的推广和应用环节衔接不畅,推广者和应用者没有形成利益共同体。

(二)农业科技推广力量不强

政府对农业科技推广所投入的资金有所增加,但不能满足重大农业科技推广工作需求。部分乡镇农业技术人员工资发放不足,多是身兼数职,很难集中精力从事专业技术推广工作,农业技术推广、科普培训、技术指导等工作任务执行难。农业科技人员分布不平衡,农业科技人才在城市大量堆积,院校毕业生难进基层农业单位,农村科技人才缺乏,基层人员进修、培训、学习机会少,知识更新慢,科技人员老化、结构单一、青黄不接，难以适应新时期农技推广工作的需要。

（三）农业科技知识推广不畅

科学研究的主体是科研机构及其相关工作人员，农业生产的主体是农民，缺乏传播交流平台，两者之间存在信息不对称。农村信息闭塞，农民学习能力偏弱，互联网应用效率不高，制约信息的交流。农业基础差，农业发展前景不够明朗，个体农户农业种植面积小，新农业技术效益不显著，影响农民务农积极性，农村务农人员以老人、妇女为主，出现弃耕现象，妨碍了农业经济的发展。

三、龙苴镇农业科技推广现状实证分析

（一）龙苴镇从业农民的基本情况

龙苴镇的农业生产者青年人占 24%，中年人占 69%，老年人占 7%，良好的年龄结构对农业生产的发展有促进作用。全镇农业生产者文化程度比较低，31%的农业生产者清楚当地农业科技推广情况，48%的生产者对当地的农业科技推广了解一点，21%的生产者根本不了解农业科技推广情况，加大了农业生产技术的推广难度。龙苴镇 50%以上的农民以农业作为主要经济来源，科技推广尤为重要，对促进农民增产增收意义重大。大部分农民缺乏应用科技的积极性，这与他们自身的文化水平以及推广力度成正比。

（二）龙苴镇农业农技发展状况

龙苴镇总面积 127.08 平方公里，耕地面积 12.8 万亩。下辖 28 个村委会、1 个居委会。总人口 89 224 人，自然增长率 4.5‰。农林特渔产值 62 528 万元，粮食总产 96 405 吨，蔬菜总产 32 454 吨，禽蛋总产 27 085 吨，水产品总产 2 278 吨。龙苴镇农业技术服务中心职工 16 人，其中具备大学本科学历 2 人，具备中级专业职称的技术人员 5 人。每年培训 20 场以上，受训人员达 2 600 多人次。建立了农村科技信息服务站，实行农技 110 六位一体服务新模式，大力推广标准化生产技术，辐射周边田块 8 万亩，防虫治病情报入户率达到 100%，技术指导率 90%以上。

（三）龙苴镇农技推广效果及存在问题

农民认为农技推广部门经常组织农业科技知识讲座、农业科技下乡活动以及发放农技资料的比例分别为：28.57%、16.33%、45.92%；认为偶尔有上述行为的比例为：51.02%、44.90%、38.78%；认为从来没有过上述行为的比例为：20.41%、38.78%、15.31%。可见，组织农业科技知识讲座和科技下乡活动仍需加强。农民对农技推广满意率为 31%，不满意率为 20%，认为农技推广工作一般的有 49%。农民对农技推广不满意主要有三个方面：一是技术指导与农民需求不相适应，传统种植经验较丰富，而品牌打造、市场信息、产品营销等内容培训不足；二是推广高效低毒农药与化肥价格偏高，性价比不高；三是支农经费少，对农技推广支持不够。

四、探索农业科技推广体系发展路径

（一）明确农技推广体系的功能定位

各级政府应提高对农业技术推广工作重要性的认识，建立健全有利于充分发挥基层农业技术推广体系作用的管理体制。按照《中华人民共和国农业技术推广法》规定，县区、乡镇的推广机构管理应实行上级农业技术推广机构和当地政府双重管理，保证农技推广人员把主要精力投放到农业生产上。专业农业技术人员占总编制的比例不低于70%，保持各种专业人员之间的合理比例，加强各级农业技术推广机构间的人员流动，尽快解决乡镇农业综合服务中心体制不顺、机制不活、队伍不稳、保障不足等问题。应加大人事制度改革的推进力度，积极探索全系统的人事管理制度改革，实行人员由身份管理向岗位管理转变，切实增强农技推广系统的整体功能和服务水平[2]。

（二）加强农业技术推广体系人才队伍建设

找准农业技术推广单位公益性事业单位属性，明确农业科技普及、新技术、新品种试验、示范和推广以及植物保护、植物检疫、病虫测报、农业法规宣传等工作职责。适应现代农业提档升级，强化农业管理和服务职能，充实农村能源、农产品质量、植保检疫、畜牧兽医等方面的专业人员。健全完善农业科技教育培训体系，大力培育农业科研领军人才、农业技术推广人才、农业生产经营型人才、农村服务型人才、农村管理型人才“五支队伍”。重视和加强现有农业人员的培训和再教育，充实农业各领域的专业技术人才，破解农业技术人员年龄老化、技术老化、人才结构不合理的问题。适应现代农业发展需要，增加专业技术人员比例，充实农业特色专业人才，强化从事农业新技术、新模式等方面的研究、推广和服务工作的职责定位。

（三）鼓励社会化农业服务组织良性发展。

农村基层合作组织对发展现代农业生产起到了巨大的促进作用。要有针对性地加强专业合作经济组织成员的技能培训，提高这些新兴主体的科技应用能力，进一步健全公益性农技服务体系，把现有的政策落实到位，在提高社会化服务水平上实现新的突破。要加大扶持力度，鼓励和引导农技中心、种田大户、企业创办植保、机耕机种、联产承包种植等专业化服务组织，提高新技术应用覆盖率。加强对服务组织的指导，规范运作方式、利益分配关系和内部运行机制，更好地发挥专业服务组织在新品种、新技术应用上对农户的示范带动作用[3]。

（四）推动农业科技领域产学研用深度融合

把科学研究成果与解决农业生产实际问题紧密结合起来，实现科技供给与需求的有效对接，更好地促进农业经济的发展[4]。优势农产品集中产区，尝试“专家＋龙头企业＋农户”“专家＋协会＋农户”和“专家＋项目＋基地＋农户”等运作模式，解决科技与农户之间对接障碍，加快农业科技成果的转化速度。发挥园区的平台集聚作用，推进生产基地、园区与科研院所、大专院校建立技术合作关系，推动交叉学科领域的技术集成和成果融合，共同应用于生产，加快农业高新技术的成果转化和推广。加快专家对接、新模式运作，促进农业发展，推进农村经济发展，为实现农业高质量发展、推进农业现代化提供支撑。

参考文献

[1] 杨丽艳.国外农民合作社发展模式与经验借鉴[J].现代农业科技，2007(13)：230-232.

[2] 刘广强.基层农技推广途径及创新策略探究[J].农民致富之友，2019(3)：246.

[3] 平西栓，张锴，郁继华.我国农业技术推广体系改革探索与思考[J].中国农技推广，2019，35(01)：9-12，15.

[4] 王海山.农业科技推广服务体制和运行机制创新研究[J].乡村科技，2018(32)：14-15.

长江经济带房地产市场调控路径研究

盛 俭 邵皖宁

九三学社南京市委员会

中国人民银行南京分行营业管理部

摘要： 长江经济带覆盖上海、江苏、浙江、安徽、江西、湖北、湖南、重庆、四川、云南、贵州等11个省市，面积约205万平方公里，横跨东中西三大区域，地区经济发展、财政水平、人口密度等差异较大。本文选取长江经济带上中下游8个重要节点城市作为代表进行分析，目前来看，随着限购、限贷、限价等调控政策的强力实施，长江经济带重要节点城市房地产调控短期效果显现。但由于人口迁移与土地供给背离、土地供需错配的矛盾并没有解决，且投资性需求的土壤（资产短缺和房价上涨预期）也没有消除，一旦调控政策放松，这些自住以及投资性需求便会集中释放，可能导致这些地区房价新一轮爆发性上涨。因此建议应短期调控与长期调控相结合，需求调节与供给管理并重的方式构建房地产长效机制的路径。

关键词： 长江经济带；房地产；长效机制

一、长江经济带房地产市场调控历程

长江经济带覆盖面广，按照目前比较普遍的界定，由西向东横跨中国东中西三大区域，连接长江三角洲、长江中游城市群、成渝经济区三大板块，沿线包括攀枝花、宜宾、成都、泸州、重庆、涪陵、恩施、宜昌、荆州、岳阳、咸宁、武汉、鄂州、黄冈、九江、安庆、合肥、池州、铜陵、芜湖、马鞍山、南京、扬州、镇江、泰州、常州、无锡、苏州、南通、湖州、杭州、嘉兴、绍兴、宁波、舟山、上海等城市。2018年统计数据显示，这11个长江经济带覆盖省市的GDP总量接近40.3万亿元，占全国GDP总量的44.76%，人口占全国比重为42.81%，是全国综合实力最强的区域之一。但各地经济发展水平参差不齐，房地产市场区域分化较大。

根据房地产调控政策精准度，自1998年住房货币化改革以来，大致可以将长江经济带房地产市场调控划分为两个阶段：

第一阶段：1998—2016年一刀切全面调控阶段。这一阶段，无论是面对1998年亚洲金融风暴冲击、2008年国际金融危机后房地产市场下行期，为扩大内需、稳定经济增长，政府在银行信贷、税收减免和土地管理方面统一实施放松的调控政策；还是在房地产市场复苏后并出现过热，房价上涨过快的房地产市场上行期，为治理整顿房地产市场，抑制房价过快上涨，政府在调整土地供应，调节市场结

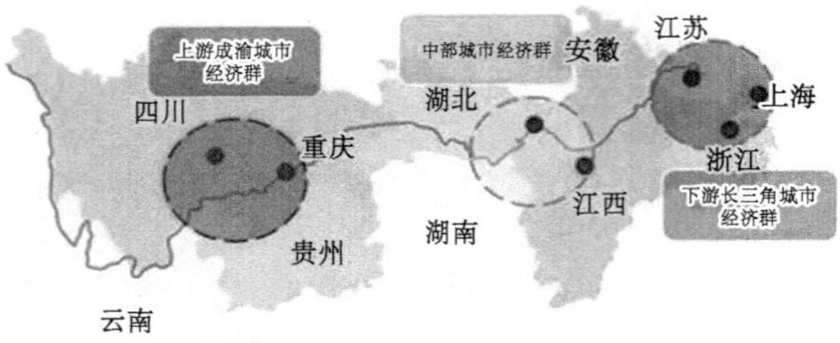

图 1　长江经济带沿线省市

构，收紧金融政策和开征交易税费等方面也进行着统一的调控。这一时期，整个长江经济带乃至全国都实施着统一的信贷、税收、土地政策，政府对于房地产市场采用的是一刀切的管理方式，管理方式相对简单。

第二阶段：2016 年以后一城一策精准调控阶段。这一阶段，除了动用利率、信贷、税收等以往各种调控工具以外，最主要的特点时将一刀切的调控变为因城施策差别化的调控方式，各城市可以根据自身的供求关系制定更加精准的调控政策。这一时期，房地产市场出现明显分化，在众多三四线城市房地产库存依然高企的同时，部分一、二线城市房价出现暴涨，如在 2016 年 9 月 30 日至 10 月 6 日，长江经济带上多个城市房地产调控政策陆续出台，多地重启限购、限贷政策。

二、长江经济带重要节点城市房地产市场调控效果分析

随着一城一策精准调控以及房地产调控政策的不断加码，短期来看，长江经济带重要节点城市①房地产市场秩序有所规范，部分热点城市房价过快上涨势头得到了有效抑制，调控效果趋于显现。

（一）商品住宅销售呈现明显分化

WIND 数据显示，长江经济带沿线 8 个重要节点城市 2018 年 1—12 月份新建商品住宅成交 15 118.79 万平方米，较 1—11 月上涨 12.03%。其中，成都、重庆和武汉等中西部城市成交面积占比较高，分别占 8 个重要节点城市销售面积的 17.59%、18.26%和 21.36%。杭州、苏州和上海等次之，分别占 8 个重要节点城市销售总量的 8.79%、11.83%和 8.36%。南京和合肥占比较低，分别为 6.5%和 7.3%。

从同比增速来看，长江经济带 8 个重要节点城市也呈现不同的变化态势。2018 年 1—12 月新建商品住宅同比增长的有四个城市，分别为重庆、苏州、武汉和

① 包括成都、重庆、武汉、合肥、南京、苏州、杭州、上海。

合肥，同比分别增长12.63%、5.95%、4.67%和14.93%，与此同时，成都、南京、杭州和上海等四个城市在严格调控下则出现不同程度的下跌，分别下跌10.63%、18.72%、12.55%和6.64%。

表1　长江经济带主要城市商品住宅销售情况

地区	2018年销售占比	2018年同比增速
上海	8.36%	−6.64%
杭州	8.79%	−12.55%
苏州	11.83%	5.95%
南京	6.5%	−18.72%
合肥	7.3%	14.93%
武汉	21.36%	4.67%
重庆	18.26%	12.63%
成都	17.59%	−10.63%

数据来源：WIND数据库

(二) 商品住宅价格涨跌互现

根据国家统计局70个大中城市新建商品住宅价格指数显示，长江经济带重要节点城市[①] 2018年12月新建商品住宅价格指数平均同比上涨6.57%，涨幅比去年同期高5.43个百分点。具体来看，8个重要节点城市新建商品住宅价格指数同比均呈不同程度的上升，特别是武汉、重庆和成都，新建商品住宅价格指数同比分别上涨10.8%、11.6%和12.7%。表明长江经济带下游城市房价过快上涨势头得到明显遏制，而中上游城市的房价开始抬头。

从新建商品住宅价格指数环比来看，长江经济带重要节点城市的房价也是呈现小幅上升的态势，2018年12月平均环比上涨0.77%，从2018年全年来看，除了2月份平均环比增长为负(−0.07%)，其他月份均为正增长，且增幅有上升的趋势。具体来看，2018年12月武汉、成都和杭州新建商品住宅价格指数环比涨幅最高，分别上涨1.3%、1.3%和1.1%，南京环比涨幅最低，环比下降0.1%。

(三) 房地产开发投资地方区域差别较大

从房地产开发投资额来看，2018年1—12月，重庆房地产住宅开发投资3 012.65亿元，在长江经济带8个重要节点城市中占比最高，占比达19.76%，其次是上海(2 225.92亿元)和苏州(2 111.6亿元)，分别占总投资额的14.6%和13.85%。而成都和合肥房地产住宅开发投资量则相对较低，分别为1 245.9亿元和1 165.86亿元，占比为8.17%和7.65%。从投资增速来看，1—12月，除了成都同比增速下降

① 由于70个大中城市不包括苏州市，数据结果不含苏州。

4.2%，其余城市房地产住宅开发投资均为正增长，其中苏州、重庆和杭州投资同比增速较快，分别为14.79%、14.42%和14.02%，合肥和武汉投资同比增速也相对较高，分别为6.43%和6.35%，南京开发投资增速相对较低，增长0.33%。

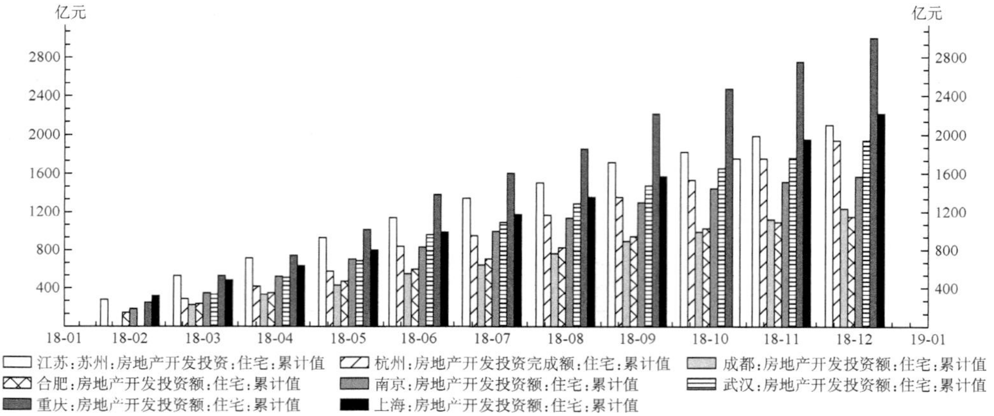

图2 房地产开发投资额

数据来源：WIND数据库

(四) 首套房贷款利率小幅上升

从历史时序来看，2015年11月—2017年4月期间，长江经济带上重要节点城市首套房贷利率处于历史低位，在4.4%附近波动，此后逐步上升。2018年以来，首套房贷利率延续前期上升态势，继续小幅上行。2018年12月，长江经济带上重要节点城市首套房贷平均利率为5.69%，分别较年初和去年同期上升0.23和0.26个百分点。具体来看，上海首套房贷利率最低，为5.09%，武汉首套房贷利率最高，为6.24%，其他城市首套房贷利率在5.62%至5.82%之间。

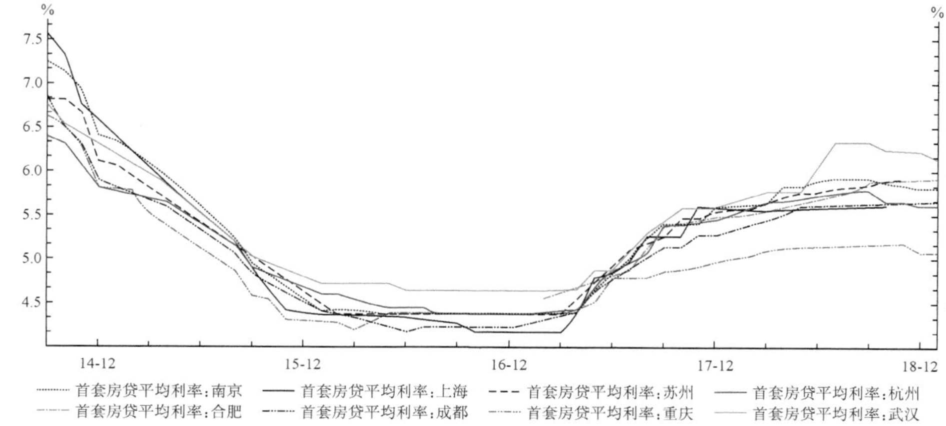

图3 首套房贷平均利率

数据来源：WIND数据库

三、影响调控效果因素分析

（一）人口是房地产市场需求的基础

人口是房地产市场需求的基础，人口总量、年龄结构和家庭分裂速度是影响住房需求的长期因素。从人口总量看，长江经济带 11 省市常住人口总数从 2010 年的 5.73 亿持续增加到 2017 年末的 5.95 亿，增速从 2010 年的 0.37%升至 2017 年末的 0.61%，处于人口上升区间。其中重要节点城市常住人口总数从 2010 年的 1.09 亿持续增加到 2017 年末的 1.18 亿，但增速从 2010 年的 5.5%下降至 2014 年的 0.66%，近几年随着二孩政策的逐渐放开，人口增速又波动回升至 2016 年的 1.82%，2017 年增速有所回落，但仍高于 2014 和 2015 年的水平。从人口年龄结构看，长江经济带 11 省市劳动年龄人口（15—64 岁）占比从 2011 年的 77.5%持续下降到 2017 年的 74.9%，购房适龄人口有所减少。此外，家庭规模小型化趋势加大了住房需求。多年来，由于计划生育的实施以及人们对生活质量改善的需要，我国每户家庭平均人口基本呈现持续较少的态势，家庭规模小型化也加大了住房需求。据统计，长江经济带家庭每户平均人数从 2000 年的 3.73 人下降到 2016 年的 3.06 人。从近几年看，每户平均人数降至接近 3 以后，下降幅度明显减小，进一步下降的空间有限。

从长江经济带人口变化的总体情况看，尽管人口总量的持续增加、家庭规模趋于小型化，但重要节点城市人口增速减缓，购房适龄人口下降以及家庭规模小型化的趋缓使得长江经济带房地产市场消费需求快速增长的支撑有所减弱。

（二）城镇化推进是支撑房地产市场发展的根本因素

我国自 2000 年以来进入快速城镇化阶段，城镇化率从 2000 年的 36.22%上升到 2017 年的 58.52%，长江经济带沿线省市城镇化发展不均衡，有城镇化率超过 80%的上海，有城镇化率在 60%—70%之间的江苏、浙江、重庆、江西等省市，也有城镇化率在 50%—60%的湖北、湖南、安徽等省，还有城镇化率不足 50%的四川、云南、贵州等省。上海、江苏等省市已经开始逐步进入城镇化发展的中后期，城镇化率上升速度将逐步放缓，城镇化对于房地产市场的支撑将趋于减弱。而四川、云南等省后续可大幅提升的城镇化率能引发自住性住房需求的扩张，支撑房地产市场发展。

（三）地方政府财权与事权不匹配间接影响房地产价格

地方政府一般预算收入主要来自税收收入，在经济下行阶段，地方税源减少，增收难度加大，长江经济带区域城市自身发展动力较强，土地收入则成为地方政府可支配财力的主要来源。但较高的土地出让价格会抬高房地产开发成本，间接影响房地产价格。据统计，2010 年—2017 年，我国国有土地出让金从 2.9 万亿元增至 5.21 万亿元，增长 79.66%，占地方财政本级收入的比例超过 40%。从长江经济带重要节点城市看，杭州、南京、重庆三市 2017 年土地出让收入分别为 2 190 亿元、1 699 亿元和 2 252 亿元，占地方财政收入的比重分别高达 58.29%、57.19%和 55.51%。由此可见，地方政府财权与事权不匹配间接影响到房地产市场。

（四）投资渠道匮乏导致房地产属性的日趋金融化

住宅作为一种特殊商品，兼具消费和投资双重属性，自住性需求主要与人口和收入增长相关，稳定性相对较强；而投资（投机）性需求主要与购房的预期收益有关，具有较高的不确定性。理论上而言，只要预期收益较高，那么这部分需求在一定时期内可以无限放大。在城镇化有序推进以及居民收入平稳增长背景下，居民自住性需求总体保持平稳增长态势，而前期住宅销售大幅波动，房价水平阶梯式上扬，背后不乏投资性需求的推波助澜。

四、对长江经济带房地产长效机制的建议

（一）短期看，应加大热点城市市场供应，多方引导并稳定市场预期，增强民众对调控的信心

一是开展长江经济带重要节点城市房地产调控效果评估。建议对长江经济带沿线城市出台的调控政策效果进行评估，建立有效的激励约束机制，对调控到位、公众反应积极的地区给予正面宣传和肯定，对于效果欠佳、适得其反的政策要适时纠偏和问责，增强市场对调控的信心。从发达国家房地产调控经验看，一旦政府政策的可信度和持续性得到提高，会极大增加政策效力，影响购房预期。

二是加大热点城市土地供应，加快商品房建设上市步伐，增强供给市场对引导预期的作用。通过增加土地供应，加快商品房建设上市步伐，加大共有产权房、人才公寓和保障房建设等多种手段，增加市场供给，尽快缓解过热地区住房供给短缺压力。并通过各种媒体积极发布扩大市场供给的相关消息，引导公众购房预期。

三是严格执行稳健中性的货币政策，抑制流动性过快增长和杠杆率明显上升，建立房地产金融宏观审慎管理框架，在综合评估房地产市场发展形势的基础上，实施逆周期宏观审慎管理，确保各地房地产调控政策的有效落地。

四是密切关注热点城市外溢效应的发展变化，加强对各地房地产市场的监测和舆论引导，严厉打击哄抬炒作现象，积极做好政策储备。

（二）长期看，应建立房地产市场调控的长效机制，解决影响房地产市场发展的深层次问题

一是适时对持有环节开征房产税。征收房产税的目的是提高房产的持有成本，从而抑制投资性需求，引导合理住房消费。因此，为了不增加普通居民的居住成本，居民自住性的房产原则上不能纳入征收范围。可通过设定人均住宅面积起征点的办法予以解决，起征点以内免征，起征点以上可考虑采用累进税率，使拥有多套房的投资者付出更高的投资成本。房产税应由国家统一规定税率范围，针对不同地区灵活确定，并在房价上涨较快的大城市率先开征，再向全国推行。为防止

房产税对市场造成过大冲击，开征起点可以设定高一些，税率低一些，门槛宽一些，通过一段时间的观察调整将房产税制度不断完善。

二是建立多层次住房保障体系，规范发展住房租赁市场，满足不同层次人群的住房需求。随着我国城镇人口的快速增加，中低收入人群的保障性住房需求压力越来越大。因此，应结合土地出让金管理制度改革，确保保障性住房建设的资金和土地来源，进一步健全、完善住房保障制度，并引导发展租期稳定、管理规范的住房租赁市场，着力构建“基本需求有保障、首套购房有支持、商品住房有市场”的住房供应保障体系。

三是实行长期稳定的住房信贷金融政策。购房需求容易受到信贷政策影响而出现集中爆发现象，短期内易推动房价过快上涨。建议研究和探索居民购房首付比例和贷款利率固定或两者反向变动的房贷政策，以稳定购房者预期，避免购房需求短期内集中释放。

四是人口流动宜疏不宜堵，适当疏解核心城市部分功能。人口向大城市集聚是城镇化发展到一定阶段后的必然趋势，应顺应社会发展规律，而不是强行控制大城市人口流入。要采取相对开放的人口迁移政策，优化大城市人口空间分布，严格控制中心城区人口增长，积极在新城区布局相应产业，向新城区或卫星城疏解中心城区部分功能以及部分优质公共服务资源，引导、推进新增人口向新城区和卫星城集聚。

支持智慧养老产业　打造江苏科技发展新亮点

吕万勇

江苏省老年学学会老年营养专业委员会

摘要：江苏是经济大省也是人口大省，面对老龄化社会的来临，积极发展智慧养老是新时代养老产业改革与创新的必由之路，是供给侧结构性改革背景下的发展新型科技产业的正确决策。江苏有着诸多发展智慧养老科技产业的优势，但也存在一些问题。深入学习贯彻习近平总书记关于科技创新的重要论述和科技创新发展的重要指示，促进智慧养老的科技产业发展，培养年轻人才队伍，鼓励民营科技企业和中小企业发展智慧养老科技，大力推动以科技创新为核心的全面创新，实现江苏高质量发展。

关键词：智慧养老 养老服务 科技创新

根据国家统计局数据显示，到2017年底我国60岁以上老年人口达2.14亿(占总人口的17.4%)，中国进入深度老龄化社会。2018年2月19日国家发改委公布了《加大力度推动社会领域公共服务补短板强弱项提质量促进形成强大国内市场的行动方案》中提出全面放开养老服务市场，以居家为基础、社区为依托、机构为补充、医养相结合的养老服务体系更加完善，养老床位中护理型床位比例不低于30%。李克强总理在2019年两会工作报告中指出要大力发展养老特别是社区养老服务，针对社区养老服务机构给予优惠等内容。我国由于老龄化社会突然到来和"未富先老"，使处于起步阶段的养老服务行业成为了朝阳产业。我国在养老服务方面存在巨大缺口：养老人才储备不足、养老护理床位短缺、养老信息平台缺失、养老护理技术落后、老年膳食和保健满意度低等。物联网和人工智能(AI)是科技发展的必然产物，同时也给社会发展带来了巨大变革。目前把物联网和人工智能应用到养老产业中，通过智能科技把人力技术和物质缺乏的问题交给网络终端，让各种机器和软件弥补这些问题可以有效缓解养老照护和康复护理的压力。因此"智慧养老"成为养老产业中的新概念，智慧养老是指利用信息技术等现代科学技术(如互联网、社交网、物联网、移动计算等)，围绕老人的生活起居、安全保障、医疗卫生、保健康复、娱乐休闲、学习分享等各方面支持老年人的生活服务和管理，对涉老信息自动监测、预警甚至主动处置，实现技术与老年人的友好、自主式、个性化智能交互[1]。智慧养老将结合信息科技的优势与力量，为我国养老事业、产业面临的难题与困境提供新的解决思路与切实可行的实践道路。

一、智慧养老的内容

（一）智慧养老的物联网开发与应用

智慧养老是现代科技与养老服务相结合的新型养老模式，实现智慧养老的前提是要具备先进的信息技术，通过物联网的平台将老人与养老服务机构、社区、设备相连接，满足老年人多样化的需求和提供高效智能的服务。基于物联网开发的智慧养老模式的应用具有降低成本、改善老年人生活质量、为收集和分析老年人大健康数据提供个性化服务及优化社会资源配置的优点[2]。智慧养老网络系统包括在线医保系统、社区服务系统、系统数据库、远程感应终端、可视化软件平台、健康预警系统、生活照护提醒和预警系统、远程健康医疗指导系统等。这些网络系统软件基本上能够满足老年人从居家、社区、机构养老的全方位覆盖。只有拥有完善的互联网软件开发应用，才能让物联网成为智慧养老的重要构件，物联网也是智慧养老的神经系统。

（二）智慧养老的老年辅助设备

老年辅助器具是指能够帮助功能障碍老年人补偿、代偿功能、改善状况、辅助独立的产品统称，包括环境辅助类、护理辅助类、自我辅助类，它是康复辅助器具的组成部分[3]。老年人因机体老化和疾病、精神、药物、外伤等因素的影响会导致生理功能缺失，在生活照护能力上出现各种困难；社区养老照护因为人力短缺和收集信息不对称等因素制约了养老服务的精准性；大中型养护机构对老年人进行照护时需要便捷实用的设备来降低成本和减少对老年人的意外伤害，因此无论是居家养老还是社区、机构养老都需要老年辅助设备。目前已经上市了智慧养老众多终端生活照护辅助设备：智能居家照护系统从照明到无障碍设施、如厕、步入式浴缸、吃药提醒、智能烹饪、互动小机器人、求助等方面体现适老化的细节；社区养老服务平台系统能及时掌握老年人的需求并对老年人可能出现的紧急情况进行预警干预；养老机构使用的老年人智能护理床能够分散压力和减少摩擦力、监控睡眠呼吸及心率的变化，悬吊设备可以轻松运转瘫痪老人等。

（三）智慧养老的医养结合

医养结合是区别于传统养老服务模式的一种新的养老服务模式，是传统养老服务的充实和提高。医养结合是将老年人健康放在服务工作重要位置，在传统的生活照护、神经关爱和文化服务的基础上增加了康复保健、医疗服务、健康管理及临终关怀等服务。失能和半失能老人是目前养老护理机构主要入住人群，其主要特点是高龄和多数患有疾病；养护机构除了日常生活照料之外还需要承担医疗、护理、康复的服务工作。养护机构的医疗人才、技术和设备等因素与医院相比有较大差距，发展智慧养老利用物联网技术能缓解这些不利因素带来的困扰。远程专家会诊系统可以让三甲医院的专家为养护机构老年人进行诊治；医保结算系统可以让老年人异地养老时不再为看病买药报销发愁；老年人康复治疗病历数据能够实现异地共享；可穿戴设备在老年人病情监护和康复治疗方面有重要作用；动态肢体康复设备可以实现无陪护自动辅助运动康复，减少人力和降低对康复师技术的要求。

二、江苏的智慧养老科技产业发展

（一）江苏发展智慧养老科技产业的优势

江苏省是我国的经济大省和人口大省，江苏省统计局数据显示 2018 年江苏 65 周岁及以上人口 1 129.51 万人，占江苏省总人口 14%；全省居民人均可支配收入 38 096 元，全省居民人均消费支出 25 007 元，比上年增长 6.6%。基数大和质量高的老年人口是江苏智慧养老科技产业发展的基础。

江苏为了缓解养老困局，积极探索本地养老服务政策，据不完全统计，到 2014 年各级政府制定的政策法规中，江苏省级共有 13 部、江苏省各地区合计 24 部[4]。2016 年江苏省人大发布了《江苏省养老服务条例》，该条例对下一步养老工作进行了部署，指出加快实施“智慧养老”工程，建立养老服务信息化平台。2018 年江苏省政府办公厅印发了《关于制定和实施老年人照顾服务项目的实施意见》，明确了老年人照顾服务工作的 15 项重点任务，涉及老年人养、乐、医、学、居、娱等多个方面，并给出了落实政策的相关责任单位。这些都为维护江苏省广大老年人合法权益，规范智慧养老服务行为，促进智慧养老服务业健康发展提供了有力的政策支撑。

江苏的科技发展位于全国前列，2018 年江苏共有 50 个项目获国家科技奖，获奖总数位列全国各省第一；全省发明专利申请量 19.88 万件，比上年增长 6.31%。苏州、泰州、常州地区的医疗器械产业发展迅猛，已形成了有规模有特色的产业集群。2017 年东南大学苏州医疗器械研究院在苏州高新区揭牌成立；苏州工业园区自主创新医疗器械企业独墅湖联盟成立，实现医疗器械科技发展抱团创新。2018 年 11 月江苏通讯 5G 领域骨干企业、科研院所等 35 家单位成立了江苏省 5G 产业发展联盟，目前江苏已建立 130 座 5G 实验基站和启动行业试点应用，预计到 2020 年我省将进入 5G 大规模推广阶段。江苏整体的科技发展带动了医疗器械和通讯领域的高速前进，是实现智慧养老科技发展的必要前提。

江苏在智慧养老机构和基地的建设走在全国的前列，同时也在智慧养老的模式中积极投入资金对服务技术和科技创新进行升级。常州金坛茅山颐园医养小镇在全国率先把智慧养老的概念落地，养老护理院和老年大学、二级医院、健康管理中心同步建设完工并投入使用。南京江宁区沐春园护理院和江苏省省级机关医院合作，发挥医院的老年专业医疗康复护理优势，为自理、失能、失智老人提供全方位的住养服务。利用“医养结合慢病与健康管理平台”，让老人享受无缝对接的养老和医疗保障服务。法国著名养老产业集团欧葆庭在南京投资成立的欧葆庭仙林国际颐养中心，是国内首家纯外资养老机构，配有国内最先进的数字化康复理疗设备，以及专业的医疗护理团队，是欧洲标准与中国文化相融合的老年人长期照护机构的典范。

（二）江苏发展智慧养老科技产业中存在的问题

1. 养老服务整体层次偏低，创新动力不足

江苏个别养老机构或涉老企业在个别项目上走在全国的前列，但是养老服务内容单一，整体科技含量和层次偏低。目前很多中小型养老服务机构的主要内容是生活照护、简单供餐、陪聊、提供娱乐场地等内容，相比日本的中小型介护所的养老服务内容，我们离智慧养老还有很大差距。老人及家属收入偏低、经营模式落后、新产品成本高、主观创新意愿不强、服务人员技能水平不高等原因导致养老机构服务内容与技术创新动力不足。

2. 政府对智慧养老科技产业的实际投入不足

科技创新对企业来说是双刃剑，一方面企业需要通过科技创新来增强企业活力；另一方面创新需要付出大量投入和高风险的代价。目前江苏的智慧养老概念化严重，离落实到养老实体运营还有很大距离。各级政府从 GDP 增长的角度出发，偏向于大概念、大模式的方向运作，而在智慧养老相关产品研发创新的企业和养老机构用于服务创新迭代项目上投入资金较少，导致很多投身在智慧养老产业中小企业因缺乏资金倒在了“最后一公里”。江苏虽然专利申请量多，但还没有一家企业在智慧养老的物联网软件开发上申请专利，即便是老年辅助设备专利申请数量也很少。南京泊隆健康管理有限公司是国内最早研发加工老年营养餐的企业，在解决咀嚼吞咽障碍老人和高龄老人进食安全的技术路径上领先全国，但现在因资金短缺运营不佳。

3. 未建立智慧养老的公共平台

由于养老工作相关部门一直以来处于各自为政的状态，各级老龄工作机构尚未形成健全的合力工作的长效机制，也并未形成一个共用共享的信息统筹平台，进而导致养老服务的工作缺乏相关的体系。智慧养老服务的发展急需成立专门的管理部门，实现养老信息互联互通和养老服务各个部门信息资源共享，进而改变各养老部门各自为政、互相孤立的现象，在宏观层面上推动智慧养老建设进程[5]。南京烽火祥云科技有限公司为武汉江汉区提供智慧养老互联网平台，负责管理社区每个养老服务机构的运作，而江苏省内却没有运行这样的公共管理平台。

4. 智慧养老服务的人才匮乏

智慧养老是以高科技为核心的养老服务新模式，掌握智慧养老科技的人才是智慧养老能够顺利开展的重点。智慧养老需要老年服务、医疗保健、智能控制、计算机网络、移动互联以及物联网技术等各方面技术人才。江苏虽然有全国著名的研究信息化和机器制造等专业，但是从事老年方面智能制造、网络设计的人才屈指可数，这一点从相关专利申请和论文发表的数量就能发现。在养老服务人才培养方面全国开设养老服务专业的 100 多所院校中仅有 4 所本科院校，均在江苏省外，

江苏省内从事养老服务行业的专业人员，最高学历仅为大专，且没有其他途径提升学历[6]。目前智慧养老科技产业还处于初步发展阶段，企业盈利较差，很难吸引高端网络信息和制造人才；养老服务者的社会地位和收入与之付出不成比例，很难获得年轻人的认同感。

（三）江苏发展智慧养老科技产业的建议

1. 建立江苏省智慧养老的发展目标和规范

智慧养老科技是新型的科技产业发展模式，可以带动江苏网络信息科技、智能制造、医疗科技、养老服务建设等科技产业发展。首先政府设计智慧养老在养老服务中的应用层次，明确智慧养老为新型科技产业是带动江苏科技产业发展的新亮点。其次建立智慧养老技术标准，2017 年国家修订《标准化法》的实施为江苏省社会学术或民间团体建立相关技术标准创造了有利条件。再次建立统一涉老信息化平台，先行试点区县行政区域内智慧养老信息平台管理；需要打破政府部门间的隔墙，在信息安全的前提下把养老服务、社会保障、医疗服务等平台相互连接，实现智慧养老的高效率管理和运营。

2. 加大对智慧养老产业的投入

政府要肯定科技助老、科技惠老在养老服务中的重要地位，为智慧养老的发展创造良好环境。由于智慧养老是新生事物，其产业尚未形成系统的商业模式，抵抗风险能力弱，需要政府在一定程度上给予支持。首先给予发展智慧养老产业的企业公平环境，“公”和“私”都应该享有同等待遇。其次扶持省内智慧养老企业和科技企业的发展，优先使用省内相关企业产品；要加强对智慧养老企业和机构的政策、税收、信贷、补贴、奖励等优惠与扶持，以期吸引更多的企业和机构参与到智慧养老产业[7]。再次拓宽投融资渠道，让更多的资本进入智慧养老产业当中。省内的智慧养老企业凭借产品和科研成果即可获得资金支持，降低企业融资门槛。

3. 设立养老人才激励政策，培养年轻新生力量。

智慧养老的产业发展离不开人相关技术人才培养。鼓励省内高校开设智慧养老相关专业，提升养老服务的科研水平，加强养老服务人员的职业技能培训和继续教育。青年是国家的未来、民族的希望，同时也是智慧养老科技产业不可缺少的后备资源与未来的中坚力量。政府应以实际行动来鼓励参与智慧养老科技产业的青年学者、青年企业家、青年技术人员，让他们以参与智慧养老科技研究为荣、以投身智慧养老产业经营为乐、以科学知识推动江苏智慧养老产业发展为事业！

参考文献

[1] 左美云.智慧养老的含义与模式[J].中国社会工作，2018(11)：26-27.

[2] 龚娜，潘敏，刘芬.“互联网＋”时代下智慧养老的创新发展[J].经济研究导刊，2018(36)：42-44.

[3] 罗椅民，师防，纪树荣.老年辅助器具与辅助技术在养老康复中的应用进展[J].中国康复医学

杂志,2016,31(7):813-815.
[4] 杨文健,邹海霞.江苏现行养老服务体制机制存在的问题及对策研究[J].学术论坛,2014(5):119.
[5] 庄雨婷,桂晓瑾,王有志.江苏智慧养老产业发展的可行性、实践与对策研究[J].江苏科技信息,2018(21):4-6.
[6] 刘雅婧.江苏养老服务专业人才培养对策研究[J].现代经济信息,2016(25):109.
[7] 朱玥颖,刘治彦.我国智慧养老产业发展的新思路[J].江苏科技信息,2018(4):68-74.

确立城市定位之点，建立现代交通之线，全面推进江苏区域协调发展

张　睿

南京市房屋征收指导中心

摘要：实施区域协调发展战略是当前我国发展的目标。江苏的省内发展历来分为南中北三个阶梯，虽然发展尚不均衡，但我省已在协调发展方面走在全国前列。为进一步发展，笔者认为应从点到线，扩大到面，逐步推进。聚焦城市群之点，找准不同城市群的定位，城市群落之间呈现角色区分，优化资源配置；开拓交通之线，建立全方位多样化的综合交通体系，紧密沟通城市之间、城乡之间的联系，为资源、产品和人力的流动打好基础。

关键词：城市定位，综合交通，区域协调

习近平总书记在党的十九大报告中指出，“实施区域协调发展战略”，“建立更加有效的区域协调发展新机制”。2019 年 3 月 5 日，国务院总理李克强同志在作政府工作报告时再次强调要促进区域协调发展，并着重提出，要将长三角区域一体化发展上升为国家战略，编制实施发展规划纲要。长江经济带发展要坚持上中下游协同，加强生态保护修复和综合交通运输体系建设，打造高质量发展经济带。江苏一直以来都在贯彻实施区域协调发展工作，将苏南提升、苏中崛起、苏北振兴作为省内各项部署的目标。

纵观全国，我省在省内发展协调方面的确走在全国前列。根据江苏省统计局发布的数据，2018 年我省各市 GDP 占比如图 1 所示，苏州、南京、无锡的 GDP 占比分别为 19.7%，13.6%和 12.1%，是非常接近的数据。经济最强市苏州占比 19%，经济最弱市占比 2.92%，全国来看，占本省 GDP 比重最高的城市为银川，一个市就达到了全省 GDP 的 50%以上。据计算，苏州的城市首位度为 1.45，相比于四川省成都市的首位度 6.4，湖北省武汉市的 3.2，是非常均衡的表现。结合 GDP 增速来看，南京、无锡、南通的增速是大于苏州的，有进一步缩小差距的趋势，盐城、扬州、泰州增速强劲，有追赶第一梯队的势头，淮安、连云港、宿迁也保持着较高的增长水平。在这样的形势下，若能结合我省实际情况，划定有效的重点发展区域，必将事半功倍，进一步推进区域协调发展。

与此同时，一些问题也可从图 1 中反映出来。按照当下我省 13 市的经济总量，大致可以分为三个梯队，苏州、南京、无锡为第一梯队（10 000 亿元以上）；南通、

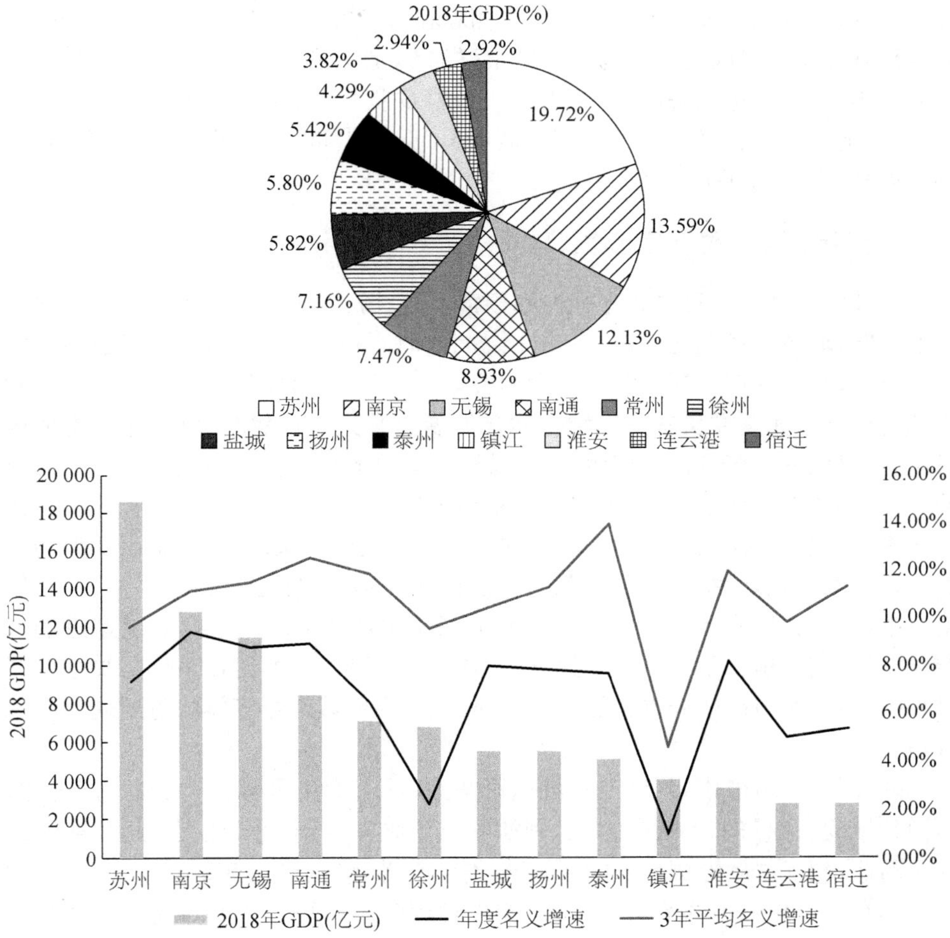

图 1　江苏省 2018 年各市 GDP 总量(亿元)和占比(%)及名义增速(亿元/年)

常州、徐州、盐城、扬州、泰州为第二梯队(5 000 亿～10 000 亿元);镇江、淮安、连云港、宿迁为第三梯队(5 000 亿元以下)。大体上,仍然呈现苏南优于苏中优于苏北的经济总体格局。苏南、苏中、苏北不仅仅是地理上的区分,历来也是发展的阶梯,其具体的差距主要体现在几个方面:经济增长动力,南部经济的内生动力和外部推力较强,具有强大的投资、消费和净出口需求,对经济增长有着强大的支撑力,中部的外商投资总额和民资投资正在逐步增加,而苏北这两项投资尚处于启动阶段;城市化水平,早在上世纪,南部的苏锡常都市圈就已经形成,以宁镇扬板块为腹地的南京都市圈目前还处于发展之中,苏北的徐州都市圈有一定规模和实力的中小城市不多,苏北的农村人口仍占人口大多数;全面小康社会建设进程,苏南已基本达到全面小康社会的主要指标要求,苏中则是大部分达到或接近达到,苏北的经济指标尚未达到要求，社会发展指标差距明显。

所以说，省内的发展不均是有着历史渊源和天然资源的原因的。尽管如此，资源的格局并非是不可改变的。扬子江城市群的1，加上沿海经济带、徐州淮海经济区中心城市、江淮生态经济区的3，“1＋3 区域”的提出，就是从根本上打破南中北的沟壑，因地制宜，共同发展。其重点，笔者认为，应当同时关注点和线，逐渐推进，顺利扩展到面上，达到全面协调发展。

一、突出重点，发展中心城市群

“点，即中心城市。”目前我省存在苏锡常、宁镇扬、以徐州地区为中心的苏北城市集群，随着城镇化进程的推进，各城市之间的联系更加紧密，相互之间也不再独立，而是在各个方面都逐渐结合为更大的整体。因此，各市应从专注于本市上升到城市群的层面。尤其在长三角区域一体化发展上升为国家战略之后，作为主要经济、社会发展依托的各城市经济体，必将扮演更重要的角色。目前在长三角一体化战略中，布局了多个嵌套型的城市经济圈层战略[1]。首先是从整体来看的长三角城市群规划，包括上海、江苏、浙江、安徽的26个地级以上城市；其次是以上海为中心的大都市圈规划，包括我省的苏州、无锡、南通在内；另外还有扬子江城市群，以及南京都市圈、苏锡常都市圈等相互嵌套的区域都市圈系统。这样层层递进的城市圈层结构，交叉覆盖了几乎所有的长三角区域内的城市，如何在一体化加速发展的过程中，抓住城市群格局重建的重大机遇，是各主要城市经济体的重要使命和现实选择。

此外，同一城市群中，各城市不可孤军奋战，甚至竞争资源，应当有不同定位，在不同领域的资源需求上区分主次，例如着重于服务业、着重于生态旅游、或着重于农业渔业，相互之间形成良好的系统圈。南京、苏州等城市，区别于上海，应定位为建设具有全球影响力的节点型城市，积极发挥侧翼功能。在上海这个全球门户型城市的带动下，推动南京和苏州在经济、文化、科技、区位条件等方面的国际化竞争能力发展，加强苏州的外向型工业、南京的半导体与芯片等现代特色产业发展，提高参与全球竞争的基础能力。苏州和南京的GDP已达到万亿元量级，经济结构、区位条件、产业特色等都具备了开放型、国际化的先发优势，有能力参与更多全球市场竞争，努力提升城市国际化水平，实现国际化节点城市转型。进一步往外扩展，常州、扬州、南通、泰州、宜兴、扬中、仪征等一批具有较多外向型企业的地级市与县级市，可将目标定为国际竞争中的中流砥柱型城市。这些城市大多是中国改革开放进程中外向型城市经济体的代表性城市。通过科学合理的定位和规划，从经济结构、文化、城市建设等角度，将自身打造为具有强劲潜力和成长能力的城市群。再向北扩展，以徐州为代表的苏北城市群重新校准角色定位、发展特长也有了契机，通过加快徐州淮海经济区的建立，可从根本上改变被动接受产业转移的身份，打出品牌，创出特色，形成整体竞争力。

在设计特色城市群的同时，要以区域城镇体系规划为抓手，开展城市群内部的城镇体系协同规划，促进基础设施互联互通、公共服务设施共建共享、生态廊道共同保护和城乡品质共同提升。以宁镇扬为例，南京、扬州和镇江分别为发展水平的第一、二、三梯队，这三个城市的协同组合，将会极大地带动扬州和镇江的发展水平，同时为南京的发展提供更多的空间。2014 年省政府就印发了《宁镇扬同城化发展规划》[2]，成为我省首个以区域同城化为特色的专项规划。三个城市的同城化发展，公共服务一体化、异地就医联网结算、实施省内社会保险关系电子化转移业务模式、联合发行宁镇扬旅游年卡等一一实施。切切实实地将发展眼光从本市上升到了本城市群，这是巨大的进步。

不仅在经济发展方面需要层层递进，江苏所具有的深厚文化底蕴，使得各城市在文化建设方面也有着得天独厚的优势，通过规划，可以形成风格不同又统一的文化旅游品牌。南京和苏州可以建设世界级的文化名城与旅游城市为目标，作为中国著名的历史文化名城和旅游城市，国际游客也一直络绎不绝。但就其在世界范围内的影响，还有进一步的上升空间，对比荷兰的阿姆斯特丹、西班牙的巴塞罗那、丹麦的哥本哈根等历史名城，在吸引国际化游客群体层面，还有不少差距。因此，可鼓励南京、苏州这样经济发达、城市建设水平较高的城市，确立各自的历史文化旅游形象定位[1]，比如南京可以打造为中国六朝古都城市，苏州则为中国古典园林城市，通过各种会议展示、主题日活动、中外文化交流节等方式，加快走向国际舞台，推广和营销自己的城市文化旅游形象。同时，建立包括南京、镇江、常州、无锡、苏州在内的江南文化区。自古江南多文人，自古江南多美景。江南已经成为一种典型的地域文化风格，具有了富庶、精致、文学繁盛等特质，是我国特有的江南文化。而江苏，正是承载江南文化的主体地域。因此，对文化特点的认知和提升，对我省相关城市而言，是全新的文化标识和文化资源。

二、沟通连线，搭建交通体系

“线，即交通体系。”交通，是城乡建设高质量发展的基础保障。高铁、航空、港口、过江通道、管道、公路等等，不仅要在通达程度上提升，也要考虑各类交通之间的对接，成为现代化的综合交通运输体系。城市群内部的交通系统要全面覆盖，城市群之间则需要高速环线来沟通，城乡之间的交通要进一步均等化，交通的发展与城市规划进一步衔接。现有城镇间联系的紧密度不够，因此跨江高铁环线对城市群集成作用的发挥至关重要。翻看计划表，江苏已经行动起来——“十三五”期间，着力建成定位合理、功能完善的民用机场体系[3—4]，类型多样、服务广泛的通用航空体系，特色鲜明、效益显著的航空产业体系；对现有“井”字形、网格化的铁路网进行优化提升，强化以南京为中心的“米”字形、放射状铁路网，进一步完善全省铁路布局；加快推进过江通道建设，加快推进国家高速公路主通道扩容，加快完善千吨级航道网络，加快建设覆盖全省的综合客货运枢纽体系。

从点到线，逐级推进的同时，还应注意各点之间的结合，即缓冲区域的特别处理，主要表现在对经济欠发达地区的优惠政策实施过程中。例如，优惠政策的实施区域边界，有时两个县（乡、镇、村）只隔一条路、一条河，经济发展水平相当，但由于分属不同市管辖，其中一个市有优惠政策，另一市则没有，这种情况在苏北和苏中的交界地区尤为多见，因此带来的政策扶持将产生较大差别，会带来资源的倾斜，甚至影响群众的积极性。应当设置优惠政策的缓冲区，扩大优惠区域并按照实际情况逐级设置相应优惠，避免一刀切的现象。

我省内部各有特色的城市点，由四通八达的交通线沟通，将会构成一幅各有特色、共同发展的江苏画卷。当前区域协调的概念已经不仅限于GDP的协调，更是文化认同和人民共同富裕的协调。如何协调空间、资源甚至人文，是我省未来发展的目标。

参考文献

[1] 胡小武.长三角一体化国家战略中的城市定位[J].群众，2019(2).
[2] 宋晓华，汪晓霞.区域协调发展 演绎"帕累托最优"[N].新华日报，2017-09-24.
[3] 付奇，杭春燕.江苏加快促进区域协调发展 重塑经济地理版图[N].新华日报，2017-11-18.
[4] 付奇，汪晓霞.打造重点城市群，江苏城乡区域发展协调性增强[N].新华日报，2018-03-08.

产业投资基金促进江苏制造业高质量发展

徐国建

南京市鼓楼区发改委物价科

摘要：产业结构的调整与优化已经成为现代经济发展的重要手段和必经之路。从发达国家经验来看，产业投资基金作为市场配置资源的重要金融工具，既是连接金融资本和实体经济的纽带，有助于资本市场的繁荣，也是政府推动现代产业发展和产业结构转型升级的有效手段。近年来，借鉴发达国家成功做法以及我国股权投资相关政策不断完善，我国产业投资基金进入黄金发展阶段。我国产业投资基金通过培育高新技术、促进科技成果市场化、培育新兴产业、平衡产业间的供需结构并提高资源要素的使用效率，最终促进了产业结构的优化调整。

关键词：产业投资基金；江苏；制造业；高质量发展

习近平总书记在十九大报告中强调指出："加快建设制造强国，加快发展先进制造业。"习总书记在视察江苏时又指出："必须始终高度重视发展壮大实体经济，抓实体经济一定要抓好制造业。"江苏省委、省政府提出，高质量发展要走在全国前列。在江苏推动高质量发展的进程中，制造业必须当主力、打头阵、挑重担。作为民族工业和乡镇工业的发祥地，江苏制造业基础好，发展快，总体水平长期位于全国前列，极大地推动了全省工业化和现代化进程，有力地支撑了全省经济社会快速发展。

一、我省制造业发展现状

改革开放以来，江苏经济同全国一样，较好地实现了从计划经济向市场经济的深刻转变，市场机制激发了巨大的活力和创造力，江苏制造实现了飞速发展。

一是总量规模稳步扩大。近年来，江苏制造业始终保持着快速增长、稳步扩张的势头，已经形成完备的产能体系。2018 年，全省规模以上工业企业完成增加值同比增长 5.1%，继续保持在中速增长区间；全省工业生产实现产值同比增长 8.4%；规模以上工业企业利润增长 8.4%；全省完成工业投资同比增长 8.0%。可以看出，江苏制造业的发展态势稳中向好，不断向高水平、高技术、高标准升级优化。

二是新兴产业规模迅速扩大。近年来，江苏省新兴产业增长速度显著，且规模日益扩张。2018 年，战略性新兴产业、高新技术产业产值分别增长 8.8%、11%，占比提高至 32%、43.8%。高技术制造业、装备制造业增加值分别增长 11.1% 和

8.0%，高于规模以上工业6.0和2.9个百分点。战略新兴产业占江苏制造业比重稳步提高，为经济发展发挥了巨大的带动作用。

三是产业集群态势明显。江苏不断加大高新技术为主体的创新型产业集群的培育力度，高端制造产业集群效果显著，产业链正不断完善，基础设施夯实，配套设施优化，制造业规模化、集群化已成趋势。全省已成立国家级特色产业集群基地30余家，省级以上科技园区50余家，形成以南京、常州为领头的轨道交通产业集聚区，以南京、镇江、无锡、苏州为重点的航空产业集聚区，以南京、苏州、常州、扬州打头的智能化制造产业集群，全方位推进产业集群化发展。

四是骨干企业优势产品稳增。面对错综复杂的国内外经济形势，江苏工业企业运行总体稳中向好，拥有一批核心技术突出、自主创新能力强的大型制造集团。全省百亿企业已达到100余家，主要工业行业规模总量均居全国前列，万亿企业行业、规模以上制造业企业、中小型企业均居全国第一。行业王牌企业的行业影响力不断攀升，为建设全国乃至全球影响力的先进制造业基地发挥着示范引领作用。

二、制造业发展存在的问题

江苏制造业在转型升级过程中也面临着一些问题，“大而不强”的特征相对明显，整体上还处于全球价值链的中低端。

一是规模优势有所削弱。江苏许多行业曾在全国占有重要地位，在规模上拥有绝对优势，但由于多方面因素，行业发展出现分化，部分行业原有的领先优势有所缩小，甚至被部分地区乃至欠发达地区反超。

二是产业能级不够突出。许多高新技术企业还处在产业链低端，缺乏足够的竞争优势，企业用于研发的经费占比较低，且成果转化率也较低，远远低于发达国家水平，支撑新兴产业发展的核心技术主要依赖于国外进口，缺乏自主创新能力，以价格、成本为竞争手段的低端制造业仍大量存在。

三是多层次资本市场支撑不足。主要表现为对新技术新产业新模式即所谓“风口”十分感兴趣的国内外知名天使、VC和PE投资机构很少扎根江苏，而江苏自己也缺少一大批本地的创业投资机构来发现培育风口领域内有潜力和前景的项目与企业。

四是技术成果产业化应用不足。江苏科教资源丰富，拥有166所高等院校，77所本科院校，数量位居全国第一，区域创新能力连续8年全国第一。但科技创新成果转化率较低，拥有自主知识产权、高技术、基地型、带动性强的产业化大项目还较少。

三、利用产业投资基金助推制造业升级的建议

产业结构的调整与优化已经成为现代经济发展的重要手段和必经之路。产业结构升级调整包括高度化和合理化两方面。产业结构高度化是指产业结构的发展

由低级向高级顺向递进的方向演进。产业结构合理化主要是指不同产业之间协调能力和资源禀赋配置能力的提高。从发达国家经验来看,产业投资基金作为市场配置资源的重要金融工具,既是连接金融资本和实体经济的纽带,有助于资本市场的繁荣,也是政府推动现代产业发展和产业结构转型升级的有效手段。近年来,借鉴发达国家成功做法以及我国股权投资相关政策的不断完善,我国产业投资基金进入黄金发展阶段。我国产业投资基金通过培育高新技术、促进科技成果市场化、培育新兴产业、平衡产业间的供需结构并提高资源要素的使用效率,最终促进了产业结构的优化调整。

(一) 产业投资基金对制造业高质量发展的作用力分析

1. 微观层面,产业投资基金对于微观主体一企业的价值创造效应和研发投入效应是其推动产业结构调整的微观机理

一方面,产业投资基金通过投资目标选择,为各产业筛选出新兴力量,并通过增值服务提供,为企业带来丰富的有形、无形资产,实现企业的加速成长目标,提升了企业的内在价值,逐渐为各产业培育出中坚力量。另一方面,产业投资基金对企业的研发投入提供了资金支持,辅以科学引导,缓解了小企业和新企业创新活动投资不足的问题,加速了技术研发和技术商品化的过程,为社会带来新的产品,新产品横向和纵向的拓展中,创造了新的市场需求,产业链亦由短至长培育成长,在带动新兴产业发展同时,也为传统产业产品注入科技含量,提高其附加值和市场竞争力,遏制产业衰退势头。产业结构在这一进程中实现转型升级。

2. 宏观层面,产业投资基金为微观企业创造价值、推动其研发进程后,聚沙成塔,在宏观层面带来资本积累效应和就业效应,进一步实现产业结构调整

产业投资基金的宏观效应承接其微观机理,围绕着资本和劳动力这两类基本生产要素展开,一方面,产业投资基金透过资本内生逐利性和投资示范效应,完善直接融资市场,引导社会资本实现更为有效的配置;另一方面,产业投资基金对新兴产业的扶持扩大了就业空间,引导劳动力向高生产率部门的转移,对传统产业和主导产业的投资实现了产业转型,新的市场需求拓展提升了产业的劳动力吸纳能力。

(二) 产业投资基金促进制造业高质量发展的路径分析

1. 通过政策引导支持,完善产业投资基金运作机制

政策引导包括财政政策、税收政策和金融政策的引导,加大财政对制造业信息化、网络化深度融合的扶持力度,着力打造智慧制造与电子商务流通相互渗透、推进产业结构优化的示范工程。加大税收支持力度,鼓励智能制造高新技术企业参加各类资格条件、企业类别认定,符合条件的同等享受相关税收优惠政策。加大金融支持力度,加快互联网科技创新资源与产业资本、金融资本的融合,建立包括种子基金、天使基金、创业投资、担保资金和政府创投引导基金等覆盖创新产业链全过程的金融服务体系。建立和完善政府产业投资基金运作机制,通过设立引导基

金，引入知名投资机构、产业资本合作设立产业基金，对成长型创业创新企业进行股权投资，努力提高资金使用效益，组建新兴产业相关子基金，加大对制造业发展的支持力度。

2. 通过借鉴工业IPP模式，创新产业融资方式

制造业改造升级需要投入大量资金。工业IPP（工业资产合作伙伴）模式为制造业向转型升级提供了新的融资方式。工业IPP模式是由制造业上市公司发起设立的一种智能制造产业基金的模式，IPP的典型模式可简单概括为：上市公司、政府、基金或其他金融机构及银行共同出资成立产业基金，并通过金融租赁公司间接持有数字化工厂资产。IPP模式的核心在于由政府参与设立产业基金，投资并持有建造的智能化设施（如数字化工厂），然后再通过融资租赁的方式提供给下游客户使用并获得回报，以此解决智能化升级过程中遇到的资金压力和现金流与收入确认时间不匹配等问题。

3. 通过建立专业团队，提高产业基金的投资运营效率

基金的完整工作流程包括资金募集、项目投资、投后管理、项目退出，即“募、投、管、退”。地方产业基金的资金募集工作往往可由政府部门主导，但投资项目的选择、投资及投后管理需要对优质公司的甄别能力、对制造行业的深刻洞察和理解，对公司治理和运行的丰富经验、对市场变化的敏锐感知以及对宏观经济的了解等。因此，需要建立专业的投资和顾问团队，提高产业基金的投资及运营管理效率。建立专业的投资和顾问团队，还可以有效保证产业基金运作的市场化，防止基金被简单地采用行政办法分配投放，否则，基金投放之后，不仅基金项目的直接效益低，而且其溢出效应小，造成基金支持产业发展的作用不明显或得不偿失。

4. 通过鼓励国际交流，支持海外并购

目前我国制造技术较美国、德国、日本等制造业强国尚有一定差距，而仅仅依靠自主研发，周期较长，实现跨越式发展的难度较大，2008年金融危机后，国外很多优秀的制造业企业步履维艰，而且资产估值处于低位。因此，直接进行海外并购，再吸收消化国外先进制造技术不失为一个好的选择。事实上，2008年以后，我国海外并购金额逐年增长，已超过千亿美元。江苏也可以考虑在条件成熟之际，成立专项海外并购基金，选择合适的海外标的进行并购，引入国际先进智能制造技术和管理经验，实现快速扩张和发展。

加速推进政务资源集成共享，打造“移动办事之城”的研究

王春桃

南通市人力资源和社会保障信息中心

摘要：随着“互联网＋”、云计算等新技术的高速发展，政务大数据蕴含着巨大的经济与社会价值。“互联网＋政务服务”促进区域协调发展，科技创新服务将是各级政府推进管理变革、惠民便企的重要突破口，特别是手机 APP 不断发展，“移动办事”将成为衡量各地营商环境的重要方面。本文分析了政务资源集成共享的重要意义和客观需求，通过总结国内先进城市的成功经验，探讨了加速江苏省推进政务资源集成共享建设中应解决的主要问题与建议。

关键词：“互联网＋”政务；集成共享；移动办事

当前在“互联网＋”、云计算等新技术高速发展的背景下，政务大数据蕴含着巨大的经济与社会价值，其开放共享对于服务社会民生、提升政府治理能力都具有重要意义。随着“放管服”改革的不断深入，“互联网＋政务服务”不断成为各级政府推进管理变革、深化惠民便企的重要突破口，特别是随着手机 APP 不断发展，“移动办事”成为衡量各地营商环境的重要方面。

但长期以来，受体制壁垒、技术壁垒、法律制度壁垒等因素影响，政务资源“条块分割、纵强横弱、各自为政、自成体系”的窘境仍然存在，共享现状难以满足“互联网＋政务服务”改革实践需求。如何加快推进政务数据安全高效共享，成为政府亟待破解的重要课题。

一、政务资源集成共享的重要意义

（一）有利于提升政务服务质量

职能部门可以方便快捷准确地获取与本部门业务相关的数据，通过匹配分析，更全面、真实地掌握申请主体的信息，更准确地识别社会公众的政务服务需求，从而为精准化服务、个性化服务提供有力支撑。

（二）有利于优化政府决策

条块分割的“部门化”运作难以避免“政策打架”情形，而政务数据连通共享可以最大限度地保证基础决策数据的准确性、统一性、完整性，保证不同政策之间的配合与互补，保证相关政策的科学性，促进政策有力执行与有效监督。

（三）有利于提升社会治理能力

公安局等维护社会、国家安全的部门通过信息共享和部门协同，获得嫌疑人活动轨迹，快速锁定嫌疑人，为保障公共安全、营造和谐安定的社会环境助力。

二、国内政务信息共享的典型

（一）浙江：以“最多跑一次”改革强力推动数据共享

“最多跑一次”是浙江全面深化改革最亮的金字招牌，实现改革的最大阻力在于部门利益作梗，而主要领导的强力推动是“最多跑一次”改革取得成功的首要原因。2016年时任浙江省长的车俊首次提出“最多跑一次”的理念，一个月后浙江省“两会”上，“最多跑一次”被写入政府工作报告。又一个月后，省长主持召开推进改革专题会并担任领导小组组长，引起全省上下重视，各地党政“一把手”和各级人大、政协持续开展密集调研和明察暗访，随后省政府专题研究打破信息孤岛，实现数据共享；省数据管理中心大力推动公共数据归集、整合和共享、开放，畅通全省政务数据共享交换体系，依托政务服务“一张网”实现大数据共享，为全省“最多跑一次”改革提供了有力支撑。

（二）青岛：以创新统筹协调发展机制实现数据共享

青岛市创新建立了电子政务、大数据、公共信用、政务公开、政府网站和信息资源“六位一体”统筹协调发展机制，实现了电子政务与政务管理改革创新的深度融合。作为全国“互联网＋政务服务”唯一试点城市，青岛采用统一机构、统一规划、统一网络、统一软件和分级推进的“四统一分”的管理体制。由青岛市大数据发展促进局统筹规划、协调推进电子政务基础平台建设和运行管理，有效避免多头管理和重复建设，并基于政务云计算平台，实现网络安全平台、基础软件平台和数据支撑平台的有机结合和高度统一，推动政务信息化平台集成整合，助推实现信息资源集中管理和多部门业务协同，迅速降低信息共享和流程互通的障碍，为实现网络环境下的“一体化政府”和“一站式服务”打造坚实基础。

（三）深圳：以绩效考核评估为抓手倒逼数据共享

深圳市作为全国唯一的“政务信息共享国家示范城市”，以绩效评估为抓手，通过倒逼机制推动各部门信息共享，对政务信息共享实行“负面清单”管理制度，除经市电子政务主管部门、法制部门、编制部门和监察部门共同审核确定列入负面清单的信息外，均应无条件提供共享。其绩效评估指标体系主要有以下三个特点：一是以效果为导向，重点考核各部门开展信息共享提升管理和服务水平所取得的成效；二是以实用为原则，重点围绕跨部门共享信息的提供和利用，以及推动业务部门基于信息共享开展制度创新和服务创新进行指标设计；三是以问题为突破口，针对群众关切的办证难、办事难等热点问题，适时调整考评指标和考核要求。如今，深圳市通过跨部门业务流程整合再造和数据共享共用，彻底解决服务对象“多跑动”难题。

三、国家政务资源集成共享的要求

随着“放管服”改革的推进，党中央、国务院对政务资源共享工作空前重视，将政务信息资源整合共享提上国家政策与战略议程。习近平总书记强调指出，“要以信息化推进国家治理体系和治理能力现代化，构建一体化在线服务平台，打通信息壁垒，构建全国信息资源共享体系。”李克强总理多次就加快国务院部门和地方政府信息系统互联互通，推动政务信息跨地区、跨层级、跨部门互认共享作出重要指示批示，强调要将政务信息系统整合共享作为提升经济社会发展质量和水平的大事来抓。2017 年《政府工作报告》中明确指出，要“加快国务院部门和地方政府信息系统互联互通，形成统一政务服务平台”。2017 年 12 月 6 日，国务院常务会议部署加快推进政务信息系统整合共享；12 月 8 日，习近平在中共中央政治局第二次集体学习时再次强调要“统筹规划政务数据资源”。党的十九届三中全会通过的中共中央关于深化党和国家机构改革的决定中，明确要求要打破信息孤岛，统一明确各部门信息共享的种类、标准、范围、流程，加快推进政务信息互联共用。

2018 年 7 月 25 日，国务院《关于加快推进全国一体化在线政务服务平台建设的指导意见》(国发〔2018〕27 号)，强调深入推进“互联网＋政务服务”，加快建设全国一体化在线政务服务平台，整合资源，优化流程，强化协同，着力解决企业和群众关心的热点难点问题，推动政务服务从政府供给导向向群众需求导向转变，从“线下跑”向“网上办”、“分头办”向“协同办”转变，全面推进“一网通办”，为优化营商环境、便利企业和群众办事、激发市场活力和社会创造力、建设人民满意的服务型政府提供有力支撑。

四、我省政务资源集成共享现状与存在问题

近年来国家诸多共享专项政策密集出台。由此可见，对于政务信息系统整合共享要求的时间之紧、范围之广、规格之高前所未有。因此，我省政务资源集成共享面临重大挑战和机遇，加速推进全省政务资源集成共享迫在眉睫。

(一) 当前共享现状

我省积极响应国家号召，先后出台政务信息系统整合共享工作实施方案和管理暂行办法，明确要求 2018 年 12 月底前，完成市级数据共享交换平台建设并与省级平台对接，基本形成国家、省、市三级数据共享交换平台的互联互通，政务信息资源共享与业务协同，大数据汇聚整合和关联分析取得阶段性成果。

南通市作为全国相对集中行政许可权改革试点的城市，政府高度重视智慧城市和大数据建设，在全国地级市中率先打造“一委一局一平台一中心两支撑”的大数据管理体系，整合政务资源、共享部门数据、整合线上线下，着力信息服务建设，打造了“南通百通”移动办事平台，实现交通、房管、国土、建设等 37 个部门 516 项审批服务移动端的办理，有效地提高了政府和市民的办理效率，得到了各方面的广

泛认可。

（二）存在的问题

我省在政务资源集成共享工作上取得了一定突破，在建设“移动办事”平台方面也有一定的基础和经验，但各地市融合的政务资源仍然有限，部门之间并未彻底打通数据通道，老百姓日常生活的事项并未全能“移动办”，“大平台共享、大数据慧治、大系统共治”并没有彻底形成，主要有三个方面的原因：

1. 执行主体偏弱，导致统筹规划协调时存在困难

全省政务资源主要集中卫计、公安、人社、审批、交通等几个重要的政府部门。尽管南通、常州、盐城、南京等成立了大数据管理局，但体制不一，有的还是管理型事业单位，在政务资源集成共享方面缺少“话语权”，对大数据统筹规划、组织协调、督查考核方面仍有一定局限性，组织协调时也存在一定的难度，影响了政府资源共享的推进力度，阻碍了政务资源的共享集成。

2. 政策支持缺乏，导致部门共享意识不强、需求动力不足

目前，我省还缺乏像杭州一样，以“最多跑一次”改革来推动数据共享；像青岛一样，以创新统筹协调发展机制来实现数据共享；像深圳一样，把数据共享作为绩效考核评估的重要方面等政策支持，一些部门共享意识不强，需求动力也不足，表现在：一是一些强势部门掌握大量且又关键的数据，便以信息保密为由不愿共享；二是一些部门担心数据共享后，由于数据不真实、不精确等自身问题暴露后被问责；三是有些垂直政府部门已建有专业性强的业务系统，难以与市政务平台共享互联交换，如果要配合南通实施数据共享，需增加额外的工作量等。

3. 标准体系缺失，导致共享标准体系建设不完善

当前，由于界定“数据主权”的相关法律法规缺乏，也缺少明确的规范，对政府数据的所有权、使用权、管理权以及公民个人信息隐私权等问题，相关法律法规也明显滞后。没有统一的数据标准，不同行业、不同系统之间的处理技术、应用平台五花八门，数据库接口没有实现互联互通，导致数据兼容性和流通性差，数据归集、交互交换中也容易出现偏差。大数据共享标准体系的不完善严重制约了政务信息资源的整合共享。

五、推进政务资源集成共享的几点建议

政务资源集成共享工作是我省高质量推进智能化政务，打赢“放管服”改革攻坚战的重要支撑，既是一项复杂的系统工程，也是一个难啃的硬骨头，因此需要全省上下群策群力，攻坚克难，全方位创新工作方法和工作模式。加速推政务资源集成共享，打造方便快捷、精准高效的移动办事平台，建设江苏特色的“移动办事之城”必须加快破解以上瓶颈问题。建议抢抓机遇、顺势作为，不断擦亮政务服务品牌，为建设长江经济带战略支点、融入长三角区域一体化发展、打造上海“北大门”提供有力支撑，重点要做好以下五个方面的工作：

（一）健全组织，进一步强化大数据管理部门的核心地位

先进城市的成功经验表明，强有力的指挥协调实体机构，是推动资源集成共享的核心。推进政务资源集成共享、打造“移动办事之城”，是一项复杂的系统工程，光靠大数据局的力量远远不够，必须更高层次抓好统筹领导。建议成立各市领导亲自挂帅、相关部门协同的“移动办事之城”建设推进小组，强化大数据管理局的执行主体核心地位，将政务资源共享列入部门“一把手”工程、纳入部门考核内容。各级部门要强化“大数据共享”理念，市人大或市政府建立问责机制，同时明确各部门不许新建 APP，倒逼各部门自觉打破“数据壁垒”和“系统烟囱”，以全面实现政务数据共享交换。

（二）高点谋划，加快向更多更宽领域延伸拓展

一方面，要稳步推进数据归集共享。按照“无条件归集，有条件使用”的原则，采用“整体数据分批归集、重点数据集中攻克”的方式，累计归集数据，实现数据批量交换，完成开发并发布数据接口。在此基础上，依托移动办事平台，通过“数据推送”“接口调用”“页面查询”三种方式，开展数据分层分类共享，进一步强化信息互联互通。在公民个人办事领域，按照从出生到死亡全生命周期的标准梳理公民个人办事事项，着力推进 “简化办”“网上办”“就近办”“移动办”的专项改革。另一方面，要创新创优移动服务端的便民设计，打造“移动办事之城”，从技术层面和运用层面看，移动服务端的功能很重要。现在，有些移动服务端的设计和功能配置还是侧重管理者的角度，而不是从方便老百姓办事的角度，这方面还需要进一步改进完善。要把打造“移动办事之城”的落脚点放到方便群众办事、增强百姓获得感上来，在“最多跑一次”改革中，要广泛关注和推进民生事项的办事流程改革，努力做到“就近办”“移动办”。

（三）扎实推进，努力构建移动政府技术支撑的标准化体系

要建立标准统一的数据归集共享体系。统一标准是数据便捷传输和顺利“融合”的基础。要逐步完善政务数据共享体系，制定统一规范、开放共享的数据和接口标准，实现政务服务数据统一存储、统一管理、统一运行、统一认证，为全市网上政务服务高效运行提供保障。要优化资源共享技术平台。在实现移动办事平台行政区全覆盖的基础上，加快事项的接入和系统的对接，实现所有政务资源平台共享，所有能“移动办事”的政务服务都可“掌上办”。不论是在家里、办公室还是公共场所，将来还可以大量安装各种用途的传感器，这些传感器网络需符合统一品质标准，运作起来会更顺畅。可以借鉴新加坡政府的经验，推出关于传感器网络、物联网以及特定领域产品的标准，为更好地打造“移动办事之城”作好技术支撑。

（四）优化完善，进一步提升移动办事平台的认知度和认可度

各地都已有自己的移动办事平台，如“南通百通”是移动端的南通市人民政务门户，是实现政务审批与服务事项“不见面”“掌上办”的有力抓手，让市民足不出户即可畅享优质服务和生活便利。应基于良好的信息化建设基础，群众和企业的强

烈需求以及较为灵活的体制机制优势，坚持以信息技术为支撑，不断优化数据归集共享体系、稳步推进数据归集共享，让“群众跑”变为“数据跑”。在整合各部门移动办事的基础上，不断从内容和界面上加以提升，使其办事事项更丰富、办事内容更清晰简洁、界面更友好方便。

建议全省整合所有移动办事平台，并且加大宣传和推广力度，各类媒体、各级部门众志成城形成合力，让老百姓都知道“掌上办”“移动办”，全省范围内形成共识，家喻户晓。

（五）守牢底线，积极构筑信息数据的安全屏障

随着网上办、移动办的普及化、常态化，涉及潜在的隐私问题和风险越来越突出。如何保护申请者或办事者的隐私是一项挑战，要积极应对解决，如设置进入权限等强化信息安全。国外一些发达城市，为防范信息和数据风险，将城市所有数据或大数据放到离城市 200 公里以外地方存储，避免遇到突发事件，引起信息数据损毁甚至崩溃的危险。对城市信息数据实行异地放置是十分必要的。

科技创新推动江苏区域经济社会协调发展

薛　虹

南通大学信息化工作办公室

摘要： 科技创新是区域经济发展的重要驱动力，在开发地区资源，促进产业结构优化升级，推动现代化建设方面发挥着重要作用。本文基于江苏区域发展的实际情况，分析了科技创新对江苏区域经济社会协调发展的巨大作用，进一步探索科技创新推动作用的具体路径。

关键词： 科技创新；江苏；区域协调发展

党的十九大报告指出，当前我国社会的主要矛盾已经转化为人民日益增长的美好生活需要和不平衡不充分的发展之间的矛盾。为适应社会主要矛盾变化，促进经济社会持续健康发展，实现全面建成小康社会的奋斗目标，需要积极实施区域协调发展战略。在我国，区域经济差异不仅表现在东部和中西部之间，一省之内的经济差异也非常显著。江苏省的经济总量在国内一直名列前茅，但苏南、苏中、苏北三大区域的经济发展具有典型的阶梯性和不平衡态势。江苏省为落实战略要求部署，走在高质量发展前列，形成苏北振兴、苏南提升、苏中崛起的协调发展格局，必须大力依靠科技创新的推动作用。

一、区域协调发展的意义

（一）区域协调发展的含义

区域协调发展是各区域之间相互开放、经济交往日益密切、区域分工趋于合理，既保持区域经济整体高效增长，又把区域之间的经济发展差距控制在合理、适度的范围内并逐渐收敛，达到区域之间经济发展的正向促进、良性互动的状态和过程。统筹区域协调发展，不仅是推动国民经济高质量发展的内在要求，增强经济发展动力的基础条件，也是贯彻落实科学发展观，构建和谐社会的重要任务。

（二）江苏区域发展的现状

江苏省位于我国东部沿海地区，2018 年全省 GDP 总值近 9.26 万亿元，全国省市排名第二。全省辖有 13 个地级市，总体上可以划分成苏南、苏中、苏北三大区域。改革开放以前三大区域差距存在尚不明显，改革开放以后，苏北、苏中、苏南的差距持续拉大。数据显示，江苏省 GDP 的前三位依次是苏州、南京、无锡，而这三个城市均属于苏南地区，且苏南经济最强市苏州的 GDP 约是苏北宿迁的 6 倍。苏北虽然连续多年都保持快于全省的平均经济增长速度，但以全省五分之三的面积、五分之二的人口，创造的 GDP 却只占全省的五分之一。可见苏北仍是建设“强富美高”新江苏的短板，是缩小江苏区域发展差距的攻坚难点。

（三）苏北的发展条件

1. 地理位置

苏北滨临黄海，海岸线 744 公里，与日本、韩国隔海相望，地处以上海为龙头的长江三角洲地区，位于南下北上、东出西进重要位置，是中国沿海经济带重要组成部分。该地区辖江临海，海洋资源、矿产资源、风力资源丰富，开发空间广阔。

2. 产业基础

苏北处于两大平原的交接处，农业产业化、机械化水平较高，是我国重要的粮食生产区。工业增长迅速，机械制造、纺织业、生物技术和医药已逐步形成产业分工格局。服务业发展态势良好，电子商务、健康养生、文化创意、现代物流等特色产业培育成效显著。

3. 基础设施建设

苏北有京沪、沈海、连霍、淮徐、盐靖、盐淮、长深、京福等高速公路，高速公路密集程度全国领先。京沪高铁、郑徐高铁、京沪铁路、陇海铁路、新长铁路、青盐铁路，四通八达的铁路网可通达国内各重要城市并最远可至欧洲。连云港成为继南京港、苏州港、南通港之后的第 4 个亿吨大港，水利设施完备，交通便捷。

（四）江苏区域协调发展的重要意义

2018 年《中共中央国务院关于建立更加有效的区域协调发展新机制的意见》中提出要深化区域合作机制。各城市之间及城市内部要紧密联系，加强城市产业分工，优化公共服务，重视基础设施建设，美化环境、深化对外开放的水平，促进改革创新等，实现各区域之间良性协调联动，构建协调发展的城镇化格局。然而，随着苏南经济的快速发展，大量人口的迁入，使得苏南的土地资源紧张，生态环境成本与日俱增，城市基础设施公共服务供给面临巨大压力。促进苏北、苏中、苏南地区经济协调发展，对帮助苏南地区缓解城市压力，推进江苏区域产业结构优化升级，实现江苏高质量发展任务具有重要意义。

二、科技创新对区域协调发展的重要作用

一方面，实施科技创新政策可以促进科技创新资源在区域内的优化配置，通过政策加大对科技创新薄弱地区的支持与帮助，引导优质的科技创新资源和优秀的科技创新人才流入，减少甚至消除制约科技资源转移的障碍，缩小地区内科技创新各种要素环境的差距。

另一方面，提高落后地区的科技创新能力，能够加速创新技术向先进生产力的转化，帮助突破科技创新的技术瓶颈，降低科学技术创新和商业化发展需要输入的成本，发挥地区天然的科技资源优势，形成地区的产业文化特色，有针对性地提高

不同区域的科技创新能力，形成完备的科技产业体系，促进区域经济协调发展。

三、江苏实施科技创新推动区域协调发展的主要做法及存在问题

（一）主要做法

长期以来，江苏省一直把区域协调发展作为重要的工作方针，并围绕"科技创新强省"做出了不懈努力和积极探索。主要有以下两个方面：

1. 政策制度方面

2018年省政府出台了《关于促进苏北地区又好又快跨越发展的若干政策意见》，重点在财力保障、推进产业转移、加强共建园区建设、支持科技创新等十个方面，加大对于苏北的支持力度。给予排名靠前的共建园区，有发展潜力的苏北科技富民强县和科技型企业的技术创新提供专项资金。在同等条件下的省级各类科技计划中，优先立项苏北项目，鼓励支持引导苏北急需人才流入。同时新政更加注重基础设施建设，从交通、水利、电力等到信息化、城乡社会服务体系等方面，为苏北科技创新发展创造了良好的区域环境。

2. 实践活动方面

截至2015年，苏北在社会科技研发中投入249.8亿元，约是2010年的2.5倍，年均增速为20.5%。苏北地区高新技术企业总数已超过1 200家；近三年来在苏北地区新建各类科技基础设施726个，其中工程技术研究中心121家，企业院士工作站15家，研究生工作站298家。

"十二五"期间为促进优秀人才向苏北转移，五年累计向苏北转移500万元以上项目10 432个，总投资15 218亿元，苏北实际引资额882.44亿元；财政转移支付和专项补助4 143亿元；组织实施省级以上科技项目2 769项，省拨经费19.3亿元；新吸纳毕业大学生60余万人，引进急需人才、高层次人才1万多人。给苏北的经济发展提供了有力的资金技术和人才支持，有效地促进了区域的协调发展。

（二）存在问题

（1）在省内一些经济欠发达地区，常常会出现只管引进企业，而忽视污染环境的现象；

（2）有些地区会因为与其他地方争创新项目、扶持资金，争开发资源，实行地区封锁和市场分割，致使盲目开发、低水平重复建设；

（3）一些地区创新技术成果的转化利用率过低，研发投入多，实用收益小；

（4）经济发展偏弱城市留不住高新技术人才，创新创业发展动力不足，经济发展缺乏活力。

四、江苏实施科技创新推动区域协调发展的路径

（一）依靠创新驱动发力，促进地区产业勃兴

战略性新兴产业建立在重大前沿科技突破的基础上，代表着未来科技和产业

发展的新方向，体现了当今世界知识经济、循环经济、低碳经济的发展潮流。正处于成长初期、未来发展潜力巨大。在社会需求的不断增长拉动下，新兴产业必然对整个经济社会的发展具有巨大的引领作用。加快培育和发展战略性新兴产业，将成为各地区经济发展竞争关键。苏北地区应结合自身实际情况，依靠创新驱动发展，牢牢把握新兴产业的发展机遇，积极发展节能环保、新一代信息技术、生物、高端装备制造、新能源、新材料等战略性新兴产业，深化体制改革，以产业为主体，推进产学研的深度结合，将战略性新兴产业发展成地区的先导产业和支柱产业。使苏北经济依靠创新驱动发力，实现健康协调发展。

（二）发挥区位独特优势，提高对外开放水平

江苏省位于长三角地区，境内有近千公里的海岸线，地处“一带一路”和长江经济带建设两大国家新战略的交汇点，是长江经济带和新亚欧大陆桥重要的出海门户，区位优势明显。2009 年 6 月，《江苏沿海地区发展规划》正式上升为国家战略，2017 年，淮安、泰州、宿迁被划入沿海开发整体布局中，这意味着江苏省将迎来十分难得的发展机遇。创新技术的研发，可以给战略规划的实施扫清障碍，充分展现江苏省得天独厚的区位优势，提高对外开放的水平。例如《江苏省沿海地区综合开发战略研究》提出，江苏海岸中部拥有宝贵的土地资源，被称为辐射沙脊群，沙脊群间的深水潮流通道是重要的天然海港港址资源。但是，由于南黄海辐射沙脊群海区水动力及地质地貌复杂多变，就需要科研机构和各高校科技队伍发挥科技创新能力以人工岛方式开发。此外，省内许多沿海滩涂，沿海风电、太阳能、麦秸秆可开发利用，一些重要的港口机场，也应尽快完善物流信息平台。以科技创新把江苏沿海地区建设成现代共享便捷的物流圈。

（三）围绕生态修复和农业现代化建设，实现可持续发展

科技创新是农业发展的重要支撑，抓住现代农业生产力发展这一关键，推进农业生产条件和生产技术现代化。加快提升苏北地区现代农业产业园、科技园、创业园等各类园区的层次和水平，提升其承接农业资金、科技、人才、项目的能力。建设现代农业产业科技创新示范园区，打造“立足江苏、服务全国、面向世界”的区域性农业科技创新中心。大力实施挂县强农富民工程，让科技特派员深入乡村一线，为农民服务。推动线上线下农业科技成果交易，打造一站式农业科技成果交易市场。加快信息技术普及推广，提高益农信息覆盖面，促进新品种、新技术、新模式、新装备推广运用。同时，要更加注重生态环境的修复，避免工业的发展造成严重的环境破坏后果，实现可持续发展。

（四）促进科技创新成果转化与推广，激发创新创业新动能

产业的升级与创新关键在于科技成果的转化与应用，技术创新的成果琳琅满目，真正投入使用的却不多，科技成果的转化应用也是全省科技工作的弱点所在。要加强科技成果的转移与应用，第一是要主动与中小企业形成合作，将科技的最新成果、投资融资的渠道和创新创业的相关消息第一时间共享给企业。第二，针对低

能耗，高收益，有开发潜力的项目应适当减免费用，降低立项的标准，适当给予经费补助。第三，对于特色的优势产业科技开发，还可设立专项资金支持。与此同时，还要积极推动苏南经济发展较快城市与苏北经济发展较弱的城市沟通合作，向苏北地区提供一定的技术帮助，吸引实用型高新科技人才到苏北，把苏北打造成创新创业新乐土。

参考文献

[1] 王业强，郭叶波，赵勇，胡浩.科技创新驱动区域协调发展：理论基础与中国实践[J].中国软科学，2017(11).

[2] 段俊虎.发挥科技在区域协调发展的主动作用[N].中国高新技术产业导报，2008-06-09.

[3] 司金銮，胡章俊.区域经济发展差异及其协调对策创新——以江苏为例的实证研究[J].南京工业大学学报(社会科学版)，2007，6(1).

[4] 阮汝红，沈玉芳.江苏区域经济差异及协调对策[J].农村经济与科技，2007(3).

[5] 赵喜仓，吴继英.江苏省区域经济协调发展与中心城市可持续发展关联分析[J].江苏大学学报(社会科学版)，2005，7(1).

[6] 田宝龙.江苏省区域经济协调发展研究——基于共生理论的视角[J].中国商贸，2014(8).

实现长三角更高质量一体化发展的江苏作为

刘峻源　吴启运

南通大学

摘要：高质量发展是新时代我国经济发展的基本特征，江苏作为我国东部的经济发达省份，在长三角区域一体化和高质量发展的潮流中，要树立系统性思维，紧紧围绕打造长三角产业创新共同体、构建长三角生态协同战略区、共建长三角世界级港口群等重点领域，在促进长三角更高质量一体化发展进程中发挥积极作用，努力推动江苏高质量发展走在全国前列。

关键词：长三角；高质量发展；一体化；江苏

2018 年 11 月 5 日，习近平总书记在首届中国国际进口博览会开幕式上宣布，支持长江三角洲区域一体化发展并上升为国家战略。目前，《长三角地区一体化发展三年行动计划（2018—2020 年）》正在逐步实施，《长江三角洲区域一体化发展规划纲要》正在如火如荼编制当中，不久前三省一市 2019 年政府工作报告中对于长三角一体化的安排提出了诸多思路，比如推进长三角一体化发展示范区建设、制定推动长三角一体化发展行动纲要等，推动长三角更高质量一体化发展已经到了新的战略高度。更高质量一体化发展，不是一样化、统一化的发展，而是要改变区域内的恶性竞争状态，突破行政单元的束缚，实现各类资源的自由流动，高效运转。三省一市要在合理分工的基础上，加强结构与功能、局部与整体的协调，实现区域协同发展和多元化发展。江苏作为长三角地区的重要成员，要在国家重大战略中抢抓发展机遇，把握自身定位，发挥独特优势，主动服务和支持上海发挥龙头作用，与浙皖两省加强合作，联动发展。要树立系统化思维，紧紧围绕打造长三角产业创新共同体、构建长三角生态协同战略区、共建长三角世界级港口群等重点领域，在促进长三角更高质量一体化发展进程中发挥积极作用，努力推动江苏高质量发展走在全国前列。

一、江苏高质量发展的优势和挑战

（一）发展优势

改革开放 40 年来，江苏始终坚持把发展作为第一要务，经济综合实力显著上升，是我国东部地区发达省份。一是经济基础雄厚。江苏近 5 年经济总量连跨三个万亿级台阶，2017 年达到 8.59 万亿元，人均地区生产总值 10.7 万元。实体经济发达，特别是制造业发展全国领先。二是科创资源丰富。近年来江苏科技创新能力稳步提升，科研实力较强，区域创新能力连续多年保持全国前列。2017 年，江苏科技进步贡献率达 62.0%，全社会研发投入占比达 2.7%。三是江海联运港口优势明显。沿江沿海拥有 7 个亿吨大港，400 多公里长江黄金水道，江海航运取得了突破性进展，建成了南京以下 320 多公里的 12.5 米的深水航道，航道通过能力将达到 15 亿吨左右。

(二) 面临挑战

一是全国经济第一大省竞争压力。1989 年，广东首次在中国经济版图的总量上超越江苏。2015 年，在扣除苏州和深圳的数据后，江苏的经济总量已经反超广东，并在 2016 年继续扩大对广东的差距优势。未来第一经济大省地位的争夺依旧激烈。二是长三角临沪地区的资源竞争。在长三角区域发展格局中，南翼的浙江积极、主动与上海开展交流合作，浙江省全面接轨上海示范区、沪甬合作示范区等应运而生，北翼的江苏与上海对接速度相对较缓，面临了巨大的竞争压力。三是省域内部发展矛盾突出。江苏近年经济社会持续快速发展，生态环境保护和经济发展的矛盾日益突出，新旧动能接续转换任务艰巨。苏南地区一体化程度较高，与江淮生态经济区、沿海经济带和淮海经济区之间的梯度差异明显，区域发展不平衡不充分问题依然存在。

二、树立江苏高质量发展的新思维

要实现娄勤俭书记“三最”江苏高质量发展的美好愿景，实现党中央提出的“为全国发展探路”的目标，必须首先从整体出发，树立系统化思维。一是系统谋划江苏高质量发展在全国的战略定位。江苏地处“一带一路”的交汇点，要摆到全国整体区域的发展大局中来考量，充分发挥好东部地区创新引领率先实现优化发展的作用，处理好辐射带动和自主发展的关系，高起点谋划高质量发展的总体布局。二是系统谋划江苏高质量发展的空间布局。加快落实“1＋3”重点功能区战略，进一步明晰各区域的功能定位、发展目标和相互间的关系。扬子江城市群侧重集群发展、融合发展，沿海地区主攻现代海洋经济，徐州建设淮海经济区中心城市，江淮生态经济区重在打造生态竞争力。三是系统谋划江苏高质量发展的要素整合。以交通网格为载体，汇聚人流、物流；以互联网络为载体，整合资金流、信息流。综合运用线上线下等多种方式，加速要素流动，促进优化组合，为高质量发展打好基础。

三、实现江苏高质量发展的关键举措

省委书记娄勤俭主持召开常委会议，学习贯彻习近平总书记重要指示精神，专题研讨长三角区域一体化发展国家战略下江苏的发展定位和路径。未来，江苏应以习近平总书记重要指示为指引，江苏要“主动服务和支持上海发挥龙头作用，加强同浙江的两翼联动，更好辐射和带动安徽发展”和长三角“各扬所长”，进一步发挥特色资源优势，聚焦重点领域，加强区域间协同合作，为推动长三角更高质量一体化发展作出新的贡献。

（一）壮大制造业和科创优势，打造长三角产业创新共同体

目前，长三角地区签订了数字经济发展战略合作框架协议和共建 G60 科创走廊战略合作协议，提出了建设世界级产业集群，打造长三角科技创新圈的目标。江苏要充分发挥制造业基础完备、科创资源丰富的优势，共同打造长三角产业创新共同体。一是实现传统产业转型升级。加快生产要素对接由劳动密集型向技术密集型、知识密集型转变，推动先进制造业向全球价值链中高端迈进。在全省打造 1—2 个具有地方标志、领跑全国乃至全球的产业标杆。积极推进中国制造 2025，苏南城市群作为试点示范，重点打造南京 3D 打印先进制造业基地、无锡石墨烯先进制造业基地、常州工业机器人先进制造业基地，培育苏州市吴中区的机器人与精密制造、南通的海洋工程装备制造基地等。同时，加强传统产业与云计算、大数据、物联网、人工智能等新技术的融合，积极发展共享经济、数字经济和现代供应链等新业态新模式。二是积极参与长三角产业协作。瞄准上海和长三角其他地区急需发展的重点产业，如电子通信、互联网大数据、生物医疗、新材料等，加强研究谋划，进行整体部署。加快与浙江信息技术产业合作，推动沪苏大丰产业联动集聚区、张江长三角科技城等跨省市合作园区建设。围绕人工智能、机器人及智能制造等领域，搭建一批长三角区域产业联盟。三是共建长三角创新共同体。着力提升江苏的原始创新能力和高科技成果转换能力，破除创新要素流动在区域空间上的壁垒，加强对关键性技术的协同创新和突破攻关，联合成立“产业技术创新联盟”和“长三角双创示范基地联盟”。加快落实好共建 G60 科创走廊协议，积极打造“嘉昆太”协同创新核心圈。推进苏南国家自主创新示范区、南京江北新区、无锡国家传感网创新示范区等创新功能区建设，与上海张江、合肥综合性国家科学中心、杭州国家自主创新示范区实现联动发展，合力构建具有全球影响力的产业创新功能示范区。

（二）凸显绿色生态效应，构建长三角生态协同战略区

目前，长三角地区提出要打好污染防治攻坚战，实现在生态环境保护、修复和治理等方面的协同性。江苏要充分利用长江、太湖、沿海等生态资源优势，发挥绿色生态综合效应，共同建设长三角生态协同战略区。一是加强生态系统保护与修复。必须牢牢把握保护修复生态环境这个压倒性任务。一方面要开展大规模“增绿”行动。针对重点生态功能区、自然保护区、风景名胜区，坚持保护优先、自然恢复。加快建设江淮生态大走廊和宁杭生态走廊等绿色生态廊道，构筑京杭运河、里下河、西部丘陵等重要绿色生态屏障。另一方面要实施抢救性“复绿”计划。推进湿地自然保护区、湿地公园、湿地保护小区建设，抢救性保护长江、太湖等自然湿地。大力整治沿江、沿海、沿河岸线，统筹布局生产、生态、生活岸线空间，构筑更多自然景观和滨水绿带。二是加大生态环境综合治理。以推进“263”专项行动为抓手，重点打好治水、治气、治土三大攻坚战，从严控制污染物入江、入河排放总量，保

障长江、太湖、淀山湖等重要水域的生态安全。对化工污染、黑臭水体、农业面源污染、船舶港口污染等，加大专项整治力度。在环太湖、沿海、环淀山湖、苏南丘陵等跨界地区，探索横向生态环境补偿机制，开展相关工作试点。三是实现跨区域生态协同。加快与上海协同建设崇明世界级生态岛，与浙江共建宁杭生态经济带，与安徽加强长江生态保护合作，构筑长三角绿色发展新空间。加快签署《长江三角洲地区环境保护工作合作协议》，积极参与长江、太湖、西部丘陵、淀山湖、太浦河、吴淞江、入海口等跨界地区的生态协作。

（三）发挥江海联运优势，共建长三角世界级港口群

目前，长三角地区有 9 个亿吨级大港，对世界航运有着举足轻重的影响。江苏要充分发挥港口资源丰富、江海联运条件优良的优势，共同建设长三角世界级港口群。一是加强沿江沿海港口资源整合。大力实施各港口岸线、集装箱等要素资源整合，加快省域港口一体化改革步伐，形成功能互补、良性竞争的港口"一盘棋"格局，提升江苏港口综合竞争力。二是积极融入长三角港口体系。发挥江苏沿江港口优势，以结构优化和功能提升为主。有效挖掘沿海港口发展潜力，实现港产城融合发展。重点建设连云港区域性国际枢纽港、南京长江区域性航运物流中心和太仓集装箱干线港，加快南通长三角北翼江海组合强港建设，为上海国际航运中心的持续发展提供支持。加快在港口集团层面签订合作框架协议，与上海港、安徽港群、宁波舟山港建立港口联盟，推动长三角港口群协同发展。三是充分发挥江海联运效应。利用南京以下 12.5 米深水通道便利资源，与长江口深水航道进一步衔接。完善内河航道与沿江港口衔接的江海河联运体系，实现海铁联运、铁水联运、江海转运等多式联运。加快建设长江下游江海联运港区，提升上海国际航运中心的整体竞争力。

科学推进水环境综合治理，促进江苏区域协调发展

夏义忠

南通市港闸区农业和水利局

摘要： 习近平总书记指出，生态兴则文明兴，生态衰则文明衰。生态文明建设是江苏区域协调发展的总体要求，水环境治理是生态文明建设的重要组成部分，也是生态文明建设的重点和难点。从近年来我省各地环保督查反馈情况来看，水生态文明建设成效并不稳固，水环境治理仍然是环境整治的短板。水的问题表现在水里，根源在岸上，需要科学推进，综合治理。

关键词： 科学；水环境；治理；协调发展

加快推进河湖保护与水环境治理，是贯彻落实习近平生态文明思想的具体体现，是打赢碧水保卫战的重要抓手，是实现江苏经济高质量发展的要求。科学推进水环境综合治理，不仅能促进人口、经济与资源环境的均衡协调发展，而且是促进江苏经济持续发展、区域协调发展的平台。

党的十八大以来，我省水环境治理推进速度明显加快，经过多年的努力，水环境治理与经济社会融合发展水平不断提升，综合治理力度不断强化，水环境治理工作机制不断健全，水环境治理的成效不断显现，人民群众的满意度不断提升。但我们应该清醒地认识到，我省在水环境治理方面还存在一定的问题和难题，水环境治理工作仍然是环境整治工作的短板：

（1）污染水环境的源头还未根治。水的问题根源在岸上，特别是通常所说的面源污染，来源多、涉及面广。源头不整治好，很难实现水环境质量的彻底改善。

（2）防治水环境污染的基础设施落后。受地方经济发展水平等因素的制约，一些地方水环境基础设施薄弱，河道淤积严重，断头河大量存在，水质难以改善。同时还存在污水管网设置落后、截污纳管工作滞后、雨污混合排放、污水处置能力不足等问题。

（3）城乡居民护河保水的意识不强。广大群众对水环境保护的主观意识不强，拦河筑坝、围网养殖的现象随处可见，长期形成家前屋后河道生活垃圾乱抛乱弃、乱堆乱放、乱搭乱建等行为屡禁不止。

（4）河道长效管护机制还未健全。未能真正落实河道长效管护机制，治理和管护严重脱节。管护队伍难到位，管护制度不健全，管护设施不配套，管护资金难

落实。

(5) 职能部门协同管理力度不够。水环境治理存在多头管理的现象,环保、水利、住建、农业等部门协同管理的力度还不到位,造成难于对水事活动的统一协同与依法行政,管理效率低下,导致“管理缺位”或“管理越位”。

科学推进水环境综合治理,促进区域协调发展是一项全新的工作,是一项综合性工作,是全省生态环境保护与经济社会发展的统筹协调问题,是一个大题目、一篇大文章。

一、制定保护行动方案,为水环境治理提供目标导向

2016 年 12 月,省政府原则同意了《江苏省水资源保护规划(2016—2030 年)》(省政府《关于江苏省水资源保护规划(2016—2030 年)》的批复(苏政复〔2016〕132 号)),为我省今后一个时期水资源保护和水环境治理提供了重要依据和目标,到 2020 年全省重点水功能区水质达标率提高到 82%以上,饮用水水源地安全保障达标,部分区域地下水水位下降态势基本得到遏制,主要江河湖泊水生态系统保护措施落实,重要生态保护区、水源涵养区和河湖水域得到有效保护,水生态恶化趋势得到遏制。我省各地要认真贯彻《江苏省水资源保护规划(2016—2030 年)》,结合牢固树立创新、协调、绿色、开放、共享的发展理念,遵循“节约优先、保护优先、自然恢复为主”的原则,以维护河湖健康、实现水资源可持续利用和水生态系统良性循环为核心,以实行最严格水资源管理制度为抓手,着力构建水资源保护和河湖健康保障体系,认真制定和落实本地的行动方案,为高水平全面开展水环境治理提供目标导向。

二、全面防治面源污染,严控污染水环境的源头

通常所说的面源污染,来源多、涉及面广,总的来说分三类:工业污染、农业污染、生活垃圾污染。

工业污染是水污染的重要污染源,特别是某些化工厂的废弃料排放到下水道里,对水源形成重大污染。这类水污染面积广、毒性大、难清理,对水源的污染十分明显。农业污染源包括牲畜粪便、农药、化肥等。而水土流失会加重污染物排放到水源里,引起水体透明度和溶解氧的变化,从而致使水质恶化。生活污染源主要是城市生活中使用的各种洗涤剂和污水、垃圾、粪便等,多为无毒的无机盐类,生活污水中含氮、磷、硫多,致病细菌多,对水源造成潜在的污染。因此,从源头上管控面源污染要分类管理、科学施策:

(1) 对于工业污染,相关部门必须做好监管措施,责令生产企业严格控制污染物排放,并做好净化措施。不按照要求办的依法作出严惩,罚到生产企业严格遵守规定为止。监管部门可在工厂里安装监控设备,随时监督污染物排放。

(2) 对于农业污染,一是要贯彻落实《畜禽规模养殖污染防治条例》,做好畜禽

规模养殖污染的防治工作，组织开展畜禽禁养区规模养殖场的关停，认真做好畜禽养殖粪污的综合治理工作；二是要认真开展农作物秸秆、废旧农膜、病死畜禽等农业废弃物综合利用及专项治理行动；三是要认真落实农药化肥使用量零增长，尽快确定投入品减量使用的行动目标和时间表，督促生产经营者落实高毒农药定点经营、实名购买和废弃物回收等相关规定。

(3) 对于生活垃圾污染，应按照减量化、资源化、无害化的原则，加强对垃圾产生的全过程管理。一是要统筹安排建设城乡生活垃圾收集、运输、处置设施，从本地区的实际情况出发，按照科学发展观的要求，统筹城乡协调发展，将城市生活垃圾和农村生活垃圾均纳入管理的轨道，杜绝乱抛乱弃现象的发生。二是提高生活垃圾的利用率和无害化处置率，大力推广垃圾分类管理，建立健全管理制度，切实提高生活垃圾的利用率和无害化处置率。三是开展生活垃圾减量化活动，从源头上控制生活垃圾产生的量，减低对垃圾处置和环境承载的压力。

三、加强基础设施工程建设，打牢水环境治理的根基

总结水环境治理的经验，我们认为应该把握四个重要环节：截污、疏浚、引水、生态治理，要求相关的配套设施必须完备，应着重做好以下三方面的工程建设：

(1) 截污工程建设。截污纳管是治理水环境的必要措施，各地应根据污水的产生的特点，合理布置污水管网已成水环境整治的当务之急，要加大对截污工程的建设，切实做到污水进管、雨污分流，逐步消除黑臭水体的产生。

(2) 河道治理工程建设。一是做好河道的疏浚工作，加大对河道的整治，落实水底无淤泥、水中无障碍、水面无漂浮物、水岸无垃圾的要求，岸上违章建筑拆除到位，让河道水质不断改善。二是逐步打通"断头河"，要按照畅通水系要求，增强河道过水能力，加快水体流动，增加河道水面积。三是河道的生态治理，在河道陆域控制线内，在满足防洪、排涝及引水等河道基本功能的基础上，通过人工修复措施促进河道水生态系统恢复，构建完整、健康、稳定的河道水生态系统。

(3) 引排水工程建设。"问渠哪得清如许，唯有源头活水来"，要通过增强涵闸、泵站等基础设施的建设，增强引清调水成效，保障河道自净功能。

四、认真落实管理制度，切实履行水环境治理的职责

水环境治理工作是一项系统性、复杂性、长期性工程，因此，既要搞好突击整治，更要注重日常管理，认真落实履行河道长效管理机制和工作职责，才能确保工作取得实效。

(一) 认真落实"河长制"

目前我省已实施河道分级管理制度，根据"河长制"工作的要求，省内大小河道都有各级政府的领导担任河长。一是各级河长应认真履职，切实担负起河长的职责，认真开展日常的巡河工作，确保巡河频次，对发现的问题及时交办并抓好跟踪

落实。二是要组织开展整治有力的专项行动。要牵头组织开展河道排口排查、清除渔网、清理杂船、打捞沉船、拆除违法搭建、清理河坡垃圾等专项治理行动。对整治过程中发现的问题进行督办，确保“河长制”工作的权威性。三是要组织开展“样本河道”的打造工程，要通过典型示范的引领作用，让河道的管护工作有章可循。四是强化督查考核。进一步完善考核办法，建立考核机制，将河长制工作考核纳入对各级政府的考核。建立由各级总河长带头、联系部门牵头、河长办具体协调、职能部门落实的绩效考核体系，进一步完善评估办法，强化考核问责，推动形成一级对一级负责、层层抓落实的良好工作格局。

（二）切实履行部门管理职责

各地各部门要深刻认识肩负的重大责任和神圣使命，以对党和人民高度负责的精神，以敢于担当、勇于攻坚的作风，进一步强化领导、抓好落实，细化措施、加快推进。环保、水利、农业、住建等职能部门应各司其职，进一步加大对水环境污染的源头管理和基础配套设施建设。有条件的地区，可以将多个部门的管理权限进行整合，统筹兼顾，综合考虑，将水环境的治理工作进行科学调度和配置，实现一体化管理的模式。

（三）认真落实河道长效管理体制

一是投入的政策明确到位。要把河道治理等相关经费纳入财政预算，加大资金对水环境治理的支持力度，从根本上解决经费短缺的后顾之忧。二是管理的机制到位。要明确河道管护责任，组织建立河道保洁等管护队伍，完善各项管理制度，配套必备的管护设施，开展河道长效管理工作。三是宣传发动到位。进一步加大水环境保护的宣传力度，逐步提高人民群众环保意识、文明意识、公众意识，从根本上解决河道管护难的问题。

五、加强依法行政工作，把水环境治理纳入法制化的轨道

进一步提高全社会水法治观念，建立最严格的水资源保护制度，逐步完善水事矛盾纠纷和涉水行政争议预防处理机制，全面加强依法治水管水工作。构建完备的水法律规范体系，健全和完善一些重要领域法律法规，实现覆盖全面、相互配套、有机衔接；构建高效的水法治实施体系，不断提升水行政执法能力，做到有法必依、执法必严、违法必究；构建严密的水法治监督体系，做到权责法定、程序正当、公开透明；构建有力的水法治保障体系，做到责任明确、措施到位、齐抓共管，坚守水资源保护的法律红线，为水环境治理提供坚强的法律保障。

基于历史文化遗产保护的长三角区域协调发展

崔荣华

南通大学文学院

摘要：历史文化遗产是中华民族的文化血脉，也是全人类宝贵的财富。长三角地缘相近，文脉相通，丰富多样的文化遗产、文化凝聚是长三角城市发展双轮驱动的重要标识。改革开放后，功能化、过热化的城市改造使历史文化遗产保护遭受到前所未有的危机和挑战。一边保护一边破坏的现象时常出现，"千城一面"不断消磨着城市的文化特色。在文化遗产保护从初级阶段向纵深扩展的时候，坚持以民为本，上下合力；转变观念，创新机制，实行长效管理；不断地完善法律体系，兼顾各种利益关系，实现社会文化大发展大繁荣，才是我们应有的策略。

关键词：长三角；城市文化；历史文化遗产保护；非物质文化遗产

城市的现代化既是物质水平的大提升，也是文化形态的大发展。文化作为社会发展的一种软指标，越来越成为综合国力与城市竞争力的重要因素，一座城市的发展，最终以其文化生态的建设及其繁盛为重要标志。审视长三角城市历史文化遗产的基本特征和现状，有利于更好地保护、传承、建设与发展城市文化。长三角地区各城市地缘相近、人文相亲、风俗相似，交通相连，良好的外部环境和社会氛围，对于长三角历史文化资源的有序整合，联动开发、整体优化、协同发展，有着重大意义。

长三角地区，资源充沛，人文荟萃，历史积淀丰厚，区域内历史文化遗产品类众多、数量巨大，无论是物质形态的文化遗产，还是非物质形态的文化遗产，皆广布各地，集聚其中，是闻名远近、无可置疑的历史文化资源大区。据不完全统计，长三角地区中国历史文化名城已达 29 个，包括上海 1，浙江 10，江苏 13，安徽 5，约占全国名城总数的 22%。长三角历史文化名镇名村达 162 个，包括上海 11 镇 2 村，浙江 27 镇 44 村，江苏 31 镇 12 村，安徽 11 镇 24 村，占全国名镇名村总数的 20%。已公布的五批次共 50 个中国历史文化街区名录中，长三角城市占据 16 个，占全国总数的 32%。五批次进入国家级非物质文化遗产保护名录长三角共有 605 项，其中上海 77 项，江苏 155 项，浙江 258 项，安徽 115 项。按照国务院公布的七批重点文物保护单位名录统计，长三角共有国家重点文物保护单位 622 处。省级文物保护单位约在 2 300 处以上，其他各种文化遗产资源更是难以计数。从时间上来说，恒贯古今，从远古文明延及二十世纪文化遗产。从空间上来说，从单独个体到群体组合，并扩展到生态文化区。从形态上来说，兼及物质文化、制度文化和精神文化三大类别。彰显出长三角历史文化遗产资源的多样化和多元化。

一、长三角城市历史文化遗产保护的现状

与国际社会保护文化遗产相比，中国历史文化遗产保护工作起步较晚。改革开放以来，随着城市改造大面积、快速度的推进，无数旧街区、老景观被拆除，代之以高楼大厦、形象工程，古迹遗存愈来愈少，文物环境屡遭破坏，文化资源白白浪费，文化遗产保护面临着前所未有的危机。针对如此情景，中央政府及相关部门纷纷出台各项政策，不断提升对文化遗产的保护力度，为长三角城市文化遗产保护提供了良好的社会环境。

一是继续深入进行文物普查和扩大全国重点文物保护单位数量。三次普查、七批“国保”，使全国重点文物保护单位数量上升到 4 295 处。通过建立国家级重点文物保护单位名录制度，对保护对象给予确认，是文物保护实践的重要基础性工作之一。特别是第七批国保单位数量为历次之最，比第六批国保多出近一倍。数量的增加与新类型的增多，表明国家对重点文物保护的重视与迫切。全面的普查工作，使我们对目前文物保护基本状态有一个较为清晰的认识，便于今后有针对性地展开工作。

二是对文化遗产实行多形式、多层次的保护。主要表现对中国历史文化名城、名镇名村、名街和非物质文化遗产的保护。从 1982 年起国务院先后公布了三批中国历史文化名城，加上增补的，已达 133 个。从 2003 年起建设部和国家文物局共同组织评选出七批中国历史文化名镇名村，至今已达 799 个。经文化部、国家文物局批准，由中国文化报、中华文化促进会等单位主办的“中国历史文化名街”评选推介活动已历五届，先后评选出 50 片历史文化街区。多层次评选确认，虽然级别不同，但都推进了全国各地的文化遗产保护，形成文物古迹保护、历史文化街区保护、历史文化名城保护分层次的保护框架体系。此外，从 2006 年起到 2017 年文化部先后公布五批“国家级非物质文化遗产名录”及“国家级非物质文化遗产传承人名录”，把以人为本、世代相承、活态流变的非物质形态存在的文化遗产，纳入了国家保护范围，文化遗产保护的领域更为全面。

三是文化遗产保护法律法规有所完善。1982 年新中国首部《文物保护法》颁布实施，标志着我国历史文化遗产保护进入法律保护时代。八十年代后期，开始重视历史文化保护区的问题，直到 2008 年《历史文化名城名镇名村保护条例》颁布实施，与《文物保护法》《城市规划法》《环境保护法》配合衔接，构成一个历史文化名城保护体系。21 世纪初，联合国教科文组织《世界文化多样性宣言》及《保护非物质文化遗产公约》颁布，对我国非物质文化遗产保护工作有极大推动。2005 年国务院办公厅下发《关于加强我国非物质文化遗产保护工作的意见》和《关于加强文化遗产保护的通知》，一系列政策指导，为我国非物质文化遗产保护初始阶段的健康

发展奠定了基础。2006 年《国家级非物质文化遗产保护与管理暂行办法》出台，进一步提升对国家级非遗的保护。2011 年《中华人民共和国非物质文化遗产法》颁布和实施，意味着非遗保护由政府工作上升为国家意志，是非遗保护强有力的保障。随后相关专项法规、实施意见、管理方法等配套制度相继出台，中国非遗保护进入依法科学保护的新阶段。

四是寻求和推动国际间的合作，提升保护水平。自 1985 年中国加入《保护世界文化和自然遗产公约》后，就积极推进我国的文化遗产、自然遗产申报《世界遗产名录》的工作，并一步加强与国际组织、协会特别是联合国教科文组织的合作，积极参与世界保护文化遗产的活动。2004 年我国成为《保护非物质文化遗产公约》首批公约国，使我国文化遗产的全面保护工作再进一步，一些国内优秀的文化遗产甚至进入《世界遗产名录》和《世界非物质文化遗产名录》的“双保护”中。这些文化遗产不仅提高了知名度，而且还得到世界基金和技术援助，保护水准有了较为明显的提高。近年来，一些有关文化遗产保护与城市文化发展的国际性学术会议在我国陆续召开，并在法国巴黎成功举办“中国非物质文化遗产艺术节”，中国以自己的行动表明在世界范围保护人类文化遗产的态度和责任。到目前为止，我国共有 40 个项目(含“急需保护名录”)入选联合国教科文组织人类非物质文化遗产名录，53 个项目入选世界遗产名录。2011 年 2 月，联合国教科文组织亚太地区培训中心在北京成立，我国文化保护得到国际社会的肯定与认同，逐渐由国家保护上升到国际保护的层面。

二、地方保护效果显著，问题不少

长三角城市文化遗产保护工作的成就，世人有目共睹，但各地保护水平并不均衡，存在的问题依然不少。在城市化快速推进大潮之中，长三角文化遗产同样面临着遭受严重破坏的威胁，大建设与大破坏叠生的现象反复出现，一些城市一味求大求新，强调功能效益，往往重视经济而忽视文化保护，对历史文化遗产感情不深、认识不足、关注不够、投入不多。在实际工作中更重面子工程，各种规划、条例、暂行办法一条不少，保护措施却难以到位，但凡文化遗存与城市建设、城乡改造发生冲突时，常常是历史遗存让路，政绩、经济更为重要。长此以往，造成城市经济持续维持高位挺进，而文化遗产日见稀薄消失的畸形局面，不少历史文化名城由于文化资源匮乏而陷于无文化特色的尴尬之中，大小城市面貌同质化现象大量存在。在文化遗产保护中，对整体保护、活态保护的意识不强，许多城市中传统民居的保护更是问题重重。热衷于项目申报和各种名誉名称的取得，更多地从经济利益方面考虑文化遗产的宣传利用，过度开发现象时有发生。在文化遗产管理中，机构设置无力，人员配置不强，专业人员匮乏，理论研究滞后，队伍整体素质不能适应形势发展的需要。特别是人民大众未能真正成为保护主体，主动参与保护和管理的意识薄弱，能够参与的途径有限，大多数传承人在传承路上依旧困难重重，传统工艺的传承问题正在成为当代绝学。

三、长三角城市历史文化遗产保护策略思考

(一) 对政府主导与社会参与的认识

作为地方政府部门一要有主体平等的意识,二要有主动的姿态,三要有开放的思想意识。应当借鉴先进国家的保护经验,积极倡导专业协会、文化企业、民间社团、非遗爱好者、传承人及其他社会力量参与管理、规划、咨询、评估、宣传、监督等方面的工作。政府部门有必要从管文化、办文化兼于一身归位于一个纯粹管理与服务型的角色,适时淡化官方色彩。在明确职责、按章办事的基础上,放手发展壮大半官方、非官方组织和其他民间力量,充分调动全社会民众的积极性,而不能仅仅把他们作为宣传与普及的对象。放权于民,既能减轻政府的负担,又能激发和提升群众的参与度。只有各方力量都发挥出来,逐渐形成保护方式多样化,保护队伍多层次的遗产保护局面,既有自上而下的政府行为,又有自下而上的民间行为,全民保护的效果才会显现,文化育人的目的才能实现,遗产保护才能达到自觉、理想的状态。

(二) 对文化遗产保护机制的反思

在文化遗产保护管理中,需要构建更广泛、切实、有效的协调机制和管理体制,以破除条块分割、多头并管、行政界限等传统约束,避免恶性竞争、资源争夺和各种不利于保护的行为。一方面,通过体制改革和立法制度,形成保护长效机制。另一方面,根据实践需求,寻找共同关注点,形成新的互动机制。作为政府,要建立健全法律体系,制定完整的保护规划,推进长效机制的建立、调整和创新;作为大众,要有保护文化遗产人人有责的意识,形成自觉行为,随时随地关注与参与保护。只有上下齐动、多元互补,形成良好的自我保护调适机制,才能应对文化遗产保护管理中发生的一切变化,达到优化保护的效果。长三角各城市文化遗产保护及文化交流活动不可谓不多,在运河遗产联合保护管理上有所突破,但在行政设置分割的趋势下,各省市保护水平和效果差异明显,地方性保护法规也有较大差异,跨区域协同管理深度不够,文化资源有序融合和合作开发范围有限,与国际保护组织的联系还不强,因此有必要在今后的保护工作中弱化行政区划界线,加强横向合作,从长远利益进行整体规划,构建跨区域协同管理共同发展的机制和渠道,推进优势资源互补互动,完善行业体系标准和服务标准,缩小城市之间的差距,形成保护机制良好、管理结构优化、产业规模合理、生态空间完美的长三角文化遗产保护特色,在共享、共融、共建基础上提升城市群文化竞争力。

(三) 对文化遗产私法保护的辨析

我国历史文化遗产保护行为基本上是摸着石头过河,边实践、边建设,学术理论的研究和法律体系的构建滞后于形势的发展,这就给实际保护工作造成不便和困惑。甚至许多人在实践工作中对保护与利用、传承与创新等基本问题,至今依旧

存在着不同的理解。如今我国文化遗产保护已历经初期建立阶段，渐渐步入建设评估阶段，理应改变一哄而上的利益抢占，转向走均衡利益、共促文化繁荣之路。在文化遗产公权保护大行其是的情况下，私法保护问题遂成为我们关注的焦点之一。

无论是我国的《文物保护法》《非物质文化遗产法》《计算机软件保护条例》等，还是地方颁布的《文物保护条例》《历史文化名城名镇保护条例》《非物质文化遗产保护条例》等法律法规，大都侧重于文化遗产的公权保护，对私法保护则较少提及。即使是实行已久、体系较为完善的《文物保护法》，对民事权利保护的法律条款也有诸多遗缺，相比于文物等物质文化遗产保护，非物质文化遗产保护更为复杂。非遗私法保护在《非物质文化遗产法》中仅有点点痕迹，如第五条："使用非物质文化遗产，应当尊重其形式和内涵。禁止以歪曲、贬损等方式使用非物质文化遗产。"第二十六条："确定对非物质文化遗产实行区域性整体保护，应当尊重当地居民的意愿。"显然如此简洁的规定，很难成为非遗权益私法保护依据。上海、江苏、浙江等省市非遗保护条例和管理暂行办法中，对公民、传承人的民事权利义务规定虽增加了一些说明条款，但多是关于使用权、所有权、出版权、商标权等一般意义上的保护，并没有补充著作权法、专利法、商标法、物权法等法律的内容，对于特殊层面的私法救济，很难在上述法律体系中实现。

参考文献

[1] 中小城市划分新标准出炉 全国共有中小城市 2816 个[EB/OL]. http://jingji.cntv.cn/2013/10/21/ARTI1382340848370434. shtml.

[2] 张碧波，张军. 中华文明探源[M]. 上海：上海人民出版社，2007.

[3] 曹伟明. 重铸吴越文化新的辉煌——兼论长三角第六城市群地区文化的交流、合作和发展[J]. 探索与争鸣，2005(8).

[4] 30 余座古城耗巨资重建[EB/OL]. http://news.sina.com.cn/c/2012-11-17/100025600737.shtml.

大力发展农村第三产业，助推乡村振兴

沙文锋

江苏沿江地区农业科学研究所

摘要：产业是农村经济的基础，“产业兴旺”要求农村一二三产业融合发展、结构优化提升，使农村产业体系全面振兴。本文简述了大力发展农村第三产业的必要性，提出了发展农村第三产业的8条措施。

关键词：农村第三产业；产业结构；融合发展；乡村振兴

实施乡村振兴战略，是党的十九大做出的重大决策，是基于我国社会主要矛盾已经发生重大变化而提出来的崭新部署，是新时代解决城乡发展不平衡、农业农村发展不充分等问题的关键举措，是新时代做好“三农”工作的总抓手，其总体要求是，产业兴旺、生态宜居、乡风文明、治理有效、生活富裕，让农业成为有奔头的产业，让农民成为有吸引力的职业，让农村成为安居乐业的美丽家园。

产业是农村经济的基础，“产业兴旺”要求拓展发展农村生产力的视野，全面振兴农村一二三产业，要推动农业向第二、第三产业延伸，以休闲农业、乡村旅游、农村电商、现代食品产业、健康养老等新产业新业态为引领，促进农村一二三产业融合发展、结构优化提升，使农村产业体系全面振兴，从而助推乡村振兴。

一、大力发展农村第三产业的必要性

第三产业是指除第一、第二产业以外的其他行业，按国家现有的标准划分为15大门类、48个行业。农村第三产业包括商品流通、交通运输、餐饮服务等传统第三产业和乡村旅游、金融保险、物质仓储、信息传输、计算机服务和软件业、家政物业、养老服务、生产服务、科教文卫等新兴第三产业。

我省农村第三产业发展滞后，存在着很多不足，总量偏小，占有比重很低，发展水平较低，产业潜力还未全部发挥，同时面临着社会资源和环境的压力。在农村第三产业内部产出结构中，传统型服务业占主导地位，技术含量较高的新型产业则处于偏低增长比重，现代服务业发展缓慢。

根据我省农村就业调查显示，农村服务业发展依然薄弱，一、二、三产联动发展水平有待提升：一是农村劳动力主要集中于第一产业和第二产业，第三产业就业比重相对较低。2017年江苏农村三次产业就业结构比为27.9∶47.2∶24.9，一、二产业的就业比重分别高于全省11.1个和4.3个百分点，第三产业就业比重低于全省 15.4 个百分点。第三产业中，发展最为薄弱的是科学研究和技术服务业，只有 4.76 万人从业，其次为金融业、卫生、体育、社会福利业，教育、文化、艺术和娱乐业，从业人员都不到 20 万人。二是就业结构制约了农村劳动生产率的持续提升。由于我省生产效率的现状是第三产业最高，2017 年第三产业人均创造增加值达 22.1 万元，是第一产业的 4.4 倍和第二产业的 1.2 倍，所以农村劳动力的生产效率显著低于城镇。2017 年我省农村第三产业从业人口为 645.2 万，仅占全省第三产业就业人口的 33.7%，并且主要集中在交通运输、贸易餐饮等传统行业。三是城镇与乡村的产业差距自 2005 年起有加剧趋势。2005 年第三产业占比为 25.9%，2017 年为 24.9%，不升反降。这种停滞仅仅出现在农村，全省范围内第三产业就业比重 2017 年比 2005 年累计提高了 8.4 个百分点，提高幅度大于第二产业。

我国农村劳动力资源的不合理配置，一直是制约农村劳动力得到解放，生产效率得到提升的直接原因。发展农村第三产业，农村经济发展的各个环节将受到相应的影响，现有的劳动力结构将被打破，特别是农村富余劳动力资源被二次配置，实现人力资源的科学合理流动，对农村地区的整体经济发展起到有效的协调作用。发展农村第三产业，行业多，空间大，可以吸纳多层次的人员就业，为农业中转移出来的大批劳动力提供了广阔的活动舞台，形成了多样化的就业结构，对改善和优化农业产业结构和劳动力结构，实现农业人口非农化，促进生产，方便生活，安排就业，积累资金，增加收入，振兴经济等，具有重大的战略意义。发展农村第三产业，在解决三农问题过程中，扮演着重要角色，占有着重要地位。

二、大力发展农村第三产业的措施

为了有效保护农村环境，提高农民收入，促进农村经济的可持续发展，各地政府要根据实际情况，立足优势，突出重点，大力发展农村第三产业，扩大第三产业比重，以“政府引导、市场运作、社会参与”为原则，发展具有地方特色的农村新兴第三产业，促进农村社会经济又好又快发展，助推乡村振兴。

（一）大力发展农村信息服务业，推动智慧农业的发展

农业信息化作为“互联网＋农业”最重要的发展模式之一，是农业现代化的重要组成部分，是现代农业经济发展的重要途径，是促进农业经济发展的推动力，是乡村振兴的关键所在，也是一个国家现代化发展程度的体现。互联网与传统农业的深度融合，是推进农业生产力变革的主要动力。“互联网＋农业”的模式可以综合利用云计算、大数据、物联网、人工智能等技术，极大地促进了农业信息化的标准、规范、高效发展。要鼓励和引导更多的互联网企业参与农业生产及农业信息化的建设，建立完善农村互联网、通信、广电等基础信息传输网络，推进涉农信息资源整合与共享，引导农民和各类新型经营主体开展农村电子农务、电子商务和便民服务，建立服务“三农”的“信息超市”，完善农村物流配送系统。加快农村信息服务点建设，建立农业物联网应用示范点和农业物联网公共服务平台，推广应用先进适用

的信息技术，实现对农业生产过程的信息化管理，提升农产品的附加值，增加农民的收入。

（二）大力发展农村文化教育事业，提高农民素质

农民是农业的主体，只有拥有一批掌握先进生产技术并能够与时俱进的农民队伍，才能实现农业现代化。农民文化素养的缺失极大阻碍了农村第三产业的发展。教育是提升人力资本、文化资本和社会资本最重要的手段，加强农村职业教育、基础教育势在必行。有关部门应从政策、制度等方面加强对农村文化教育的财力、物力、人力投入，按照“有文化、懂技术、会经营”的要求，培养具有高素质、专业技能过硬的职业农民，保证农村适龄人口的入学和受教育水平，培育成熟的市场经济经营主体以满足农村第三产业的发展需要。

（三）大力发展新型农业社会化服务业，推动农业专业化、规模化、集约化经营

要按照“主体多元化、服务专业化、运行市场化”的方向，大力发展农民合作社、农业产业化龙头企业、专业服务公司、专业技术协会、农民经纪人等中介服务组织，通过开展各种服务增加收入。政府也可采取订单订购、定向委托、奖励补助、招投标等方式，引导他们参与政府公益性项目服务。

（四）大力发展农村现代物流产业，提升农产品市场竞争能力

加快建立和完善农村现代物流基础设施，建立各种物流通道和辐射全国的运输和信息平台，创建农产品现代流通综合示范区。大力支持重要农产品集散地、大宗特色农产品主产区和交通便利地区的农产品市场建设，支持发展农产品连锁经营、物流配送、电子商务等新型流通方式，探索大宗农产品网上交易、会员制交易、代理交易、拍卖交易，培育新型流通业态，推动运销、经营、中介等产业和人才、信息、技术等要素市场发展。

（五）大力发展乡村旅游业，促进城乡融合发展

发展乡村旅游业，能够有效拉动城市和农村的消费，为农村带来新的生活与发展理念，促进城乡间的流动和文化交融，加快城乡融合发展的步伐。乡村要充分挖掘在土地、文化、乡情、历史等方面的资源优势，开发乡村特色旅游业和特色服务业。通过引入观光休闲理念，改善乡村吃、住、行、游、购、娱条件，以农业为基础、农民为主体、农村为场所，将乡村旅游业打造成为促进农民增收的“富民工程”，拓展农业产业链。要把农村传统文化内涵和旅游服务产品开发相结合，完善休闲农业产业链，提高产品附加值。鼓励和支持村集体经济组织、农民合作社和广大农户通过股份合作方式参与乡村旅游开发，扶持建设一批休闲农庄、农家乐等休闲观光农业示范项目，推动乡村旅游业规范化发展。要树立品牌意识，努力打造产业精品，以原生态为重点，乡土文化为纽带，打造具有地方特色的乡村旅游业和休闲观光农业品牌，并将其推向市场，带动当地经济的共同发展。

（六）大力发展农村健康养老服务业，让农村成为安居乐业的美丽家园

我省于 1986 年就已进入老龄化社会，比全国提前了 13 年，成为全国最早进入老龄化社会的省份。政府是健康养老服务发展的动力，在社会资源配置中起关键作用。政府要更多地对农村实现政策倾斜与财政支撑，要加强对农村地区在养老设施、养老机构、护理人的建设，从而弥补其在养老服务体系中的先天不足。政府应该调动一切积极性，扩大农村养老院规模和覆盖面，按照“谁投资、谁管理、谁受益”的原则，允许并且充分鼓励多种社会力量和社会资本以独资、合资、合作、联营、参股等方式，兴建适宜老年人集中居住、生活、娱乐、健身的养老院、敬老院等。依托乡村卫生室等医疗资源，建立起具有生活照料、日间托管、精神慰藉、医疗保健、文化娱乐等服务功能于一体的居家养老服务站。鼓励和引导农民积极开发适合农村老年人特点的文化娱乐、体育健身、休闲旅游、健康服务、精神慰藉等专业化服务。

（七）大力发展农村金融和保险服务业，为“三农”的发展保驾护航

政府应加大农村金融支持力度，创新农村金融产品，改善农村金融服务环境。引导民间金融的合理健康运行、深化农村信用合作社改革、探索建立形式多样的农村保险机构等形式，创新农村的金融体制，为“三农”的发展提供更为广阔的空间。结合农村、农业、农户的实际需要，适时推出灵活便利、易于被农村消费者接受的消费贷款种类。支持兴办农村资金互助社、社区性农村融资担保基金和行业性农民合作社（农村行业协会）担保基金等合作金融组织，缓解农村融资难、担保难问题。采取“企业 + 农民合作社 + 农户”、“企业 + 专业大户”、“企业 + 家庭农场”的金融服务模式，拓展对农户的信贷支持。探索开展农村土地承包经营权、宅基地使用权、农民住房抵押贷款业务。实施农村支付结算畅通工程，推动银行、电话等自助设备和网上银行、电话银行等业务系统向农村延伸。

（八）制订科学的发展规划，强化政策扶持

政府必须科学制订发展农村第三产业的规划，既要衔接平衡第三产业与第一、第二产业协调发展的关系，又要统筹规划，总体指导第三产业发展的战略、总量、结构、布局等等。在乡村振兴战略的推进中必须要坚持农业农村优先发展的总方针，强化政策扶持，为农村第三产业的发展提供坚强的政治保障、组织保障、政策保障：一是在要素配置上优先满足，引导和推动资本、技术、人才等生产要素向农业农村流动；二是在资源条件上优先保障，持续加大强农惠农力度，大力改善农村基础设施和农田水利等农业生产条件；三是在公共服务上优先安排，加大教育、医疗、文化、养老等财政投入；四是在产业政策上优先扶持，加大在投资体制、资金筹措、税费优惠、项目贴息和优秀人才引进等方面的政策扶持力度。

参考文献

[1] 张远征.江苏城乡融合发展的基本思路[J].唯实，2019(2)：65-68.

[2] 邹航.加快发展农村第三产业的机遇与途径[J].福建农业,2016(10):36-37.
[3] 徐志明.走江苏特色的乡村振兴之路[J].江南论坛,2019(1):7-9.
[4] 王瑜洁.城镇化快速增长背景下农村第三产业的现状与未来发展[J].知识经济,2017(8):36,38.
[5] 李芳.如何加快农村第三产业的发展[J].中外企业家,2014(25):43-44.
[6] 张日初.以十九大精神为指导,推动农业信息化发展[J].天津农业科学,2018,24(12):68-71.
[7] 曹洁洁.人口老龄化背景下江苏城乡养老服务的统筹与优化[J].安徽职业技术学院学报,2015,14(3):30-32.
[8] 秦建军,刘华周.江苏城乡统筹发展现状分析及对策[J].江苏农业科学,2012,40(12):388-390.

建设多功能生态茶园，融合乡村旅游产业发展

房婉萍

南京农业大学茶叶科学研究所

摘要： 本文分析了生态茶园多功能建设与乡村旅游业一体化发展在生态效益、经济效益、社会效益等方面的重要意义及可行性研究，并在此基础上提出了基于生态茶园环境的乡村旅游业创新发展基本思路，包括创新营销、发挥集群效应、深度挖掘茶文化内涵、创新生产经营组织形式等。

关键词： 生态茶园；乡村旅游；融合发展；生态效益；社会经济效益

近年来，随着我国经济的繁荣发展，人们的生活水平日益提高，旅游业呈现出快速发展的趋势。人们对旅游的需求越来越多样化，乡村休闲旅游、绿色旅游、智慧旅游、人文旅游等旅游形式的受众群体也越来越多。在这样的背景下，将兼具丰富自然资源与深厚文化内涵的生态茶园环境与乡村旅游经济相融合，不仅能够有助于释放消费者的日常消费需求，从长远看，同样也能够为旅游经济的创新发展提供思路，从而促进地方经济的可持续发展。

一、生态茶园的内涵与功能

生态茶园是指运用生态学原理，以茶园为核心，因地制宜，利用光照、水分等生态条件，合理配置生态系统，使得茶树与其他生物群落和谐共存，促进生产能力的提高，从而提高茶园生态效益、经济效益和社会效益的复合生态系统模式。

我国生态茶园的建设历史悠久。五代时，韩鄂在《四时纂要》写到："茶未成开，四面不妨种雄麻黍稷等。""此物（茶树）畏日，桑下竹阴地种植之皆可"。宋朝的赵汝砺在《北苑别录》中提倡茶树与梧桐间作："茶园内……为桐木则留焉。桐木之性与茶相宜，而又茶之冬则畏寒，桐木望秋而先落；茶至夏而畏日，桐木至春而渐茂，理亦然也"；明朝罗廪在《茶解》中提到："茶园不宜杂以恶木，惟桂、梅、辛夷、玉兰、苍松、翠竹之类，与之间植，亦足以蔽覆霜雪，掩映秋阳"。由此可见，人们对生态茶园所产生的生态与生产效益早就有了一定程度的认识和总结。清代张渠在《粤东闻见录》表明："西樵多种茶，茶畦有蝇树，叶细如豆，夏秋时蝇皆集于此树，而不集于茶树，故茶不生兹而味好。"说明茶园内种植蝇树可减轻茶树病虫害，改善茶叶品质。历史上复合生态茶园主要有茶-林（杉、乌柏、松、油桐等）；茶-粮（小麦、玉米、黄豆等）；茶-花（茉莉花、玉兰花、桂花等）；茶-果（梨、桃、栗、柑橘等）；茶-桑、茶-

药、茶-肥等模式。20 世纪 70 年代后又相继建立了茶-胶、茶-葡萄-香菇等复合生态茶园。

实践证明，复合生态茶园与单一种植茶园相比具有多方面的生态优势。复合生态茶园一般在垂直结构上，可形成两个以上不同生物组分的生态位，在地上部分，不同层次的冠层使光能得到充分利用；在地下部分，土壤的养分、水分也在不同层次上被利用，提高了环境资源的利用率。与纯茶园相比，生态茶园种植有颇多益处：首先，生态茶园产出的茶叶中含氮物质合成积累多，持嫩性强，可以很好地改善茶中氨基酸、咖啡因、茶多酚、水浸出物的含量和比例，从而提高茶叶香气和滋味；其次，茶园中套种绿肥还会增加茶园土壤有机质含量，提高土壤养分转化率，增加土壤肥力；再次，这种模式使得茶园内生物共生互惠，生物多样性增加，更有利于发展生态系统的自然调控作用，从而减少茶树病虫害；另外，生态茶园还具有保持水土、增加地表覆盖、保持水分、降低茶园温度、降低风速、提高空气湿度等有利于茶树生长的微域气候条件，从根本上改善茶树的生态环境，提高茶园的抗逆能力，促进茶园可持续发展；此外，以茶为主，合理间作其他经济林果，还可有效减少自然风险和市场风险，提高茶叶的市场竞争力；最后，建设生态茶园有利于美化茶园、吸引游客，一定程度上促进一二三产业融合发展。

二、建设生态茶园与乡村旅游产业结合具备很好的可行性

在产茶区，基于茶园生态环境，融合乡村旅游，积极构建富有地方特色的旅游产业体系，不仅能够提高农民收入，促进经济发展，而且可以促进生态可持续发展和产业融合，提升旅游经济发展的整体效果。

乡村旅游顺应时代发展要求。乡村旅游是旅游业的重要组成部分，是实施乡村振兴战略的重要力量，在加快推进农业农村现代化、城乡融合发展、贫困地区脱贫攻坚等方面发挥着重要作用。良好生态环境是农村最大优势和宝贵财富，生态环境与乡村旅游相辅相成。秉持绿水青山就是金山银山的理念，产茶区通过生态茶园的开发与建设与乡村旅游相结合，既改善了茶园生态环境，贯彻和落实了绿色发展理念，顺应了时代的发展要求，又能推动乡村自然资本的快速增加，实现百姓富、生态美的有机统一。

乡村生态旅游符合消费市场的需求。伴随着城市化进程的不断推进，快节奏生活令越来越多的人想要逃离城市的喧嚣和压力。乡村旅游能够提供具有特色的自然风光与民俗生活，满足社会大众的消费诉求，丰富人们的精神世界。生态茶园的建设过程中，能够统筹其自然资源和人文资源，实现有效、合理的开发和利用，将赋予生态茶园以全新的内涵。

生态茶园和乡村旅游的一体化开发，促进社会经济效益的长足发展。首先，乡村旅游在吸引客流量的同时，使消费者在生态茶园能够更加深入的了解茶叶生长环境、茶园管理模式、茶叶制作工艺，对茶叶产生更加浓厚的兴趣，无形之中对茶园

及相关茶产品起到较好的宣传作用，提高茶产品的市场竞争力；其次，人员的流动会带来外地思想观念的传入，有利于提升当地村民的综合素质；另外，发展生态茶园乡村旅游增加了当地农民的就业机会，带动当地经济的发展，为传统经济带来了新的活力，社会经济效益显著。

三、生态茶园建设与乡村旅游产业协调发展的建议

（一）从整体出发，制定茶旅融合发展规划

生态茶园建设与乡村旅游融合发展必须从整体出发，明确目标任务，确定适合的开发理念，制定发展规划。在乡村旅游发展的过程中，茶园生态环境也必然受到不同程度的影响，因此，要本着保护生态茶园环境与乡村旅游的协调发展原则，合理处理二者之间的关系，在对茶园环境进行全面分析和把握的基础上，构建具体的融合与开发模式。融合生态茶园与乡村旅游的经济模式，必须立足于其多样性、层次性和丰富性的内涵进行全面分析，实现资源的全面开发利用。走复合产业发展道路，创新生态茶园产业的发展机制，茶旅游的发展将更加秩序化，持续化。

（二）发挥集群效应，拉动当地经济发展

在当地发展以茶产业为中心的产业集群模式，积极创建以茶为主题的综合性乡村旅游景点。生态茶园环境与乡村旅游的相互融合，提升当地茶产品市场信誉，借助茶旅游项目来开展融资招商活动，为本地茶叶生产企业搭建起产销渠道；延伸产业链条，充分发挥地区的自然与文化优势，鼓励茶企业进行技术创新，开发出茶食品、茶饮料、茶洗护用品等一系列高附加值产品；发展集生产、加工、观光、休闲、体验、美食、住宿等功能为一体的生态茶庄园，推动形成新的消费热点。

（三）创新营销，扩大茶旅品牌影响力

重视茶馆文化、会展文化、茶文化节、乡村特色旅游节的建设。饮茶是我国非常古老的习俗之一，爱茶人通常不吝于去茶馆感受茶文化。茶馆环境优雅、清静，能为人们提供休息、交际的饮茶空间，带动茶叶消费。会展业汇聚巨大的信息流、商品流、技术流和人才流，能增加就业机会，促成共赢，对调整结构、开拓市场、促进消费、加强合作交流、推动经济持续健康发展等发挥着重要作用。茶文化节、旅游节的开展能够弘扬茶文化、普及茶知识、拓展茶交易、促进茶消费，打响中国现代茶城的知名度。

（四）文化激活，深入挖掘茶文化内涵

文化思想的融入与支撑是生态茶园经济发展的灵魂。如果在生态茶园与乡村旅游一体化进程中不重视茶文化的融入，必然会影响到生态茶园自身资源的利用效率。因此，结合现代旅游发展形态，依托生态茶园各资源要素，积极挖掘茶文化内涵，积极融入文化思想，迎合大众的消费需求，将地区民风民俗、茶园文化等融入到乡村旅游中，研发多种多样的旅游产品，突出旅游特色，才能全面提升其开发价值。如以茶园景观为基础，融合观光游览、休闲娱乐、科教学习、参与体验等功能，

让游客在观光旅游中放松身心，结合禅文化开展修行；结合地域特色体验茶俗茶事，创新茶艺表演开展休闲茶旅等，注重消费大众的参与性和体验性，满足不同类别，不同层次的消费需求，同时实现茶文化的传承与发展。

（五）完善基础设施，加强茶旅品牌建设

我国的生态茶园起步比较晚，基础设施建设还不完善，规模小，许多生态茶园知名度不高，在竞争中处于劣势，也难形成品牌效应。在具体的工作实践中，应在现有资源有效利用的基础上结合本区域的实际情况，加强基础设施建设，突出基础设施优势，创造出更大的经济效益、社会效益和生态效益地区。

（六）创新生产经营组织形式，争取政策扶持

以市场为导向采用多种生产经营组织形式，探索和创新生态茶园与乡村旅游融合发展机制。如发展“生产合作社＋农户”，“企业基地＋农户”，“企业基地＋生产合作社”模式，提高生产组织化程度及规范化、集约化水平，形成多元化的组织形式。

在政策上，争取当地有关部门和政府的支持，加大对龙头企业的扶持力度，出台专门文件，从园区基础设施建设补助、涉茶项目资金融资、市场开拓、税收优惠、茶赛茶事奖励、生态茶园种植保险等方面，给予大力扶持，激发当地茶企业与民众的参与度和积极性，有效解决当地就业问题，提升茶园的工作质量和效率。

总的来说，乡村旅游和生态茶园一体化开发是人文与自然的融合，是文化与休闲的融合，这种模式的协调发展顺应了时代的发展趋势，符合市场消费需求，无论对茶园生态环境的发展还是对当地社会经济的发展都具有积极的促进作用，生态茶园旅游未来的发展前景定会非常广阔。

参考文献

[1] 陈艳萍.乡村旅游与生态茶园一体化开发分析[J].福建茶叶，2018，40(12)：122.

[2] 石莹.生态茶园环境与旅游经济协调发展研究[J].旅游纵览，2018(08)：164，166.

[3] 李曼.积极探索推进农村一二三产业融合发展的多种业态打造——以武陵山伍家台村创建休闲健身宜业田园为例[J].农民科技培训，2018(06)：15-17.

[4] 李春雨.茶叶主产区乡村旅游可持续开发策略研究[J].福建茶叶，2018，40(06)：130.

[5] 张颖.以生态茶园为主题的旅游资源开发可行性研究[J].福建茶叶，2018，40(04)：129.

[6] 焦剑.生态观光茶园对产茶区乡村旅游发展的推动作用[J].福建茶叶，2018，40(03)：119.

[7] 张亮，蔡维琼.茶产业在山区农村经济和生态中的作用分析[J].福建茶叶，2017，39(09)：62.

[8] 宋秀虎.茶园生态资源与旅游资源深度融合发展的实施策略分析[J].福建茶叶，2017，39(06)：123-124.

[9] 韩白莲，董玉峰.茶文化旅游中的消费者心理需求分析[J].福建茶叶，2017，39(05)：106-107.

[10] 李达娜. 安溪县虎邱镇乡村茶文化旅游开发研究[D].福州：福建农林大学，2015.

[11] 史云峰，禹利君，刘富知.建设生态茶园的理论依据及其效益评价[J].茶叶通讯，2000(04)：39-42.

[12] 董元杰，刘玉清，史衍玺.山东省生态茶园与普通茶园小气候特征的比较[J].河北科技师范学院学报，2008(02)：11-17，32.

科技促进协调发展，创新驱动乡村振兴

汤颖梅

南京农业大学

摘要： 促进区域协调发展，缩小城乡发展差距是现阶段我国经济发展的重要主题。各级政府重视科技创新对经济发展的促进作用，充分利用科技创新成果缓解农村在社会、金融和生态等方面的诸多问题，改善农村的经济状况、生活环境和社会结构；以科技创新为推动力，更好地实施乡村振兴战略，优化城乡结构，从而更好地促进江苏省各区域的协调发展。

关键词： 科技创新；协调发展；乡村振兴

长期以来，农村的资金、人才、土地等要素单方面流入城市，导致农村在资本、环境、社会方面严重落后，制约了其发展。党的十九大报告中提出实施乡村振兴战略，这是解决区域发展不协调、城乡发展二元对立局面的需要。2018 年中共科学技术部党组提出：实施乡村振兴战略的本质是推进农业农村现代化，其关键在科技进步。创新是实现乡村振兴的战略支撑，创新是城乡协调发展的驱动力。实现乡村振兴，全面建成小康社会，必须发挥科技创新的关键作用，激发农村地区在金融服务、生态环境、公共服务方面的活力。

一、中国农村发展的现状及问题

（一）农村金融功能不健全，金融发展体系待完善

首先，尽管涉农贷款每年平均增长 20%①，但由于自然和市场风险较大、农业生产效率和资金收益率较低、农业投资周期长和有效抵押物缺乏，资本的趋利性导致农户难以从正规金融机构获得贷款。其次，农民的信用意识较为淡薄，对自身资金投入和产出收益掌握不完全，贷款后发生违约的可能性较高，并且大多数农村居民金融风险意识不强，轻易为他人借贷、担保，甚至参与非法集资。最后，普惠金融产品风险大、成本高、收益低的特点导致其难以实现市场平均收益，政策性与商业性的矛盾使其可持续性受到较大的挑战，并且由于普惠金融法制体系不健全，农村基础金融设施缺乏，金融资源难以覆盖和延伸，常发生纠纷事件。

---

① 数据来源于《中国农村金融服务报告(2016)》。

（二）农村环境日益恶化，生态保护迫在眉睫

近年来，由于生产方式的转变、资源的过度开发和农业集约化的发展，江苏农村的生态环境遭到了严重破坏。农村的生态环境主要存在以下三个方面问题。第一，农村缺乏基本的垃圾处理系统，垃圾常被随意排放丢弃在农村之间的连接地带；第二，过度使用化肥和农药，过度焚烧秸秆，畜禽业和工厂随意排污，造成严重的土壤、空气、水源污染；第三，农民环保意识淡薄，多数人停留在环保只是政府责任的认知层面，缺乏主动保护环境的意识。

（三）农村社会服务供给不足，公共基础设施建设落后

当前的农村公共服务仍然难以满足广大农村居民日益增长的美好生活需要，已成为制约经济社会协调发展的重大障碍。首先，农村医疗卫生技术和装备相对落后，廉价、高效、针对性强的适宜药物较少，农民缺乏必要的营养、卫生、健康和防疫等方面的科学知识；其次，农村生活垃圾、农业生产及畜禽养殖废弃物排放量近几年逐渐增大，由于缺少固定垃圾处理场所，配套的公共基础设施不健全，导致农村生活幸福感较低。

二、实施乡村振兴的对策思考

（一）深入发展金融创新，构建乡村金融体系

1. 着眼银保互动模式，做优贷款保证保险

2016年中央一号文件首次提出要“积极探索农业保险保单质押贷款”，即通过保险公司的增信来降低银行的信贷风险，同时提高农户获得贷款的能力。2019年中央一号文件进一步强调切实降低“三农”信贷担保服务门槛。涉农贷款保证保险是银保互动的创新形式，为抵押担保不足的农户提供还款保证的保险产品，当借款人不能按期偿还贷款时，由保险公司承担偿还责任。如邮储银行江苏省分行与江苏省财政厅、人保财险江苏省分公司合作推出的“农保贷”产品，主要服务于已投保了农业保险的农业种植、养殖大户，“银行＋保险”的运作模式盘活了农户手中的保单，切实缓解因担保和抵押品不足引起的信贷约束问题，激活农业生产活力。

2. 携手互联网企业，打造乡村征信体系

互联网深入发展增加了我国居民征信数据维度、改变了数据采集方式，尤其是支付宝和微信支付等工具在农村已经快速普及。互联网的个人征信主要是分析用户在线交易的行为数据，从而利用当前的互联网大数据平台进行统计，这种评价更具有真实性，与央行征信采集传统金融机构个人负债信息呈“互补”之势。金融机构在放贷时，除了通过自身的授信程度，还可与相关农产品电商平台合作，借助芝麻信用、腾讯信用或者京东信用等互联网征信系统，了解三农客户的真实交易数据和征信情况，减少信息不对称，降低自身的坏账率。如农行苏州分行在无抵押无担保的情况下，中小涉农企业凭借其在电商平台交易数据形成的信用，能在线申请农行的互联网信贷服务。

3. 筑牢金融扶贫底线，推进普惠金融发展

要发展普惠金融，实现金融扶贫，金融机构需要创新服务方式和商业模式，让参与主体更加多元化。小额信贷社会企业中和农信项目管理有限公司（下称“中和农信”）累计放贷220多万笔，330多亿元，支持了约500万农村中低收入群体①，获评2018“中国普惠金融典型案例”，其方法值得学习。一是让贷款人组成五人小组，相互担保，也降低了讲信誉者的贷款门槛。村民自己最清楚谁的信誉好、谁的不好，这形成了天然的风险规避机制；二是把贷款额做小，并细化拆分、整贷零还，以贷款农民的还款能力作为贷款额度上限，前两个月是宽限期，每月还款较少，第三个月开始还，减少农户的还款压力。

4. 建设农业领域PPP，激发农村产业活力

2017年，财政部和农业部联合下发《关于深入推进农业领域政府和社会资本合作的实施意见》，重点引导和鼓励社会资本参与农业绿色发展、高标准农田建设、现代农业产业园、田园综合体、农产品物流与交易平台、“互联网＋”现代农业六大领域。“农业领域PPP”是指通过政府引导社会资本积极参与农业农村公共服务项目的投资、建设、运营。如常州市钟楼区现代农业产业园区，园区总规划面积为12 326亩，一期实施面积5 236亩，已有12家技术实力雄厚的各类企业入驻园区②，涉及水稻种植、高档蔬菜、食用菌等特色产业。该模式为农业领域引入先进的管理理念、高效的市场机制，进一步开辟农业投融资新渠道，政府通起指导作用和政策保障作用，提升社会资本在农业领域的投资积极性和主动性。

（二）借助新兴科技手段，科学治理农村环境

1. 发展循环农业和生态经济，改善农村基础环境设施

2019年中央1号文件指出要加快补齐农村人居环境和公共服务短板，政府工作报告中也强调要加强污染防治和生态建设，要加强生态系统保护修复。具体到农村中，就是要实现生产系统和生活系统的循环链接，在促进生产的同时有效解决垃圾处理问题。新型的循环农业技术能有效解决这一问题。例如，甘肃天水市羲皇缘农村合作社采用“苹果园-蚯蚓养殖-肥料-苹果园”的循环生产链条，将科技创新与生态保护相结合，实现农业生产清洁化和农村废弃物资源化。该合作社还在循环农业的基础上发展休闲养生和文化旅游，有效改善农村基础生活环境设施，将经济发展和生态保护有机结合。

2. 改善环境监测技术，构建环境监测体系

习近平总书记在2019年两会上提出要探索以生态优先、绿色发展为导向的高质量发展新路子，要加大生态系统保护力度以及打好污染防治攻坚战。如何对农村生态环境进行有效监测在环境治理中显得十分重要。江苏省可以采用中国环境

---

① 数据来源于中和农信官方网站：https://www.cdfinance.com.cn/service.

② 数据来源于常州市政府网：http://www.changzhou.gov.cn/ns_news/514154088906109.

监测总站提出的以县域为基本单元，开展县域监测和村庄监测的监测技术方案，对农村的空气质量、水源地水环境和土壤环境质量等方面进行监测，按时对农村的生态环境质量进行记录，及时发现问题并进行治理。同时，加强农村环境监测基础设施建设，提升环境监测人员专业素质，构建准确高效的环境监测体系。

3. 互联网＋村务公开，微信公号助力宣传

党的十九大报告指出要构建政府为主导、企业为主体、社会组织和公众共同参与的环境治理体系。近些年来，智能手机和移动网络发展迅速，民众广泛参与公共事务更加便利。全国部分乡村开始进行村务微信试点，借助新兴的网络媒体，让村民参与到村务治理中来。海南海口通过乡村村务微信公众号设置了村务公开版块，并细分为财务公开、事务公开、办事指南等多个部分，极大提高了村民了解村中事务的效率。江苏农村的智能手机和移动网络更加普及，也进行过村务通的相关试点。因此，可以在乡村村务微信公众号上设置专门的环保宣传版块，对农业环境保护的重要性和必要性进行宣传，普及绿水青山就是金山银山的理念，借助新媒体进行环保宣传。

（三）提高农村公共服务水平，科技助推基础设施建设

1. 实施生活污水处理，保障农民饮水安全

农村饮水工程是一项重要的农村基础设施建设，为广大农村地区提供基本生活饮用水。推进农村饮水工程的进一步发展就需要根据农村的发展现状加快研发饮用水源开发利用技术、劣质地下水处理技术、微污染水处理技术、雨水安全集蓄与利用技术、农村安全供水消毒技术等。江阴南闸综合污水处理厂使用的农村生活污水处理技术，将达不到排放标准要求或不符合环境容量要求的农村污水进行人工强化处理，使其达到排放标准，减少水污染，保护了农民饮用水安全和身体健康。

2. 提高公共卫生技术，缓解看病难看病贵

为了全面提高农村人口素质、保障农民健康，应当开展农村居民食品营养教育、食品安全改善、营养监测预警和干预、农村综合医疗卫生技术应用试点，探索有效改善农民健康水平的成套技术和运行模式，加强公共卫生装备、技术的研发和推广，形成一批适宜农村急救和自救的产品和技术，最大限度地减少欠发达地区突发公共卫生事件对农民生命安全造成的威胁。

3. 推行垃圾分类处理，改善农村人居环境

针对农村生活垃圾的过度排放，应依据减量化、资源化、无害化的原则，推行生活垃圾的分类收集，并根据农村生活垃圾组成、处理方式以及垃圾处理设施的建设情况，确定垃圾分类标准；垃圾处理时，将厨余等有机垃圾分开收集堆肥，其余垃圾填埋处理。徐州沛县率先建立了“组保洁、村收集、镇转运、县（市）处理”的农村生活垃圾收运处理体系，使农民的环境卫生意识不断增强，农村生活垃圾分类的群众基础越来越牢固，基本改变了过去“脏、乱、差”的现象，农村环境面貌焕然一新。

参考文献

[1] 张屹山,崔晓.资源、环境与农业可持续发展——物料平衡原则下的省级农业环境效率计算[J].农业技术经济,2014(06):21-30.

[2] 刘佳奇.日本农业循环经济的发展及启示[J].农业经济问题,2015,36(8):105-109.

[3] 陈艺.工业化、城镇化与农业现代化协调发展研究——以统筹城乡综合配套改革试验区成都市为例[J].农村经济,2014(3):112-115.

[4] 张忞娴. 关于金融创新服务乡村振兴战略的探究[J]. 现代金融, 2018, 428(10):42-44.

[5] 俞兆程.农村生态环境主要问题及对策研究[J].环境与发展,2019,31(1):184,186.

[6] 赵庆玲,谢俊贤,张春荣,马天慧,张贵珍,高振宇.绿色循环农业带动田园综合体发展模式探讨——以甘肃省天水市麦积区羲皇缘合作社为例[J].农业科技与信息,2019(4):74-77,80.

[7] 樊志香.农业环境监测体系发展途径探讨[J].南方农业,2018,12(23):154-155.

[8] 杨乃琦,刘阳阳.苏北地区"多层种养"循环农业发展模式探究——以宿迁市朱湖镇家庭农场为例[J].安徽农学通报,2018,24(17):14,23.

[9] 刘祖云,姜姝."城归":乡村振兴中"人的回归"[J].农业经济问题,2019(2):43-52.

[10] 汤颖梅,杨月,葛继红."银保互动"能否促进农户技术采用?——基于田野实验的实证分析[J].中国农村经济,2019(1):127-142.

江苏制造业与长三角制造业区域一体化高质量发展的对策建议

林乐芬

南京农业大学

摘要：长三角是全国地区内制造业产业较为发达的地区，是我国制造业融入国际、走向世界的地区之一，而江苏作为长三角区域的制造业大省，如何与长三角制造业区域一体化高质量发展值得研究。从制造业生产总值、优势制造业以及制造业效益与能耗比较的角度说明江苏和长三角制造业发展状况，在制造业产业、技术以及管理三方面分析存在的问题，最后就这些问题，提出了提升价值链、推动制造业科技创新以及构建长三角城市群竞争合作机制的相关对策建议。

关键词：长三角制造业；江苏制造业；区域一体化；高质量发展

一、引言

长江三角洲地区简称长三角，是我国规模庞大、发展较快的经济核心区域之一，根据 2016 年 5 月国务院批准的《长江三角洲城市群发展规划》可知，长三角区域是包括“三省”即江苏省、浙江省和安徽省以及“一市”即上海市在内的总计 26 个城市在内的城市群。在国家统计局有关部门最新公开发布的产业划分规定中，制造业被定义为除去建筑业以及水、采矿、燃气、电力和热力的供应和生产相关的产业之外的第二产业其他的各项产业。所以，第二产业的主体就是制造业。长三角是全国地区内制造业产业较为发达的地区，是我国制造业融入国际、走向世界的地区之一，随着工业化发展阶段的不断推进，长三角区域在未来有望发展成为国际上的新兴制造业基地。

江苏作为长三角地区的一部分，在长三角城市群中有 9 个城市隶属江苏省。江苏是全国的制造业高地，制造业作为其工业产业经济乃至整体经济的主体，是促进江苏经济稳步前进的重要推力。根据江苏统计局的数据，从 2000 年到 2017 年的 7 年时间里，江苏省的规模以上的制造业产值增长了 14 倍之多，从 2000 年 9 937.75 亿元增加到了 2017 年 148 996.61 亿元，年均增速达 17.26%；制造业占工业总产值比重基本保持在 95%以上左右，其对江苏的经济贡献率超过 50%。江苏的制造业除了整体规模较大之外，制造业的门类也较为全面，相关产业配套设置相对完善，产业集群程度较好。

对于区域经济一体化，学者朱金海[1]提出其定义是："冲破行政管理体制的界限，以市场为纽带，以企业为主体，并由宏观调控组织引导，建立功能合理分工、资源合理配置、产业相互协调、资金互为融通、技术相互渗透、人才互为流动的现代经济一体化区域。"2004 年 11 月的"十一五"规划中首次正式提出长三角一体化的设想，自此长三角引起广泛的关注。可是近年来，长三角区域一体化并没有完全完成规划指出的预计目标，实质有效的进展较少。2018 年 9 月 27 日，长三角全国文明城市（区）文化交流研讨会在上海召开。2018 年 11 月 5 日首届中国国际进口博览会的开幕式上习近平总书记指出，中央将要进一步支持长三角区域一体化发展并将之上升为国家战略，当月 18 日，《中共中央国务院关于建立更加有效的区域协调发展新机制的意见》明确要求以上海为中心引领长三角城市群发展，带动长江经济带发展，2019 年 1 月，"长三角一体化发展示范区"首次提出，这标志着长三角一体化站上了新的历史起点。

长三角一体化上升为国家战略，不论是对于现时期的江苏省还是整个长三角而言，都会是经济发展的重要机遇。表现在加强长三角城市群之间的联系，加速资源要素在城市之间的流动，促进区域经济稳步前进，推动区域一体化的发展进程，与此同时，这对于区域城市群内的每一个地区来说都是难得的机会。不难预见，这将深刻地影响到江苏社会经济的发展。而制造业又是江苏的主要产业，因而本文针对江苏制造业如何与长三角制造业区域一体化高质量发展进行了研究。

二、发展现状

1. 从制造业生产总值上看

如图 1 所示，江苏制造业的年生产总值在 2010 年到 2016 年处于不断上升的趋势，在 2017 年有略微下降，同比增长率有所下降。而江苏省制造业生产总值占长三角整体生产总值的比例一直保持在 50%以上，超过浙江省、安徽省和上海市的总和，最高峰是在 2016 年，约占整个长三角生产总值的 60%。由此可见，从江苏制造业生产总值角度，江苏制造业规模庞大，制造业在长三角区域中优势显著。

2. 从优势制造业上看

长三角区域制造业中实力相对雄厚的产业主要还是传统产业。上海市是以服务业为主的，另外在都市、港口型产业上相比长三角区域其他地区优势较为明显。而浙江省和安徽省则是以劳动力相对密集型产业为制造业优势产业，例如塑料制作业、纺织服装业等。江苏省的制造业规模庞大，但是也是以传统的制造业为主，优势制造业也不外乎如此，产业结构整体偏重，传统产业所占比重达到 75% 。相比长三角区域其他省市而言，江苏省的优势制造业产业集中于资本密集型行业和相对较为传统的劳动密集型行业，比较独特的点就是在于资本密集型优势制造业，这与安徽省、浙江省以及上海市有所不同。但关于劳动密集型优势制造业，与长三角其他省市趋同。总的来说，相比长三角其他区域的上海市、浙江省以及安徽省而

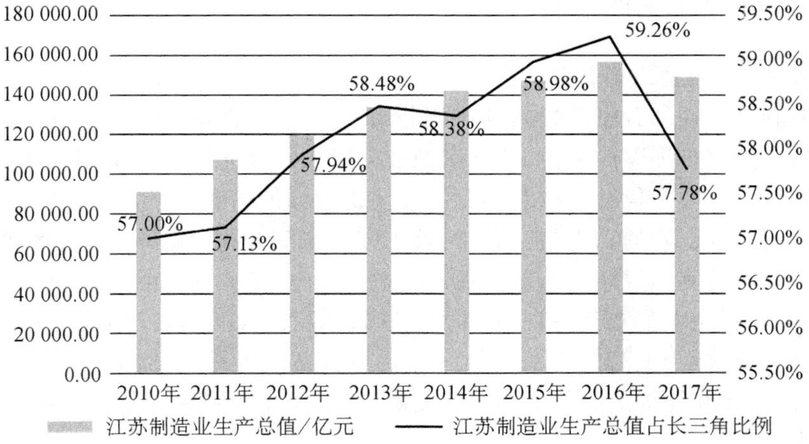

图1　江苏制造业生产总值及其占长三角地区总产值比例状况图

言,江苏省制造业的特色并不明显。

3. 从效益与能耗综合比较的角度

借鉴胡国珠,郑文清,潘虹等学者衡量产业的效益和能耗水平的方式[2],分别采用了产值利润率和能源消耗强度。具体的测度方式为:产值利润率等于利润总额与工业总产值的比值,能源消费强度等于综合能源消费量与工业总产值的比值。从产值利润率看产业效益,其产值利润率的数值为6.32%,而长三角的平均水平为6.75%,由此江苏产业效率较低,在长三角中相对较弱。从制造业能源消耗程度上看,江苏省的能源消耗强度为每万元0.33吨标准煤,而长三角区域的平均水平是每万元0.29吨标准煤,可以看出江苏能源消耗的强度较大,相比长三角其他区域整体情况来说,能源利用率较低。

三、存在问题

1. 产业上:制造业价值链处于中低端

江苏制造业价值链处于中低端是江苏制造业融入长三角制造业区域一体化发展的阻碍。江苏省制造业规模很大,但在很多制造业行业缺乏核心的先进科学技术,附加值以及增加值都较低,主导加工、组装等技术含量较低的领域,导致江苏省很多制造业仍然处于制造业价值链的中低端。近三年的江苏规模以上的制造业增加值率低于长三角地区的上海市和浙江省,在22%的数值上下浮动。从土地资源看,江苏省人均土地面积、农用地面积、林地面积低于长三角平均水平;从能源看,石油、天然气和煤炭的总量以及所占的比例都是相对比较少的。从矿产资源储量看,江苏的铁矿、铜矿、硫铁矿、磷矿更是远低于全国平均水平。江苏省的能源资源并不丰富,中低端产业链最是依靠能源资源的持续消耗,长此以往会对制造业高质量发展形成制约，这些都影响了江苏省制造业更好地融入长三角制造业区域一体化发展。

2. 技术上：制造业创新能力薄弱

江苏制造业在部分创新投入和产出指标上优势不明显，甚至有的指标在长三角区域内处于比较平庸的地位，江苏制造业处于国际领先的创新成果还太少，高水平的专利申请也非常稀缺。缺乏拥有自主知识产权的核心技术，在企业层面上，企业普遍缺乏技术创新的动力与实力，科技主体存在缺位和分散现象，缺乏确切的支持措施和具体的实施战略；在产品层面上，产品的科技含量普遍较低，缺乏自主品牌，内资企业产品大都缺乏国际知名度。2012 年以来，江苏省有效发明专利维持率是 62.6%，远低于上海的 76.9%。江苏要想真正成为长三角制造业区域创新的领头羊，带领江苏经济走向创新和可持续发展，还需要在制造业创新上不断地加大加强力度。

3. 管理上：区间统筹协调问题突出

江苏省区域整体缺乏功能的合理分工以及有效管理。江苏省内部城市以及长三角城市群之间制造业未能合理发挥各自的特点和比较优势，未能做到合理有序的分工，角色定位模糊不清，这是江苏乃至长三角区域发展的重大问题。产业和城镇用地无序，空间开发秩序紊乱。长三角内部产业结构趋同的现象比较突出，尤其体现在江苏、浙江以及安徽三省，由于地理位置相近，产业结构趋同，经济水平相当，所以不可避免地在人才、市场资源上有所竞争。各城市之间缺乏有效的分工协作，同质竞争大，从而影响江苏省制造业融入长三角制造业高质量一体化的进程。

四、对策建议

1. 产业上：优化制造业产业价值链

江苏制造业要更好地融入长三角制造业一体化高质量发展，必须进一步优化江苏制造业的产业价值链，提升其在国际制造业价值链中的地位。江苏必须找出其制造业产业的价值链中的核心环节作为突破点，找出关键问题进行精准分析。除了支持现有的支柱企业，促进大型企业发展和转型，也要注重发展以高新技术为核心的新兴企业，加强技术研究的支持力度并扩大资金投入，紧跟全球发展方向，着眼国际市场，加强在世界制造业产业链上的竞争力度。要努力掌握优势产业上的核心技术，并联合创新发展的商业合作模式，推动其成为制造业高新技术产业价值链上的主体经济区域。

2. 管理上：构建长三角城市群竞争合作机制

江苏省可以采用互补形式和核心形式以构建长三角城市群竞争合作机制，在预防过度的同构竞争的同时，获得产业发展的的规模效益。在参与区域竞争合作的时候，江苏应扬长避短，充分利用自身优势，包括其庞大的经济规模、强劲的教育科技实力、广阔的人才资源以及独特的区域位置，联系新兴产业和优势产业，整合相关产业资源，发展包括高新技术产业、现代支柱产业以及劳动力密集的制造业产业集群，与此同时，江苏还可以在省内进行产业资源整合，根据江苏省内不同地区的资源禀赋，推进要素流动，开展制造业资源产业方面的广泛合作，提升自身国际竞争力。

3. 技术上：促进制造业科技创新

高质量的制造业发展离不开科学技术的创新发展作为推动力。实现高价值的目标是衡量制造业发展高质量的条件，主要表现于制造业的附加值率和增加值率，要素生产率以及技术化和数字化水准是否与高价值目标相称。科技创新促进技术进步和提升，推动技术改造和技术装备更新。致力于科学技术创新，要着眼于产业发展的关键环节，尤其体现在支柱产业以及其他新兴产业上，可以明显提升江苏制造业相关细分行业的生产水平。

参考文献

[1] 范剑勇.长三角一体化、地区专业化与制造业空间转移[J].管理世界，2004(11)：77-84.

[2] 胡国珠，郑文清，潘虹.供给侧改革背景下江苏制造业结构调整研究[J].中国集体经济，2018(35)：26-27.

[3] 陈建军.长江三角洲地区的产业同构及产业定位[J].中国工业经济，2004(2)：19-26.

[4] 鞠立新.由国外经验看我国城市群一体化协调机制的创建——以长三角城市群跨区域一体化协调机制建设为视角[J].经济研究参考，2010(52)：20-28.

[5] 薛艳杰，王振.长三角城市群协同发展研究[J].社会科学，2016(5)：50-58.

[6] 郑江淮，戴一鑫.长三角制造业转型升级——基于要素偏向、行业异质性与生产率变迁的分析[J].暨南学报(哲学社会科学版)，2018，40(5)：15-27.

系统谋划，落实普惠，打破江苏民营中小微企业信贷玻璃门

刘春辉

江苏省生产力促进中心科技金融服务处

摘要： 长期以来，民营中小微企业都无法平等享受银行等金融信贷服务。随着党和政府不断提升建设创新型国家与强富美高新江苏以及高质量发展的总体要求，如何通过科技金融等模式与机制创新，引导商业银行等金融机构加大对中小微企业的支持力度，助力民营中小微企业群体的健康快速发展，培育发展战略新兴产业，对于支撑区域经济转型升级，江苏省域经济稳定健康运行，具有重大的战略意义。

关键词： 民营中小微企业；商业银行；信贷壁垒；科技金融；苏科贷

截至2018年底，江苏中小企业总数首次突破300万个，中小企业创造了全省50%以上的经济总量、60%以上的税收、70%以上的技术创新、80%以上的新增就业，该群体主营业务收入和利润总额均居全国各省市首位，已经能够担当起江苏经济发展一支"主力军"。众所周知，无论发达国家或发展中国家，民营中小微企业都占据经济体系中的显著重要地位。这种举足轻重的地位决定了加速促进其发展对于国民经济健康稳定增长，助推区域可持续协调发展具有重要战略意义。

党中央和国务院高度重视民营中小微企业的健康发展，尤其中小微企业在生产经营过程中面临的融资难、融资贵的老大难问题。习近平总书记一直关心并强调，要优先解决民营企业特别是中小微企业融资难甚至融不到资的问题。

近年来，从国家到江苏出台了一系列政策措施，着力解决中小微企业融资难、融资贵，在不同阶段取得了相应成效。尤其近期的"两增、两控"等政策，从快从速落实到位，一定程度上缓解了难题。但实际上，在江苏乃至国内，民企中的中小微群体，相当巨大数量的融资需求被银行信贷等现有金融体系的隐形融资壁垒隔离在外，融资"玻璃门"现象长期存在。

所谓"玻璃门"指看得见，进不去，享不了；而与之类似的"弹簧门"则是指政策开门，享受一阵，政策一停，恢复旧态。如何有效打破民营中小微企业融资"玻璃门"现象，从根本上系统构建服务民营与科技型中小微企业的普惠金融服务体系，对我省实施创新驱动战略，加快新旧动能转换，顺利实施整体发展方式与经济结构的转型升级，具有重大的战略意义。

一、江苏民营中小微企业信贷融资玻璃门情况

资金链平稳是确保任何规模的企业良性运转乃至可持续发展的根本，资金链是否安全甚至直接关系企业生死存亡。当前信贷融资市场中，大批中小微民企“缺血”，而融资不畅更可能致使巨额民间资本“动脉升压”，导致处于灰色地带的民间借贷乱象丛生，甚至影响我国金融安全。

近年来，江苏为支持民营中小微企业，密集出台了一系列扶持小微企业发展，保障民企融资的政策措施。总体上，这些措施在宏观经济由高速增长向高质量发展转型调整、供给侧结构性改革纵深推进的背景下，为民营中小微企业坚定了发展政策信心。2019 年 2 月底召开的全省中小微企业融资服务工作座谈会发布数据，截至 2018 年底，全省中小微企业贷款余额 5.8 万亿元，同比增长 10%；其中，普惠口径小微企业贷款余额 6 625 亿元，同比增长 18.8%，比年初新增 1 084 亿元，是前年增量的 1.48 倍。江苏已初步建成拥有苏科贷、苏贸贷、小微创业贷等特色服务产品的中小微企业融资保障体系。

然而，从基层层面看，出于自身风险的考虑，银行分支行机构依然无法解决长久存在的，对民营中小微企业“不愿贷、不敢贷”的问题。从绝对数量看，金融机构对民企贷款占比不到四分之一，对国企贷款新增量也是民企的两倍。面广量大的民营小微企业普遍长期面临融资难、融资贵、融资慢困境。

另一方面来看，民企尤其是小微企业好不容易贷到款了，还是要天天害怕贷款到期，资金接续不上，过桥成本更高，风险更大，更容易遭受意外打击。

总之，民营中小微企业与金融机构之间，作为矛盾长期无法调和的资金需求侧与供给侧，存在着一道道的玻璃门与弹簧门，民营中小微企业在融资需求对接过程中吃闭门羹是常态。

二、民营中小微企业融资玻璃门原因剖析

从实践经验看，作为金融大省，江苏金融业体系既有良好发展基础，也有较好的服务中小企业的能力与经验。之所以长期以来无法解决“玻璃门、弹簧门”等各种问题，表面看有金融机构内在合规要求与中小微民企治理不完善、抵质押不足等矛盾原因，但深入分析，江苏民营中小微企业融资困境因素相对更加复杂多元，潜在问题更多。具体分析主要有以下两方面：

（一）一般表观因素

1. 金融系统体制因素

现有金融系统运行体制使其更倾向于支持国企、大型企业。银行等金融机构“看似产品多，实则全套路”，表面看重视普惠小微，实则存在金字塔形贷款体系。小微企业存在信息透明度低、治理不健全、抵质押不足等客观因素，银行普适的合规性贷审规则，导致中小微民营企业在寻求贷款时，遭遇要求条件相对更为苛刻；

且银行执行的信贷员责任终身制，很大程度上削弱了其对风险相对更大的中小微企业的贷款积极性，无形中抬高了企业融资门槛。

2. 市场对称性不足因素

民营中小微企业大多资产和经营规模小，创业期缺乏竞争力，发展目标前景不够明确，内部管理往往缺乏规范性，也缺乏信用观，而社会层面惩治失信行为缺位，导致逃废银行债务现象失信成本较低。同时，面对大量小微企业，银行贷款动作成本非但无法摊薄，反而由于企业信息不对称而易于导致成本激增，在核算单笔贷款成本方面，相对大型企业而言，对小微民企的收益与投入比就很难吸引银行兴趣，这些都是形成并加剧小微民企的融资难、融资贵的重要市场因素。

（二）江苏区域深层次影响因素

1. 江苏是金融大省并非金融强省，在拓宽民营企业融资渠道方面，有较严重的区域限制和资源限制

长期以来，与国内发达地区相比，江苏的金融服务体系相对仍然不完善甚至落后，金融创新与小微普惠服务的能力体系方面均存在先天短板弱项。在国家层面，以及有政策试点的地区，可以积极贯彻落实习近平总书记重要讲话精神和党中央决策部署，充分探索释放相关政策红利，采取一系列长短期的政策或激励措施。譬如国家发展设立科创板等创新融资体系，减免税费或者出台相关的行政措施促使金融机构向小微企业放贷。总之，在北京、上海等金融资源发达地区，无论是政府引导，还是市场自发形成，在解决小微企业融资难、融资贵问题方面，均可以利用各自政策、市场资源体系优势，充分调动集成相对更丰富与深化的金融资源，建立长效机制，释放改革试点红利。

相对而言，江苏区域有民企融资需求旺盛的背景，但在政策制定和引导市场方面，无论是调动信贷等各类金融市场资源，还是整合省内政策优势，江苏一直都未能构建覆盖全省民营中小微企业广泛而个性化需求的，具有江苏特色的、有系统优势的金融服务体系。

2. 政府引导意向与能力看似强大，但九龙治水力量分散

江苏一直关注民营小微尤其是轻资产风险大的民营科技企业的融资困境，特别是重点关注并尝试解决市场完全失灵的小微企业融资难题。比如江苏省科技厅以促进科技和金融结合试点省建设为契机，努力创新科技和金融结合的体制机制，重点围绕科技型中小企业的融资需求，积极创新财政资金使用方式，加快构建以风险补偿特色创新模式，建立了差别化的责任分担机制和多层次、多元化的风险共担体系。围绕解决“首投、首贷、首保”为重点难题的多元化科技投融资体系，稳步推进科技和金融结合工作，取得了良好成效。尤其是经过近 10 年探索运行，率先打造出在全国范围有影响力的风险补偿机制下的“苏科贷”这一特色科技信贷品牌[1]。合作地区达 78 家，实现苏南、苏中全覆盖，累计引导 13 家合作银行发放“苏科贷”低息（基准利率）信用贷款近 500 亿元，支持企业超过 6 000 家，其中超 70%

的企业是年销售收入 5 000 万元以下的科技型小微企业，有效降低了科技型中小微企业融资难题。从 2017 年开始探索与 3 家全国性保险机构共同推进“苏科保”工作，累计支持企业 1 000 余家，保额 200 亿元。推进全省天使投资风险补偿，引导和支持 90 余家天使投资机构面向科技企业孵化器内种子期或初创期科技型小微企业投资，目前已累计引导创业投资机构投入 13.3 亿元，支持初创期科技型小微企业 330 家。

然而，从具体实践来看，江苏省内各地各部门在落实扶持民营中小微的政策方面，在消除资源配置投向障碍方面，在构建完善多层次融资渠道方面，均难以协调一致，利出一孔。

一是扶持政策缺乏系统性。各种优惠政策包括天使投资、科技保险、科技信贷和引导基金等政策零散，相互缺乏制度化整体衔接机制，甚至政策存在矛盾之处。二是政策协调落实服务与政策制定管理部门之间缺乏协调。由于扶持政策整体非系统性，各项政策的管理部门与协调落实推进机构责权模糊，缺乏统筹协调，甚至存在竞争抵触。三是对金融机构的信贷风险分担机制不健全，银行等金融体系也缺乏熟悉科技掌握创新发展规律特点的人才储备，导致政策引导变为应付考核的“空调”。四是各类政策市场化引导力度极不均衡。不同类型、不同性质、不同阶段的中小微企业需要多层次金融服务产品来满足其融资需求，然而这一块往往却成为市场和政府都无法或不愿主动破冰的领域。五是在政策支持体系尚未完善的情况下，也缺乏专业的第三方服务体系。在机制、体制上未能建成相对健全的服务机构体系，就很难形成保障落实政策，随着经济形势的不断变化，制定政策往往就更难得到很好的发挥。

三、玻璃门破解之策

与大中型企业资金链缺乏流动性的问题有本质区别的是，民营中小微企业缺钱，尤其是民营科技型中小微企业的融资难，类似于“毛细血管缺血”。如何高效、有序扩容全身血容量与流量，是个系统工程，不是简单打点滴吊水或者直接注射能解决问题的。如何从大水漫灌粗放式纾困，转变为对小微的精准滴灌，需要有系统谋划，精准施策，且必须由政府引导，全社会共同发力，形成一个相对完善并可自我调节的政策服务支撑体系。

在具体策略上，要实质性地向民营中小微企业倾斜信贷资源，一是要统一建立精准且可实时完善的、确定的企业融资需求库与跟踪服务机制；二是要构建积极统一的风险补偿运行体系与尽职免责的切实容错机制；三是要有非盈利的第三方对接服务平台以及有统一牵头协调保障机制。总之，需要政府主动破题，系统构建多层次的服务中小微的金融体系。

(一) 精准建立普惠小微融资需求库

一是依托政府门户背景等有公信力的网站建立网上融资对接服务平台，常态化及时解决银企之间信息不对称问题。二是举办银政企融资需求对接。组织银行等金融机构与民营企业进行常态化的融资项目对接活动，帮助企业解决贷款需求。三是建立人行、银监、发改、科技、工信、金融办等各部门参加的金融工作会商制度，根据产业与科技创新政策、金融政策等方面的调整，及时研究出台有利于中小微企业的融资措施办法。

（二）统一风险补偿工作体系

一是系统梳理整合省市财政引导资金，扩容风险补偿机制，切实建立无差别普惠机制。市场失灵的地方一定要系统构建，在对小微企业科学分类基础上，构建遵循一般经济规律，建立适合小微企业特点的增信、风险补偿管理制度；设立或统一政策性资金，构建适合江苏小微企业特点的信贷风险补偿体系；建立和完善小微债券市场、不良资产处置、流通和证券化市场，从而实现小微企业融资支持政策和制度的系统化、精准化、规范化。同时省内的行业监管、主管部门不能只堵不疏，不能只发文考核。二是着力发展并壮大我省专门服务民营小微企业的银行金融机构体系。针对金融机构现实难点，做出风险补偿、奖励补贴等各项制度性安排，并围绕机构专业化建设要求，推进发展相应的科技金融人才等机构专项体系建设，形成专业机构与专业人员对民营中小微专项服务的整体格局体系。[2]

（三）打破固有部门利益格局，建立沟通协调顺畅，牵头保障有力的民企融资服务体系，着手广泛培育并提升第三方服务能力

要着力打破部门与区域壁垒，建立并统一科技小微金融服务平台。平台的主要职能定位就是系统建立小微企业融资服务体系，具体工作有四方面：

一是做好协调服务。强化银政企融资对接服务机制，协调金融机构创新金融服务，推出满足中小微民营企业不同层次需求的贷款产品和金融服务。二是强化服务内功。管理分类民营企业融资需求库，系统构建并培养“一企一策”的对接服务与风险评估能力。在普惠机制基础上，建立成长性好、发展潜力大、创新性、科技性的中小微企业挖掘和培育机制，同时加强民营企业信用与创新体系评级，建设引导中小微民营企业注重提升自身经营能力和水平。三是培育提升服务格局。努力拓宽民营企业的融资渠道，积极主动协调除银行外的信贷机构参与支持民营企业。四是紧盯服务创新前瞻。加强科技金融与金融科技的创新，发挥金融创新对技术创新的助推作用，通过科技金融模式创新，引导支持银行等机构合作通过大数据等现代金融科技，创新出更多真正可落地的针对民营中小微企业的信贷产品服务。

参考文献

[1] 秦娟.江苏省科技贷款风险补偿的实践与思考[J].科技管理研究，2012，32 (4)：62-64.

[2] 刘春辉，张婉月，陆红娟，等.苏南自创区商业银行科技信贷创新路径探讨[J].江苏科技信息，2018(29)：13-17.

江苏高水平大学建设与区域创新协调发展的路径探索

——关于加快南京江北新区"环高校知识经济圈"建设的建议

陈苏婷

南京信息工程大学科技产业处

摘要：近一年来，"校地融合"在江苏成了热词。环高校知识经济圈这一典型的区域产业集群现象更是引发了社会各界的关注。本文以江北新区环高校知识经济圈为例，分析了其当前面临的重大历史机遇和有利条件，在大量调研的基础上，提出了六点建设性的建议，为地方高水平大学建设与区域创新协调发展提供新思路。

关键词：环高校知识经济圈；区域创新；江苏高水平大学；江北新区

一、加快南京江北新区"环高校知识经济圈"建设面临重大历史机遇

（一）三大国家战略优势叠加

推动长三角区域一体化发展，是党中央、国务院在新的历史条件下，立足全国发展大局作出的重大决策部署。在今年的《政府工作报告》中提出，要将长三角区域一体化发展上升为国家战略，编制实施发展规划纲要。这是继"一带一路"建设和长江经济带建设之后，第三个关于长三角区域发展的重大国家战略。地处长江出海口的江苏紧扣"各扬所长"，以改革创新、高效合作为路径，充分发挥江苏的特色优势，切实扛起江苏责任。目前，江苏将继续融入长三角一体化发展，深入实施创新驱动战略，大力推动科技与产业深度融合。聚焦 13 个重点产业集群，集中力量培育发展一批万亿级先进制造业集群；鼓励企业联合高校、科研院所建设高水平新型研发机构和技术研究中心；聚焦数字经济、物联网、集成电路、生物医药、人工智能等领域，实施一批重点项目，推动战略性新兴产业发展。

（二）国家级新区蓄势发力

2015 年 6 月 27 日，国务院批复设立南京江北新区。江北新区成为全国第 13 个、江苏省唯一的国家级新区。在范围上，江北新区位于南京市长江以北，总面积 2 451 平方千米，占南京市域面积的 37%，辖 22 个街镇，常住人口 196 万人；在区位上，江北新区地处我国沿海经济带与长江经济带"T"字形交汇处，是江苏承接

"一带一路"建设、长江经济带国家战略的重要平台;在定位上,江北新区紧密围绕"三区一平台"战略定位,牢牢聚焦"两城一中心"产业布局,努力成为带动周边区域创新发展的新引擎。三年来,江北新区从 2015 年的 1 465 亿元,到 2018 年的 2 509 亿元,江北新区地区生产总值三年增长了 71%。对江苏未来发展而言,江北新区充分发挥了"一带一路"与长江经济带的连接点作用,为长三角在更高质量上的一体化发展担当使命,贡献力量。

二、加快南京江北新区"环高校知识经济圈"建设的有利条件

(一) 国家政策趋向明显

习近平总书记在党的十九大报告中指出,"完善职业教育和培训体系,深化产教融合、校企合作。"2017 年 12 月,国务院印发《关于深化产教融合的若干意见》,提出"将产教融合作为促进经济社会协调发展的重要举措,融入经济转型升级各环节,贯穿人才开发全过程,形成政府企业学校行业社会协同推进的工作格局"。环高校知识经济建设需要"政、产、学、研、商、金"支持和结合,上下游形成产业链。

近几年,国家大力支持高校院所与企业协同创新,联合开展科研攻关。笔者统计了我国 2016—2018 年高等学校科研优秀成果的获奖情况,如表 1 所示。从表中可以看出,我国校企合作科研成果的获奖比例在 33%左右,科技进步奖的比例逐年增加,达到了 60%以上;技术发明奖和推广类的科技进步奖呈现相对稳定的情况,保持在 50%以上。综上所述,我们可以得知,积极发展高校知识经济,推动企业、高校、政府的联动发展是促进高校知识成果转化、提高企业创新能力、促进区域经济创新协调发展的重要途径。

表 1　2016—2018 年我国高等学校科学研究优秀成果奖(科学技术)授奖情况

获奖项目	2018			2017			2016		
	校企合作	占比	总数	校企合作	占比	总数	校企合作	占比	总数
技术发明奖	28	51.9%	54	21	56.8%	37	38	61.3%	62
科学进步奖	72	62.1%	116	78	57.8%	135	60	51.3%	117
科技进步奖(推广奖)	3	60%	5	6	75%	8	5	55.6%	9
科技进步奖(科普奖)	0	0%	1	0	0%	1	0	0%	1
自然科学奖	0	0%	132	0	0%	130	2	1.8%	114
总计	103	33.4%	308	105	33.8%	311	105	34.7%	303

(二) 地方措施落地有声

党的十九大之后,南京市政府积极响应国家号召,提出实施创新驱动发展"121"战略:建设一个名城,即具有全球影响力的创新名城;打造两个中心,即综合

性国家科学中心和科技产业创新中心；构建一流创新生态体系，把南京建成最鼓励创新、最适合创新、最具创新创业活力的城市。2019 年，出台市委一号文件《关于深化创新名城建设提升创新首位度的若干政策措施》，提出要进一步加深校地融合，鼓励有条件的区利用主城高校周边存量用地，与高校共同打造集科技创新、文化创意等于一体的特色创新街区。

江北新区积极贯彻 2019 年市委 1 号文精神，制定《南京江北新区深化创新名城先导区建设提升创新首位度实施方案》，高标准规划建设江北新区高校创新集聚带，充分利用现有高校资源布局优势，合作共建一批环高校知识经济圈建设。同时，江北新区充分发挥在制度创新方面先行先试的优势，先后出台多项政策制度，行政审批改革，知识产权创新，不断优化营商环境，放大政策红利，大力扶持和引进一大批企业入驻和人才加盟。截至目前，江北新区已集聚集成电路上下游企业 200 余家，生命健康产业上下游企业 800 余家；集聚诺贝尔奖获得者 2 人，中外院士 35 人，长江学者、国家“万人计划”等知名专家 79 人，各类高层次人才 1 100 余人。

（三）驻区高校特色鲜明

依托南京丰富的科教资源，江北新区现有南京信息工程大学、南京工业大学、南京审计大学、南京大学金陵学院、东南大学成贤学院等 12 所高校。驻区高校学科门类齐全，跨工、理、管、经、文、法、医、农、艺、公安 10 个学科门类。南京信息工程大学与南京工业大学作为两所本部设立在江北新区的江苏高水平大学建设高校，学科特色鲜明，科研实力雄厚，共有国家重点实验室 1 个，教育部省部共建协同创新中心 1 个，各类省部级以上科研平台 80 余个；国家重点学科 2 个，“十三五”江苏省重点学科 4 个，一级学科博士学位授予点 12 个；两院院士 10 人，教育部“长江学者”特聘教授 6 人，国家“973”计划项目首席科学家 19 人，国家“千人计划”20 人，国家杰出青年基金获得者 18 人。环驻区高校院所创造的专利、课题等科研成果数量居全省前列，为建设“强富美高”新江苏贡献了“江北智慧”。同时，驻区高校的大学生创新创业群体也积极发挥着生力军和突击队的作用。在近几届全国“挑战杯”“创青春”“互联网＋”等各项重大赛事中，屡创佳绩，获得数、捧杯数在江苏高校中均居前列，全国高校创新创业排行榜中均在百强之内，如南京信息工程大学在 2017 年全国高校团学创业促进工作指数排行榜中列 26 位。

因此，为充分发挥高校院所创新原动力作用，加速科技成果转化落地，高质量建设江北新区自主创新先导区、活力集聚区和多功能示范区，建设成中国最大的、最具影响力的政产学研用一体的国家级示范产业园区，打造环高校知识经济圈势在必行。

三、加快南京江北新区“环高校知识经济圈”建设的几点建议

为了更快、更高质量地推进江北新区“环高校知识经济圈”建设，在充分调研了环同济知识经济圈、环川大知识经济圈、宁波青年云创小镇等国内典型模式的基础

上，提出如下建议。

（一）精心谋划，构建“多校共兴”知识经济圈空间格局

以南京信息工程大学和南京工业大学为例。南京信息大学，以大气科学学科为核心，在教育部一级学科评估中蝉联全国第一、获评A＋等级，完整覆盖整个气象类学科。南京工业大学，以化学工程与技术学科为优势，拥有国家重点实验室1个，是国家最早一批建立的化学工程学科点。江北新区应根据产业规划布局，整合南信大、南工大、科研院所和企业资源，依托区域内各类科技创新平台和工程技术中心，构建“两校共兴”知识经济圈空间格局，实现“1＋1＋1＞3”的协同创新增效。

具体而言，围绕南信大，抓住商业气象市场发展契机，依托相关科研院所和气象科技公司等载体，打造中国气象谷，形成一套商业气象的完整产业链。围绕南工大，培育原创性成果，开发颠覆性技术，驱动化工产业转型升级，打造国家级化工示范产业园区。通过规划建设中的地铁11号线，将南信大与南工大连接，形成特色鲜明的“科创双核”，引领“气象＋”科技产业、化工等新兴产业发展，带动两校之间形成的知识产业区域协调发展，成为江北新区新地标。

（二）多措并举，营造更优的创新创业环境

江北新区应强化在制度创新方面先行先试的优势，敢行敢试，做好顶层设计、路径谋划、渐进方法和政策引导。一是要定期修订升级现有的政策制度，如《促进创新创业十条政策措施》《南京江北新区高新技术企业培育支持办法》《“创业江北”人才计划十策》等，同时要围绕当下发展的特征，适时适度出台一些具有“偏向性”的帮扶机制，狠抓政策落实，不断放大政策红利，形成“扶强、扶优、扶新”政策体系。二是要加强政策资源整合，在成果转化、人才引进、项目申报、知识产权等方面予以绿色通道和资金支持，重点打造创新创业载体，扶持具有驻区高校特色的重点产业或项目，形成产业发展优势，促进产业集聚。三是要突出企业主体地位，引导企业与高校签订合作协议、项目对接、合作办学，促进政产学研用深度融合，进一步优化创新创业环境。

（三）创新机制，保障校区联动的持续活力

校区联动的机制创新是保障环高校知识经济圈的持续活力的重要举措之一。在调研中发现，国内典型的模式中普遍存在政府各部门步调不一致的问题。环高校知识经济圈的建立涉及的范围广泛、行业众多，因此这不仅是科技部门的任务，更需要包括教育、国资、组织、人社、财税、工商等各个部门主动地协调推进，形成合力。在这其中，难免会出现步调不一致、主动性不强等情况发生，在一定程度上阻碍了工作的有效推进。因此，校区联动的机制尤为重要。一是区校共管机制。建议联合成立专门机构，作为区、校共同搭建的领导机构和工作班子，负责知识经济圈的筹建、管理、协调和指导工作，相互配合，相互支持，联合发力。二是互访交流机制。建议在区校之间，建立领导互访机制、工作联席机制和区校干部挂职交流机

制，实现干部队伍和重大活动决策的对接，明确阶段性工作思路，突出阶段性工作重点。三是校区资源共享机制。建议在环高校知识经济圈中，人员互动，资源共享，实现全面联动。

（四）集聚人才，为卡脖子问题听诊把脉

江北新区应加大力度，打造一流的自主创新设计创业环境，吸引聚集各类设计人才来环高校知识经济圈发展，为政策制定、技术研发、发展战略等方面破解难题。一是成立环高校知识经济圈发展战略咨询委员会。联合中国科学院、驻区大院大所的专家学者和知名企业家，充分发挥智囊团作用，为知识经济圈建设开展前瞻性、针对性、储备性的战略研究，提供战略咨询。二是促进企业与高校合作办学，共建博士后科研工作站，引导企业自主培养人才，储备科研力量。

（五）借鉴经验，加速推进科技成果就地转化

在推进科技成果就地转化的过程中，应借鉴国内外已有的成熟经验和措施，汲取经验，对江北新区现有的规划进行优化和调整，以期达到成果转化率、经济效益最大化。一是要借鉴美国的科技中介服务体系，承担引导企业找到自己需要的核心技术，帮助高校的研究成果流向企业等工作，成为连接政府、企业、高校的桥梁。同时要鼓励科技中介服务机构与金融服务机构相结合，加大风险投资，充分激发微观主体活力。二是借鉴电子科大的“树苗理论”，把原来高校成果转化的链条“理论—研发—成果（种子）—转让”，转变成“理论—研发—成果（种子）—初创企业（树苗）—转让”。提高科技公司“树苗”的孵化成活率，实现高校回报最大化。

（六）整合资源，合理优化空间规划

结合江北新区的发展规划，结合环高校知识经济圈的建设，结合各街道城镇化建设的改造提升，统一规划统筹设计，不断优化发展的空间和资源配置模式。一是对区域内空闲土地、楼宇和厂房进行摸底，合理规划，整合空间资源，为环高校区域的产业集聚用房做好预留和储备。二是加强配套设施建设，如通信、电力、水利等，为知识经济产业集群提供有力保障。

参考文献

[1] 吴政隆.江苏省政府工作报告[N].新华日报，2019-02-05(01).

[2] 张玉聪.环高校“知识经济圈”协同创新动力机制研究[D].成都：西南交通大学，2018.

[3] 杨荣军.打造环高校知识经济圈的调查与思考[J].当代县域经济，2016(7)：30-31.

[4] 王思成，徐艳枫.论中国城市创意产业的模式转型——以上海杨浦环同济知识经济圈为例[J].中国名城，2015(2)：15-21.

[5] 张仁开.环同济知识经济圈发展知识服务业的战略思考[J].科学发展，2013(8)：33-40，59.

[6] 陈强，赵程程.环同济知识经济圈发展中的政府策动演化路径研究[J].同济大学学报(社会科学版)，2013，24(1)：109-116.

[7] 王玉梅.环同济知识经济圈发展的现状、问题与对策[J].中国证券期货，2012(7)：84-85.

推进交旅融合，助力乡村振兴

——以盐城市为例

杨卫东　蔡　玲

中设设计集团股份有限公司

摘要：交通与旅游融合发展进入相互促进、螺旋上升的新时期，国家、省市等多层面开展建设四好农村路、绿色公路等工作，促进交旅融合进一步从城市向乡村、从区域向全域拓展，助力乡村振兴、促进城乡融合。本文以盐城市为例，聚焦“二十字方针”，基于“路径、边界、地区、节点、地标”五大要素探索了“公路＋旅游”的实施路径，提出交旅融合振兴乡村的发展策略。

关键词：乡村振兴；交旅融合；乡村旅游；景观公路；盐城市

一、引言

进入新时代，我国社会主要矛盾已经转化为人民日益增长的美好生活需要和不平衡不充分的发展之间的矛盾，推进乡村振兴、实现城乡融合成为各个地方发展的共性问题。随着社会经济的稳定发展和人民生活水平的普遍提高，休闲绿色消费成为人们关心的热点，乡村旅游成为创新热点，以乡村全域旅游助推乡村全面振兴也成为资源优势地市的重要选择。交通廊道作为经济社会发展的先导性、基础性、战略性与服务性产业[1]，在繁荣农村经济、促进农业产业发展、提高农民生活水平方面起着十分重要的作用，以农村公路串联乡村旅游资源，全面联通广域乡村，凝聚乡村运游资源合力，助力乡村振兴特色发展，成为契合乡村振兴战略要求、符合居民消费需求的重要抓手，交旅融合以及乡村旅游公路建设逐渐成为一些城市推进乡村发展、改善民生的重要选择。

交通与旅游融合发展有着密切的历史渊源，国内外学者围绕旅游交通可达性、旅游交通环境、旅游交通影响、乡村旅游交通公共服务等多维度开展了研究[2]。国外学者重视旅游交通基础设施对于游客目的地的影响研究，不同的交通方式对于乡村旅游的带动力不同，带来乡村多元发展；国内学者主要对乡村旅游公共交通服务供需问题及其优化提升策略开展了研究，但是对乡村振兴背景下的全域联动交旅框架，以及全方位的乡村交旅融合模式等研究仍显不足，有必要进行进一步的研究。

二、乡村振兴下的交旅融合路径与实践

(一) 乡村振兴下的交旅融合路径

城市空间结构，是分析城市要素在空间上的分布、组合和演变规律，Lynch(1960)通过对城市居民对各自城市的意象分析，得出区域、边界、节点、标志、通道五个城市感知空间的结构要素[3]。借鉴 Lynch 划分的结构要素及定义，本文从城乡人群的活动角度出发，构建乡村振兴下的交旅融合路径，即基于活动路径、活动区域、活动边界、活动节点以及热点地标五大要素的交旅融合发展路径。

1. *活动路径——旅游景观公路选线*

活动路径即乡村旅游景观公路，作为连接人流、物流、资本流、信息流、技术流等重大要素，以及组织人群活动轨迹的主要骨架，包括以“快进”为主的畅游骨架、以“慢游”为主的旅游网络和主题旅游公路。

表 1　活动路径类型划分

活动路径类型	畅游骨架网络	休闲游览网络	主题旅游公路
服务区域	城市枢纽—(核心)景区	景区—景区	优质景区之间或景区内部
服务特征	区域串联及快速通达；景致优美，吸引力大	重体验重安全；主题明确，配套完善	旅游产品功能
层次定位	构成市域快进网络；提高核心区可达性及吸引力	历史文化、自然体验等主题公路旅游	重点景区道路；近郊及区域常态性度假休闲场所
公路等级	国省干线	省道及部分县乡道	县乡道等一般公路

2. *活动区域——旅游景观资源*

活动区域为活动内容相对集聚的区域，即旅游景观公路中旅游价值相对较高的主题交通区，具体包括 A 级景区、历史文化名镇、特色小镇、美丽乡村等重点区域。

3. *活动边界——主题旅游线路*

活动边界为不同活动区域间的分割线，包括各种自然或者人为的柔性边界，即打破行政边界、打破地理隔离的主题性、框架性乡村旅游公路的总体结构。

4. *活动节点——旅游服务设施*

活动节点为活动相对集聚的空间，在交旅融合的话语体系下，即旅游集散中心、服务驿站、露营地等服务设施所在的地区，提供旅游集散、咨询、换乘、休憩、观景、购物等多元化活动。

5. 热点地标——热点旅游地区

热点地标是旅游活动频率最大、最集聚的地区，是各类资源要素分布最为密集的地区，是旅游活动最为丰富的地区，也是最具有发展潜力、最亟需发展的地区。

（二）盐城市乡村旅游景观公路的实践分析

盐城市位于江苏省东部沿海地区，全域旅游资源丰富，“大美湿地、水韵盐城”的旅游品牌享誉全国。结合省级“四好农村路”示范镇创建工作，盐城市积极深化农村公路与乡村旅游的融合发展，全面探索市域乡村旅游景观公路建设路径，以保障全域旅游与乡村振兴战略有力实施[4]。

1. 科学选线——基于地标、区域综合考量的路径选择

结合盐城市旅游局提供的全市旅游景观资源情况，对A级景区、历史文化名镇、特色小镇、乡村旅游区、其他旅游景观共184个旅游景观资源，按照重要程度进行综合评价发现：各级旅游景观资源呈“金字塔”分布，其中重要景观资源10个、次要景观资源41个、一般景观资源133个；在空间上呈现多团块状集聚形态，主要集聚分布在15个区域，即热点地标（图1）。结合现状国省干线公路条件，连接15个热点地标，构建畅游骨架路网（图2），同时从旅游价值角度构建盐城市慢游网络最优树（图3），共同形成“快进-慢游”的乡村旅游景观公路网络（图4）。

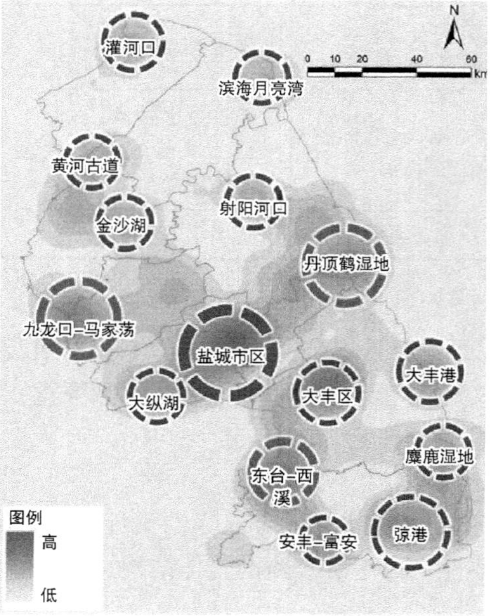

图1 热点地标布局图

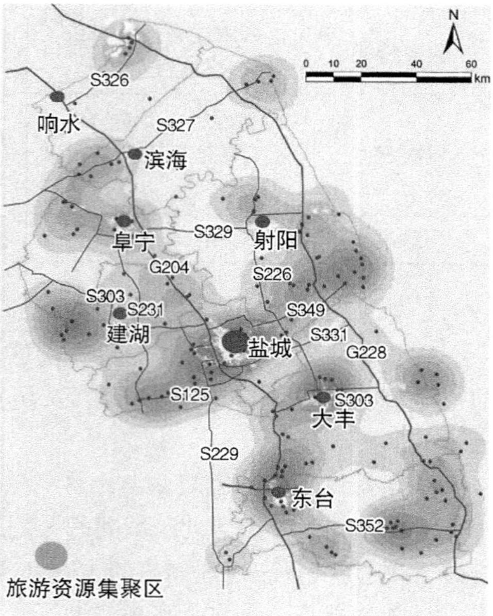

图2 畅游骨架路网图

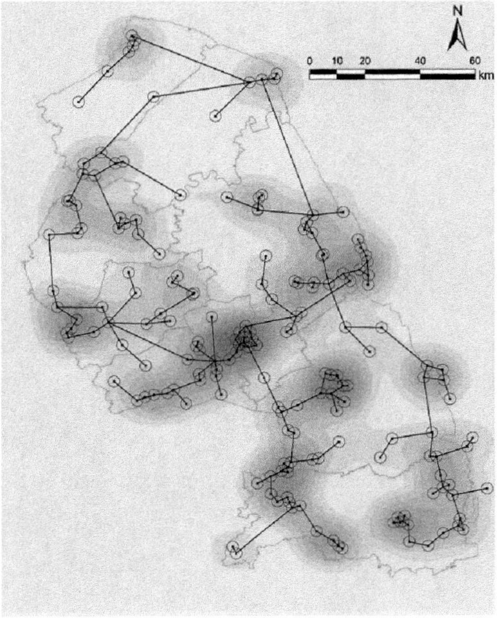

图 3　慢游网络最优树图

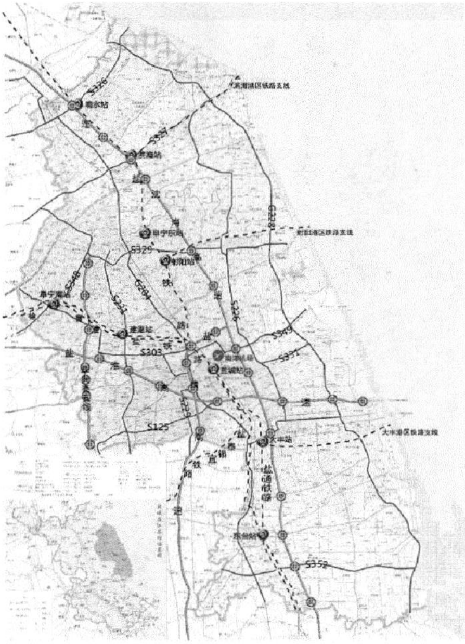

图 4　“快进-慢游”路网图

2. 总体结构——基于关键词的边界划定

基于盐城市 15 个热点地标，以及“快进-慢游”网络沿线乡村景观资源的关键词分析发现，盐城市城乡全域旅游集中于滨海风光、河湖湿地、自然人文、河岸风光、海陆文化等五大主题，形成依托 201 县道的滨海风光——蓝色海港浪漫之路，依托 101 县道的自然人文——白色下河文化之路，依托 206 与 208 县道的河湖湿地——绿色湿地呼吸之路，依托 328 省道的河岸风光——紫色沿淮林荫之路，依托 349 省道的海陆文化——橙色海陆风情、红色十里花香之路（图 5），打造“一环三圈、内外畅游”的总体结构（图 6），通过多主题边界连通乡村全域，实现以线带点围面的格局，为全域乡村主题化、特色化发展提供战略指引与重要抓手。

3. 服务优化——基于人本需求的活动节点体系架构

新时代，“以人民为中心”的价值追求更为重要，乡村旅游景观公路规划与建设也需要充分考虑人们的出行方式、习惯以及对于设施空间的需求等，真正创造为民众所认可、喜爱的场所空间[5]。我们基于问卷调查，提出旅游集散、服务设施、标识系统、路域环境等四位一体的服务体系，并根据不同功能分区、服务要求分层级、分类型设置，一方面满足游客的多元化需求，完善旅游支撑体系；另一方面通过沿线绿化、驿站、慢行系统、观景平台、旅游标志等节点打造，完善广域乡村地区的服务半径与设施水平，提升农民生活品质，进而以乡村旅游带动乡村振兴，实现村美民富的双赢格局。

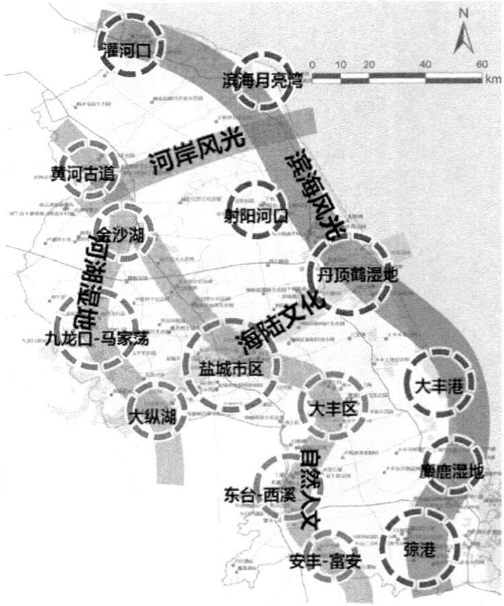

图 5　主题边界划定

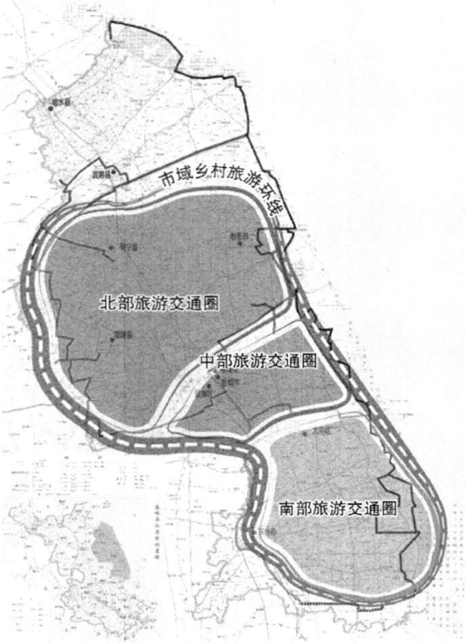

图 6　乡村旅游景观公路总体结构

表 2　服务驿站建设指引表

功能	设施	服务驿站等级		
		一级	二级	三级
停车功能	停车场	●	●	●
	加油加气站	◎	\	\
	维修点	●	◎	\
	充电桩	●	●	◎
商业服务	售卖点	●	●	◎
	住宿点	●	◎	\
	餐饮店	●	●	◎
信息服务	游客服务中心	●	◎	◎
	信息查询设施	●	●	●
休憩功能	休憩点	●	●	●
	公厕	●	●	●
	网络服务	●	●	●

（续表）

功能	设施	服务驿站等级		
		一级	二级	三级
安全保障	治安消防点	●	●	●
	医疗急救点	●	●	◎
	安全防护设施	●	●	●
	无障碍设施	●	●	●
科普宣传	科普宣教设施	●	●	◎
	展示设施	●	●	●
配套设施	管理用房	●	●	◎
	员工宿舍	●	◎	◎
	其他市政公用设施	●	●	●
特色功能	农村农业文化展示中心	●	◎	\
	农副产品交易点	●	●	◎
	农副产品物流配送中心	●	◎	\

注：● 指必备设施，◎指可设设施，\指不具备设施。

图 7　服务驿站布点图

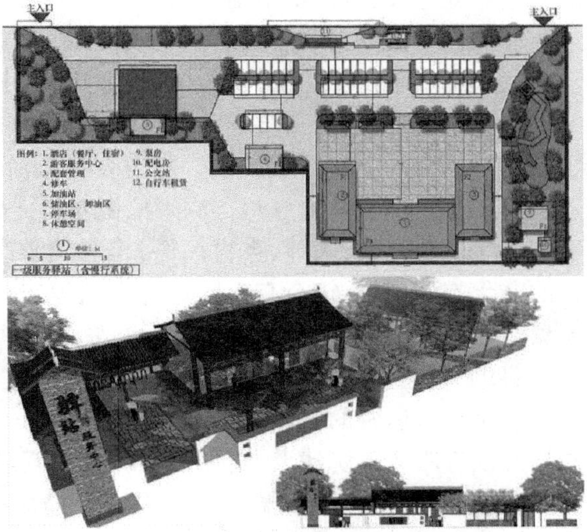

图 8　服务驿站设计图

三、乡村振兴下的交旅融合策略

十九大明确提出实施乡村振兴战略，强调“农业农村优先发展”，按照产业兴旺、生态宜居、乡风文明、治理有效、生活富裕的总要求，加快推进农业农村现代化。基于活动路径、活动区域、活动边界、活动节点以及热点地标五大要素的交旅融合发展，需要精准落位五大振兴，高效策应地方发展要求，实现城乡融合发展。

(一) 以运为媒，“一二三”产融合，促进产业兴旺

以乡村旅游景观公路为媒介，联通区位条件优越、资源禀赋优势明显、经济社会效益优良的乡村旅游目的地，以优先增长极带动资金、技术和人才的进入，推动市民下乡、能人回乡、企业兴乡，助推农业供给侧结构性改革，推进农业政策从增产导向转向提质导向。依托特色小镇、田园综合体、美丽乡村、民俗示范村等创新载体，一方面推进农产品高质量发展，另一方面植入“农业＋加工”“农村＋休闲体验”“农村＋居养乐”“农村＋电商”等新业态，通过交通脉络运出去、服务设施展出名，转换农业发展动能，支持农民创业、就业，促进农村一二三产业融合发展。

(二) 以路引景，廊道绿化，实现生态宜居

立足生态、生产、生活“三生融合”理念，依托链动全域的网络化、体系化乡村旅游景观公路，联通乡村特色景区，整合乡村生态环境资源，构建以乡村绿廊系统、慢行系统、交通衔接系统、服务设施系统和标识系统为重点的乡村绿道网络，开展旅游公路示范、精品自驾专线等创建工程。结合乡村绿廊，推进基础设施生态保护，加强基础设施功能休闲化建设，在乡村旅游通道合理设置公厕、休闲区、观景台、旅游驿站等服务设施，提供精细化的旅游服务。通过乡村绿色交通体系建设，以路引景、三生融合，使乡村成为安居乐业、通达顺畅的美好家园。

(三) 有机衔接，品味乡愁，弘扬乡风文明

建立“公路＋枢纽＋旅游”无缝联通的乡村运游体系，有机衔接不同片区、不同主题、不同类型的乡村旅游节点，打通乡村旅游“最后一公里”，吸引更多城市人走进乡村，品味生活，体验乡愁。深入挖掘农耕文化、历史文化，保护乡村非物质文化遗产，立足地方风土人情、乡村民俗，丰富旅游产业与旅游业态，开发体验式、特色化的文化旅游项目，结合交通廊道与交通枢纽推广旅游资源、展示地方文化，寓文于景、于路、于游，以“主客共享”的运游方式传承乡村文化、弘扬乡风文明。

(四) 智慧引领，联合共治，保障治理有效

强化乡村运游的智慧化建设，打造“智慧＋交通＋乡村”平台。一方面，加强乡村旅游预订服务系统建设，增加信息即时交互功能和线上线下融合的预定和支付功能，引入智能化管理和服务设施，建立智慧旅游智能监控定位系统，全领域、全过程监控乡村旅游景区，推进智慧乡村旅游发展。另一方面，结合 96777、96519 平台的共享信息和服务互动，提供交通路线引导、地图导航、路况信息、景区接待、车流人流引导等出行生活服务，景区介绍、景区客流、景区景点、景区门票、景区免费

Wi-Fi 等旅游服务，以“智慧＋”推进“四好农村路”建设、乡村旅游发展，实现乡村、交通、旅游三方联合共治共管共赢，确保乡村运游体系和谐、高效、有序。

(五) 厘清权属，创新模式，助推生活富裕

积极出台整合交通沿线土地开发、资本金注入、财政贴息、以奖代补、先建后补等多种激励措施，高效创新农村交通与农村产业、旅游景区、田园综合体、特色小镇等项目组合开发模式，推动乡村交通与旅游项目同步建设、合力管护。理顺多元资源产权，突破乡村旅游碎片化发展形式，拓展“互联网＋农业”“企业＋农户＋合作社”“公司＋基地＋农户”等多种模式，强化资本驱动、项目牵引、品牌引领、高端示范，激发乡村旅游发展潜能，保障多方利益均衡发展，助力乡民共享美好生活、实现生活富裕。

参考文献

[1] 欧伟为.发挥交通“先行官”作用 支撑保障乡村振兴战略——以福建省为例[J].中国经贸导刊(理论版)，2018(8)：29-30.

[2] 张宏磊.交通系统要素变动下的旅游流时空响应[D].南京：南京大学，2012.

[3] 王波.基于位置服务数据的城市活动空间研究[D].南京：南京大学，2013.

[4] 中设设计集团股份有限公司. 盐城乡村旅游景观公路规划[Z]，2018.

[5] 周素红，蓝运超.人本思想综述及其在城市规划中的体现[J].现代城市研究，2001(2)：25-28.

紧财政背景下完善苏北铁路网建设的几点思考

解荣超

江苏省农业农村厅乡村产业发展处

摘要：我省苏北地区铁路网建设飞速发展，在当前我国经济处于转型升级阶段，财政部要求财政收紧的背景下，面对苏北地区存在的外省联接不畅、部分线路饱和等短板，为进一步完善苏北铁路网建设，必须推动连云港—临沂城际铁路、合肥—宿迁—新沂高速铁路、徐州—菏泽城际铁路等建设，进一步织密苏北铁路网。

关键词：苏北高铁；互联互通；出省通道

近年来，我省铁路网建设日新月异，截至目前，全省高铁里程已超过 3 000 公里，预计到 2020 年底，我省高铁里程将突破 4 000 公里，覆盖 70%的县级节点，所有设区市间实现 2 小时互通。然而，由于我国经济正处于转型升级当中，经济下行压力加大，2019 年初，财政部要求“政府要过紧日子”，与此同时，中国铁路总公司负债达 5 万亿元，负债率超过 60%，约为我国 GDP 总量的 5.5%。在紧财政背景下，如何完善我省苏北铁路网成为一大课题。

一、苏北铁路网现状

我省苏北五市的在建、已建的可运行动车组的铁路交通大致呈以连云港为顶点，以徐州、南通为底点，以连云港—淮安为界一分为二的等腰三角形。

（一）苏北五市互联互通

到 2020 年底，苏北五市间将基本实现动车或高铁互通，东西向的徐州—连云港高铁、北南略偏东向的连云港—盐城—南通沿海铁路、西北—东南向的徐州—宿迁—盐城铁路将基本解决苏北五市间的高铁或动车不畅问题。

（二）苏北与苏南、苏中联系畅通

长期以来，苏北与苏南铁路来往困难，而随着京沪高铁徐州—南京段、连淮扬镇铁路、连盐通沪铁路的建成或开工，到 2020 年底，苏北五市可以借助铁路枢纽镇江、南京、扬州、南通等实现与苏南苏中其他城市的高铁或动车直达。

（三）苏北出省通道增多

苏北五市原本只有徐州可以通过京沪高铁北上山东、北京或南下安徽、上海等地，而青沪铁路（青岛—日照—连云港—盐城—南通—上海）即将竣工，为苏北五市南下北上打开了新的空间，连云港、南通成为新的交通枢纽，此外，南京、徐州也通过与其他设区市互联互通进一步强化了自身枢纽地位。

二、苏北铁路网面临的问题

苏北铁路建设虽然有了长足发展，但仍存在与外省连接不畅、部分线路饱和等问题。

（一）京沪高铁绕路太远

北京到上海的直线距离在 1 050 公里左右，而京沪高铁长度达 1 318 公里，大致以蚌埠南站为顶点呈一个角度为 120°的不等边三角形，一定程度上增加了上海、杭州、苏州等长三角乘客赴北京、济南、东三省的出行负担，也造成资源浪费。

（二）现有京沪高铁运力紧张

目前，京沪高铁运力大致以徐州为界，北京—徐州段有一定剩余运力，而徐州—上海段，尤其是徐州—蚌埠段运力极为紧张。长期以来，京沪普通铁路以占全国铁路营运线 2%的比重，承担了 10.2%的全国铁路客运量和 7.2%的货物周转量，运输密度是全国铁路平均水平的 4 倍。京沪高铁建成后，到 2017 年中，6 年间累计安全运送旅客突破 6.3 亿人次，开行高铁动车组列车 58 万余列，平均每年运送旅客超过 1 亿人次。

（三）连云港北上铁路线路曲折

当前，即使 2020 年底，连徐高铁建成后，连云港动车如要进京，需先向西走徐州再北上，或到青岛后西行到济南再北上，比连云港—临沂—曲阜—北京线路多出 150 公里左右，多花至少 40 分钟，完全不经济。

三、紧财政背景下完善苏北铁路网的建议

在各级财政收缩的情况下，高铁等基建投资必然受到影响。当前苏北铁路线路尚未动工的主要有合肥—宿迁—新沂高铁、连云港—临沂城际铁路和徐州—菏泽城际铁路，涉及到复杂的地方利益博弈，如日照港与连云港港定位等。为优化我省线路网建设，建议如下：

（一）加快推进连云港—临沂城际铁路建设

连云港—临沂城际铁路建成后，与即将竣工通车的临沂—曲阜高铁和已经通车的京沪高铁北京—曲阜段形成比原有京沪线更短的京沪二线。连临高铁全线约 100 公里，基本为平原路段，其中江苏段约 40 公里，是连云港北上北京、济南、西北省份最近的线路，建设资金约为 100 亿元，性价比高、建设价值大，建议由中央预算内投资、铁路建设基金、铁路建设债券和专项建设基金、江苏省政府、山东省政府等以适当比例尽快筹措。此外也应同步推进以货运为主的连云港—临沂普通铁路建设。目前，连云港至临沂城际铁路已分别被纳入国家发改委《中长期铁路网规划》

《江苏省“十三五”铁路网规划上报项目》与《山东省中长期铁路网规划(2015—2030)》中,2016、2017 年,连云港市、临沂市先后委托中铁第五勘察设计院完成本市辖地内连云港—临沂城际铁路的预可研报告,连云港高铁站、临沂高铁站均已预留连云港—临沂城际铁路接入条件,前期准备工作基本成熟。

(二) 稳步推进合肥—宿迁—新沂高铁建设

合新高铁是合肥、宿迁联通胶东半岛的重要线路,尤其对合肥意义重大。在未来京沪二通道临沂—新沂段建成后,可以成为宿迁经过临沂到青岛的高铁线路,增强新沂的铁路枢纽地位。合新高铁全线 343.5 公里,所经路段水网相对较多,其中江苏段 109 公里。合新高铁总投资约 320 亿元。根据国家《中长期铁路网规划》,合新高铁是京沪通道区域的重要连接线,是“八纵八横”高铁主通道中京沪二通道的重要组成部分,目前已纳入中国铁路总公司“十三五”建设计划。2016 年 4 月,合肥至新沂铁路已进行了第一次环评公示。2019 年 3 月,合肥至新沂高铁预可研审查会在北京召开。

(三) 积极推进徐州—菏泽城际铁路建设

菏泽、濮阳、邯郸等鲁西南、豫东北、冀南地区缺乏到上海为中心的长三角的直

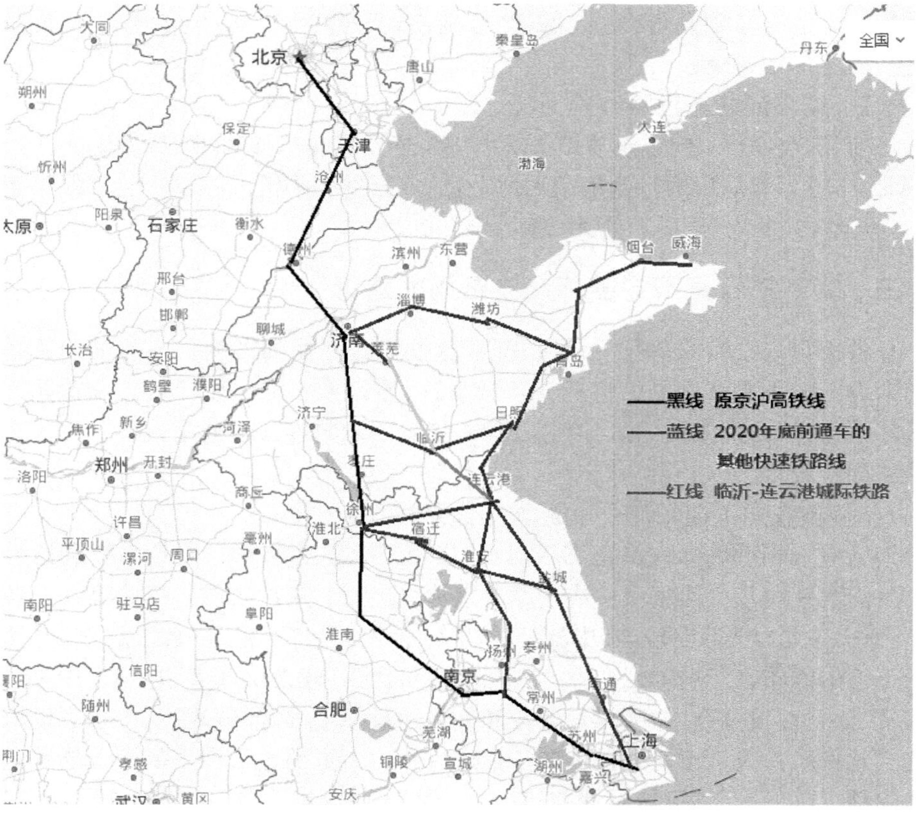

达铁路线，菏泽—徐州城际铁路建设，有利于实现上述地区与长三角的互联互通。建成后西北方向可以连接晋中南等重要的煤炭生产基地，东南方向通过徐宿淮盐铁路接长三角煤炭消费地，成为我国重要的西煤南运的大通道，进一步夯实徐州的铁路枢纽地位，补足中原地区铁路短板。徐菏铁路全线长约200公里，其中江苏段约100公里。徐菏客专（徐州至山东菏泽）已纳入《江苏省中长期铁路网规划项目表》。

参考文献

[1] 蒋红奇.放大高铁经济效应 拓展苏北发展空间[J].群众，2019(2).

[2] 杨东升.推进连云港市工业化与城市化协调发展的战略思考[J].大陆桥视野，2015(1).

[3] 甄利贤.合新铁路引入新沂地区方案研究[C].中国铁道学会运输委员会第十八届站场与枢纽年会，2017-09.

[4] 中国铁路总公司发展和改革部.铁总负债破5万亿 收入与净利创史上最好成绩[J].今日轨道交通，2018(5).

[5] 2020年，江苏将建成“1.5小时高铁交通圈”[N].新华日报，2017-10-18(014).

[6] 苏言.加快打造“轨道上的新江苏”[N].新华日报，2018-05-30(001).

[7] 孙业国，栗铮.连云港至徐州高铁开工建设[J].城市轨道交通研究，2017(8).

[8] 杨忠臣，陆玉麒.构建徐连临成长三角的探讨[J].地域研究与开发，2003(3).

“1＋3”战略功能区协调发展机制研究

侯艳红　周建平　王　秋

中国药科大学

摘要：《中共中央国务院关于建立更加有效的区域协调发展新机制的意见》为我国区域和地方经济的发展指明了方向，也是我国区域协调发展的根本指导原则。2017 年 5 月江苏省打破苏南、苏中、苏北三大板块的地理分界和行政壁垒，提出了由扬子江城市群、沿海经济带、江淮生态经济区、淮海经济区组成的“1＋3”功能区的战略构想。论文从区域协调发展的重大意义，江苏省区域空间的基本形态，江苏省区域空间格局的演变趋势，构建更有效的“1＋3”协调发展新机制四个方面进行研究，为“1＋3”战略的顺利实施提供参考。

关键词：“1＋3”战略功能区；协调发展机制；战略融合

一、区域协调发展的重大意义

习近平总书记在十九大报告中将新时代中国社会的主要矛盾定义为“人民日益增长的美好生活需要和不平衡不充分的发展之间的矛盾”。习近平在其从地方到中央的长期工作实践中，一直高度关注和重视推进区域协同发展，不断形成和丰富自己的区域协同发展思想，相继提出“一带一路”“京津冀协同发展”“长江经济带协同发展”等议题，并使之上升到国家战略层面。同时，习近平区域协同发展思想与其提出的“创新、协调、绿色、开放、共享”五大发展理念辩证结合，五大发展理念浸透于习近平区域协同发展思想[1]。

2018 年 11 月 18 日人民日报发表了题为《中共中央国务院关于建立更加有效的区域协调发展新机制的意见》(以下简称《区域协调发展意见》)中指出：实施区域协调发展战略是新时代国家重大战略之一，是贯彻新发展理念、建设现代化经济体系的重要组成部分。党的十八大以来，各地区各部门围绕促进区域协调发展与正确处理政府和市场关系，在建立健全区域合作机制、区域互助机制、区际利益补偿机制等方面进行积极探索并取得一定成效。同时要看到，我国区域发展差距依然较大，区域分化现象逐渐显现，无序开发与恶性竞争仍然存在，区域发展不平衡不充分问题依然比较突出，区域发展机制还不完善，难以适应新时代实施区域协调发展战略需要。立足发挥各地区比较优势和缩小区域发展差距，围绕努力实现基本公共服务均等化、基础设施通达程度比较均衡、人民基本生活保障水平大体相当的目标，深化改革开放，坚决破除地区之间利益藩篱和政策壁垒，加快形成统筹有力、竞争有序、绿色协调、共享共赢的区域发展新机制，促进区域协调发展。《区域协调发展意见》还规范地阐明了区域协调发展战略的三大目标，并用“统筹有力、竞争有序、绿色协调、共享共赢”这16个字概括了区域协调发展新机制的主要内容。《区域协调发展意见》从建立区域战略统筹机制、健全市场一体化发展机制、深化区域合作机制、优化区域互助机制、健全区际利益补偿机制、完善基本公共服务均等化机制、创新区域政策调控机制、健全区域发展保障机制、切实加强组织实施九个方面，给出三十条具体的协调发展建议[2]。该意见为我国区域和地方经济的发展指明了方向，也是我国区域协调发展的根本指导原则。

二、江苏省区域空间的基本形态

长三角经济带上的重要省份——江苏省，在区域协调发展方面一直高度关注。江苏省苏南区域和苏北区域由于资源、历史、地域原因经济和社会发展差距巨大。从1984年江苏省委、省政府提出“积极提高苏南、加快发展苏北”的政策开始至2014年江苏省政府《江苏省主体功能区规划》文件的发布，跨度30年，一直在努力缩小苏南苏北的区域差距，实现协调发展。根据2017年底发布的公开数据分析，区域协调发展的势头在稳步上升，但是从数据中同样看出苏南、苏中、苏北差距还是很大，需要进一步缩小。

经济数据名称	苏南	苏中	苏北
地区生产总值(亿元)	45 576.45	15 570.89	18 374.8
生产总值占全省比重	57.3%	19.6%	23.1%
地区生产总值年增速	8.8%	10.5%	10.3%

数据来源：江苏统计信息网

另一方面，除了苏南苏北差距较大以外，苏北区域内也存在发展差距，这种差距程度甚至不比南北差距小。苏北行政区域内分为两个层次：徐州、盐城为发展的第一层次，具有区域内较高的发展水平；淮安、连云港、宿迁为发展的第二层次。徐州和盐城发展较好的主要原因是徐州依托其交通枢纽地位和徐州经济圈的成形，盐城得益于它与长三角经济圈日益紧密的产业结合和依靠与韩国相近的地理优势融入东亚产业链。

三、江苏省区域空间格局的演变趋势

行政区经济的本质是竞争，功能区经济的核心是协同。新时代区域发展，不应是单纯追求各地区经济差距缩小，而应当以主体功能区战略为主构建区域政策体系，形成区域协调发展机制，促进整体经济效益的可持续提升。功能区战略，是经济社会发展到一定程度的必然结果，有利于促进经济发展动力重塑和动能跃升，实现由粗放的资源型发展向精致的集约型发展，由高速度增长转向高质量发展的战略转换。特别是高铁＋、互联网＋，打破了地理和时空界限，为空间融合和重组提供了便利条件。从以行政区为主到以功能区为主，有利于各地校准发展定位、聚集发展重点，有利于打破行政壁垒、在更大的范围内实现资源的统筹优化配置，实现差异发展、特色发展、协调发展、融合发展[3]。2017 年 5 月江苏省打破苏南、苏中、苏北三大板块的地理分界和行政壁垒，提出了由扬子江城市群、沿海经济带、江淮生态经济区、淮海经济区组成的“1＋3”功能区的战略构想。以江苏经济地理版图的科学重塑，在更深的层面上推进区域统筹协调发展，为我国区域协调发展探索先行路径、积累先行经验。江苏省“1＋3”战略区的提出具有里程碑的意义。实施“1＋3”战略的一个重要战略意图，就是要打破苏南、苏中、苏北三大板块的地理分界和行政壁垒，使苏南、苏中进一步融合起来，形成更为强大的经济增长核，更好辐射、带动和支撑包括苏北腹地在内的其他区域发展。

“1＋3”不同的区域需要承担不同的发展功能。扬子江城市群由沿江八市二十几个县为主体，重在集群发展、融合发展，是全省工业经济的“主战场”和经济发展的“发动机”；沿海经济带包括南通、盐城、连云港等沿海三市，主攻现代海洋经济和临港产业，是江苏的潜在增长极；淮海经济区以徐州为主，发挥其对淮海经济区的引领辐射作用，拓展江苏发展纵深；江淮生态经济区包括淮安、宿迁全境以及扬泰盐的部分县域，则重在展现我省发展的生态价值，发挥生态优势、生态竞争力。

四、构建更有效的“1＋3”区域协调发展新机制

（一）推动“1＋3”战略功能区战略融合

不断推动“1＋3”战略功能区之间的区域战略融合发展，各个区域相互融通补充。制定跨界治理的规划，整合超越原有行政辖区制约，在多个地方政府间进行发展规划的统筹、协调，力图在顶层战略设计层面实现政策的优势互补、体制机制的功能聚合、资源要素的互融互通，进而形成一体化发展的良性格局。

“1＋3”区域战略融合需要强调区域之间的“和而不同”，在制定共同协调发展和各自区域内发展战略时，要更加注重区域内外部发展的和谐共生，注重发挥区域自身优势，培养自我发展能力，促进区域形成各自核心竞争力，并引导形成良性的区域合作机制。扬子江城市群是经济发展的“发动机”，已经进入到了由工业化加速期向后工业化转型的新阶段，转型升级将成为今后发展的重点，如何提升地区自主创新能力、国际竞争力和可持续发展能力亟待成为扬子江城市群发展战略制定时重点考虑的因素；沿海经济带正处于工业化加速期阶段，受惠于沿江、沿海开发战略的实施，产业发展呈现高技术化、资本密集化、产业集群化的特点，在进行发展战略制定过程中要吸收成熟经验，不断推动区域内的产业升级；淮海经济区较之扬子江城市群和沿海经济带，传统产业占比大，产业门类较为庞杂，特色产业尚未显

现，但是淮海经济区以徐州为中心城市，交通枢纽地位优势明显，应该抓住机遇，明确区域的优势领域和差别定位，着眼长远进行产业布局，既要吸取新的发展动能，又要推动区域内产业转型升级，培育区域内生动力；江淮生态经济区作为城市的后花园，应积极发展绿色生态、绿色经济、旅游经济，在进行战略制定和绩效考核时，应摒弃单一的经济指标考核，将生态效益考核也纳入进来，多方面综合、多样化考核。进行发展战略制定时既要考虑差异性，又要考虑互补性，注重整体效应和战略融合，实现区域内各子系统之间的产业优势互补，避免重复投资、产业同构的现象。“1＋3”区域关系总体将呈现“区域互补性日趋强化，区域合作大于竞争”的趋向。

（二）建立区域绿色协调发展机制

绿色协调发展可以从两个方面进行理解：一是绿色＋协调发展，另一个是强调生态文明的区域协调发展。在《区域协调发展意见》中要求健全区际利益补偿机制，如完善多元化横向生态补偿机制，建立粮食主产区与主销区之间的利益补偿机制，健全资源输出地与输入地之间的利益补偿机制，从某种程度上来说是出于对绿色协调发展的政策考虑。

“绿水青山就是金山银山”。经济发展过程中的绿色化和生态文明至关重要。“1＋3”战略功能区在产业发展的基础上对传统制造业进行绿色改造，推动低碳经济模式，打造绿色发展空间。江淮生态经济带自身的生态底色较好，应该以“生态＋”引领绿色发展的新模式、新业态，将生态优势转化为富民优势；沿海经济带、淮海经济区在进行产业布局和产业调整时应优先发展绿色工业、环保产业和生态旅游，实现区域的绿色协调发展。在产业发展过程中，要摈弃“先发展、先污染、后治理”的发展模式，建立环境友好型的发展模式。在进行产业转移时实质上生态受益一方，应考虑对其他地区进行生态补偿，如通过资金补偿、人才培训、共建园区等方式建立横向补偿关系和机制。

（三）建设“1＋3”功能区一体化交通运输网络

目前江苏省“四纵四横四联”的高速公路网日臻完善，铁路网也不断完善，高铁的建设稳步推进，“1＋3”功能区的互联互通具有良好的交通运输网络基础。

扬子江城市群区域重点加强城际轨道交通发展，促进城市群地区同城化；沿海经济带依托现有交通网络，利用沿海大开发的机遇，不断提速，加快融入扬子江城市群、上海经济圈的步伐；淮海经济区应依托其强大的交通枢纽位置优势，增加运输网络的多样性和便利性，缩短与长三角核心地区的时空距离；江淮生态区是江苏的“腹地”，需要进行合理规划，不断增加与其他三个区域的联通。在“1＋3”背景下的交通规划的总体思路是要形成以多节点、网络状为基本形态特征的区域交通运输网络，大力推进“1＋3”区域各片区之间安全便捷、绿色经济的综合交通运输体现，为江苏省的全面腾飞提供有力的支撑。

参考文献

[1] 王勇，白静. 习近平区域协同发展思想刍议——“五大发展理念”向度[J]. 温州大学学报(社会科学版)，2018(11)：58-64.

[2] 中共中央国务院关于建立更加有效的区域协调发展新机制的意见[N]. 人民日报，2018-11-30.

[3] 刘西忠. 省域主体功能区格局塑造与空间治理——以江苏“1 + 3”重点功能区战略为例[J]. 南京社会科学，2018(5)：36-41.

让科技大篷车专家站成为服务乡村振兴的助推器

汤国辉 黄启威

南京农业大学

摘要： 结合南京农业大学首创的科技大篷车专家站模式的演进，总结梳理出其具备多主体共生多赢发展、多主体要素协同、立体网络信息化、精准化服务等特征，剖析其面临的内涵应用、高新技术采纳、社会力量整合和金融政策支持等问题，并就此提出相应的对策建议。

关键词： 科技大篷车专家站；多主体要素协同；教科推扶一体；创新驱动；精准帮扶

实施乡村振兴战略，是新时代做好“三农”工作的总抓手，总目标是最终实现农业农村的现代化，总方针是优先发展农业农村，基本路径是城乡融合与为高质量推进区域协调发展走在前列指明了方向。2019 年中央一号文件又强调“强化创新驱动发展”“培育一批农业战略科技创新力量”“打造产学研深度融合平台”等[1]。中共中央、国务院印发了《乡村振兴战略规划(2018—2022 年)》，规划要求健全基层农业技术推广体系，创新公益性农技推广服务方式，支持各类社会力量参与农技推广[2]。这为在新时代城乡融合的背景下，更好地发挥科技大篷车专家站模式帮扶与服务乡村振兴提出了更高的要求，对满足多元化需求、保障产品质量、提升三产效率的高质量发展有极其重要意义。鉴于此，本文主要从科技大篷车专家站模式发展历程的视角，针对城乡融合与实施乡村振兴背景下，存在的问题提出建设性建议。

一、科技大篷车专家站模式发展过程

(一) 创建科技入户

上世纪八十年代初，针对农民科技意识缺乏，农业农村落后的现状，南京农业大学就开始借用吉卜赛民族“大篷车”接地气的理念，组织专家团队以驻户蹲点形式，建立农民学得会的“样板田”和教科推相结合的“实验示范基地”等，为科技入户积累了经验。这种运作的方式与特点最贴近农民，成本低、实效高。

(二) 探索送科技下乡

上世纪九十年代，在计划经济向市场经济、传统农业向现代农业转变，农民文化素质低下，成果转化渠道不畅等问题的背景下，为进一步整合学校内外人才、科技、信息、品牌等软硬条件资源，直接送科技下乡到村头、到农户，向更大范围贫困区的农民传播科学知识、示范推广新技术。在形式上主要以专家教授为主角，以多功能流动车为平台，载上物化和非物化科技与文化，行走在乡村并直接为农民开展农业科技服务。由于科技大篷车以老带青的队伍、非物化与物化技术及文化信息等具备方便易行、产投比高的优势，具备灵活与流动性强的特点，可以根据需求及时组织人、财、物到现场服务。由于拥有多学科、多层面专家形成专业交叉团队，使其更具备高效率破解疑难问题的能力。这种创新服务方式已在多行业被越来越广泛地模仿或应用，其成效如农民称“科技大篷车一开，知识财富滚滚来”[3]。

（三）创新教授兴村

在2002年，为满足脱贫致富后的农民增收及其特色产业的可持续发展需求，中共十六大提出建设农村小康社会目标。为满足需求与把目标落到实处，南京农业大学决定调整科教兴农领导小组与办公室，出台教师科技下乡与工作量挂钩的政策，让送科技下乡活动的专家能够常来乡村（站、店）服务或扶持贫困农户，更深入地推进专家科技下乡进村入户。同时，又对影响科技下乡活动站/店的政府、产业、教育、科研、金融、用户、中介（以下简称“政产学研金用介”）等主体的资源分散、利用率低和对“输血”脱贫后、综合实力较强、科技帮扶有一定基础的村，开展扶强促优。于2003年率先在江苏连云港市试点，并正式启动“百名教授科教兴百村小康工程”，模式经验做法先后被省及国家多部门要求大力推广或应用，后称“百名教授兴百村”（简称“双百工程”）。如农业部称赞“双百工程”“为小康村建设勾画蓝图，留下不走的科技大篷车[4]。”

（四）共建专家站

到了2006年，江苏提出率先实现农业现代化。南京农业大学在“科技大篷车—科教兴村”扶持的贫困区域不断涌现出新型农业经营主体的背景下，学校又根据县域特色产业的发展及多元农（用）户对科技大篷车的帮扶要求越来越高的新形势下，首先在二期的“双百工程”基地的企业等新型农业经营主体试点，共建“双百工程”专家工作站，探索其做法与经验。到了2008年又得到部省多位主要领导肯定并批示总结推广，首先与江苏省农村科技超市等省内外多领域、多层面项目工程及站/店有机结合，成为科技大篷车活动重要驿站。2010到2017年，南京农业大学又在江苏乃至江西、安徽、湖北、四川等省份开动12辆科技大篷车与地方新型农业经营主体等共建各类专家站店378个，先后使30多万农户受益[5]。

（五）创新网络体系

近几年来，在深入开展创新创业的新态势下，科技大篷车专家站又针对率先实现农业农村现代化目标与分布式的多类站、店、企、园、社、场、户等相结合，开展精准服务区域特色产业的实践与研究。其更加注重创新创业的科技大篷车专家站的队伍、创台、成果、店面、网络、品牌等相关要素建设与内涵的丰富，并建立双线共推模式，将“线上线下”等多种创新与服务方式有机结合，初步形成了多主体要素融合、教科推扶一体的协同创新服务模式。由当初单向服务农户，到如今多方向、多层次、立体网络式的各主体要素间互动交流，更利于在市场导向下，精准服务特色产业发展，巩固、提升科技帮扶开发成效。目前，这种多主体要素协同创新的大篷车专家站模式，从内涵到形式还在被国内外多行业、产业广泛应用与推广[6]。

二、科技大篷车专家站模式的主要特征

（一）共生多赢发展

早期的科技大篷车专家站社会服务，在扶贫帮富的过程中以单向推广服务为主，这对于科研教育的帮助只能停留在较低层次的人才培养与科学研究上，使多主体要素资源开发利用未能得到充分发挥。如今在市场导向与政府引导下，这种多主体协同创新的大篷车专家站架起了多部门、多单位农科教产学研合作桥梁，形成教科推扶一体开发机制，有机地将区域资源开发与学校等主体的人才培养、技术研究、推广服务、文化传承创新相互结合，可充分发挥多学科、多层面专家协同创新与服务的优势；在多元用户需求下，不断调整大篷车专家站扶贫靶向，促使专家走出实验室，与企业等新型农业经营主体合作，针对贫困区域的特色产业、科技、人才、资本等资源的劣势与优势和潜力，合作研发成果及培养配套的人才，提升科技与人才对服务产业兴旺的贡献率，从合作中获得科研与培养人才的多种资源。这种教科推扶一体化服务模式，为多主体优势互补、多赢共享、共生发展提供了好经验与好做法。

（二）多主体要素协同

科技大篷车专家站吸纳了美国、以色列、荷兰、泰国、澳大利亚、日本、法国、丹麦、加拿大等国的多元化推广模式的一些特点，始终以农民和用户需求与战略目标为导向，开展过多次多层面组织结构的体制创新与协调，初步形成政产学研金用等多主体要素间深度合作的开放共赢帮扶机制，初建了多主体要素间的资源融合创新绿色通道，初探了科技大篷车专家站“科技帮扶＋技术研发＋人才培养＋推广服务”一体化精准服务体系，初步形成多主体协同的科技创新服务新平台，模式不断演进与丰富其内涵，专家们以真情妙悟著文章，将论文写在大地上，使该模式综合优势最多、持续时间最长、推广区域最宽、应用范围最广、取得效果最佳、影响力最大。可为多主体全要素协同创新教科推融合的中国特色精准帮扶与服务乡村振兴模式体系提供理论依据和经验。

（三）立体网络信息化

在涉农部门支持下，通过科技大篷车专家站帮扶模式在农业农村区域的运作，可逐渐形成“从点到线，由线到面，由面到体”的全方位、多层面的立体网络化的教科推扶一体的新格局；可架起学校、政府、农户、企业等多元帮扶主体之间协作的桥梁；可开放并吸纳社会各界、多方人士并以多种方式参加，形成平等互利、开放共赢的机制；可加深农民与专家等多方人士之间的情谊，对形成政府引导、市场导向、科

教支撑的跨地区、跨部门、跨单位、全社会共同参与的多元主体的协同推进的大帮扶格局与服务乡村振兴体系打下基础。

（四）精准化服务

在吸取国内外技术扩散、劝农指导、咨询、教育、沟通干预、参与、人力资源开发等模式做法基础上，经过三十多年由理论回到实践，再由实践上升到理论的科技大篷车专家站模式的内涵与特征，为新时代健全精准帮扶和服务乡村振兴模式的网络体系积累经验，打下了良好基础，形成了多方面优势与特点。主要表现在以下方面：在目标考核上，从计划与实施，到动态服务及管理与成效的考核；在服务对象上，从农民、村、乡、县、市干部，到新型农业经营主体等；在培训方式上，从科技讲座与形势报告，到实地指导、咨询规划；从建立创新创业平台，到政产学研用政金相融合；在推广服务方法上，由送科技信息，到“点菜单”式上门服务，再到线上线下互动等；在策略上，从问题与目标导向到精准化与系统化相结合的服务原则；在服务内容上，从高新技术到宏观思路；在服务方式上，从单项到集成配套技术，从精准扶贫到全方位服务农业农村现代化；在组织结构上，从单元主体到多主体要素协同创新的教科推扶融合的精准服务；在机制上，从服务过程中的“问题导向—策划方案—精准实施—总结经验—推广成果—长期合作—问题导向”循环发展的运作机制，到支撑产业链与技术链和人才链的无缝对接，为实现价值链增值的高效共赢机制打下了基础。

三、科技大篷车专家站模式面临的主要问题

通过对政产学研金用等涉农主体和队伍、创台、成果、店面、网络、品牌等的相关要素调研发现，就针对影响多主体要素协同创新、教科推扶一体的大篷车专家站精准化与系统化帮扶农村区域开发模式的运作成效，在当前城乡融合和以推进农业供给侧结构性改革为主线，助力乡村振兴，仍然面临凸出的问题与挑战：

（一）高新技术采纳不够

由于缺乏有效的政策与保障制度等原因，科技大篷车专家站帮扶模式的高新技术创新不足，一些涉农企业创新能力低下，一些教科单位重理论轻应用研究导向，表现出创新驱动与精准帮扶特色产业作用发挥不够；一些帮扶区域长期等、靠、要的惯性思想严重、基层干部对科技帮扶积极性不高；贫困户不接受科技帮扶原因不仅表现在产业发展上，还缺乏智力、经费、政策、道德、市场、管理等多方面扶持。

（二）社会力量整合不够

众多帮扶区域还没有类似的多主体协同创新教科推扶一体大篷车专家站帮扶模式，高新技术的研发推广应用在帮扶开发中效率不高，造成资源分散浪费；需求与相关主体要素创新的技术及培养其人才和推广模式的供求失衡。由于注重单一技术经济效益而忽略绿色与保护生态和文化创新传承等的技术链与产业链对接帮扶，导致环境与食品安全隐患等的不可持续发展。总之，由于对社会力量整合不够，精准帮扶特色产业的高新技术、多类人才、推广服务相融合的长效高效模式短缺。

（三）模式内涵应用不够

精准帮扶开发体系中的目标、组织结构、创业平台、人才队伍、运作机制等还远远不能适应新时代发展的需求。建立的众多基地园区、田园综合体、农业高新区、创新创业、产业联盟等平台还停留在科技大篷车专家站模式帮扶的形式化阶段，管理、教科人员对其内涵研究与应用不够，加之缺乏服务三农的志向和基层农村实践等原因，导致真心服务三农境界不高、认识与目标偏差、驾驭能力低下和技术经验短缺；一些单位仅注重"形式"，对真做出实绩的人员都没能给予充分肯定，在提职晋升等方面没有给予应有的待遇，在导向上变得深入基层真帮扶的科教人员越来越少，扶贫资源作用没有能够得到充分发挥等。

（四）金融政策支持不足

由于精准帮扶的立体网络体系和财政帮扶法规政策不健全，在科技大篷车专家站相关的工程项目实施中，由于项目的目标与问题不明确等可行性论证不足，加之落实错位或力度不够等原因，在基层仍有不重视精准帮扶特色产业及其可持续发展的现象；保障立体网络化精准帮扶模式实施，还缺乏共赢长效的金融机制与必要的财政支持；由于缺乏有效的评估机制，致使科教与多主体内外帮扶资源未能得到充分的整合与利用等。

四、结论与建议

通过梳理科技大篷车专家站帮扶模式发展的历程，总结了模式具备共生多赢发展、多主体要素协同、立体网络信息化与精准化服务的特征，体现了创新驱动发展与教科推扶一体精准帮扶的思路与做法的可行性。但要进一步发挥其优势，以上这些问题的存在，将直接影响到科技大篷车专家站精准服务模式的运作成效及体系的健全与品牌的可持续发展。另外，开展科技精准帮扶特色产业发展，助力乡村振兴战略，为此，还应从城乡融合与供给侧入手，在创新上发力，仍要深化改革并提出如下建议：

一是强化以农民为核心与乡村振兴战略为导向。实现终端用户更加满意的大篷车专家站精准服务目标，针对不同区域与阶段的帮扶状况，开展科学策划规划，制定切实可行计划方案、技术路线及配套措施，制定精准帮扶的标准、精准识别的程序等，通过找准帮扶（人）产业的基本信息等进行分类并建立档案，采取针对性、有步骤的精准实施并对其消除脱贫并防治返贫的关键障碍，保证精准帮扶特色产业可持续发展。

二是要进一步组建和培育德才兼备的多学科、多功能人才队伍。加强学习与倡导"大我"精神，加强科技创新驱动与行业、产业联盟的科技大篷车专家站店的帮扶团队建设，出台保障制度，提升高新技术源头与文化创新动力与扶持特色产业发展能力。

三是促进管理、教科等帮扶人员深入基层，掌握实情，对大篷车专家站帮扶模式及其内涵深入研究并加以精准应用推广。如可在“集中连片帮扶开发”的“扶贫中心”等，合理布局方便用户的大篷车专家站店，为用户展示和自选技术成果、开展超市式的科技推广服务，集成一站式服务一二三产业融合发展的文化、人才与技术，实现人才链与高新技术链及特色产业链的无缝对接，实现价值链升值等。

四是强化教科推扶一体的创新创业基地建设。深化高新技术大篷车专家站精准服务特色产业体制与机制，打造“互联网＋”创新与创业新高地，研发智能产业、精准农业和电子商务等。推进生命科学与生物、信息、新能源、材料、海洋、太空等技术的交叉研发与集成推广，充分发挥高新技术在乡村振兴中的应用。

五是让信息与网络在跨地区、跨部门、跨单位的乡村振兴中发挥更大作用。围绕一二三产业融合发展，推进保护生态绿色为根本的立体网络化大篷车专家站模式服务乡村振兴的运作等；大力推行远程技术等在讲座与培训、诊断与指导、营销与服务、管理与督查中的应用；积极运用大数据、云计算、物联网、移动互联等现代信息技术，提升精准帮扶与乡村振兴效率。

六是夯实科技大篷车专家站模式服务乡村振兴平台开发。加强乡村振兴的相关项目、工程、领域的融合，积极创建科技文化大篷车驿站——“文化产业研究院”“研究生工作站”“九三专家站”“院士专家工作站”等多种组织结构的乡村振兴平台。健全第三方专家评估机制与财政金融等有利于乡村振兴的法规政策，实现充分调动国内外多主体要素的积极性，吸纳更多资源，形成服务乡村振兴的教科推扶融合的高效共赢的体制与机制。还应积极围绕政治、经济、文化、生态、社会五位一体文明建设，探索健全多主体全要素融合创新服务乡村振兴的科技、法律、政策、道德、文化、卫生、社会保障等一体化大篷车专家站体系，实现大篷车专家站模式服务乡村振兴的可持续发展，为实现强富美高，优化区域结构做贡献。

参考文献

[1] 新华社. 中共中央 国务院关于坚持农业农村优先发展做好“三农”工作的若干意见[EB/OL]. http://www.gov.cn/zhengce/2019-02/19/content_5366917.htm，2019-02-19.

[2] 中共中央国务院印发《乡村振兴战略规划（2018—2022 年）》[N]. 人民日报，2018-09-27(001).

[3] 汤国辉.送科技下乡 促科教兴农——南京农业大学以“科技大篷车”推动科教兴农[J].高等农业教育，2001(2)：85-87.

[4] 汤国辉，段华平，汤梦玮，张加进.科技对新农村建设绩效的评价研究——以南京农业大学“百名教授兴百村工程”为例[J].科技管理研究，2008(6)：115-116，125.

[5] 汤国辉. 新发展理念下科技大篷车专家站扶贫模式的探索[J]. 中国科技论坛，2018(1)：30-36.

[6] 汤国辉，汤辰雨，刘晓光. 教科推一体的南京农业大学推广服务多模式实践与探索[J]. 科技管理研究，2015(17)：93-96.

遵循经济发展规律，顺势引导产业转移

——关于南北共建园区的思考与建议

代秋声

九三学社苏州市高新区虎丘区基层委员会博士支社

摘要：区域协调发展的目的是在更大范围内优化资源的配置，将各地比较优势和潜力充分发挥出来。不过，区域协调发展需要尊重经济规律，否则事倍功半。本文从产业集聚和扩散、转移的角度分析了省南北共建园区所存在的动力不足等问题的原因，建议对发展缓慢的园区进行调整，由产业集聚达到临界点、迫切需要进行产业转移的苏南城市负责和主导园区治理，采用封闭式共建模式，降低园区企业的制度性交易成本，增强企业的市场竞争能力，促进苏北地区的经济发展。

关键词：产业集聚；产业转移；封闭式共建；制度性交易成本

江苏是一个经济发展不平衡的省份，苏南、苏北的发展差距较大。区域协调发展的目的就是要在更大的范围内优化资源的配置，完善区域发展政策，推进基本公共服务均等化，逐步缩小区域发展差距，把各地比较优势和潜力充分发挥出来，推动区域内的协调发展，从而实现江苏更高质量的发展。

一、南北共建园区模式

为了实现区域协调发展，江苏省于 2006 年正式启动了南北合作共建开发区的重大举措。其主要目的是打通省内南北联接的通道，将苏南、上海等地先进的开发园区建设管理理念、良好的产业基础、优秀的人才团队、灵活的投融资模式与苏北当地的资源、劳动力和政策优势对接互补，推动区域协调发展。其基本思路是按照政府做引导、市场为纽带、企业唱主角的园区建设发展理念，由苏北地区在本地省级以上开发区中，划出一定面积的土地作为“区中园”，与苏南地区和上海各级政府、开发区和企业合作建设共建园区，推动南北产业合作。

根据江苏省发展改革委员会网站提供的数据，现有省内南北共建园区 45 家（苏北 38 家，苏中和苏北结合部经济薄弱地区 7 家），实现苏北省级以上经济开发区全覆盖。至 2016 年底，共建园区累计入园企业超千家，项目注册资本超千亿元，实际利用外资超过 40 亿美元，带动就业人口 55 万人。园区主要经济指标年增长率大体保持 15%以上，年均新增高新技术企业 100 多家，约 60%园区土地投资强度达到 280 万元/亩以上，超出当地开发区平均水平。共建园区逐渐成长为省内区域合作的关键纽带、南北产业转移的重要平台、苏北经济社会发展的新动能。

二、共建园区存在的问题及原因

根据调查，共建园区发展很不平衡，差距很大。受各种因素影响，共建园区主要采用了封闭式共建、松散型共建和企业化共建三种治理模式。其中，封闭式共建园区的数量约占 30%，松散型共建园区约占 60%，企业化共建园区约占 10%。现阶段，采用封闭式共建模式的园区的整体发展状况最为良好，其他模式较为滞后[1]。

在共建园区中，苏州与宿迁挂钩合作的共建园区总体水平位于前列。根据苏北发展协调小组发布的通报，苏州宿迁工业园区、常熟高新区泗洪工业园、吴江经济开发区泗阳工业园、张家港经济开发区宿豫工业园、吴中经济开发区宿城工业园、昆山沭阳工业园等六家园区已经连续几年在考核评比中处于前十名，属于第一梯队。苏州宿迁工业园区则已连续九年在全省共建园区考核中名列第一。

45 家共建园区为什么会出现如此严重的分化现象？如何解决一些园区所存在的动力不足、缺乏发展后劲等问题？我们需要分析背后的原因，提出解决这些问题的建议。

(一) 产业集聚与扩散

近些年，苏州的经济发展水平一直在全省范围内处于领先位置，这实际是产业集聚的结果。产业集聚是区域发展过程中所表现出的一种经济活动的空间分布不均衡现象，一些部门和企业在特定地理区域内集中，形成“中心—外围”的制造业分布格局。这些在地理上集中的企业可以促进行业在区域内的分工与合作。

产业集聚的优势主要体现在以下几方面：一是有利于减少上下游企业搜索原料产品的成本和交易费用，显著降低生产成本；二是有助于集群内企业对生产链分工细化，提高企业集群的协作效率和劳动生产率；三是有助于厂商得到供应商能够更稳定、更有效率地的服务，比较容易获得配套的产品和服务，及时了解本行业竞争所需要的信息；四是有助于集群内企业提高谈判能力，能以较低的代价从政府及其他公共机构处获得公共物品或服务；五是集聚体可提供充足的就业和发展机会，对外地相关人才产生磁场效应，方便企业在短时间内以较低的费用找到合适的岗位人才，降低用人成本。

实证研究表明，产业集聚有助于提高地区生产率，进而影响到区域的经济发展表现，它可以通过创设有利于新企业诞生的环境影响区域经济增长，对行业产出的增长具有正向促进作用。

当然，一个地区的产业集聚规模不可能无限地扩大。在产业集聚过程中会出现拥挤成本。随着产业规模扩大而出现的拥挤成本主要表现在以下几个方面[2]：

(1) 产业集聚导致对土地需求的上升，增加的需求抬高了本地土地供给的价格，企业的用地成本上升。

(2) 产业集聚扩大了企业的劳动力需求，引发劳动力供给紧张，企业的劳动力成本上升。

(3) 产业中心区企业之间的市场竞争日益激烈，盈利水平下降，部分企业为了减少竞争压力，不得不到其他地区开拓新的市场。

(4) 产业集聚规模的持续扩大使得本地的基础设施及公共服务供不应求，居民生活费用大幅上升，形成推动人口向外迁移的压力。

(5) 产业的高度集聚使得产业中心区的环境污染加剧，影响了居民的生活质量，导致企业面临的节能减排的压力加大。

拥挤成本的上升迫使产业中心区要进行经济结构转换，部分企业已不宜继续留在当地发展，只能转移到经济发展水平较低的地区。此外，为了靠近原材料、能源产地，并参与区域市场竞争，产业中心区的企业也会主动与其他地区开展合作，到经济相对欠发达的外围地区建立新的机构，从而引起部分资源、要素向其他地区扩散。

因此，随着拥挤成本的上升，产业集聚变得不可持续，从而出现推动产业向外扩散的力量。外部效应与拥挤成本会随着产业集聚规模的变化而变化，两者的动态权衡影响了产业的集聚和扩散，这使得产业集聚存在一个临界点，存在一个最优规模。

经过 20 多年的招商引资，苏州可供工业的用地已经枯竭，企业的用地成本十分高昂。目前苏州古城西面、东面、北面已经开发完毕，仅吴江区留有可成片开发的工业用地。目前苏州园区的招商条件已经十分苛刻，设定了每平方米注册资金、亩产产值、亩产利润率、单位能耗排放、劳动生产率等与土地使用挂钩的严控指标，客观上来讲，企业的用地成本已经非常之高。

现在，苏州市居民平均年工资年均增长幅度达到 9.67%，超过了 GDP 增长速度 7%。工资快速上涨导致制造业劳动力成本飙升，制造业低成本优势正在逐渐消失。

近 10 年来的大型外资企业工厂关闭现象表明，苏州的传统制造产业集聚已经过了临界点。2009 年，耐克的苏州工厂关闭。2012 年，阿迪达斯的苏州工厂关闭。2015 年 7 月，普光电子苏州工厂倒闭。2017 年 1 月，希捷苏州工厂正式宣布解散。2017 年上半年，住友电工苏州 FPC 部门关闭。2018 年 1 月，偏光片龙头日东电工苏州厂宣布关闭。2018 年 7 月 16 日，欧姆龙苏州厂宣布永久关闭。

企业的生存需要盈利。当企业成本增加影响到盈利时，它必须想方设法控制成本。当企业面临的是生产要素价格上涨所导致的成本增加时，比如劳动力价格上涨、土地价格上涨，它又无法转型升级，那么它就只能向生产要素价格低的区域迁移或建新的机构，以充分利用其天然的原材料和充足的廉价劳动力。这就是产业转移或扩散。

因此，从产业发展角度看，苏州与宿迁结对后，苏州自身有内部动力将部分产业和资源转移到宿迁的南北共建产业园，或者为宿迁招纳相关的产业入驻，促进宿迁的经济发展。而那些尚未达到产业集聚临界点的苏南城市，就缺乏内部动力进行产业扩散或转移，而只能在外界行政压力下，被动地推进南北共建产业园的发展，效果不好也就理所当然。这应该是一些共建园区发展缓慢的主要原因。

（二）制度性交易成本

在企业所面临的成本中，除了生产要素价格所形成的成本之外，制度性交易成本也是一个具有举足轻重影响的重要成本。制度性交易成本又称体制性成本，主要是指企业因遵循政府制定的各种制度、规章、政策而需要付出的成本。制度性交易成本是企业盈利所需面临的主要关卡，特别是对于新兴产业及中小微型企业来说，经营之初的高税费压力以及融资难、融资贵等问题经常会拖累发展的脚步。降低企业制度性交易成本，可以有效地激发企业活力，增强企业创新能力，提高供给质量与效率，改善供给结构。

制度选择是政府之间最重要的竞争。改革开放以来，中央政府把部分行政和经济管理权力下放给地方政府。分权化的制度安排调动了地方政府发展本地经济的积极性，各级地方政府开始在制度、基础设施、投资环境、资本、人才、技术、原材料以及来自于上级政府的倾斜性的地方优惠政策等各方面开展竞争。通过制度选择，地方政府行为几乎可以影响到所有资源和要素的空间流动。遵循最有利的制度的地方政府，在竞争当中会比那些行为方式不利的地方政府占有优势。

实践证明，地方政府的行政水平直接影响着制度性交易成本的高低。苏州经济的发展水平在省内领先，其制度性交易成本低是一个非常重要的因素。苏州与宿迁结对后，宿迁的南北共建园区的管理主要由苏州的干部队伍负责。苏州将其在经济发展理念和社会治理方式上的先进经验带到了南北共建园区，降低了园区企业的制度性交易成本，增强了企业的市场竞争能力，促进了园区的经济发展。

而在有些共建园区，当地政府把南北共建视同为资金帮扶，把南北合作理解为项目引进，没有真正认识到苏南在经济发展理念和社会治理方式上的比较优势，还是在用老人、使老招、走老路，主导园区的管理，园区的制度性交易成本居高不下，其发展也就可想而知了。

三、对策及建议

鉴于区域协调发展需要遵循产业发展规律，努力降低制度性交易成本，为了继续推动南北共建园区的持续发展，我们建议如下：

首先，对南北共建园区进行梳理，对于发展缓慢的园区进行重大调整。根据产业发展规律，对于没有达到产业集聚临界点的苏南城市，可以让其退出园区的共建工作，改由已经到了产业集聚临界点的苏南城市负责。对于这些城市而言，它们也迫切需要根据城市产业发展规划，有针对性地淘汰过去无选择地吸引来的劳动密集、附加值低的产业，进一步实施精准式“腾笼换鸟”的土地置换措施，为新兴产业集群及处于产业链核心端的企业留出发展空间。因此，只有它们有内在动力实施产业转移，促进共建园区的建设和发展。

其次，大力推广封闭式共建模式，让苏南城市成为共建园区的大股东，股权比例应该超过60%。由苏南城市的干部队伍主导园区的管理，将其在经济发展理念和社会治理方式上的先进经验带到共建园区，降低园区企业的制度性交易成本，增强园区对企业的吸引力。只有在"责、权、利"一致的情况下，苏南城市才会真正用心发展共建园区，将相关资源向共建园区调配，推动园区健康发展，从而更好地实现区域协调发展。

参考文献

[1] 蒋费雯，罗小龙.产业园区合作共建模式分析——以江苏省为例[J].城市问题，2016(7)：38-43.

[2] 赵祥.集聚还是分散——兼论中国区域协调发展的策略[J].产业经济评论，2010，09(3)：87-109.

江苏推进知识产权区域协同创新发展研究

牛士华

苏州经贸职业技术学院

摘要：近年来，江苏知识产权创造能力明显增强，结构持续优化，企业创新主体地位不断巩固，知识产权金融发展成效显著，运营服务体系建设不断完善。但是江苏知识产权发展的地区差异较为突出，部分地区知识产权支撑产业转型升级的作用较弱。本文基于对江苏专利信息的分析，提出江苏进一步优化区域协同创新机制、提升知识产权整体发展质量、助推引领型知识产权强省建设的对策建议。

关键词：江苏；知识产权；区域协同创新；高质量发展

一、江苏知识产权综合发展水平显著提升

(一) 知识产权创造能力明显提升

近年来，江苏专利申请与授权量持续增长，2018 年，江苏共申请专利 60.03 万件，同比增长 16.70%。授权专利 30.70 万件，同比增长 35.13%（见图 1）。发明专利所占比重稳步提高，发明专利申请 19.88 万件，同比增长 6.31%，授权 4.20 万件，同比增长 1.21%。

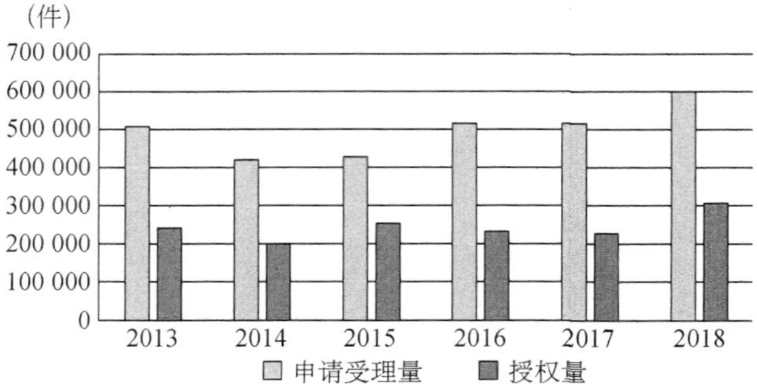

图 1　2013—2018 年江苏专利申请受理量与授权量

截至 2018 年底，江苏万人发明专利拥有量达 26.45 件，仅次于北京和上海（见图 2）。发明专利的技术创新及其对产业技术创新的支撑比实用新型专利和外观设计明显。发明专利申请和授权量占比的持续提高说明近年来江苏对高价值专利培育和创造的政策引导效果不断显现。

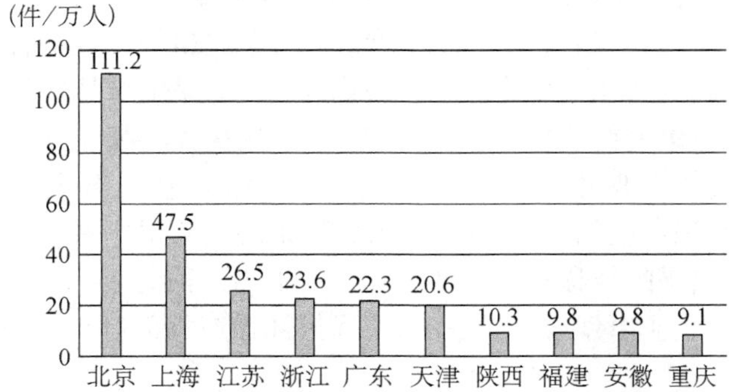

图 2　截至 2018 年底我国万人发明专利拥有量排名

(二) 企业创新主体地位更加巩固

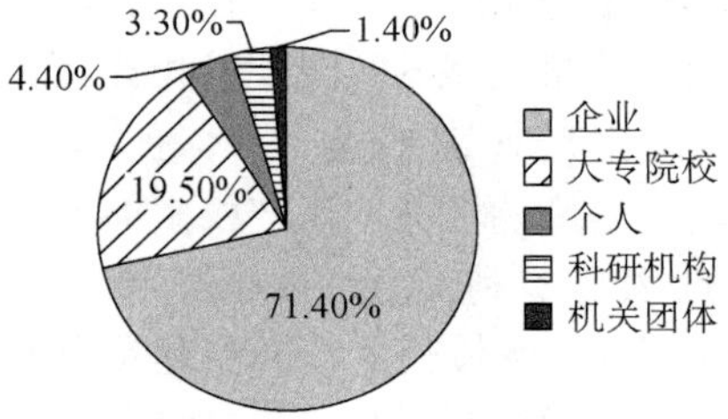

图 3　2018 年末江苏有效发明专利中各专利权人占比

2018 年,全省企业共申请专利 43.76 万件,占总申请量的 72.9%,授权专利23.66 万件,占总授权量的 77.1%。其中,企业申请发明专利 13.82 万件,占发明申请总量的 69.5%,发明专利授权 2.8 万件,占发明授权总量的 66.7%。截至 2018 年末,企业有效发明专利数为 15.16 万件,占江苏有效发明专利总量的 71.4%(见图 3)。企业的专利申请量和授权量占比高都体现了企业在江苏专利创造中的主体地位。企业直接面向产业和市场,其专利申请是基于技术研发的保护和对产业与市场的技术创新的推动,其申请的专利结构更加优化,即注重高价值发明专利和实用新型专利的预先研发、专利布局以及专利的运营等,对促进江苏新兴产业、优势产业的整体技术创新能力提升的作用更加明显。

(三) 知识产权金融发展持续创新

2018 年,江苏知识产权金融发展迅速,签订各类技术合同 4.2 万项,技术合同成交额达 1 152.6 亿元,比上年增长 32%。南京、苏州、无锡等地的专利权质押融资规模增长明显,其中南京 2018 年知识产权质押融资贷款金额达 11.5 亿元。2018 年 4 月,江苏启动百亿融资行动,力争到 2020 年全省知识产权融资规模突破 100 亿元,服务中小微企业超过 1 000 家。目前省知识产权局与银行、保险、担保等机构签署了战略合作协议,开发知识产权金融新产品。打造了一批"互联网+知识产权+金融"示范平台,探索建立"园区+平台+担保+银行"的知识产权质押融资新模式。

(四) 知识产权政策保障不断健全

2018 年 5 月,江苏省政府发布了《关于加快推进全省技术转移体系建设的实施意见》，要求通过技术转移机构建设，优化创新创业载体技术转移功能，强化重点区域和领域技术转移，推动人工智能、智能制造、大数据等关键共性技术的转移与产业化运用。2018 年 8 月，省委省政府发布了《关于深化科技体制机制改革推动高质量发展若干政策》（简称“科技改革 30 条”），从扩大科研院所和高等学校科研自主权、推进科技与产业融合发展等方面进一步深化科技创新体制机制改革，解决企业科技创新、知识产权创造与运营中的瓶颈和制约性问题，提升技术研发过程的管理效率和科技成果的转移转化和产业化运用能力。同时有利于江苏集聚高端技术研发人才、提升企业原创技术研发能力、促进知识产权创造与产业技术创新的深度协同融合。

二、江苏知识产权创新发展的问题与挑战

虽然江苏知识产权整体发展水平和竞争力位居全国前列，但是与新形势下江苏加快推进引领型知识产权强省建设、以高水平知识产权驱动产业转型升级和经济社会高质量发展的实际要求相比，在培育和创造高价值知识产权、提高企业知识产权意识、完善知识产权运营和保护体系等方面还存在诸多问题，其中知识产权区域发展不均衡是影响江苏知识产权整体发展水平和质量的重要方面。根据 2019 年 2 月发布的《江苏专利实力指数报告 2018》，江苏省专利实力状况呈现南高北低的特征，其中南京、苏州、无锡位居江苏专利实力前三位，在知识产权创造运营和保护、高端人才培养与引进、知识产权环境打造等方面都明显领先于苏中和苏北地区。2018 年江苏评审通过的江苏省知识产权领军人才有 48 名，苏南五市就有 38 个，其中南京以 23 名高居首位，这与南京知识产权综合发展水平引领全省相对应。因此，江苏要进一步加强知识产权发展的区域协同创新，促进知识产权创造、运营、保护以及专业人才等要素的高效流动与协作，从而提升江苏知识产权整体发展水平和国内外竞争力。

三、江苏推进知识产权区域协同发展建议

（一）实施知识产权区域协同发展战略

引领型知识产权强省建设是苏南知识产权高质量发展的责任和使命，更是江苏知识产权整体发展质量和水平的体现。因此，建议江苏以更高的战略思维进行知识产权区域协同创新发展的顶层设计与规划，相关知识产权发展规划和方案的制订既要保障知识产权优势地区的引领性发展，也要通过政策引导等加强知识产权创造运营的区域间协同融合，带动和激发各区域知识产权发展活力。同时，要抓住长三角一体化、“一带一路”、长江经济带发展等国家战略，利用好知识产权联席会议等重要平台，优化与沪浙鲁皖等省市的跨地区合作机制，助力多省市知识产权协同发展。

（二）注重知识产权高峰企业协同培育

从北京、广东等省市的知识产权发展经验来看，具有较强的科技创新能力和技

术研发水平的企业能更多地创造出具有高价值且能转化为实际生产力、产生较高经济价值和社会价值的知识产权。2017—2018 年，苏州实施了两批“知识产权登峰行动计划”项目，遴选出了 20 家企业承担知识产权登峰行动计划项目，有效带动了苏州科技创新能力的整体提升。因此，建议江苏各地区根据产业、企业发展的资源优势和特色，确定本地区知识产权发展的重点领域和方向，形成独具特色的知识产权密集型产业。同时，各地区重点扶持数家知识产权优势企业，打造具有地区代表性的知识产权高峰企业进行高价值知识产权创造和运营，增强高质量知识产权对产业技术创新的支撑。

（三）推进知识产权金融区域协同创新

高效便捷的融资是科技型企业进行技术研发创新的关键支撑要素，而高价值知识产权是科技型企业的优势资源。科技型企业自主创新能力强，发展潜力大，贷款不良率比传统行业低，其专利质押融资得到银行的认可与重视。《关于深入推进专利质押融资工作的通知》《关于深化科技体制机制改革推动高质量发展若干政策》等文件要求，将知识产权质押融资贷款纳入省“苏科贷”风险补偿体系，加快推动全省专利质押融资工作，加强部门协同，鼓励和支持专利质押，建立完善专利质押融资工作长效机制等。建议江苏在现有知识产权质押融资工作成效基础上，进一步优化创新“园区＋平台＋担保＋银行”知识产权质押融资模式，充分运用信息化手段和大数据信息抓取和综合分析功能，降低专利质押融资中的信息不对称等潜在风险，发挥省市知识产权政策的引导作用，构建银行、保险、担保、企业等组织的跨区域、多元化质押融资合作机制，实现企业知识产权和金融机构资金的有效对接，增强知识产权金融驱动企业科技创新和区域产业转型发展的能力。

（四）构建知识产权运营区域协同机制

2017—2018 年，国家在 16 个城市开展了知识产权运营体系建设试点，促进了知识产权与创新资源、产业发展、金融资本融合。江苏有苏州和南京入选，体现了两市知识产权运营服务体系建设的引领示范效应，也凸显了江苏知识产权运营服务水平在全国的地位。目前，江苏科技服务机构总数超 50 000 家，从业人员数达 117 万人，科技服务业总收入超 3 000 亿元。同时，规模以上的科技服务机构 5 000 家，总收入达到 2 439 亿元，即以占比 10％的机构数创造了全部科技服务总收入的 81.3％，对江苏科技服务业发展的带动作用显著。建议江苏以苏州、南京等城市的知识产权运营服务体系建设为引领，加速向苏中、苏北区域的辐射，构建多层次知识产权运营服务体系，推进优质服务要素的聚集和共享，活跃全省知识产权运营，为区域协作开展知识产权收储、开发、组合和投资等提供有力支撑。

参考文献

[1] 江苏省统计局，国家统计局江苏调查总队.江苏省统计年鉴—2018[M].北京：中国统计出版社，2018.

[2] 江苏省统计局,国家统计局江苏调查总队.2018年江苏省国民经济和社会发展统计公报[R].2019-03-25.
[3] 支苏平.以知识产权强省建设推动江苏经济转型发展[J].唯实,2015(4).
[4] 赵喜仓,李晓倩.知识产权对江苏经济增长的贡献度研究[J].科技管理研究,2018,38(13).
[5] 唐小丽,王亚利,高劼.江苏省知识产权密集型产业统计监测及发展建议[J].中国发明与专利,2018,15(1).
[6] 孙志强,蒋淑颖.江苏科技型中小企业知识产权质押融资现状分析[J].时代金融,2015(12).
[7] 吕炳斌.江苏省知识产权市场建设的现状与问题[J].唯实,2017(10).
[8] 胡莹莹,邹亮.浅析江苏建设知识产权强省的路径[J].中国发明与专利,2017,14(6).
[9] 纪煜姝.江苏知识产权产出与经济增长关系的实证研究[J].南京工业大学学报(社会科学版),2014,13(3).
[10] 孙本芝,王宇一.基于知识产权的江苏制造业价值链攀升的影响因素及对策研究[J].科技管理研究,2014,34(11).
[11] 顾晓燕,吴兰德.江苏高技术产业自主知识产权创造绩效研究[J].南京社会科学,2013(7).

发展乡村旅游 促进乡村振兴

——苏南地区乡村旅游发展的现状分析、问题及对策

任黎华

九三学社昆山市基层委员会

摘要：推动乡村旅游持续健康发展，加快培育农业农村经济发展新动能，是促进乡村振兴的重要途径。苏南地区经济发展水平高，乡村旅游的开发和发展取得了较好成就，本文通过深入剖析苏南地区乡村旅游发展情况、当前现状及存在的问题，从促进政策落地、确保规划落实、强化资源整合、改善生态环境、提高服务质量、加大营销宣传等角度出发，提出了促进全省城乡平衡发展、区域平衡发展的相关建议。

关键词：苏南地区；乡村旅游；乡村振兴；城乡平衡发展

近年来，全国上下高度重视发展乡村旅游，依托农村绿水青山、田园风光、乡土文化等资源，大力发展休闲度假、旅游观光、养生养老、创意农业、农耕体验、乡村手工艺等，使之成为繁荣农村、富裕农民的新兴支柱产业成为广泛共识。连续几年的中央一号文件，分别就大力发展乡村旅游作重要要求，通过政策引导，创新举措，推动乡村旅游持续健康发展，加快培育农业农村经济发展新动能，壮大新产业新业态新模式，推进农村一二三产业融合发展，以农业供给侧改革为政策依托，调整产业结构，促进乡村经济发展。

据初步测算[1]，2017 年，我省全年乡村旅游实现营业总收入近 900 亿元，接待游客总人数 2.87 亿人次，各类乡村旅游经营户 3.7 万家左右，全省乡村旅游直接从业人员总数已达 42 万人左右。我省苏南地区经济发达，紧邻国际大都市上海，占据着得天独厚的地理区位，也具有极为丰富的旅游资源，有着秀丽的自然风光和深厚的历史文化底蕴。苏南地区经济发展水平高，乡村旅游的开发和发展取得了较好成就，深入剖析苏南地区乡村旅游发展情况、当前现状及存在的问题，对深入实施乡村振兴战略，促进全省城乡平衡发展、区域平衡发展有一定的理论价值。

一、苏南地区乡村旅游发展基础

苏南地区乡村旅游的发展，在于其具备良好的发展基础，具体体现在乡村情节、载体支撑和先行优势三个方面。

（一）留存内心深处的乡村情节

苏南地区多为鱼米之乡，有着悠久的建城历史，农耕文明根植于人们的内心，

影响着思想与生活。近年来，随着经济的持续发展，交通网络的不断完善，新农村建设的持续推进，乡村观光、农业体验、民俗活动和自然探险等富有农村农业和自然风光特色的游乐属性，再一次以一种自然而然的方式，吸引着各大城市居民。那种根植于内心深处的乡村情节，诱导着人们对乡村的“回归”。这是苏南乡村旅游发展的精神基础。

（二）丰富多彩的物质载体支撑

物质文化资源是乡村旅游最重要的支撑之一，包括乡村建筑、饮食产品、手工艺品等等，都是游客在旅游时的指向性选择，也是一个旅游点的重要标志。苏南地区拥有大量的茶园、果蔬园和园艺园等，搭配留白的小桥流水，可以轻易地形成恬静和谐、休闲娱乐的乡村韵律。而包括茶、丝绸、扇、壶、绣等均为苏南地区的乡村旅游提供了重要的物质载体支撑[2]。

（三）经济基础促进的先行优势

经济发达是苏南地区在乡村旅游发展上的明显优势，早在20世纪80年代中期，苏州地区的周庄，就利用自身特征，吸引周边城市人到乡村旅游，“中国第一水乡”享誉世界。根据董正秀等报道[3]，2007年全省拥有99家全国农业旅游示范点时，苏南已经占据了63家。先行优势让苏南地区的乡村旅游更加成熟，也有更多的时间和可能进行发展探索。

二、乡村旅游发展现状

（一）乡村旅游产品数量多

由于作为旅游地，苏南地区可以利用的乡村旅游资源丰富，苏南地区的乡村旅游产品项目很多[4]。以苏州昆山市为例，既有全国特色农产品阳澄湖大闸蟹美食支撑，又有周庄、锦溪、千灯三大古镇，通过“乡村＋民宿”“乡村＋文创”等方式，使10多个传统村落焕发出新的生机，同时，全市共有各类农业经营主体近百个，旅游产品数量极大丰富。

（二）乡村旅游业态种类全

目前，随着乡村旅游发展，市场竞争促使业态不断丰富。各地旅游主管部门充分运用全域旅游和乡村旅游理念，引导培育出了一批以特色民宿、自驾游基地、房车露营地、度假休闲、乡村精品酒店、特色街区、农耕文化园、主题果园、非遗传承课堂等为主体的新业态，投资管理、地缘形态、经营模式类型丰富，为乡村旅游发展注入了新活力。

（三）乡村旅游起点要求高

在乡村旅游规划建设的开局及开发过程中，努力与全国优质的乡村游看齐，倡导与国际先进水平接轨，既能掌握住环保意识，又通常具备较好的发展思路与发展眼光。随着乡村旅游业态的丰富，旅游业与农业、工业、健康养老、文化、教育、体育等业态的融合正在向深度发展。

三、存在的问题

一是缺乏整体规划控制和资源整合开发[5]。由于乡村旅游市场发展的时效性影响，苏南地区的乡村旅游仍处于散乱模式，缺乏全局性的乡村旅游专项规划。而旅游产品仍以农业观光旅游为主，除个别景点外，个性化和差异化相对不足。规模小而分布散，缺乏有效的资源整合和系统开发，旅游品牌和整体合力较差。

二是乡村旅游的基础设施和综合管理滞后。目前乡村旅游的基础设施建设仍存在不足，停车场、卫生间等面临刚性需求，部分农旅结合点竟然处于不敢举办活动的尴尬境地。管理与经营体制尚不健全，经营者管理方式比较粗放，规范化经营意识不强，服务主要集中在中段，前段和后续服务普遍不高。

三是提升乡村旅游发展的"璞玉"有待琢磨。受经济高速发展、人口增多等一系列因素影响，自然资源环境在发展中遭到一定程度的破坏，尤其是大面积水域和重要河道等，水质条件均不甚理想，目前直接开发，为乡村旅游服务的能力还极为有限。但这也是未来乡村旅游发展的重要突破口，琢磨璞玉，换回我们的青山绿水，就换回了金山银山。

四、发展对策

随着居民消费结构的转变，乡村旅游市场蕴藏的潜力必将进一步释放，下好乡村旅游的这盘棋，需要我们在现有棋面基础上，进一步研究开发、包装、策划、推广等过程，出妙手，出好招，从促进政策落地、确保规划落实、强化资源整合、改善生态环境、提高服务质量、加大营销宣传等角度出发，加快推动乡村旅游更快更好发展，进而充分促进乡村振兴深入实施。

(一) 促进政策落地，引导乡村旅游健康发展

深入贯彻落实省委省政府《江苏省乡村旅游发展指引(2018—2020)》精神，各部门强化职责加强对乡村旅游的支持和引导，改革和完善乡村旅游管理体制，提供必要的资金、技术和政策支持。在保障现有政策落地生根的基础上，进一步出台优惠政策，鼓励、引导各类社会资金投入乡村旅游产业的开发，吸引实力雄厚的旅游公司、服务类企业加入乡村旅游发展。

(二) 推动规划落实，理顺乡村旅游发展脉络

以全省旅游总体规划为指导，进一步细化乡村旅游专项规划，理顺乡村旅游发展脉络，避免重复建设、相似竞争。认真落实乡村旅游聚集区建设规划，以现有特色亮点为依托，将风景、文化以及商务会议、生态餐饮等有机结合，整体提升品牌竞争力。做好乡村旅游发展的长期规划，确保乡村旅游发展的生命力。

(三) 强化资源整合，确保乡村旅游整体发展

切实突破区域资源的局限，整合社会资源，形成一个政府引导、地区参与、全面发展的乡村旅游发展局面。串珠成链，以线带面，通过落实苏州的吴中区、南京的

江宁西部、高淳慢城、无锡阳山镇、宜兴湖㳇镇、张阳镇、常州溧阳等“热门板块”，推动旅游资源要素进一步统筹利用、高效开发，加快形成片区化、组团式、开放型发展态势。

（四）改善生态环境，稳固乡村旅游发展根本

求木之长者，必固其根本；欲流之远者，必浚其源泉。乡村旅游得以充分发展的根本就在于良好的生态环境，因此，生态环境的保护和改善是确保乡村旅游进一步发展的根本所在。一要全面提升全民环保意识，从一点一滴做起，保护生态环境。二要继续加大环保工作力度，依托“两减六治三提升”“打好污染防治攻坚战”等专项工作，建设山美天蓝水清的自然生态环境。三要开拓进取，以浙江发展情况为模板，加强对苏南地区重点河道湖泊的水质改良和环境改善，开发乡村旅游发展新动能。

（五）提高服务质量，提升乡村旅游游客体验

要使乡村旅游在竞争中立于不败之地，就必须结合旅游者的需求特征，坚持聆听游客心声，不断带来契合游客需求的产品、价超所值的服务和力求最佳的游客体验。在加强基础设施建设、挖掘旅游资源内涵，融入独特创意创新的同时，要切实提高服务质量，重视旅游前期票务、行程、须知等咨询服务，中段游客接待、餐饮、住行、购物等地接服务，后期意见、评价、推广等反馈服务的服务质量，给游客以优质的旅游体验和身心感受。

（六）加大营销宣传，塑造乡村旅游优质品牌

要整合调动各类宣传资源，进行乡村旅游精品类宣传推广。一方面，依托旅游官方网站、旅游产品推介、旅游线路营销等方式，形成较为常规的营销宣传。二要注重结合各类大型旅游节庆、时序活动，如旅游发展论坛、乡村旅游节等进行精心策划互动性、专题性旅游推广，将乡村旅游巧妙融入旅游形象推广、吸引市场关注。三要拓宽思路，应用新媒体开展旅游宣传，发散“互联网＋”思维，策划自助游、微旅游、亲子游等，扩大周边及本地市场占有率。第四，认真筹划，邀请互联网传播知名品牌等，参与到乡村旅游营销宣传中来，塑造知名度高、吸引力强的优质品牌。

参考文献

[1] 王志民，谢园方. 苏南地区农村文化旅游资源价值评估与开发利用[J]. 湖北农业科学，2014，53(20)：5049-5053.

[2] 朱益芳. 苏南乡村文化旅游资源及其开发策略研究[D]. 南京：南京农业大学，2009.

[3] 董正秀，周晓平. 苏南地区乡村旅游客源市场分析与营销策略[J]. 华东经济管理，2010，24(12)：1-4.

[4] 杨海红. 苏南乡村旅游业态与发展策略探析[J]. 经济研究导刊，2011(11)：91-92.

[5] 杜凯. 休闲农业与乡村旅游在苏南地区的发展方向探讨[J]. 农民致富之友，2017(19)：140-140.

创新社区都市农业装备，协调城乡蔬菜产业发展

陶　杰

苏州农业职业技术学院

摘要：分析当前都市农业蔬菜生产缺陷，提出适用社区农业的叶菜种植模式，集约化利用生长空间和光照面积；给出都市农业设施化到设备化的转变方向，提高社区农业的经济效益；并就政策引导、科研投入、示范带动、产业扶持等方面提出建议，促进社区农业形成，协调城乡蔬菜产业发展，推动新兴产业发展。

关键词：都市农业；社区农业装备；集约化；种植模式

随着城镇化飞速发展，城市蔬菜需求量剧增。经过多年发展，蔬菜产业已经完全市场化运营，售卖过程中运输成本占到20%、冷链包装成本占到20%—30%[1]，中间环节比重过高，使得菜价从地头到餐桌翻番。生产、流通、销售等环节的监管，受到制度、技术、实施成本诸多因素的限制，导致蔬菜——尤其是叶用蔬菜，仍然存在食品安全问题。城市蔬菜供应成为影响社会发展水平及人民群众生活满意度的一个重要因素。

一、当前都市农业蔬菜生产概况

国内外学者普遍认为都市农业能够缓解城市生态恶化、食物里程过长、土地资源短缺等问题，是未来农业发展的必由之路[2]。从区位角度看，都市农业可分为城市内部农业（intra-urban agriculture）和环城市农业（ peri-urban agriculture）[3-4]；从功能特征看，都市农业又可分为生产型农业和观光型农业[5]，狭义概念上的都市农业特指城市内部的生产型农业。就经济效益而言，当前探索实践的最好最多的项目是速生绿叶蔬菜生产。

植物工厂、垂直农场、屋顶农场、阳台农园等是当前主要的都市农业形式，结合城市建筑与设施农业，采用一定的设施和工程技术手段，优化叶菜生长的环境因子，为叶菜提供全天候生长条件，能够更有效地提高产量和质量[6]，在实现本地化生产的同时，也为城市提供良好生态环境[7]。

微型都市农业中，阳台农园最具简易性和适应性，利用阳台空间，结合智能化设备和无土栽培技术，解决土培造成的承重及清洁卫生问题[6,8]。大型都市农业

中，垂直农场最具操作性和实施性，依托城市建筑发展竖向立体农业，在建筑物内模拟蔬菜生长环境，不间断地种植收割[6,9]。由此衍生出的蔬菜生长柜，属于微型化的垂直农业设施，采用物联网技术调控，为蔬菜生长提供合适的生长环境[10]。

二、当前都市农业蔬菜生产缺陷

尽管与传统农业相比，发展都市农业有诸多有利因素，但在当前的社会经济状况下并不具优势，大多以概念展示和体验参与为主，生产效益不高。

据芝加哥周边的 Farmedhere 垂直农场、亚特兰大的 Podponics 室内农场、温哥华 LocalGarden 楼顶农场破产后的总结披露，生产成本过高是一个重要原因，采用 LED 灯光照明，电力消耗难以承受，销售问题是更主要的原因，垂直农场的定位及位置决定其销售能力——蔬菜到底是为谁种的，与需求方之间的供应链多长，选址的供应能力如何[1]。

都市农业的前期投入大，当前城市租金上升，需要尽可能地利用闲置或废弃建筑物空间[11]。其次科研和生产成本高，即使目前 LED 照明成本有所下降，但与自然光相比，其产出蔬菜风味仍然欠佳（目前大量研究在关注这个问题），需要不断优化创新种植方法，提示产品品质[12]。再次，市场和营销是企业的命脉。需求方的消费能力，决定着都市农业生产方的生存。高昂的生产成本，带来过高的产品售价，只能面向少量高端客户。

三、发展社区农业的可行性分析

都市农业必须面向城市居民消费需求，探索新的生产模式和种植方法，通过多方挖掘优化，提升经济效益。将当前最具潜力的垂直农业模式进一步地引入社区，并根据社区生产条件创新生产技术，形成新型社区农业，有可能产生具有突破性的推广价值[13]。

（一）发展社区农业的有利因素

绿叶蔬菜作为基本生活物资，社区居民的消费需求稳定，社区农业的消费群体可靠。社区化生产进一步贴近消费者，形成视觉距离的产品追溯效果，转变社会大生产化的“共享经济”，形成“独享”或“局部共享”消费模式，实现本质安全的“放心菜”目标，同等价格的前提下，更能提高消费需求量。

社区农业选址贴近需求方，没有中间供应链风险，去除流通成本；现产现销，成品生长时间弹性大，去除保鲜成本；可以因地制宜，化整为零地充分利用社区内部存量空间，降低租金和投入成本。

（二）当前社区农业的不利因素

社区农业必须能够持续供应叶菜，保证每天的产量和品种。要能保证产量，必须保证足够的生产空间。社区内部存量空间众多但其空间大小受限，如阳台、墙面、绿化场所等，与一般意义上的垂直农业相比，社区农业的物理空间进一步受到限制。

社区农业面向大众消费，必须精减生产成本降低产品售价。人工光源带来的突出问题是能耗高，同时其色光属性与阳光差别巨大，带来蔬菜口味上的差距。

对照当前一般都市农业的运营状况，社区农业还受到各种社会管理、物业管理因素的制约和影响。

(三) 社区农业的种植模式创新

受到生产要求和场所的限制，社区农业必须采用有别于当前都市农业的种植模式，在受限的物理空间中提高生产空间，才能保证持续的稳定产量。

当前都市农业技术主要研究各类环境参数的调节，鲜有涉及叶菜的生长过程空间分配。为了便于规模化管理、商品化产销，大多种植方式仍旧和传统田间生长一样，根据行距株距要求，蔬菜在播种或栽植后就地生长，直到采收后才移出所在位置，个别墙体农业采用滚动种植方法，不同生长时间的蔬菜在整个垂直空间内等高排列，上下旋转移动一个周期采收[12]，虽然可以持续产出蔬菜，但和传统方式一样，所有蔬菜分配的空间大小一样，导致空间利用粗放浪费。

叶菜在生长中所需的空间、营养随着生长时间增加，充分利用不同生长时间点的叶菜需求不同，动态安排空间大小、营养土量，可以大幅度压缩整体空间需求。叶菜相较瓜果而言，对于光照要求不高，充分利用不同叶菜的光照需求不同，协调受光面积交替光照，在必要时采用人工光照补充。采用集约化使用生长空间、光照面积的方案，在有限空间内尽可能多种菜，保证持续稳定产量，社区农业才有可能摊平生产成本，降低产品售价，保障经济效益。

四、社区农业装备的要求与实现可能

根据种植模式的要求，社区农业必须在一般垂直农业设施化基础上，进一步设备化、装备化[14]。

(一) 社区农业装备功能需求

社区农业装备必须在有限空间内完成多批次小面积的播种、管理、采收等生产环节任务。现产现销，需要提供自助式购买或取货功能。

特别地，在生产管理阶段，除了一般都市农业设施的温光水肥管控外，还需提供空间、营养、光照的按需分配功能，能够定时定点作业，实现动态管理任务。

(二) 社区农业装备中新型功能要求的实现可能

叶菜在设备中标准化生产，动态管理涉及位置、空间大小、运动轨迹等动力学参数，采用机电一体化技术实现，在技术难度上没有问题；同时相较一般工业控制而言，其作业精度低、负载小，实际工作时间短、功耗小，在技术上易于实现，在成本上也能够控制。

速生叶菜的生长周期短，机电控制的技术重点在于做好必要防护，保证各种操作动作不伤及菜苗。免除恢复时间就可保证足够的生长时间，使其在有限的生长时间内达到采收要求。

（三）社区农业装备适应性

社区农业装备可以因地制宜适应消费需求，形成各种规模的系列设备——小规模设备可安装于阳台，专门为家庭提供日常叶菜。一般的中等规模设备，可分散放置小区供水、光照条件较好场所，为小区居民提供叶菜购买。餐饮企业、企事业单位食堂等部门，需求固定量大，可提供大规模专用墙体农业装备，集中安装于建筑物向阳立面。

社区农业装备应具有全封闭特征，不影响周边环境卫生，不增加当前建筑改造工作，才能减少城市及社区管理阻力。

（四）社区农业装备的成本要求

社区农业装备需要低成本的实现方案，必要时，将高成本的作业转移出去，采用更低成本的配套服务实现，降低技术难度和实现成本。例如，有限空间内的精准播种机构实现成本高，可以采用种子带播方式实现，种子带供应作为一种配套服务，专门生产的成本更低。

将传统蔬菜产业中的流通成本、损耗成本、销售成本、人工成本转移至社区农业设备成本，当其产出叶菜与一般有机叶菜售价相当时，社区农业就有存在的必要；当前者低于后者，有机蔬菜就可能成为大众消费品，社区农业就有普及推广的意义。

（五）社区农业装备的配套服务

实现真正意义上的社区农业，配套服务必须跟进。提供种子带、幼苗的上门配送安装，营养土更替、废土废液上门回收。另外日常生产的剩余蔬菜，可作为普通有机蔬菜回收销售。

设备应具有模块化替换功能，方便快捷服务。从公共设施和家用电器的角度出发，由厂家或商家、运营商或物业提供配套售后服务。

五、发展社区农业及装备的建议和策略

研发社区农业装备，推进社区农业发展，实现城市内部生鲜叶菜的现产现销、自产自销，在当前的社会经济和技术条件下，已经具有实施的可行性。需要全社会的共同努力，促进其尽早实现。

（一）加大政策引导，制定都市农业发展规章制度

当前都市农业相关政策中，仅有北上广深等城市将屋顶、阳台等种植方式作为空间立体绿化，提出了建设工作意见。发展社区农业，可以结合我国国情，借鉴国外相关政策方针和管理模式，如德国的市民农园制度、荷兰的可食城市计划等[15]，促进都市农业立法。

发展社区农业，需要提前考虑可能带来的社会管理、社区管理问题，出台相应的管理措施和制度，并在实践中根据实施情况补充完善。

（二）加大技术研发扶持，协同创新

与发达国家相比，我国都市农业技术研究差距明显，需要发挥政策引导作用，加大资金投入和扶持力度，加快相关技术的研发与综合集成。2017 年浙江省重点研发计划项目申报指南将“垂直农业系列关键技术研究及产品开发”立入农业领域的第一位，系国内省级科研部门首次有意资助该领域的技术研究[11]。

都市农业涉及农业、建筑、能源、工程和材料等多种技术，需要通过科研扶持协同创新[16]，选育适合社区农业生产的叶菜品种，创新低成本的操控机构，优化适合社区农业生产的栽培技术和低功耗的高效温光水肥调控技术，通过生物、农业技术、物联网、自动化、机电一体化技术的综合应用研究，在最具有实施性的社区叶菜生产方向上，实现都市农业技术的集成突破。

（三）探索示范运营，带动企业和社会资本投入

企事业单位的社区农业装备具有专属性质、运营管理阻力较一般的居民小区要小，可以选择空间受限较小的单位食堂，尽早开展设备运营试验，形成示范效果；同样对于家用和社区内部使用的设备，可以探索多种运营模式，由用户或物业选择租售方案，试验运营跟进配套服务。

通过多方运营示范，展示其经济效益和社会效益，尽早带动农业企业转型和社会资本投入，促进产业成形，推动其他相关制度和技术研发进一步跟进。

（四）加大产业引导，提供产业补贴扶持

社区农业生产，涉及制种育苗、农业物资加工、调控设施生产、机电设备生产安装、运营管理、后期配套服务等行业，可以形成完整的产业链。对于设备生产企业，可以作为涉农企业，给予优惠扶持政策；对应运营企业，可以提供相关设备购买的农机补贴；对于家庭购买自用，可以考虑提供家电补贴。

通过多种产业扶持，促进新型产业发展壮大，降低叶菜流通成本和碳排放，减少叶菜生产用地和灾害风险，协调城乡蔬菜产业格局。推动上下游产业的跟进，并能促进农民进城从事新型农业服务，具有相当的经济效益和社会效益。

参考文献

[1] 全方位剖析垂直农场，涵盖照明成本分析[EB/OL]. http://www.sohu.com/a/200165596_128242.2017-10-25.

[2] 崔健.城乡一体化下空间农业关键技术研究与应用探索[D].北京：中国农业科学院，2018.

[3] 刘长安，周忠凯，马运凤.城市“屋顶农业”发展可行性及其策略研究[J].江苏农业科学，2017(18)：334-337.

[4] Smit J，Nasr J，Ratta A. Urban agriculture：food，jobs and sustainable cities[M]. New York：Habitat II Series，1996.

[5] 陈雅珊，魏亮亮.都市农场的可行性分析及设计手法初探[J]//中国风景园林学会会议论文集.武汉：中国风景园林学会，2013.

[6] 王晓静，吴学谦，柳欢.城市“有农建筑”设计模式研究[J]. 华中建筑，2017(12)：36-39.

[7] 刘大庆.山东潍坊农业循环经济发展模式研究[D].杨凌:西北农林科技大学,2018.
[8] 钟珊珊.东莞市阳台农业发展现状与对策分析[D].广州:华南农业大学,2016.
[9] 田蕾,郝少莉,王丽娜,李侃.垂直农场模式初探及其启示[J].北京农业,2015(28):179-180.
[10] 蔡宇,周泓,李许可,朱斌斌,代永辉.基于物联网的抽屉式家用蔬菜生长柜控制系统[J].农机化研究,2015(4):203-206.
[11] 张建国,张玺玲,李鹏.垂直农场:是海市蜃楼还是城市绿洲[J].园林,2016(8):13-17.
[12] 朱凯麟.城市农场看上去很美,但背后的公司遇到了窘境[J].农药市场信息,2016(13).
[13] 邓斌,张玉龙,袁淑文,柳军.垂直农业研究进展与展望[J]//中国气象学会会议论文集.合肥:第35届中国气象学会年会,2013.
[14] 王梓.有农都市建筑集成设计研究[D].天津:天津大学,2012.
[15] 贺丽洁,方智果.都市农业在绿色住区中的发展策略研究[J].国际城市规划,2017,(3):76-82.
[16] 王敬华,贾敬敦.芝加哥都市垂直农场模式及其启示[J].中国农业科技导报,2013,15(5):75-79.

江苏中小农户创新营运平台措施的研究

谢　力

沙洲工学院

摘要：根据“契约化”与“入市能力”两个维度，构建中小农户市场化六方格模型，分析中小农户特性与路径，指出中小农户的优势与不足，回答如何利用与发挥城市成熟市场牵引力，创新营运平台，具体措施是：培育“主业有活力”的中小农户；从农庄“串联”入手，创新中小农户的商业模式，建设“标准化”与“租赁＋股份制”中小农户；探索“集成-平台-经纪人”模式，培育都市新农庄“内生动力”；成立中小农户专项担保公司，解决中小农户的融资渠道难题。

关键词：中小农户　共享农庄　直销　营运平台

乡村振兴须打通城乡市场之间的藩篱，构建城乡统一市场，借助城市成熟市场的牵引力，建设多功能复合农业，从根本上防止乡村衰败。[1]因此，要探讨农户组织与农户如何在成熟市场中提高收入水平。[2]

一、从“契约化”与“入市能力”两个维度，构建六方格农户组织市场能力模型，明确中小农户特点

在图1中，用“契约化”反映农庄经营主体的契约化履约水平，例如在人民公社时期，由于农户无法“用脚投票”履约，是人民公社制度失败的主要原因之一；用“入市能力”反映农户进入城市成熟市场的渠道控制能力，从“集贸市场”发展到建立自己独立的营销渠道“复合直销馆”。

其中，节点A反映了在土地集约经营过程中，政府支持帮助农户建立农产品综合批发市场的实际状况；节点B是指目前普遍认识到，需要指导中小农户建立规制的生产组织形式，规范农户组织的“合作社”与“公司制”，实现农产品生产与市场需求的稳定供求关系；节点C代表了未来中小农户高级经营形态，即普遍成熟的家庭农场经营与市场需求的即时对接，同时形成农户组织对农产品市场一定程度的寡头垄断，保证市场结构的稳定性，最终农户的“入市能力”提升使得市场集中度提高。

目前，中小农户营运平台的实际路径为“0-A-B-C”。可以看出，AB段集中了多种业态的农庄，如果园、观光园、生态农庄、农业示范园等。但是，越过点B，农庄就难以应对高市场集中度的竞争。

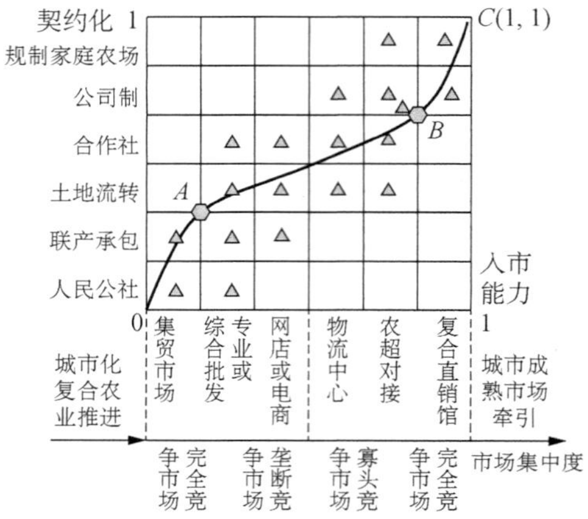

图 1　农户组织市场化路径方格图

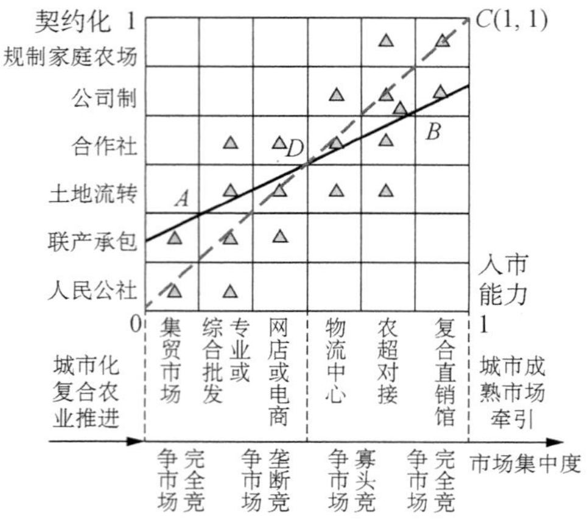

图 2　农户"契约化-入市能力"图

如果不考虑市场结构，将图 1 中的 AB 与对角线抽象出来，则有如图 2 所示的农户"契约化-入市能力"方格图。

在图 2 中，对角线 0C 是指伴随"契约化"水平与"入市能力"提高的理想的状况，都市农业的组织结构趋于公司制与规制化家庭农场。这时农户入市能力提升，农产品竞争力提高，农户收入大大提高。

但是在现实中，我们看到的是，随着市场集中度提高，在 AB 段集中比较多的业态，一定程度上他们是缺乏效率的。例如，公司领办的"公司＋"模式，龙头企业与农户都存在违约行为，为降低成本产出劣质农产品，如"市场菜、市场米"等。就是说农户有一定的违约行为，使得线段 AB 的斜率下降或者位置下移。

二、明确中小农户提升营运平台管理效率的路径

乡村振兴就要提高线段 AB 的斜率或者 AB 位置上移，实践中就是提升中小农户入市能力或探索适当的中小农户组织结构，提高契约化水平等，明确中小农户营运平台的管理效率的路径。

(一) 建设现代农业示范农庄，解决中小农户入市能力弱质问题

目前做法实际上是"提高 AB 斜率"，即发挥公司制优势，这往往是针对大农户来讲，规避土地财产所有制限制，快速提高了农产品的入市能力，但并未解决中小农户入市能力弱质问题。[3]

(二) 进行农产品"产前"与"产后"经营指导

从解决农户入市能力弱质入手，需要进行农庄农产品的"产前"市场指导、"产后"销售与服务。要求提高农户生产经营管理水平，因为一旦市场集中度快速提高，激烈的市场竞争不会给农户组织足够的时间培养自己的企业家队伍 。

(三) 突出农庄的“标准化、信息化、市场化、生态社会化”

从契约化的履约程度上说，AB 段集中了各种类型的农庄，如“公司＋”“公司＋合作社＋”等类型。能够较好解决提高农户收入问题，应该突出“标准化、信息化、市场化、生态社会化”，提升线段 AB 的位置，即构建中小农户样板，借此提高农产品市场占有率与附加值，探索中小农户的核心要素构成，这一点是目前的短板。[4]

三、创新中小农户的营运平台的管理措施

首先是明确农庄价值主张，找准构建措施着力点。

(一) 培育“主业有活力”的中小农户

“主业有活力”首先体现在明确自身特色，明确“我的顾客”是谁？他们在哪里？我如何去销售、为他们服务？

1. 建立“我的农庄”是服务“我的哪一类顾客”概念，促进中小农户开发市场

这个方面是中小农户的“短板”。一般农户难以调查清楚居民有哪些、怎样的需求。应该用一定的方式方法，如订单采购，体验式，租赁购权，投资购权，农庄生产方赋权，会员制，提供咨询，注册核准式等方式，确定供求双方联系，借助“互联网＋”带来“溢出价值”。

2. 建立与巩固销售渠道，控制释放农庄“能量”

农庄从“农资采购-生产-加工-销售-服务-反馈-忠诚顾客”形成闭合的产业链，[5]过去提供的农产品，是单个或者单线交易关系，没有形成产业链“闭环”，供求双方缺乏明晰的评价信息，是农产品质量安全问题原因之一。[6]

利用传感器实时采集农业生产现场的光照、温度、湿度等参数及农产品生长状况等信息，利用物联网和移动互联网技术，集中、分散与分配，提升中小农户的中间环节、终端环节加工能力。图 2 中的“直销模式”值得中小农户借鉴，例如，江苏张家港的“永联生鲜超市” 这种营运平台，就是解决农产品“卖不出去”与“烂在田里”的问题。

中小农户有主业，有产业链支撑，[7]使农庄形成有闭合产业链的支撑的生产环节，形成终端环节加工能力。

3. 农庄主业有特色、品牌与产业链闭合平台

一是通过股份合作、订单农业等形式，构建农庄产业链闭合平台，实现原料生产—产品加工—市场销售全过程的可追溯、信息化。

二是采用“政府＋平台＋农户”的服务模式，政府有选择地指导购买新技术、新产品，克服农庄产品研发能力不足，根据农庄类型确定“平台”，着眼农庄“主业有活力”。运用“平台＋企业＋农产品”的母子品牌策略进行渠道营销。

三是培育农庄“职业经理人”队伍，提高农庄经营管理水平，支持精英开发中小农户新资源，培养新型“职业经纪人”群体，开发农庄新市场。

（二）从产业链构成上创新中小农户营运平台的模式

1. 联系变量，进行农庄“串联”

整合不同类型的农庄，从人文、科技、生态、消费习惯、地理文化等方面，找到联系变量，“串联”农庄，打造农庄“产业链”。例如，云南大理在这个方面，按照“新农村旅游农户示范＋休闲景点＋地区文化特色综合”模式，探索提出了“农庄＋”的商业模式，以农业为价值点，提升农庄产品或服务的竞争力。[8]

2. 明确中小农户主要模式，建设“示范化、标准化、信息化”中小农户

目前中小农户主要模式是：“龙头企业＋农户”“合作社＋农户”和“龙头企业＋合作社＋农户”三种传统形式；“家庭农场＋合作社”“公司＋若干家庭农场”新型合作形式；“互联网＋共享平台企业＋农户”创新形式。

调研表明，居首位是龙头企业带动型，其次是共享平台组织或者合作的中介组织带动型，再次是专业市场带动型。其商业模式的运营也由此产生与决定。

3. 建设“租赁＋股份制”中小农户

规避中小农户没有合法的土地所有权限制，明确使用权的年限和权力界定，这种制度安排会在中小农户制度建设方面获得新的突破，着手研究“农庄＋”的商业模式，探索民间资本构建“租赁＋股份制”农庄，从制度与体制上提升中小农户的效率。[5]

4. 发展合作社主导的中小农户

合作社主体型农庄，没有土地产权等方面的限制因素，如果受到地方政府的恰当扶持，综合绩效表现较好，是今后发展的重点。除了土地流转，在技术、管理人才方面也应该给予支持，例如，选拔农庄“职业经理人”，促进合作社管理水平提高，通过政府的信息、资金扶持，带动民间资金、信贷资金投入中小农户，鼓励企业家到郊区开发、兴办中小农户，克服合作社的农户入市能力弱质短板。[9]

（三）培育都市新农庄“内生动力”

农户的都市新农庄“内生动力”，体现在探索“集成-平台-经纪人”模式：

1. 借助“互联网＋”与“产业链集成”，提高农庄的“内生动力”

有竞争力的农庄，应该能够集加工、深加工、产品、工艺、品牌等方面优势，进行差异化产品衍生，衍生到中小农户具有自己特色，解决销售问题，形成自身营运平台经营模式。

例如，苏州地域有丰富的特色水生蔬菜资源，如芡实、莲藕、茭白、菱、水芹等，在产品上衍生，要选择恰当产品，形成制造加工能力；如果是健康上衍生，要与中药保健、特色保健、老年健康联系，构造新的衍生产业链；在购买方式上，与“互联网＋”联系、与智能物联网联系、与物流电商联系，这样的农庄营运平台“主业有活力”与“内生动力”。

2. 利用共享农庄平台，引导主流消费行为

中小农户的共享平台就是，通过恰当平台集“分众（包括小众）”为“大众”。利

用“互联网＋”，采用会员制订单生产，利用物联网智能化构建生产区、体验区与消费端，供需两端发力。这种中小农户共享营运平台创新了流通方式：

（1）推进电商与实体流通相结合，形成中小农户的共享农庄平台，形成控制产品与服务的能力；

（2）通过中小农户营运共享平台实现农庄对接、农超对接农庄、直销对接农庄；

（3）通过共享平台构建物流中心对接农庄。

3. 培养农庄“经纪人”，打通农庄与市场的“最后一公里”

通过引入农庄营销“经纪人”服务与生产经营“职业经理人”服务，整合供应链，补物流网络“短板”，创中小农户的品牌，补产品开发“短板”；将配套成熟的农业技术和产业化模式传递到农庄，引导中小农户进行专业化、标准化生产；构建销售平台，补市场开发“短板”，助推农产品“最后一公里”问题的解决。

（四）总结

乡村振兴中推进中小农户建设，是要通过一定的商业模式创新，提高农业综合竞争力，培育发展“主业活力”型中小农户，创新中小农户的组织内容、形式与机制，补短补软、构建中小农户的共享平台，形成闭合的产业链，解决农产品安全质量问题、供求错位问题，形成新中小农户经营路径。

参考文献

[1] 康杰，杨欣.北京都市休闲农业的发展模式及对策建议[J].北京农业职业学院学报，2016，30(3)：11-12.

[2] 付振奇，陈淑云.组织干预还是个体主导，对农户土地经营权流转行为效果的研究：基于1025个农户流转租金价格与满意度的分析[J].开放时代，2017(4).

[3] 韩俊.中国农村改革创新的回顾和展望[N].中国农业新闻网，2017-02-25.

[4] 牛若峰.农业产业化经营发展的观察和评论[J].农业经济问题，2006(3)：8-15.

[5] 李仪.“互联网＋”背景下的农业商业模式创新：基于农业全产业链闭合平台的视角[J].学习与探索，2016(9)：101-102.

[6] 马强.农业企业商业模式创新探析[J].合作经济与科技，2015(5)：100-101.

[7] 张英洪.赋予和保护农民财产权利，深化农村改革的一条主线[EB/OL]. http://www.aisixiang.com.

[8] 钱静.以都市型现代农业为主导的京郊生态新城建设[J].北京农业职业学院学报，2015(4)：5-11.

[9] 李杰义.农业产业链的内涵、类型及其区域经济效应[J].理论与改革，2009，21(5)：143-147.

工业互联网促进江苏区域经济高质量发展路径研究

刘一平

泰州市海陵区工信局

摘要：2018年，江苏省制造业实现工业增加值4.12万亿元，同比增长5.8%，占全国工业增加值的13.5%。工业互联网是在大数据浪潮下，工业体系与互联网体系深度融合的产物，新一代互联网技术与工业融合发展正在成为驱动江苏制造高质量发展的核心力量，是新一轮工业革命的关键支撑。

关键词：工业互联网；区域经济；高质量发展

一、工业互联网与江苏区域经济发展的基本认识

（一）互联网和制造业互动关系凸显

工业互联网是一种趋向式的制造模式，十三五以来，"互联网＋制造"和"人工智能＋制造"已成为我国制造业转型升级的国家战略，两者在大数据驱动下走向融合。大数据、云计算、物联网等信息技术应用于生产制造过程，在很大程度上缩小了产品和消费者之间信息的不对称，企业可以在这生产过程中实时感知信息变化，从而大大增强了生产端与市场需求端的紧密连接性。在工业互联网背景下，江苏工业制造以用户需求为主导，迎合产品大规模生产定制化的浪潮，进一步打破信息化孤岛，催生并推广以消费者驱动整个制造业生产为核心的新型模式。

（二）我省工业互联网区域发展不平衡

江苏作为数据产业大省、制造业强省，具有较强的科技创新能力和浓厚的创业氛围，江苏实施"互联网 ＋""智能制造"等战略已经具备相当的基础优势。从供给侧来看，江苏在全省广泛建设了互联网基础设施。从需求侧来看，制造产业正依托互联网信息技术飞速发展。但是，区域经济发展水平的空间差异一定程度上会导致互联网和制造业的融合能力方面存在空间上的非均衡性。一方面，与国内浙江、广东以及其他国际发达地区相比，江苏省区域科技信息化投入产出效率整体水平有提高空间；另一方面，由于长期以来江苏省的信息化、科技化创新资源侧重向苏南等发达地区配置，从而导致在我省各地区互联网和制造业融合创新能力差异也较大。从2017年省工信厅公布的大中型工业企业信息化和工业化融合发展水平

指标来看，全省平均指标为 60.3，高于全国平均水平的 51.8 分，扬子江城市群 8 市的两化融合水平平均指数为 59.8，其中南京和苏州分别高达 65.6 和 64.6，沿海经济带城市的两化融合水平平均指数为 57.8，但是徐州淮海经济圈的两化融合水平平均指数仅为 55.8，呈现明显的区域不平衡性。

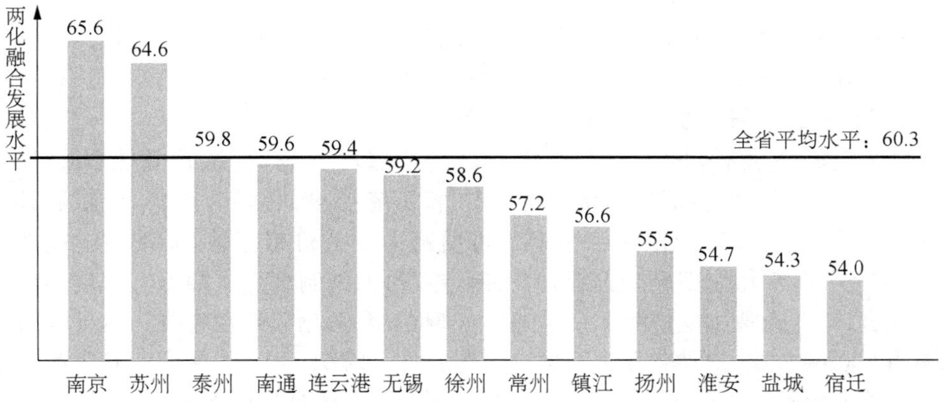

2017 年江苏省各省辖市大中型工业企业两化融合发展水平

（三）“大数据＋制造融合”促进区域经济高质量发展

工业与互联网的有机结合突破了地域、组织、技术上的限制，可以把众多中小企业及产学研各个环节的资源有效地整合起来，让生产要素在不同产业、行业和企业内部实现有效配置，从而形成一种更加高质量的产业链，促进产品更新价值创造。因地制宜地打造的区域经济特色板块，在大数据的技术支持下也更容易拓宽发展渠道，降低产业造链补链要素成本。在降低生产成本的同时，以互联网技术创新为契机发展中高端制造业，实现由要素驱动向创新驱动的转变，从而促进制造业升级。协调省内不同经济区域的产业合理分工，引导产业的梯度转移，实现区域产业优势互补、协调发展。

二、工业互联网促进江苏区域经济高质量发展的路径选择

（一）实施区域差异化发展战略

实施两化融合（信息化和工业化融合）区域差异化的推进战略，就是需要立足江苏不同区域发展条件和比较优势，从资源要素配置角度来确定采取差异化的信息技术经济政策。具体地，扬子江城市群地区，特别是苏南地区，经济社会发展条件较好，在信息化建设投入方面的投资规模和强度相对较大，已经积累了丰富科技创新基础和成果，为此需要推进实施“互联网＋制造创新引领战略”，即要瞄准全球大数据和制造业发展前沿领域，积极抢占全球创新链制高点，加快标杆网络部署，大力推进 5G 和全光纤网络的部署，打造标识应用的生态，发挥引领和支撑全

省甚至全国创新发展的战略作用。部分苏中及徐州淮海经济区的制造业具有一定优势，可以发挥现有的科技创新体系，实施“互联网＋制造创新提升战略”，围绕新型工业化、新型城镇化、信息化加快促进在重点领域实现突破和纵深发展，加快重点工业设备和企业上云的步伐，并在全国发挥示范带动作用。江淮生态经济区长期以来积累了诸多优良的科技创新传统和基础优势，为此可以推动实施“互联网＋制造转化战略”，围绕转型升级的关键问题，加快科技再创新和成果再转化，坚持绿色节能发展路线，支持传统制造再次创业和全面融合升级。

（二）推进传统工业信息化融合发展

江苏是制造大省，但不是制造强省。产业层次不高，传统产业占比仍接近70%。从整个产业价值链的全新视角来看，江苏省要全面感知、收集、分析和共享大数据等信息技术，努力摆脱由于低端价值链引发的价格竞争，驱动传统制造向“现代智造”、服务型制造转型升级，抢占制造业价值链制高点。随着互联网与电子商务融合，工业产业供应链各个环节逐步实现“互联网化”，鼓励省内一批处于行业尖端的互联网企业，推动企业主动融合制造企业。纺织产业、建材产业和食品产业都是江苏的传统优势产业，江苏要鼓励把云计算、物联网等新兴网络技术嵌入“制造 ＋ 服务”的产业链。在产品生产经营管理的全过程中，引导企业增加在研发、设计、营销、售后和品牌管理等服务环节的投入，实现供应链管理体系、网络营销系统体系和物流服务体系的高效运营。另外，在陶瓷、服装、家电等重点行业，吸引国内外资本市场的关注，有力支撑以网络为基础的工业设计服务平台。企业将通过平台吸引用户全程参与和众包到工业设计的过程中，利用这些力量推动产品的设计迈向智能和品牌设计等高端领域，这将对江苏重点制造业领域的发展产生巨大的推动作用。推动制造企业通过电子商务平台的对接来共同搭建互联网工业的发展框架，最终基于消费需求智能感知的制造模式变革，重构江苏制造业生态圈。

（三）挖掘工业互联网平台驱动功能

就江苏而言，发展工业互联网是推动制造业高质量发展的重要举措，横向对比，在美欧等发达国家工业互联网已展开布局，我国部分制造业领军企业和 ICT 巨头积极实践的背景下，我省在该领域的发展探索尚浅，缺少在国内有较大影响力的工业互联网平台。就工业互联网平台布局而言，江苏应从以下几个方面着手：一是推动大型制造企业建设基于互联网的“双创”平台。开展企业内外部创新创业活动，增强企业创新活力。支持互联网企业与制造企业运用互联网加快创客空间、创新工场、创业咖啡等新型“双创”平台建设，引导和鼓励中小企业加入平台互动交流合作，从而能够根据企业个性，为其提供精准营销和个性化定制的新型服务，建立资源集聚、创新活跃、服务完善的“双创”生态环境。二是支持大企业牵头建设钢铁、机械、化工、纺织等工业电子商务垂直平台，推进工业电子商务支撑体系集成创新、大型工业企业电子商务协同、行业性电子商务平台、工业电子商务和物流集成创新等领域的工业电子商务创新项目建设。依托南京、苏州等国家电子商务试点示范城市，加快工业电子商务集聚区建设。加快制造企业互联网“双创”平台建设。三是建立国际性数据终端。云服务产业是大数据背景下江苏产业结构转型必须抢占的战略性新兴产业板块构，应加强与华为技术有限公司等国际级的数据商的深度合作，重点开发面向制造业及中小企业的云计算服务，创新云计算服务模式，在江苏地区成立世界性云终端和云基础设备核心制造基地。

（四）加强工业互联网集群载体建设

依托工业产业专业园区、专业镇和龙头骨干企业，推动互联网人才、技术、资本、服务等高端要素向制造业专业载体集聚，打造工业与互联网融合发展示范区。支持专业集聚区制造企业开展“双创”，培育发展互联网制造新模式，研发与互联网跨界融合的新技术、新产品，运用互联网推动商业模式创新，提升制造企业综合竞争力，促进工业业提质增效。

从专业园区载体建设来看，加强园区数字化基础设施建设，包括光纤网、移动通信网、无线局域网等信息基础设施，智能控制软件、工业应用软件、智能传感器等关键技术，以及产业集群专业基础数据库等。开展融合示范性项目建设，围绕五星级上云企业、工业互联网标杆工厂、工业互联网平台等创新发展方向，聚焦新型电力（新能源）装备、工程机械、物联网、生物医药和新型医疗器械、核心信息技术、汽车及零配件等 6 个先进制造业集群，力打造工业互联网创新发展标杆项目，助力江苏工业互联网发展示范区和品牌企业建设。

从专业镇载体建设发展来看，以江苏特色小镇建设举例，以工业互联网重构信息流、商流、资金流、物流驱动小镇产业链系统，进一步挖掘特色小镇专业市场的优势，加快产业聚集的辐射功能。做优南京未来网络小镇、常州瑞声科技小镇、无锡鸿山物联网等新一代信息技术专业小镇，重视集成电路芯片、人工智能、虚拟现实、工业大数据等互联网核心技术研发，着力突破小镇工业互联网技术边界，实现小镇“聚而合”；做强无锡新桥时裳小镇、扬州武坚智能高压电气小镇、盐城汽车小镇等一批专业型高端制造特色小镇，大力发展网络协同制造、个性化制造、服务型制造等新模式，推动在线计量、嵌入式计量、在线检测等全产业链质量控制，提升小镇产业生产效率和产品服务质量，实现小镇“特而强”；做“绿”泰州医药双创小镇、镇江丹阳眼镜风尚小镇等一批创意创新、健康养老特色小镇，利用互联网提升绿色制造水平，引导小镇运用智能传感器、物联网、资源能耗大数据等互联网技术，按照产品全生命周期理念开展生态设计，开发绿色产品，建设绿色工厂，打造绿色供应链，推进生产、生活、生态等要素互联互通，实现小镇“绿而美”。工业互联网＋特色小镇融合将为江苏乡镇区域经济振兴换一个新的赛道，赋能特色小镇“换道超车”，助推传统制造转型升级。

三、“大数据＋制造融合”实现江苏区域经济高质量发展的政策构想

（一）构建创新政策新优势

为大数据共享＋区域制造业融合发展驱动提供方向明确的前提是加强对创新要素投入重点领域的战略指引，完善政策支撑体系。首先是设立“大数据共享”专项资金，扶持“智能制造”“机器换人”“5G 示范应用”项目。对于企业的“机器换人”试点项目，金融机构应允许优先贷款，支持金融机构开展多种形式的首台（套）保险业务。其次是政府组织成立智能制造咨询专家小组，通过实地调研和诊断，重点研究建设中的重难点，定期颁布具有针对性的指导目录。第三是为中小企业提供 CAD 设计检测、产品测试和检测设备研发、工业设计、虚拟仿真、样品分析、3C 认证等服务，推动试点示范，制定出台“大数据 ＋ 制造业”发展规划，明确融合发展的思路、目标、任务和举措。最后是选择一批具有创新性、典型推广意义的制造企业开展试点示范，探索发展模式和路径，树立行业标杆，打造行业样板，共享成功经验，加以宣传推广。

（二）构筑互联网工业深度融合新高地

一方面降低工业应用互联网的技术门槛。分行业制订制造业与互联网融合解决方案。鼓励我省科研院所、高校、龙头骨干企业，围绕化工、能源、金融、交通、家电等重点装备制造行业，开展关键技术、网络、平台、应用环境的集成互联测试验证，分行业制订物理信息系统集成互联标准。帮助工业企业构建互联网化思维，基于数据开放平台构建大数据应用生态，通过加强宣传等方式鼓励制造企业选用适合的大数据平台，加强市场资源的开发和利用。另一方面，通过智能化产品示范应用、政府采购等多种措施，加大对互联网大数据产品成果应用的市场化支持，培育新产品竞争的优势。通过培育区域市场与国外市场一体化通道，引导和支持企业主动融入全球供应链，支持有条件企业建立全球营销网络。此外，培育新兴产业生态体系，优化区域工业集聚区的产业结构，以制造智能化内生动力体系的发育和成长，培育新兴产业的技术前沿环节，引导与新兴产业核心环节相关的配套技术创新，推动新型生产要素之间、生产要素与商业模式之间的协同与融合。

（三）提升智力集聚新动能

创新型人才是实现互联网＋工业融合发展和经济结构调整结合的核心要素。因此，在区域范围内，要不断完善人才、智力、项目相结合的柔性机制，突出创新人才的市场价值，促进技术要素参与收入分配，最大限度激发创新要素的活力和创造力。从市场主体来看，鼓励互联网大数据行业应用的大众创业、万众创新，扶持互联网大数据创新开发团队，营造大数据应用的创业氛围。从产业集群来看，要通过发挥创新型企业的辐射带动作用，形成产业创新集聚效应，打造产业链较为完整，产业人才、资金和技术高度集中的工业互联网平台创新成果转化平台，提供“一站式”配套服务。

参考文献

[1] 丁涛,顾金亮.科技创新驱动江苏地区经济高质量发展的路径研究[J].南通大学学报,2018(4).

[2] 徐晓兰.工业互联网:为制造业转型升级赋能[N].光明日报,2019-04-04.

[3] 成爽.紧握工业革命新机遇——2019 工业互联网峰会综述[J].中国电信业,2019,10(12).

[4] 赵旺.江苏产业结构升级对区域经济增长的影响——基于产业结构高级化和合理化的视角[J].公共财政研究,2017(10).

[5] 张志华,赵波.战略性新兴产业促进区域经济转型升级的机制与路径——以江苏物联网产业为例[J].江苏社会科学,2017(03).

基于扬子江城市群建设背景下
泰州农业“接轨上海、融入苏南”的几点思考

徐晓芳　黄康伦*　潘小冬　魏友圣

*泰州市农业农村局

摘要：这些年来，泰州围绕接轨上海、融入苏南这一要求，主动把泰州农业发展融入苏南、上海，全面推进与苏南、上海的交流合作，取得了一定的成效。中共江苏省委第十三届五次全会紧紧围绕“高质量发展”对全省区域协调发展进行全面部署，泰州处于江苏几何中心，同时位于扬子江城市群、江淮生态经济区建设两大发展战略叠加区，泰州面临的宏观形势和微观环境将会发生明显变化，也迎来了前所未有的机遇和挑战，为农业发展进一步接轨上海、融入苏南创造了有利条件。

关键词：融入；泰州农业；上海农产品市场

一、发展特色精品农业，全力成为上海优质生活的放心“菜篮子”

上海是一个拥有 1 670 万人口的特大城市，不仅消费集中而且量大，特别是近年来[1]，上海致力于实施国际经济、金融和贸易中心的战略，城市化水平高、进程快。随着城市的进一步扩张，自产和外地供沪农产品的比重势必发生明显变化。有资料表明，上海市场农副产品年需求约 450 亿元，而上海自身能提供的仅 120 亿元[2]，其余的都靠周边省市供应。同时，上海农业未来的功能定位将以发展城市绿化，改善生态环境，营造城市“绿肺”为主。因此，上海对农产品的高需求、低自给状况势必进一步加剧，给我市农业进一步接轨上海提供了巨大的市场空间。

纵观泰州，农业资源丰富，主要环境指标符合国家绿色食品生产环境质量要求，所辖主要农业市（区）均通过了无公害农产品的整体认证，是发展优质粮油、蔬菜、畜禽、水产品的自然生态区。全市有国家级地理标志农产品 7 个，“三品一标”有效数 2 536 个，品牌数量在全省处于前列。拥有一大批有一定规模的优势产业：一是优质稻米产业，稻鸭、稻鱼共作等有机稻米生产基地众多，涌现“兴化大米”“河横”“洁翠康”等一批知名品牌，其中“兴化大米”被评为“2016 中国十大大米区域公用品牌”；二是专用小麦产业，全市专用小麦面积 270 万亩，其中优质弱筋小麦 110 万亩、优质中筋小麦 160 万亩，拥有国内最理想专用中筋小麦生产区域里下河麦区；三是高效蔬菜产业，全市常年蔬菜播种面积 110 多万亩，总产 220 万吨以上，全市蔬菜加工企业达到 214 家，加工能力达 160 多万吨；四是规模畜禽产业，泰州

是国家重要的畜禽生产基地，畜牧业以生猪、家禽为主导产业，我市百汇农发有限公司“苏姜猪”猪肉产品是“江苏十大肉类品牌”之一；五是特色渔业产业，河蟹、小龙虾、青虾等特色品种规模连续多年居全省前列，创建了国家级生态大闸蟹、青虾标准化生产示范区，“兴化大闸蟹”“兴化大青虾”都被登记为国家地理标志产品。只要我们充分发挥生态优势、资源优势，上下共同努力，我市农产品在上海的空间会越来越大。

具体来说，要做好以下几个方面工作：

更大力度推进沪泰对接。一是搭好台：以政府和市级有关部门的名义，广泛与上海对口单位进行接触，沟通情况，互通信息，寻求合作意向，制定两地全方位合作的指导性意见，扎实有效推进与上海市对口合作取得的成果。二是引进来：积极开展全市性的农业投资环境、政策法规的对外宣传，组织上海客商和有关部门来泰进行实地考察和交流，营造氛围，扩大我市农业在上海的影响。三是走出去：组织相关的农业龙头企业、农产品基地等，到上海定期举办有组织、有声势、有规模的招商会、洽谈会、展销展示会，鼓励相关主体培育“走出泰州，迈入沪上”。四是牵好线：建设信息接轨平台，主动连接上海及周边地区农业信息网，学会“攀网结线”，加强农业市场信息、政策信息、科技信息的交流和沟通，建立快速反应机制，接纳研判上海及长三角地区的农业信息，为泰州农业发展服务。

加大力度促进龙头带动。可以预见，上海农业未来发展的重点主抓品种和技术双源头，生产逐渐外移，我们要充分整合资源，提升产业集中度，更好对接上海及长三角这个大市场。坚定不移促进园区提档升级。依托 79 个市级园区，结合推进“一村一品”乡镇建设，在重点农产品产区和基础条件好的地方，分期分批建设连片的、大规模的、高档次的农产品基地，大力推动优质粮食、精细蔬菜、精品园艺、健康牧业、特色渔业等传统优势农业产业向精品化优质化方向发展，为消费者提供品种多样、质量安全的农产品。坚定不移培育壮大农业企业。把龙头企业作为带动特色产业发展的“牛鼻子”来抓。坚定不移提升农业组织化程度。鼓励龙头企业、农技组织、供销社、贩销大户、农村集体经济组织联合种养大户兴办专业合作社、专业协会。通过几年的努力，全市农业主导产业重新焕发行业协会活力，打造农业行业协会“第二春”，特色产业建立专业协会，争取特色农产品基本通过专业合作组织进行加工销售，进一步提高泰州特色农业的组织化程度。

更大力度加快品牌战略。针对上海农产品需求市场细分趋势明显、各省市尤其周边省市对上海农产品市场缺口份额的争夺竞争异常激烈的状况，应加快我市农产品品牌建设步伐，扩大市场占有份额。一是加强供沪农产品的监督管理。认真研究上海市农产品市场准入制度，着力构建农业安全生产体系，大力推广“三品一标”农产品标准化生产，全面加强从田间到餐桌全过程的质量控制监管，切实保护好农业生态环境，确保我市供沪农产品的诚信度。二是整合提升农产品品牌。按照“产业培育品牌、品牌提升产业”的思路，引导农业经营主体树立一批产业、企业和产品的品牌、名牌。同时加大农产品品牌整合力度，制定品牌发展扶持政策，整合品牌资源，尽可能把相同品质或地域的农产品整合起来创品牌，着力培育在上海及至长三角地区有竞争力的绿色农产品统一品牌，实行统一生产标准，统一品牌规范，统一包装标识，以品牌提高市场竞争力，以市场影响品牌自我提升。三是打造供沪农产品生产示范基地。开展示范基地的评选与认定，主动承接上海农业产业转移，放大上海荣邦集团“上膳源农场”在泰州的经营效应，打造更多的高港“上膳源农场”，引领我市农业向中高端发展，进一步提高供沪鲜活有机农产品的长年供应能力。

二、挖掘农业旅游资源，聚力打造长三角休闲旅游的美丽“后花园”

一方面，泰州区位交通优势明显。泰州位于江苏中部，处在扬子江城市群中南北传导的重要节点，是重要交通枢纽城市。随着扬子江城市群建设加快，北沿江高铁和泰常、靖张过江通道建设已经进入实质性的推进阶段，不久将来，可以与苏南铁路线，形成一个从上海—苏州—无锡—镇江—南京—扬州—泰州—南通—上海的铁路循环环状圈。泰州将拥有1小时直达上海的时空优势，与此同时发挥泰州港作为长江进入B级航区的第一个港口的先天优势，借助京沪、宁通两条交通主干道扩容提速，与上海、苏南形成“铁、水、陆”全方位交通覆盖。可以预计，为泰州更好地融入苏南，接轨上海经济圈的辐射创造了便捷条件。

另一方面，泰州农业旅游资源丰富。泰州农业板块分割明显，分沿江、高沙土、里下河三个农业类型区，呈农业多样化特征，各地美食美景令人流连忘返。兴化垛田传统农业系统被联合国粮农组织认定为“全球重要农业文化遗产”，泰兴银杏栽培系统被农业部认定为“中国重要农业文化遗产”。兴化千垛菜花、李中水上森林公园、溱湖湿地等一批农业休闲观光景点闻名中外。兴化、姜堰先后获批全国休闲农业与乡村旅游示范县。长江三鲜、蟹黄汤包、黄桥烧饼、兴化芋头、溱湖八鲜等泰州境内各具特色的饮食文化，可以给上海游客留下难以磨灭的印象。

具备双重优势的泰州，应进一步挖掘农业旅游元素，讲好旅游故事，注重重点突破，彰显区域特色，强化宣传推介，力争成为上海、长三角地区市民休闲旅游的首选目的地。

抢抓契机，培育“顶天立地”的旅游项目。目前，泰州存在南部沿江地区、中部通南地区、北部里下河地区三条休闲观光带，但景点相对分散，季节性特征较强，与苏南等成熟景点来比，缺乏自身特色亮点。当前，应学习借鉴常州等地发展旅游经济的做法，以溱湖国家湿地公园、兴化市李中水上森林公园、缸顾千垛菜花等景点为主，抓住江淮生态经济区建设的契机，充分挖掘政策利好，开展精准招商引资，花大力气、下大本钱，引进“顶天立地”农业旅游项目，对一两个景点进行重点突破，着力打造“国家级生态旅游度假区”，力争兴化水上森林、缸顾千垛菜花全面实现省级旅游度假区，打响泰州在长三角地区的休闲观光农业品牌，提升档次和人气，进而由点带面逐步推动全市休闲观光农业发展。

深度开发，打造“健康旅游”的金字招牌。泰州下一步应围绕打造宜赏宜玩宜游的生态公园、全农业产业链的绿色农场、彰显乡村特色的田园水乡、水乡“深呼吸小城”的天然氧吧等，加快推动单一型观光农业向复合型养生休闲农业转变，大力引进符合景区餐饮休闲、体验游乐、康体拓展的特色项目，形成农业本底与旅游内容互动的发展模式，给市民提供生态休闲环境、绿色有机食品、乐活体验、康疗养生等一系列优质服务，让前来游览的游客不仅可以饱览优美风光、体验农事乐趣，还能享受到全方位的体检、康复、养生服务，引导广大消费者形成健康旅游的“泰州印象”。

强化宣传，讲好“农味十足”的泰州故事。酒好还怕巷子深。应认真抓好休闲观光农业的形象设计与包装工作，积极开展宣传推介活动，提高泰州休闲观光农业知名度。充分借助现有的医博会、旅游节、兴化菜花节、溱湖会船节、科技大会等平台载体，积极利用各种宣传媒介，对里下河生态经济区、兴化垛田传统农业系统“全球重要农业文化遗产”、泰兴银杏栽培系统“中国重要农业文化遗产”、姜堰区沈高镇河横村“全球环境 500 佳”称号等有重大影响的品牌，以及走上“舌尖上的中国”的泰州美食等，进行深度挖掘、造大声势，讲好泰州美景美食故事，打响泰州生态旅游品牌。

三、保持良好生态优势，助力打造长三角生态经济的样板“发展区”

“绿水青山就是金山银山”。在扬子江城市群中，泰州的湿地生态环境最具特色优势。里下河地区是中国最大的湿地之一，面积 1.35 万平方公里，核心区在泰州。得天独厚的自然资源和水乡风情，是泰州最富魅力的生态品牌。全市生态经济发展大会指出，必须把生态作为泰州发展的根本依托和最大优势，构建“2＋1”两片一带生态经济总体布局，做优做活“生态＋”的大文章，真正让“绿水青山”成为群众致富的“金山银山”，将泰州建设成为扬子江城市群生态经济聚集区。

农业发展在生态经济区发展中，能做什么、应怎么做，我们理解，要着重做好以下几点：

发挥牵头作用，培植生态经济发展典型。在海陵区、姜堰区新通扬运河以北区域和市农业开发区，打造城北生态经济带，示范引领全市农业发展。实施“1568”城北生态经济带行动计划，建设泰州现代农业科技创新中心，打造国家现代农业科技示范园、省级海陵现代农业示范区、省级姜堰现代农业示范区、海陵农产品加工物流区、姜堰农产品集中加工区等五大园区为全市生态经济建设探索出一批可复制、可推广的新路子。

践行绿色理念，切实保护好生态环境[3]。以资源环境承载能力为依据，不断优化农业产业布局，走“产出高效、产品安全、资源节约、环境友好”的现代农业发展道路。具体来讲，在种植业方面，完善建立测土配方施肥技术体系，推广应用配方肥，示范推广水肥一体机械化施用技术。建立资源节约型、环境友好型的病虫害可持续治理技术体系，推进专业化统防统治与绿色防控，减少农药残留危害。在畜牧业方面，积极引导转型升级，不断优化畜禽养殖结构，全面推行养殖场废弃物处理基础设施标准化改造，做到“一控两分三防两配套一基本”，废弃物基本实现无害化处理、资源化利用。在渔业方面，实施渔业资源与生态保护行动，因地制宜开展以滤食性鱼类为主的“放鱼养水”行动，促进以渔净水，改善水域水质环境。强化水生生物种质资源和水生野生动物保护，促进渔业资源修复和生态保护。

抓好生态涵养，持续做好绿化美化文章。以“三网(路网、河网、田网)四沿(沿江、沿湖、沿村、沿厂)”绿化为重点，以造林绿化“三化”(彩色化、珍贵化、效益化)为抓手，积极实施县乡(乡村)绿色通道、村庄绿化、高标准农田林网工程，大力推广彩色、珍贵、高效树种，稳步推进林地更新改造和森林抚育，实现全市造林绿化结构均衡发展。

参考文献

[1] 黄珺，方志权，朱国玮.上海蔬菜消费市场细分及营销策略选择[J].上海农村经济，2004(7)：27-29.

[2] 陈留芬.把常州建成上海的“绿色菜园”[J].江苏农村经济，2005(10)：58.

[3] 林云举.以习近平总书记赴浙考察重要讲话精神为遵循，护美绿水青山，做大金山银山[J].浙江林业，2015(7)：4-6.

乡村振兴背景下乡村旅游与现代农业融合发展路径

乔维德

九三学社无锡教育一支社

摘要：乡村振兴战略的提出与实施，能加快乡村旅游与现代农业的有机融合，促进现代农业产业发展，也为乡村旅游产业的蓬勃发展提供基础条件。结合江苏乡村旅游与现代农业融合发展现状及存在问题，提出乡村旅游应在基础设施建设、乡村旅游特色品牌、现代科技融入、从业人员素质提升等方面与现代农业融合发展，深入推进乡村旅游和现代农业稳健、持续发展。

关键词：乡村振兴；乡村旅游；现代农业；融合发展

一、引言

党的十九大报告中首次提出“实施乡村振兴战略”，提出“产业兴旺、生态宜居、乡风文明、治理有效、生活富裕”的目标要求。乡村旅游是旅游产业的重要组成，也是乡村振兴战略顺利实施的重要手段和必要途径，其中，产业兴旺是实施乡村振兴的重要内容和必然条件，而产业融合发展是乡村产业兴旺的新道路和新选择。乡村旅游与现代农业融合发展，不仅可以优化乡村旅游和农业自身的产业结构，推动乡村旅游业和现代农业发展，还可以形成新的产品和业态，实现产业增值，促进乡村地区经济发展。

乡村旅游既包含乡村性特征，又具有旅游属性。现代农业是针对传统农业而言的，它是运用现代科学技术和先进的生产管理方法，实现农业生产规模化、集约化、市场化。乡村旅游和现代农业都需要以农村和农业的丰富资源为基础，两者融合发展意义非凡。现代农业的产业化发展，能促进乡村旅游业提质增效，扩大规模，提升品质；乡村旅游业的壮大发展，能促进农村农业基础设施的建设与完善，进一步拉长农业产业链，推进农业产业化发展。

近年来，江苏依托丰富的区位、农业产业、乡村文化和自然资源等优势，在中央、省和各市关于现代农业和乡村旅游发展政策推动下，乡村旅游业发展迅速，取得了较好的成效。江苏现代农业产业对乡村旅游业起到了较好的促进作用，然而乡村旅游与现代农业的融合程度还远远不够，待发展的空间仍很大。在国家大力倡导实施乡村振兴战略的现实背景下，深入探究乡村旅游与现代农业融合发展已成为新时代一项全新的重大课题。

二、目前乡村旅游与现代农业融合发展现状与瓶颈

（一）乡村旅游的配套设施有待改善

目前江苏农村地区有很多乡村自然环境还是比较优美的，但在开发中面临着基础设施较为薄弱的明显瓶颈，基本公共服务水平还不高，配套乡村旅游的住宿、餐饮、娱乐和购物服务设施及体系也不健全，一些乡村特别是苏北地区不少乡村，用于旅游服务的基础设施比较陈旧，需要大力改善。与城市相比，一些乡村文化保护和传承以及乡村公共文化服务长期滞后，因此，乡村旅游业的基础设施和配套公共服务设施建设亟待加强和提升。

（二）乡村旅游的服务能力和水平有待提升

目前从事乡村旅游的服务工作人员大部分是当地村民，年龄结构比较老化，平时主要务农或者做民工，旅游旺季时则兼职从事乡村旅游服务，一些乡村村民的教育文化程度和素质普遍不高，乡村旅游的服务观念和服务意识比较淡薄，对乡村旅游以及与现代农业融合的认识程度不足，服务乡村旅游的技能和水平不高，难以满足广大游客的需求，乡村旅游的发展后劲不足。

（三）乡村旅游的特色品牌缺乏

当前，江苏乡村旅游产品相对热衷于传统的观光游览、餐饮以及休闲活动、简单的农事参与体验等，产品单一、老化，而且开发深度也不够，尤其缺少激发并满足游客最大消费欲望的产品，乡村旅游对本地农业景观以及当地民俗、文化内涵的挖掘不够深，农业文化、乡村民俗等旅游亮点和特色供给不足，旅游产品表象化、同质化现象较为严重，甚至有些乡村因为受到严重城市化的影响，却摒弃了乡村旅游原有的本土特色和亮点，导致不能满足游客对乡村旅游产品的品质需求，影响游客对乡村旅游地的感知形象及游后的行为意向。休闲康养型乡村旅游备受人们的青睐和关注，但很多乡村因为基础设施建设和配套旅游服务的条件限制，目前还处于萌芽阶段。

（四）现代农业产业特色对乡村旅游的支撑不足

乡村旅游产业的发展受到各地政府的重视，但由于缺乏统一的科学规划和论证，很多乡村并没有结合本地农业产业特色来考虑乡村旅游，而是盲目开发旅游景区或景点，乡村旅游项目设施存在重复建设和雷同现象，不仅造成乡村资源的极大浪费，也加剧了乡村旅游市场的恶性竞争，要做大做强乡村旅游产业，现代农业产业要与乡村旅游融合发展，乡村旅游产业必须靠强有力的农业产业特色作为支撑。目前江苏很多地区乡村虽然拥有一些特色农产品，但没有形成比较好的特色产业支撑，产业开发层次较低，产业发展链条短，农业文化内涵挖掘不深，高科技含量不高，无法形成乡村自己的农业产业旅游特色，很难吸引游客的眼球和游玩兴致，乡村旅游的整体影响力不大。

（五）乡村旅游的专业人才匮乏

目前从事乡村旅游的从业人员大多数是当地农民，整体素质较低，对现代农业与乡村旅游融合的理解不深入也不够到位，接受专业教育和培训的机会也比较少，旅游服务能力和专业知识水平相当有限，从而让游客在获得愉悦体验的同时却不能对乡村农业旅游有更多的认同感及收获感。很多乡村缺乏能长远规划和设计乡村旅游的经营特色、宣传促销、品牌项目开发、生态环境保护等方面的专业人才。

三、加快推进乡村旅游与现代农业融合发展的对策

（一）优化规划布局，完善基础设施建设

目前，江苏不少农村地区的乡村旅游呈现无序化的经营管理状态，无论是农家乐还是农业生产基地等，分布比较散落，而且各自为政，乡村旅游资源存在无序管理、低水平重复开发建设等现象，难以形成乡村旅游的规模效应。通过发展江苏乡村旅游，完善乡村的规划体系，重点建设特色旅游村、农业旅游示范基地、高级农家乐、高品质采摘园等，乡村旅游要突出农业产业化优势，加快推进乡村旅游工程的高品质、标准化建设，完善乡村旅游配套公共服务和基础设施，创建服务优质、品位高端的乡村旅游示范区，打造江苏各地区乡村旅游特色品牌，全面推进美丽乡村建设和乡村旅游发展。各地要打破区域、乡村之间的资源封锁和市场分割的障碍，积极开展乡村旅游的深度合作，形成区域乡村旅游资源共建、共享合作机制。各级地方政府要统筹规划，做好顶层设计，科学开发和合理规划乡村旅游线路，乡村旅游始终与现代农业深度融合，乡村旅游发展与经济建设、文化建设、生态文明建设有机融为一体，推进乡村旅游有序、健康、可持续发展。

（二）开发体验项目，塑造乡村旅游品牌

目前，江苏乡村旅游广泛采用的经营形式是吃农家饭并且采摘、垂钓、销售土特产等，对乡村旅游资源的利用层次比较浅，利用率不高，乡村旅游项目比较单一，游客的满意度和获得感较低。所以，江苏应加快转变乡村旅游经营发展模式，打破农家乐、休闲农庄、餐饮垂钓等传统的乡村旅游老路和套路，结合现代农业发展和新农村建设标准要求，推动乡村旅游与乡村的人文历史、风俗民情以及农业产业等融合发展，不断创新乡村酒店、汽车营地等乡村旅游新模式，丰富乡村旅游内涵和形式。乡村旅游的项目策划设计要找准正确的乡村旅游市场定位，以给游客的心情愉悦、获取知识、体验文化、享受休闲为目标，以乡村旅游与农业产业的有效融合为前提，遵循“规划、规模、规范＋特色”的原则，实施“以农业为根、生态为本、文化为魂、民俗为基、游客体验”为特色的乡村旅游发展的品牌战略，开发高品质、差异化的乡村体验旅游项目，不断提升乡村旅游项目的综合功能，精心培育具有本土特色的乡村旅游拳头产品，培育形成一批在省内外有较大影响力的乡村旅游度假村。

（三）发挥旅游与农业生产功能，现代科技融入乡村旅游

江苏乡村旅游开发的旅游项目和产品有采摘、垂钓、野炊、赏花等多种形式，但

主要功能仍然停留在农业生产方面，并没有充分凸显其旅游功能。农业为乡村旅游功能服务，乡村旅游又可以为乡村赢得更多的经济效益。尤其是随着现代农业科技的不断进步，游客个性化需求的多样化，乡村旅游应该跟上农业科技的脚步，不断更新旅游产品，将现代科技融入到乡村旅游中，让游客感受科技的魅力，同时享受乡村田园的悠闲。充分利用互联网技术来改造乡村旅游和现代农业，通过移动互联网向外界宣传乡村的旅游资源、农业生态、历史文化等方面的优势，借助网络信息化、大数据技术、云平台等，大力加强乡村智慧旅游体系建设，推进乡村旅游业与现代农业融合发展与创新。依靠科技创新在乡村旅游产品的质量上多做文章，开发出具有乡村地域文化特色、技术含量高的乡村旅游项目和产品，最大限度地满足不同层次乡村旅游者需求。

（四）加大培训力度，提高乡村旅游从业人员素质

加强引进、储备和培训乡村旅游与现代农业融合的专业人才。吸引国内外高级旅游专业人才参与江苏乡村发展，加大对旅游农业相关专业的教育和职业技能培训的投入，培养更多的旅游农业专业技术人才，鼓励旅游企业重视并强化从业人员在接待服务、经营管理等方面的业务培训。依托江苏高校及科研院所的优势条件，采取“走出去，请进来”等多种方式，从旅游专业和农业专业中聘请相关教师和专家进行授课，加强对乡镇领导和管理部门、各乡村生态农业旅游景点管理者以及讲解员、服务员等对象的教育和培训。健全政府主导、部门协同、统筹安排、产业带动的培训工作机制，充分利用远程网络教育资源优势，开展乡村旅游和现代农业方面的专业知识和技能培训，完善乡村旅游的培训和教育体系，促进从业人员更新经营理念，增强服务意识，提高专业技能，为当地乡村旅游与现代农业的融合发展提供人才保障。

四、结语

乡村振兴战略背景下江苏乡村旅游发展，要坚持以现代农业发展为前提和基础，积极利用现代农业产业资源带动发展乡村旅游。科学面对乡村旅游业与现代农业融合中的瓶颈和挑战，积极探索和创新乡村旅游业与现代农业的深度融合发展模式，不断优化管理体制机制，大力发展现代农业生产，积极培育乡村旅游特色品牌和专业人才，在乡村旅游与现代农业融合中注入现代科技，从而又好又快地实现美丽乡村建设和发展。

参考文献

［1］陈华江，李枝宇.贵州乡村旅游发展模式现状及对策研究——以遵义市花茂村、苟坝村为例［J］.农村经济与科技，2018，29(17)：97-98.

［2］中共中央国务院.关于实施乡村振兴战略的意见［EB/OL］. http://www.moa.gov.cn/ztzl/yhwj2018/zxgz/201802/t20180205_6136444.htm，2018-02-05.

论区域地方立法协调的若干问题

高　凛

江南大学法学院

摘要：区域地方立法协调是伴随着我国区域经济一体化进程加快而产生的问题。区域地方立法的目的在于为区域发展和治理提供法治保障，实施区域地方立法协调可以降低立法成本、避免立法冲突、促进地方经济发展。从必要性来看，区域地方立法协调可以降低立法成本、避免立法冲突、提高立法质量，并促进地方经济的发展。地方立法机关和地方政府应该重视地方立法的协调，构建一种有效的地方立法协调模式。

关键词：区域；地方立法；协调

从全球范围看，区域经济一体化是世界经济发展的必然结果。区域经济的发展离不开完善的法治环境和制度保障。我国是一个统一的单一制国家，必须维护国家法律的统一和尊严，所有法律、行政法规、地方性法规等都不得与宪法相抵触，否则构成违宪，而违宪的法律是无效的。对于同位阶的法律规范而言，也应当保持统一。在法治统一的前提下，地方立法也要体现地方特色，发挥地方应有的主动性和积极性。在理论层面，区域发展与治理需要法律的支持与保障；在实践层面，区域立法协调确实存在，例如 2006 年东北三省的立法协作，京津冀地区的协同立法等。但是区域地方立法协调的成效并不明显。如何进行区域地方立法的协调，来促进地方经济的发展，是一个重要的研究课题。

一、我国地方立法的法律依据与特点

我国地方立法的法律依据是：宪法、法律、行政法规等。我国《宪法》第 100 条规定："省、直辖市的人民代表大会和它们的常务委员会，在不同宪法、法律、行政法规相抵触的前提下，可以制定地方性法规，报全国人民代表大会常务委员会备案。"我国《立法法》第 72 条规定："省、自治区、直辖市的人民代表大会及其常务委员会根据本行政区域的具体情况和实际需要，在不同宪法、法律、行政法规相抵触的前提下，可以制定地方性法规。设区的市的人民代表大会及其常务委员会根据本市的具体情况和实际需要，在不同宪法、法律、行政法规和本省、自治区的地方性法规相抵触的前提下，可以对城乡建设与管理、环境保护、历史文化保护等方面的事项制定地方性法规，法律对设区的市制定地方性法规的事项另有规定的，从其规定。设区的市的地方性法规须报省、自治区的人民代表大会常务委员会批准后施行。"

《立法法》第82条规定：“省、自治区、直辖市和设区的市、自治州的人民政府，可以根据法律、行政法规和本省、自治区、直辖市的地方性法规，制定规章。”此外，我国的行政法规和其他法规、规章也对地方的立法权作了相应的规定。

地方立法是我国立法体系的重要组成部分。首先，地方立法必须以宪法、法律和行政法规为依据，其立法内容不得与宪法、法律、行政法规相抵触，如果相抵触则导致地方立法的无效。从法律效力上来看，依次为宪法、法律、行政法规，而地方立法的效力较低。其次，地方立法只限于本行政区域内适用，具有区域性的特点。再次，地方立法是为了保证宪法、法律、行政法规在本行政区域内的遵守和执行，从而推动地方经济、文化、公共事业的建设和发展。因此，地方政府可以结合本地区的具体情况和实际需要，根据当地政治、经济、文化的特点，制定相应的地方规章。

二、区域地方立法协调的内涵与必要性

（一）区域地方立法协调的涵义

区域地方立法协调又称区域地方立法协作，是为了避免因地方立法的冲突阻碍区域一体化而进行的一致性协调。立法协调本身包含了合作的理念与方式，区域地方立法协调直接指向的是相关法律文本及立法活动，是建立在多个立法权基础上的特殊的立法活动，目的在于为区域一体化发展或区域公共事务治理提供法治保障，或者“形成促进区域协调发展的良好的法治软环境”。有学者认为：“真正意义上的地方立法协作，是区域内的立法主体对某一事项的共同立法，这是地方立法协作的最高形式，也是最根本的形式。”区域地方立法以立法项目为载体，这是一种工作上的协调，并不涉及立法权限问题。多年来，许多地方立法主体根据本行政区域改革、发展和稳定的实际需要，制定了不少具有地方特色的地方法规和政府规章，为本地区经济、社会发展和城市管理提供了重要的法治保障。但是，随着相关省份共同利益的增多，在城市管理、环境保护、社会治安、文化交流等领域横向联系的不断加强，区域间的立法协调日渐凸现其必要性。正如有学者所说：“通过地方立法协调，有效整合区域资源，以经济一体化为中心促进区域一体化发展，进而推进全局发展。”因此，对于在政治、经济、文化、自然条件等方面有许多相同或相似的地区，可以由全国人大及其常委会或国务院授权成立区域立法委员会等类似机构，就相同或类似的事项制定适用于该地区的地方性法规和规章。这样，可以更好地体现相关省市的共同特色，弥补现行立法之不足，及时有效地规范各种新出现的、较为复杂的、共同的社会问题，满足区域内各省市的现实需要。有学者提出区域行政立法模式，即“由区域内的各行政区划政府有关人员在协商自愿的基础上组成区域行政立法委员会，作为区域行政立法机构，经中央国家权力机关或国务院授权，就同样的或类似的事项制定能适用于各行政区划的统一的区域行政立法。”

（二）区域地方立法协调的必要性

区域立法协调在现阶段显得较为重要，其必要性主要体现在以下方面：

1. 降低立法成本

立法成本是法律成本的一部分，是指立法过程中人力、物力、财力以及所耗费的时间等资源的支出，具体包括：为立法机关运转及其立法工作人员所支付的费用，收集立法信息和立法资料以及形成立法草案的费用，审议立法草案与修订立法文本的费用，制作法律文本的费用，公布与传播法律、法规的费用，以及立法的机会成本。立法所追求的目标之一就是降低立法成本、提高立法质量。对于有共同立法领域的地方立法来说，降低地方立法成本较为重要的措施就是优化立法资源的配置，立法资源的优化和合理配置是以取得立法效益最大化为原则。就我国目前的立法限制而言，如果区域内的几个省市同时就相同领域的事项各自进行立法，势必会造成立法成本高昂、立法内容相同的倾向，极易造成立法资源的浪费。而加强区域地方立法协调，将相同或者相近的地方立法事项制定成一部统一的区域性法规或规章，并将之适用于相同或相近的省市，这样的做法最能降低立法成本，是一种减少重复劳动的具有实效的方法。

2. 避免立法冲突

依据现行法律的规定，省人大和设区的市的地方人大、省政府和设区的市的人民政府都具有制定地方性法规和行政规章的立法权限，这虽然可以发挥地方的积极性，“却又可能带来仅从本地区特殊性考虑的负面影响，从而使法治的推进形成一种以地域为中心的分割现象。多年来，一系列的社会事件使得区域内立法协调备受关注，例如2007年太湖水域蓝藻暴发对太湖沿岸城市的影响；长三角各城市间的交通相通却各自为政等。随着当今社会开放性、流通性的不断增强，出现的环境污染、交通、人员管理等问题，需要各省市之间相互配合与协调来加以解决。

3. 提高立法质量

由于行政区域是相互独立的，不存在隶属关系，又缺乏相应的立法协调机制，又由于行政区划的分割和地方立法利益的驱动，地方行政立法中极容易出现地方保护主义现象，经济区域内部立法缺乏协调的问题也逐渐凸现出来。不同的地方出于自身利益的考虑，往往会针对相同情况做出相互矛盾的规定，一些地方行政法规还存在着立法内容重复、相互抄袭的现象。这些问题既影响了地方行政立法的质量，也有损于法律的尊严和权威。进行区域地方立法的协调，则有助于提高地方立法的质量。

4. 促进经济发展

从区域经济发展的趋势看，“目前，市场准入和就业门槛较高，企业和个人办事难、成本高的问题比较突出。同时，为避免重复投资和无序竞争，强调要加强土地使用、能源消耗、污染排放等管理，发挥法律法规、发展规划、产业政策的约束和引导作用。”目前，长三角的区域合作仅限于区域内各行政首长之间的磋商和对话。为了改善区域法治环境、促进区域统筹发展，必须要有完善的区域立法协调体制保障。从国际上的经验来看，一体化程度最高的欧盟，在每个阶段都会制定相关的法律法规。

在市场经济条件下，追求自身利益最大化的潜规则导致具有地方立法权的个性之区域从自身利益出发制定了不少相互冲突的地方性法规。因此，非常有必要对区域内的地方立法进行整合，建立适合本地区发展的立法协调机制。

三、长三角区域立法协调的思考

2006 年的《东北三省政府立法协作框架协议》正式实施开了中国区域行政立法协作之先河，该协议的出台，有利于预防并解决各行政区域间的立法冲突，为本区域营造良好的法治软环境，也为该地区人大系统立法协调机制的建立提供了经验和参照。2017 年 2 月，京津冀人大协同立法工作会议原则通过了《京津冀人大立法项目协同办法》，这也是区域地方立法协调方面的成果。

（一）长三角区域立法协调机制的建立

长三角地区主要包括上海、浙江和江苏两省一市，地域相连，道路相通，水体相连。长三角地区的地方立法主体，在不与宪法、法律、行政法规等上位法相抵触的前提下，可以根据本行政区域的具体情况和实际需要制定地方性法规。

长三角立法协调机制建立的具体设想：

1. 建立长三角立法协调委员会

该委员会是一个非常设机构，由江、浙、沪人大法制委员会主任或政府法制办公室主任以及有关法律专家组成，通过定期的交流和协调，统一立法项目和议题。

2. 构筑长三角立法信息交流平台

江、浙、沪对有关长三角地区的地方性法规和地方行政法规的制定和修改信息，事先要进行沟通，将协调的意见反映在各省市的立法活动中。

3. 确定立法协作的领域和议题

江、浙、沪地域相近、文化相通、经济相融，存在广泛的共同利益，长期保持着良好的人际往来和密切的经济合作与交流。但是，区域内的各个城市毕竟分属不同的行政区域，各地在改革发展中有着不同的路径选择、利益诉求和关注热点，确定立法协作的议题对于充分调动各个地方参与立法协调的积极性非常重要。对此，可以参照《东北三省政府立法协作框架协议》的相关规定。该协议在五个领域开展立法协作：开展鼓励和保障非公有制经济发展方面的立法协作；开展诚信方面的立法协作；开展应对突发公共事件方面的立法协作；开展国家机构和编制管理方面的立法协作；开展行政执法监督方面的立法协作。

（二）长三角区域立法协调的模式

在长三角立法协调探索中，比较重视宣示性、指导性的立法规范的协调，即关注“那些旨在描述法律事实或者具有宣示性、号召性、鼓励性、促进性、协商性、指导性的条款，其逻辑结构不够完整，没有运用国家强制力保证实施的‘软法’。”从长三角区域地方立法协调的实践探索看，在协调模式上采用的是松散型区域地方立法协调模式。这样做，很大程度上是因为长三角两省一市之间需要参与立法协调的主体在数量上比较多，而且各地立法主体互不隶属，管辖的地域不同，情况也较复杂。因此，松散型立法协调模式在较复杂的协调环境下更为可行，更切实际。

因此，长三角区域的各省市应当摒弃立法上的地方保护主义，以整个长三角区域的发展大局为重，加强立法上的交流和合作，通过立法协调机制的运作为优化区域之间的资源配置提供完善的法治保障，从而保证整个长三角区域的市场经济健康发展。整合长三角区域立法优势，实现立法资源共享，不仅有利于降低立法成本，提高立法质量，而且对于落实科学发展观，促进长三角区域经济的更快发展，具有相当重要的作用。

三、区域立法协调的建议与设想

区域经济一体化发展的过程中会出现制度冲突，就必须发挥区域地方立法协调的积极作用。特别是，"当不同改革涉及的利益出现一定矛盾时，立法者的价值选择应当兼顾平衡利益分配所涉及的各个方面。尽管其中应当有轻重、主次、先后之别，但都应对各种利益给予合理的兼顾和平衡。"秉持这一价值选择和利益兼顾的指导，区域地方立法应发挥积极作用，进一步促进区域经济发展。

(一) 协调依据

我国自上而下的立法模式对于地方性立法作了明确规定，但是，这些规定尚未涉及到区域之间的立法问题。随着我国社会利益主体的多元化，区域横向立法显得更为重要。因此，应该在宪法和法律中明确规定，使得区域地方立法有合法的依据。只有这样，才能鼓励在政治、经济、文化、自然条件等方面相同或近似的地区在平等、自愿的基础上加强地方立法的协调，形成一定规模的区域。同时，强调为地方人大和政府协调立法提供法律上的依据，也有利于规范地方立法主体的行为，防止其滥用权力。

(二) 立法机构

为了使得区域立法具有可操作性，法律应该明确规定，由区域内人大组成地方立法委员会、由区域内省级政府组成行政立法委员会，立法委员会作为区域的立法机构，主要负责地方人大立法和地方行政立法的立法草案讨论和最后通过。委员会下设综合办公室，具体负责地方立法的日常工作，综合办公室的主要职责是定期召开交流会、拟定立法协调项目、起草区域间立法草案、对于区域立法的解释等。

(三) 立法权限

我国实行一元制立法体系，中央与地方、权力机关与行政机关之间的立法权有着明确的划分。因此，必须在立法上明确，区域间的地方立法只能是一种立法上的合作方式，其目的是解决立法横向冲突的问题。在相关的法律中应明确区域地方立法的权限，主要是涉及各省市共同立法的事项。

(四) 立法程序

区域地方立法有其特殊性，因此应该为其设计一个有效的、便于操作的程序。

具体如下：

1. 起草

由立法委员会的综合办公室来负责起草，然后交各地方人大或政府征求意见；也可以由某一个省负责起草，再征求其他省市的意见。在起草阶段要广泛地协商和听取各方面的意见。

2. 通过

由立法委员会召开全体会议一致通过。

3. 公布

由区域内各省市人大或政府的负责人共同签署命令，以区域立法委员会以及各省人大或政府的名义予以公布，并在相关报纸上刊登。

4. 备案

区域地方立法的综合办公室负责办理备案手续。

结语

地方立法协调面临着诸多障碍和困难，例如地方保护主义、地方各自为政等，这就需要各方共同努力，解决制度冲突，推进立法协调，促进区域发展。区域地方立法只是就某些领域进行立法协调，应该充分意识到各行政区域的经济利益、政治地位、立法权力是完全平等的，立法协调是在承认和尊重地区享有平等发展权的前提下进行区域联合性活动。区域地方立法并非完全抹杀地区各行政区域之间的现实差异，强制性地在整个地区进行完全一致的立法，它允许并重视各地立法存在的客观差异。因此，我们应当开展全方位的区域立法协调工作，加强区域立法协调机制的构建，为各区域经济的发展创造一个优越的、完善的法治软环境。

关于深化长三角区域科技创新协同发展的几点思考

陈　缨

九三学社无锡市委员会

摘要：当前，从竞争走向竞合的跨区域协同创新正逐渐成为科技创新的新趋势。作为国内经济最发达、科技创新要素最集中、区域协同合作起步最早的地区之一的长三角区域，要围绕“科技创新中心”建设的总体目标，突破当前在在科技创新合作和协同发展过程中存在的瓶颈和问题，逐渐形成具有全球影响力的科技创新中心、产业科技创新中心和创业梯度转移承接创新中心的战略格局。

关键词：长三角；科技创新；协同发展

科技创新已逐渐成为一个国家和地区发展的主要驱动力，从竞争走向竞合的跨区域协同创新正逐渐成为科技创新的新趋势。近年来，中央先后出台了“一带一路”发展战略、京津冀协同发展战略和长江经济带发展战略，并在此基础上围绕京津冀和长三角的城市建设与开发，先后出台了《京津冀协同发展规划纲要》和《长江三角洲城市群发展规划》。

作为国内经济最发达、科技创新要素最集中、区域协同合作起步最早的地区长三角，近年来科技创新氛围日益浓郁，区域科技合作意识不断强化，区域创新体系建设初见成效，科技综合实力、区域创新能力均位居全国前列。但对照中央提出的建设“具有全球影响力的科技创新高地”的目标要求来看，存在的问题与困难还是不少的。

一、存在的主要问题与困难

从政策层面来看，行政壁垒依然明显。一方面，长三角区域涉及三省一市26个城市，各省市在科技项目、科技规划、科技标准等方面自成体系，缺乏区域联动，没有形成“相互开放、知识共享、联合公关”的协同关系。如，对高新技术企业、高新技术成果的认定标准不统一；再如，长三角三省一市虽然签订了科研院所大型仪器设备共享协议，但在实际操作中却很难真正放开。另一方面，一些城市在科技创新功能与定位等方面还存在同质竞争的现象。如，在高新技术园区建设方面，有的城市不顾实际情况大上高科技产业，不仅造成创新资源的浪费，也导致区域产业间的恶性竞争。再如，在一些以上海为龙头与合作城市建立的共建园区中，甚至出现高端产业上海不愿意放手,低端产业合作城市不愿意接收,导致共建园区陷入尴尬困境的现象。

从要素层面来看,流动渠道不够畅通。长三角地区科技创新要素丰富但科技资源布局分散,必须通过市场配置的方式将这些资源整合起来形成"区域优势",才能"举全区域之力"攻克重大科研难关。但由于目前市场化的利益分配机制和风险分担机制没有建立,不仅阻碍了科技创新生产要素的自由流动和合理配置,也导致一些科技资源重复投入、重复建设的现象依然存在,降低了科技创新的效率。

从市场层面来看,服务质量总体不高。虽然长三角地区初步形成了中介模式、产学研合作模式、企业联合开发模式、产业集群模式等多元化的科技服务体系,以此来促进区域内信息、资金、人才、成果、技术等创新要素的充分流动。但相当一部分服务机构是从政府部门分离出来的,在运行方式上仍然遗留着许多行政机关的烙印,存在着对政府的依赖性强、服务内容单一等一些问题,还有一些服务机构存在规模小、能力弱、服务质量和水平低下等问题。

从企业层面来看,科技品牌数量不多。2016 年《麻省理工科技评论》中评选出的"50 大创新公司"中,长三角只有一家(阿里巴巴)入选,与北京、深圳等地存在明显差距。而从 2016 年亚洲 500 强企业的评选来看,长三角入选的企业数在全国占比为 1/5,与经济总量占全国 1/4 的现状不完全相称。

二、对策建议

党的十九大把区域协调发展战略列为七大战略之一,明确提出要"建立更加有效的区域协调发展新机制"。长三角区域各城市分属不同的行政区域,资源禀赋、发展阶段不尽相同,要按照"协同发展"目标,根据利益共享、风险共担原则,加强统筹谋划,推动各地以更加开放的姿态、更加包容的理念全方位开展创新合作,力求错位发展、优势互补,实现创新共赢。

一是总体规划的协同,破解跨行政区域协同创新的制度性和政策性障碍。建议:参照京津冀合作发展的模式,从国家层面上进行统一协调和推进,全面统筹规划长三角地区内的科技发展规划、政策配套服务和在合作过程中碰到的一些重大关键性问题。重点从"跨区域的调控目标设定、重大基础设施的统一布局、重要科技创新资源的开发、高新技术产业的空间布局、重要配套和扶持措施的统一"等方面入手,加强各省市各类科技、人才、产业规划对接,形成长三角区域一体化的科技创新规划战略。

二是创新资源的协同,推进区域整体创新效率提高和创新能力提升。建议:以市场化的手段,推进区域科技创新资源共享,实现区域内的人才、技术、资本、信息等创新要素自由流动、有机重组和优化配置。重点抓好两个方面:一方面是推动上海张江、安徽合肥 2 个综合性国家科学中心发挥更大作用,加强合芜蚌、苏南等国家自主创新示范区的合作互动,推进各级各类科技创新空间、孵化器、加速器等平台建设,合力推进共建共享跨区域重大科技基础设施群和创建国家实验室,为长三角科技创新提供强大源头支撑;另一方面是瞄准世界科技创新前沿领域,聚集相关城市的技术优势开展联合申报和联合攻关,进而辐射、带动相关城市的基础科学研究,大幅提升区域的原始创新能力。

三是保障机制的协同,探索完善地区间规划衔接、生态补偿、风险补贴、跨区域决策、利益共享等相关机制。建议:深化长三角大型科学仪器、文献、专业技术服务等共享平台建设,促进区域创新资源高效配置和互利共享;推进长三角技术转移体系建设,推动技术、资本和产业市场联动融合,提高区域间技术转移和科技成果转化速度和效率;完善长三角知识产权保护协作网络,建立健全跨地区知识产权行政执法,降低企业维权成本;进一步优化科技创新服务机构的发展环境,鼓励区域内大企业建设基于互联网的创新创业服务平台,不断提高行业的管理水平和能力。

四是产业转型的协同,促进技术创新链与产业链的有机融合。产业持续旺盛的需求能牵引科研的不断发展,因此,科技创新协同需要与长三角区域内的产业创新和转型升级结合起来。建议:围绕新技术、新产业、新业态和新模式的“四新经济”,以三省一市的重点开发区为主要抓手,把发展高新技术产业与改造提升现有产业结合起来,促进各城市根据自身特点形成优势产业和特色产业;在保证国家安全的前提下,有效整合国家重点实验室、国家级企业技术中心、国家工程研究中心、国家工程技术研究中心、跨国公司研发总部等,聚焦重点产业和民生领域,加强关键共性技术联合攻关,持续实施具有典型示范意义的合作项目,充分激发企业科技创新的主体功能,营造全社会创新发展的良好氛围。

加快江苏省新兴产业高层次人才队伍建设的路径及对策建议

王学用

无锡国家高新区(新吴区)人力资源和社会保障局

摘要: 本文从江苏省新兴产业发展成就入手,论述了发展新兴产业高层次人才队伍建设的现实路径,并对关系高层次人才创新创业发展成败的重要因素提出了比较有针对性的意见和建议,对于全国其他地区发展新兴产业具有现实的借鉴意义。

关键词: 新兴产业;高层次人才队伍;路径;对策建议

江苏作为全国区域创新能力八连冠、新兴产业发展大省和科教人才大省,多年来坚持人才优先发展战略,坚持以人才结构优化引领和助推产业转型升级,通过实施"十二五"发展规划和十大产业推进方案,设立战略性新兴产业专项资金等一系列举措,江苏战略性新兴产业的产业规模不断扩大、产业层次持续提升,日益成为江苏产业升级的重要支撑和经济发展新的增长点,走出了一条以高层次领军人才带动和发展战略性新兴产业的新路子,产业转型成效显著,新一代信息技术、高端软件和信息服务业、智能装备、生物医药、新材料、新能源制造业等代表性产业近年来发展态势良好,产业规模快速壮大,战略性新兴产业销售收入年均增长超 20%,2018 年销售收入突破 5.8 万亿元,是 2010 年的近 3 倍,占规模以上工业产值比重超过 32%,显示出江苏经济转型升级卓有成效。

江苏省新兴产业发展的经验在于紧紧抓住关系新兴产业发展的高端人才队伍建设这个核心,做到了高端引领整体开发、统筹兼顾重点培育、政策护航集成支持,最大限度地为新兴产业发展提供充足的人才保障和智力支撑。

一、加快新兴产业高层次人才队伍建设的现实路径

加快推进新兴产业人才队伍建设,是发展新兴产业的重要支撑。必须遵循客观规律,抓住引进、培养、使用三个核心环节的思路来加以推进。

1. 引进高层次新兴产业人才

领军人才对于发展新兴产业是非常关键的,引进一个人,也许会带来一批人,更有可能带动一个产业。"对于产业而言,地理集中性就好像一个磁场,会把高级人才和其他关键要素吸引进来。"同时,人才资源的聚集又为人才的成长和产业的

发展、升级提供了保证。一是聚焦高端。重点引进各领域有影响的高端人才，引进掌握关键技术、带动新兴学科和新兴产业发展急需的杰出人才和创新团队。二是集中支持。围绕新兴产业发展，可以通过建设一批重点引才工程品牌，对重点人才给予重点资助，并整合科技项目、科技金融、风险投资等各类资源给予集成支持。三是科学评价。在项目、人才引进初期做好资格审查、技术评审、综合评审，在人才引入后做好跟踪，及时掌握其创新创业的实效。四是创新机制。推进产学研深度合作中的人才柔性共享机制，实现资源共享，利益与风险共担，实现高端人才和智力资源更好地为发展新兴产业服务。五是搭建平台。加快重点学科、重点实验室、工程技术研究中心建设，提升各类科技园、高新区建设水平，为各类人才创新创业、施展才华打造好事业平台。

2. 培养各类新兴产业人才

江苏省科教资源十分丰富，现有普通高等学校 121 所，其中部委属 10 所，“985 工程”2 所，“211 工程”11 所，本科 44 所；科研院所 331 家，其中部委属 55 家，省属 80 家，省辖市属 155 家。可依托这些高校、科研院所，打造新兴产业人才培养链，以更大力度培养新兴产业人才。一是实施新兴产业专项人才工程。依托重大科研、重点工程、重点学科、重要科研基地，引进培养一批能够推动产业发展的高层次人才。二是组织实施科技企业家培育工程。针对有技术背景的企业高层开展“从技术走向管理”的系列专题课程，提高管理水平，确保企业基业长青。三是实施高技能人才工程。发展新兴产业，技能人才同样重要。要通过发展职业教育和建立专项公共实训基地，培养社会紧缺、企业急需的高技能人才。四是推动高校专业设置改革。调整优化高校学科布局，在专业设置上调整一批，增设一批，与本地区新兴产业相适应，尽快构建起新兴产业学科专业体系，为新兴产业人才培养奠定基础。

3. 鼓励新兴产业人才创新创业

人才发展，以用为本。一是科学使用人才。不拘一格选才、育才和用才。在使用中培养，为使用而引进，以使用来激励。二是营造更优发展环境。在为人才创造尽可能好的工作、生活和科研条件的同时，也要为企业发展创造更好的产业生态环境。三是要加大人才服务力度。企业内部要在完善激励机制上下功夫，外部在要改进服务手段，拓宽服务范围，形成多层次、多功能的人才社会化服务体系。

4. 营造新兴产业人才成长环境

一是优化政策环境。一方面是制定落实针对新兴产业人才队伍建设的政策措施，另一方面是围绕产业发展核心要提供政策扶持，两方面缺一不可。二是优化政务环境。按照“发展之初当保姆，发展之中当导师，壮大之后当保安”的要求，落实行政审批改革要求，做到政务公开和办事承诺制，为新兴产业人才提供一站式、全方位服务。三是健全科技中介支撑服务环境。要大力兴办具有市场主体地位的各类科技创新中介服务机构，满足新兴产业及人才作为创新主体对技术、信息、融资、专利、产权交易、法律等方面的服务需求，促进知识和技术的有效配置。四是努力打造宜居环境。为高层次人才提供就医、配偶和子女就业、就学及落户等方面的优惠服务。

二、加快江苏省新兴产业高层次人才队伍建设的对策建议

1. 制定专项发展规划

规划要先行，发挥规划对新兴产业人才队伍建设的引领作用。目前，江苏省十大新兴产业发展专项规划虽对各自领域的人才队伍建设提出了阶段性目标，但是缺乏相应的配套政策、落实措施。因此，必须抓紧制定江苏省新兴产业人才队伍建设专项发展规划。在制定规划时，建议要做到"四个衔接"：一是要注意与省国民经济和社会发展"十二五"规划相衔接；二是要注意与省中长期人才发展规划纲要相衔接；三是要注意与各新兴产业发展专项规划有关人才发展目标相衔接；四是要注意与各地有关新兴产业人才发展目标相衔接。

2. 完善创新创业载体

高起点规划建设高水平的发展载体，是实现新兴产业人才集聚的前提条件。必须把各类创新创业载体建设摆在突出位置，加快建设、完善步伐。因此，建议：一要提高各类创新型园区发展水平。工业园区是产业集聚的有效形式，产业集聚是工业园区获取竞争优势的一种有效机制，在这种机制下，产业集聚的动力在于有利于技术、知识创新和扩散等动态的集聚经济效益上来。要着眼自主创新、汇聚创新资源，加快各类创新型园区建设，使之成为自主创新核心区、新兴产业先导区和高端人才密集区。二要加快开发区转型升级步伐。促进开发区产业转型升级，向高端制造、技术研发、区域总部等方向转变。三要推进大学科技园和科技创业园建设。大力推动各类科技企业孵化器建设，鼓励新兴产业科技型中小企业向孵化器集聚，加快专业园区公共技术平台、公共服务平台建设，实现创新型人才、创新型企业、创新型产业集聚的目标。四要加快特色产业基地建设。各区域应根据自身产业基础和条件，规划建设新兴产业基地，形成差异化竞争态势，重点推进国家和省级高技术产业基地建设，加快构建新兴产业产业链。五要发挥创新型城市的支撑作用。利用南京、苏州、无锡、常州等国家创新型试点城市的作用，选择一批产业基础好、创新能力强的市、县(市)开展省级创新型城市试点，着力形成"新城市、新产业、新人才"良性互动的局面。

3. 健全科技金融体系

新兴产业人才的创意与金融资本的结合，能够快速推动新兴企业做大做强。一是加快发展股权投资体系。发挥创业投资对新兴产业的金融支撑作用，通过发挥财政资金引导作用，引进社保基金、保险资金等 GP 资源，引导重点民营企业、高科技企业等参与 LP，继续加大对各类 VC、PE 及基金管理公司的引进，构筑起完善的、涵盖不同企业成长阶段的创新型金融支撑体系。二是加快发展债权融资体系。

大力引进与发展科技支行、针对科技类企业的信贷专营中心，村镇银行(科技类)、科技租赁、科技小贷等科技金融专营机构，形成包括有形担保、无形担保以及知识产品担保等担保手段的科技中小企业金融信贷担保体系。三是大力发展科技金融中介服务体系。大力引进会计师事务所、律师事务所、专利商标代理事务所等科技金融中介机构，打造完善的科技金融增值服务体系。

4. 加强知识产权保护

知识产权日益成为国家、地区发展的战略性资源和竞争力的核心要素。新兴产业人才是知识创新主体的领跑者，必须全面实施知识产权战略，维护其应有权益，充分发挥其在自主创新中的重要作用。一要促进知识产权转移应用。综合运用科技、产业、人才、金融等政策，推进知识产权资本化、产业化、市场化。推进知识产权市场建设，发展知识产权服务机构，支持创新主体通过转让、许可、质押等多种形式实现知识产权的市场价值，促进新兴产业知识产权产业化。二要加大知识产权保护力度。强化行政执法和司法保护，加大刑事、行政执法力度，充分发挥舆论监督作用，依法惩治和遏制知识产权违法犯罪及侵权行为。三是加强知识产权保障。政府要发挥舆论引导、政策支持、人才培养的作用。培育知识产权文化保护的良好社会氛围。

5. 营造创新创业氛围

良好的创新创业氛围，是吸引新兴产业人才集聚的必要条件。建议从以下几个方面营造氛围：一是弘扬敢为人先、敢于冒险的创新精神。努力营造科技人员创新、支持科技人员实现创新的有力条件。二是营造尊重人才、爱护人才的社会风尚。尊重人才就是要尊重人才的创造和劳动，为人才创造提供支持和帮助；爱护人才就要勇于为人才创新创业中遇到困难时排忧解难。三是培育鼓励创新、宽容失败的良好氛围。新兴产业是一种创新性行业，新兴产业人才是富有创新性的人才。要在全社会营造追求卓越、大气谦和、团结协作的文化氛围，形成崇尚成功、宽容失败、鼓励竞争的文化氛围，以有利于新兴产业人才创新创业。

参考文献

[1] 胡蓓.产业集群的人才集聚效应[M].北京：科学出版社，2009：6.
[2] 雷鹏.产业集聚与工业园区发展研究[M].南京：东南大学出版社，2009：83.
[3] 江苏省“十三五”战略性新兴产业发展规划[Z].江苏省办公厅发布，2016-11-24.

江苏省在长三角一体化城市群发展中的定位思考

杨玮林

江南大学物联网工程学院

摘要：涉及沪苏浙皖的长三角一体化城市群发展已上升为国家战略。作为其中重要参与者的江苏省，需要在这次一体化进程中抓住机遇巩固和发展自身优势，同时改善南北发展不均的现状。对此，本文从城市和企业两个角度对一体化进程中的角色定位进行了分析。

关键词：长三角一体化；江苏；城市发展；角色定位

一、历史机遇

2016年，国家发改委发布《长江三角洲城市群发展规划》，将上海、江苏、浙江、安徽的26个城市纳入长三角城市群。长三角城市群涉及国土面积21.17万平方公里，人口1.5亿，地区生产总值占全国的近20%，是我国经济活力最好、创新能力最强、吸纳外来人口最多的区域之一，也是我国"一带一路"与长江经济带的重要交汇地带，在国家现代化建设大局和全方位开放格局中具有举足轻重的战略地位。

2018年11月5日，在首届中国国际进口博览会开幕式上，习近平总书记宣布"将支持长江三角洲区域一体化发展并上升为国家战略，着力落实新发展理念，构建现代化经济体系，推进更高起点的深化改革和更高层次的对外开放"。在这一背景下，可以预计未来数年内，长三角城市群一体化的进程将会加速。沪苏浙皖将进一步加深合作，着力将长三角地区建设成为我国发展强劲活跃的增长极，成为全球资源配置的亚太门户，成为具有全球竞争力的世界级城市群。

江苏省有九个城市被列入了长三角城市群，即南京、无锡、常州、苏州、南通、盐城、扬州、镇江和泰州。伴随着更为一体化的区域关系，城市间的人流、物流、信息流、资金流的流动也将更为频繁。江苏省需要抓住这次历史机遇，将本省的发展融入长三角一体化的建设进程中去。

二、发展现状

江苏省发展一直存在南北不均的问题。从经济体量看，2018年全省GDP总量 9.259 5 万亿元，苏州、南京、无锡等苏南三市顶起了半边天（贡献 46.2%），是苏北五市的 2 倍（贡献 23.1%）；从城市交通看，南京一城有 77 条跨区断头路，苏北（除徐州外）却均未搭上高铁快车，苏州和南通相距 100 公里，开车仅 1 小时，高铁却要绕道南京耗费 4 小时；从城市布局看，从南到北三大城市群（苏锡常城市群、南京城市群、徐州城市群）按行政区划而分、各自为战，经济增长极呈点状发展、鲜有互动。

江苏的支柱型产业之一化学工业近年来正经受着密集整治的考验。江苏石化企业沿江临海已形成 4 家国家级、6 家省级、30 多家市级化工园区分层集聚的架构，环保风暴下，“263”专项行动、“四个一批”专项行动等铁腕“减化”，淘汰化工企业超 2 000 家，诸园区亟待“腾笼换鸟”，仅宜兴一地 2018 年就集中整治了两个化工园区和其他工业集中区。总之，江苏面临着总体经济向好，内部资源割裂、产业重调的局面。

很大程度上，地理因素导致了江苏的困局。南京位置太偏西，仅东面和扬州、镇江、常州相邻，北面、西面、南面被安徽的滁州、马鞍山、宣城三市包围；苏北对外港口条件不好，既不港阔、也不水深，大船进不来，没有办法做大中转贸易，更何谈做强；河运退位陆运和海运后，淮安的经济发展就受到了限制；至于石化企业，沿江、临海而建本是出于运输便捷的考量，但却恰好是人口密集区、经济发达带，有环境污染之患，必然要进行环保整治。虽然存在种种问题，但是在长三角一体化的进程中，这些历史因素将会逐渐被弱化。

在长三角一体化的大趋势下，交通一体化是基础。江苏今年将全面落实国家中长期铁路网规划和江苏沿江城市群城际铁路建设规划，加快谋划推进一批重大高快速铁路项目的落地，全力争取开工建设宁淮铁路、北沿江高铁，积极配合浙江省和上海市加快沪苏湖铁路、沪通铁路二期前期工作，并力争年内具备开工条件，加快连徐高铁、盐通铁路等 5 个续建项目建设。2019 年全省综合交通建设计划将完成投资 1 370 亿元，建成重大项目 43 个，开工重大项目 46 个，建成综合交通网络 5 000 公里以上。与此同时，今年江苏将全面开工建设连云港新机场，加快建设淮安金湖、徐州新沂、常州溧阳、无锡宜兴通用机场和镇江大路通用机场水上起降区工程，续建南京禄口机场 T1 航站楼改扩建工程等，建成南通兴东国际机场航站区扩建工程、无锡硕放机场改造工程。不难看出，江苏省已在交通方面全面部署了交通一体化。

三、如何定位

（一）城市定位

为满足长三角一体化及江苏省的发展，每个城市都需要有各自的规划。江苏省从省级层面发布了《江苏省城镇体系规划（2015—2030 年）》，结合全省城镇空间发展态势，引导中心城市差别发展，培育具有国际竞争力的专业化城市，对部分具有一体化发展态势的城市组群进行了整体功能引导。规划不仅涉及13个省直辖市，还涉及昆山、宜兴、丹阳等县级市。以纳入长三角一体化的9个城市为例，其定位如表1所示。

表1　江苏省纳入长三角城市群的9个城市及其省内规划

城市	规划定位
南京	国家主要的科教基地、综合性产业基地、交通枢纽和历史文化名城，长江航运物流中心，长三角地区重要科技创新中心、现代服务中心，南京都市圈核心城市
无锡	国家高新技术产业基地、先进制造业基地和风景旅游城市，长三角区域中心城市，苏锡常都市圈核心城市，现代化湖滨花园城市
常州	国家高新技术产业基地，创新创智型城市和文化旅游名城，长三角重要的中心城市之一，苏锡常都市圈核心城市
苏州	国家高新技术产业基地、创新型城市和风景旅游城市，长三角区域中心城市，苏锡常都市圈核心城市
南通	国家历史文化名城，江海交汇的现代化国际港口城市，长三角北翼的经济中心和门户城市
盐城	东北亚特色物流转运基地、长三角新兴的工商业城市、沿海湿地生态旅游城市
扬州	国家历史文化名城，长三角先进制造业基地、旅游休闲与生态宜居城市
镇江	国家历史文化名城，长三角先进制造业基地，现代山水花园城市，重要的港口、风景旅游城市
泰州	中国医药名城和长三角先进制造业基地，滨江生态旅游城市

不难看出，上述每个城市在长三角城市群中都有各自的"标签"。南京作为省会，是交通枢纽、物流中心和长三角地区重要科技创新中心；传统强市苏锡常是高新技术产业基地和长三角区域中心城市；有制造基础的扬州、泰州及镇江是长三角先进制造基地；盐城着力建设东北亚特色物流转运基地和长三角新兴工商业城市；南通全力转型为现代化国际港口城市和长三角北翼的经济中心。新形势下，在长三角一体化进程中，亟需明确城市分工与协作，各市打造的旗帜越鲜明，才越能于重大任务中在第一时间内找准自己的责任与对接城市，高效率和低成本地发挥城市群的作用。

长三角地区工业(特别是先进制造业)十分发达，新材料、新能源、生物医药、精细化工、芯片、石油化工、家居制造、汽车制造、装备制造等现代智能工业企业大量集中在长三角地区；信息化、城镇化水平较高，上海、苏南、杭州湾地区，城市化率平均达到70%以上，高于全国平均水平10%以上；农业现代化、集约化水平也较高，设施农业走在了全国前列。因此，长三角要发挥新型工业化、信息化、城镇化、农业现代化同步发展的"新四化"的先发优势，瞄准并聚焦建设世界级先进制造业集群的使命，设计具有前瞻性的城市功能定位，加快探索和推进中国的现代化进程。近年来，各城市都发展了自己的优势产业，如苏州的外向型工业，无锡的物联网与智能制造，南京的半导体与芯片等现代特色产业，完全具备了参与全球竞争的基础能力，因此在城市实施部署时还需考虑积累与战略相协调。

不在长三角一体化范围内的江苏省其他城市，同样要有清晰的定位。长三角一体化将会带来明显的溢出效应，作为与长三角一体化城市群接触的其他城市，可以选择性地承接部分溢出效应与产业转移，成为一体化浪潮的积极参与者和合作者，同时结合自身优势，打造特色平台。

（二）企业定位

在长三角一体化进程中，企业的参与和配合至关重要。中小企业是区域经济发展活力增长的重要因素。目前，我国中小企业总量超过 2 000 万家，经济总量占全国工业产值的 60％、就业机会的 75％、出口的 60％，可以说中小企业的发展对处于社会主义市场经济初级阶段的中国来说地位特殊，作用巨大。在经济较为发达的长三角地区，中小企业的地位和作用就更为突出。江苏境内尤其是苏南地区是民营企业非常活跃的地方，企业部署是城市定位的关键所在。在新的历史机遇面前，企业需要抓住机遇，发展优势，扩大业务，做大做强。

首先，企业要找准自己的定位。不管是新兴企业，还是传统制造业企业，都要重视科学技术的创新，向着“高精尖”发展，以在市场竞争中保持优势。如今分工协作越来越普遍，许多大企业把原来集于一身的研发、生产、销售环节，有选择地转移到专业化的中小企业。这样的运作方式不仅有利于资源的整合和利用，也促进了专业化分工合作和生产效率的提升。由于灵活，中小企业在一体化进程中能更好地结合自身发展的特色，抓住政策机遇（如金融改革等），实现自身“质”的飞跃。

其次，企业要灵活布局。过去，中小企业的日常经营、研发及生产都在同一座城市，只有较大的企业才有能力同时在多地分职能、差异化地运营。未来，信息技术的蓬勃发展将改变这样的格局，互联网及 5G 技术发展将让中小企业有更多的选择余地。即使不在现场，信息的互联互通也让技术人员可以在第一时间访问到海量的第一手数据。在大力推广工业物联网和智能工厂的时代浪潮下，无人工厂和远程运维将是大部分企业发展的趋势。研发及相关部门和生产部门等可以分离开，研发地的选择更多考虑企业间的横向交流、市场的需求以及政府的支持政策等，生产地则可以放在场地成本较低的城市，实现资源配置的优化。例如一家做精密加工的企业，日常运行和研发可以放在能提供更多的人才资源和政策支持的苏州，生产则可以放在土地资源更为充裕的扬州、泰州等地。可在厂区生产线布置大量传感器，以满足远程运维的需要，当苏州总部进行商谈时，可以随时从终端调出现场数据向客户展示。基于网络的异地运营方式，将在总体上产生节约成本、合理优化配置的效果。同时，也有助于区域间功能定位的形成，促进各行业工业物联网的发展与创新，使得城市间的协作变得更为高效。

四、总结展望

江苏省自身的发展和长三角的一体化是相辅相成的。江苏省既要抓住机遇争做沪苏浙皖一体化的领头羊,又要利用机会改善本省发展不均的现状。为此,宏观上需要从政府层面进行城市定位的制定,微观上需要从企业的角度去适应新的环境,进行自身的转型与蜕变,勇立于一体化的浪潮之上。

区域经济协调发展视角下江苏中小民营企业品牌传播研究

胡付照　李　崎

江南大学

摘要：一个区域拥有诸多品牌影响力的民营企业是区域经济实力的显示。在融媒体时代，提升民营企业品牌传播能力对区域经济的壮大及协调发展具有积极的促进作用。文章分析了民营企业品牌传播方面存在的不足，提出了相关对策，对促进民营企业高质量发展，提高品牌影响力作了积极探索。

关键词：区域经济；协调发展；民营企业；品牌传播

改革开放40年来，民营企业充满活力，不断发展壮大。实施区域协调发展战略是新时代国家重大战略之一，是贯彻新发展理念、建设现代化经济体系的重要组成部分。推进区域协调发展，是当今世界经济发展的一大趋势，也是我国进一步释放发展活力、增强国际竞争力的重大课题。江苏是我国民营经济的发源地，南通的大生集团和无锡的荣氏集团是中国近代富有影响力的民营企业。2017年党的十九大首次提出了高质量发展，表明中国经济由高速增长阶段转向高质量发展阶段。2018年国务院政府工作报告，明确了“按照高质量发展的要求，统筹推进‘五位一体’总体布局和协调推进‘四个全面’战略布局”；还提出了“国有企业要通过改革创新，走在高质量发展前列”，以及“进一步拓展开放范围和层次，完善开放结构布局和体制机制，以高水平开放推动高质量发展”。

提升区域经济发展水平，需要高质量富有活力的企业释放动能，提高企业质量需要在科技创新与品牌建设两个方面大力投入，不断提升企业的核心竞争力。与高质量发展的要求相比，目前我国中小民营企业研发投入和自主创新水平还处在初级阶段，经营管理水平和经济效益偏低，在国际竞争优势方面不明显。中国经济正走在从中国制造向中国智造的道路上，经营企业，必须要向科学管理要效率，向营销品牌要效益。企业只有转变发展方式，拥抱变化，走品牌建设之路，拥有品牌核心竞争力，才能掌控全球化分工的主导权。互联网技术的飞速发展，企业品牌建设面临巨大的挑战，企业在品牌运营中，构建与顾客及相关利益者之间良好的品牌关系，不断提升品牌资产是当今企业品牌建设的关键。

一、区域经济发展与品牌资产的关系

（一）品牌是反映区域经济发展状况的重要指标

美国学者汤姆·邓肯博士指出："品牌即指所有可以区分本公司和竞争对手的产品信息和经验的综合并为人所感知的内容。"[1]品牌具有丰富的内涵，不断提升品牌影响力，做大品牌资产是企业永恒的追求。品牌资产是衡量区域经济水平的重要因素。一个区域的品牌资产与该区域的竞争力紧密相关。一个地区所拥有企业知名品牌的数量和质量会大大影响该地区经济的发展。尤其是一个地区拥有行业中诸多名牌的企业，其集聚效应更加明显。在江苏省经济快速发展的背景下，区域经济不协调发展是必然存在的[2]。要实现区域经济的协调发展，提升区域品牌的竞争力，就要重视区域内企业品牌对区域经济的带动作用，把提升区域内的企业品牌资产作为区域经济建设的重要内容，打造优势品牌行业和高附加值产业，通过产业间关联带动区域经济整体快速发展。

（二）品牌资产是导致区域经济增长差异的重要因素

不同区域的品牌影响力具有很大差别。受区域历史因素、地理因素、政策因素、人才因素等多种制约，经济欠发达地区的品牌数量较小，品牌资产规模不大，品牌影响力较小，品牌的发展较为滞后，品牌对欠发达地区经济总量的促进作用明显小于发达地区。因此，大力实施品牌战略，提升品牌资产，是实现区域经济协调发展的重要措施。品牌资产与区域经济发展之间相互影响，相互促进，区域内的诸多企业品牌的健康发展，促进了区域产业优势的形成，不断提升区域核心竞争力，壮大了区域产业族群，提升区域周边经济生态。

从区域间的合作而言，以合作共赢的原则，着力构建新型区域合作关系，推动区域产业分工从"梯度转移"向"产业协作"转变[3]。对于区域内的企业而言，重视品牌建设，不断优化品牌传播是持续提升品牌形象，提高品牌影响力的重要内容。在企业品牌传播中，往往存在的误区是疏于或缺乏品牌传播整合能力，造成品牌传播的偏差。

二、中小民营企业品牌传播存在的问题

（一）缺乏品牌战略规划

江苏中小民营企业区域发展不均衡，苏南民企较为发达，苏中、苏北相对落后。总体而言，中小民企的品牌建设目前仍于初级阶段，大部分的企业尤其是中小企业缺乏科学的品牌战略规划，品牌个性不明显，难以进行差异化的品牌定位，易受市场变化的影响，对自身认识不清，经营品牌肆意延伸，长此以往，反而容易丧失了原有的品牌优势。

（二）品牌定位不准

由于企业管理层对品牌重视度不够，忽视了品牌定位，存在品牌定位的同质

化、定位模糊等问题，无法凸显企业的品牌差异化优势，难以塑造个性化的品牌形象。品牌定位不准，对消费者而言，难以形成清晰的品牌认知，更难以提升品牌忠诚度，品牌资产难以提升。

（三）品牌传播方式偏差

互联网带来了信息传播方式的巨变。传统媒体和新媒体在信息传播中各有优势，手机改变了诸多消费者获取信息的方式。不少企业在品牌传播中，还未能转变思路，思考问题的出发点还存在企业本位主义等误区。不少企业在品牌传播中认为进行广告轰炸，就能快速提高品牌知名度，提高市场销售力。但实际上，广告的作用是有限的，广告所强调的产品某一功能或品牌的形象，并不能代表品牌核心价值，甚至有的广告诉求与品牌核心价值观存在巨大偏差，某一个广告做得越多，反而是对品牌核心价值的损害。

（四）企业品牌关系构建能力有待提高

品牌价值取决于品牌关系，品牌承载和体现了与顾客及相关利益者的这种特殊关系。通过传播沟通营销和维护品牌关系，并使得这种关系不断地加以强化，进而实现品牌价值的提升。企业与顾客及相关利益者的品牌关系构建能力的不足，会造成企业品牌在顾客及相关利益者中的认知偏差，难以形成个性化的品牌印象，企业品牌建设效果不佳。

三、提升中小民营企业品牌传播影响力实现途径

（一）科学制定品牌战略

企业品牌战略是品牌建设的纲领，是实现企业品牌可持续发展的前提与保证。品牌战略的制定，要具有一定的前瞻性和务实性，需要科学规划，设定合理目标，具有可操作性。企业常见的品牌战略有单一品牌战略、主副品牌战略、多品牌战略、品牌特许经营战略和品牌联合战略等，企业应根据自身所处的环境制定品牌发展战略。在战略的指导下，通过生产实践不断积累品牌经验，逐步创建属于自己的企业品牌。

（二）做好企业“三大”定位

企业面对市场竞争，在运营管理之中，所生产的任何产品若能在市场上占有一席之地，都必须要做好市场定位、产品定位及品牌定位。以差异化经营，积聚力量，打造属于企业的品牌。企业根据自身实力资源及竞争优势，研究市场竞争状况，选择所要进入的市场，做好市场定位。根据市场消费需求，做好产品定位，为所选定的市场做好产品的设计生产。根据消费者的需求，做好企业品牌定位。企业针对三大定位，设计具有个性化的产品包装、品牌形象，以高质量的产品及品牌美誉度，持续不断地满足消费者的需求。

（三）品牌传播中设立好“品牌调性”

著名广告人大卫·奥格威认为：“品牌是一种错综复杂的象征，它是品牌属性、

名称、包装、价格、历史、声誉、广告方式的无形总和。品牌同时也因消费者对其使用的印象，以及自身的经验有所界定。”消费者对企业品牌的感知往往是感性的，他们常常会把企业品牌进行人格化的感知。品牌调性就是基于品牌的外在表现而形成的市场印象，它常常隐形于具体的品牌形象之中。品牌调性对品牌成败的影响程度远远超出常人的想象。企业在品牌传播中，无论采用怎样的创意，一定不能脱离品牌调性而设计广告或其他传播形式的信息传递，否则，难以在消费者群体中形成清晰的品牌形象认知。

（四）以“一个声音”进行融媒体传播

品牌个性是品牌核心价值的具体表现。企业应设计专属于企业个性化的品牌，整合线上线下媒体，以“一个声音”进行融媒体传播，持续不断地提升品牌形象。企业在 CIS 的战略指导下，做好品牌设计，塑造具有个性化的品牌形象，通过包装、广告及品牌形象代言人等方式表现出来。在具体传播形式方面，传统线性传播的单向方式将被多向性、互动性和融入性的传播形态所替代。

（五）树立整合营销传播观念，维护良好的品牌关系

整合营销传播理论是 20 世纪 90 年代美国舒尔茨教授提出的，其后汤姆·邓肯博士对该理论作了系统提升，企业整合营销传播的终极指向是提升品牌资产，整合传播的任务是企业在顾客及相关利益者之间处理好各种关系节点。尤其是要利用好大数据，科学而高效地分析好大数据，在企业品牌传播中的各种接触点进行有效管理，增进互动性，通过最佳接触点实现沟通目标。

（六）提升企业自主创新能力，提升品牌核心能力

自主品牌是企业以自有知识产权为基础形成的核心竞争力之一，是企业可持续发展的生命力。拥有自主品牌是企业走向高质量发展的内容之一。企业在发展过程中，重视品牌塑造，加强技术创新，拥有自主的技术和品牌，逐步提升自身的创新能力，才能通过拥有自主产权和品牌的产品，赢得消费者的尊重和品牌的忠诚。

（七）积极促进区域品牌联合，构建品牌联盟

中小民营企业面临着生存发展压力，市场需求和竞争压力促使具有品牌意识和创新精神的企业联合起来，共担风险，推动了企业间的品牌联合。根据企业自身优势做好角色定位，社会化协作整合多方优势资源，实现优势互补，联合作战，为品牌联合打下良好的基础。在长期的企业协作发展中，企业形成动态柔性协同优势，逐渐形成企业竞争优势，区域内的产业集群形成完整的产业链，提高了企业间的交易效率，大大降低了交易成本。提高了企业盈利能力。

有特色才能形成个性，才能成为核心竞争力。建设区域品牌要凸显区域特色。要想实现区域内经济健康快速发展的目的，重点在于转变传统粗放型经济发展的方式，区域之间应该重点推进区域内特色品牌打造，走出一条独具创新特色的品牌之路，推进区域的创新与实践[4]。每个区域在自身剖析的基础上做好战略定位，集中优势重点发展优势产业，创建区域独特的品牌。品牌带来了企业高质量发展，一

个区域的民营企业品牌，在空间上形成聚集，形成独具特色的本土化的产业品牌，这种特色产业能对区域经济产生乘数效应，成为区域经济持续增长的动力。

结语

中小民营企业受制于自身的融资力、技术创新力、人才吸引力、运营管理能力等的多种因素，品牌建设能力有限，企业应根据市场特色赋予品牌独特内涵，做好品牌定位，采用多种策略进行整合营销传播，不断提升品牌影响力，提高品牌资产，提升区域经济的可持续发展。

参考文献

[1] 汤姆·邓肯.整合影响传播：利用广告和促销建树品牌[M].北京：中国财政经济出版社，2004：13.
[2] 罗文科，何叶荣.江苏区域经济差异与协调发展研究[J].淮南师范学院学报，2016(5)：34-38.
[3] 章寿荣.发达地区推进区域现代化的模式与路径[J].现代经济探讨，2018(6)：8-13.
[4] 林民权.科技创新驱动区域经济发展的作用研究[J].经贸实践，2018(24)：148-149.

新时代大运河文化带建设对策研究

李　崎　胡付照

江南大学

摘要：大运河文化带建设是我国新时期提出的首个以文化建设为指向的线性带状区域发展战略。中国正处于新时代的经济转型期，带状经济区建设将极大地推动中国的经济社会发展。文章分析了大运河对沿岸地区经济社会发展的影响、大运河文化带建设的问题及潜力，并对加快大运河文化带和沿海经济带建设对策作了积极探索。

关键词：带状经济区；大运河文化带；区域空间格局

中国大运河是我国古代贯通南北的唯一交通大动脉，是中华民族流动的血脉，由此孕育出内涵深厚、千姿百态的运河文化。大运河文化带北接京津冀，南连长江经济带，极大地优化了我国区域空间格局。我国以丝绸之路经济带、长江经济带为代表的带状经济区建设极大推动了社会经济发展，依托京杭大运河的大运河文化带是新的带状经济区。2017 年 6 月 4 日，习近平总书记在中办调研室《打造展示中华文明的金名片——关于建设大运河文化带的若干思考》上作出重要批示，指出"大运河是祖先留给我们的宝贵遗产，是流动的文化，要统筹保护好、传承好、利用好"，将大运河文化带的建设提升到一个新战略高度。

推进大运河文化带的建设是新时代党中央做出的一项重大决策部署，也是立足国家战略大格局、实施区域协调发展的重大举措。中国大运河具有航运工程及文化遗产廊道的双重价值，京杭大运河极大地促进了沿岸地区的文化交流及经济发展，在国民经济发展中占有举足轻重的作用。研究和加强大运河文化带建设，将其打造成展现中华优秀传统文化的重要窗口和传播载体，是当前文化共同体建设的重大课题。

一、大运河文化带建设的意义

京杭大运河是我国古代劳动人民留给我们的宝贵的财富，在中华民族的物质文明和精神文明进程中发挥了重要的历史作用。

（一）大运河活化了沿岸地区经济及社会文化

京杭大运河是古代劳动人民利用自然河流、湖泊、湿地等资源，因势利导地利用水资源，突破自然水系的阻隔，成功地实现了沟通南北、连接政治经济中心与腹地的目的，推动了中国南北文化的交融及运河沿岸经济文化的发展。作为一条人工开凿的纵贯南北的大水系，大运河的作用不仅仅是影响沿岸的农业、生态及商业发展，而是实现了历史上空前的南北物资大交流。大运河如一根运输要素的大动脉，串起了运河沿岸的各个区域，使得沿岸各区域间的市场联系更加紧密，区域间的经济交融更加便捷，极大促进了沿岸甚至全国经济的发展。

影响城镇体系变迁。京杭大运河便捷的水运交通和比较发达的腹地经济促进了沿岸地区商业贸易的发展，沿运河地区也是中国历史上工商业经济发育最早的地区。工商业的发展促进了人员和物资的集聚，沿运河地区逐渐形成了中国城镇空间发展史上第一条贯穿南北的城镇发展轴线。

促进文化交流。大运河的贯通繁荣了运河沿岸的社会经济，促进运河沿岸的文化交流。大运河流经中国传统文化发源地的齐鲁、中原地区，还经过江淮和江南地区，为传统文化向江淮地区和江南地区传播提供了便利条件。

(二) 大运河文化带建设具有时代意义

国家大运河文化保护传承利用规划纲要正在编制中，标志着大运河文化带建设即将上升为国家战略。从文化遗产的角度来看，中国大运河，不仅是中国的，也是属于世界的。大运河促进了运河沿岸各区域文化之间的交流、加速了多元一体的中华文化的形成。作为当时历史时期中国南北交通主干，日本、东南亚、欧洲等国家和地区的商人、使者以及宗教人士成为中国文化走向世界的传播者，打通了文明水路，促进了国内各民族之间、中国与邻近国家和地区人民之间的文化交流，对人类文明发展产生了重大影响。

二、大运河文化带建设存在问题及发展潜力

(一) 经济实力强，增长潜力大

大运河文化带是全国人口分布最稠密的地区，经济总量占全国的比重很大，且发展质量相对较高。但是，由于地理位置、资源禀赋和历史发展等原因，大运河文化带内部各省市的发展水平也存在明显差异。从人均国内生产总值来看，北京最高，为 12.9 万元；安徽最低，为 4.42 万元；最高值是最低值的 2.92 倍。区域间经济发展不均衡，发展水平有差异是区域经济发展的动力之一：发达地区发挥其辐射带动作用促进落后地区发展；发达地区的示范作用也会激励落后地区发展。

(二) 深厚的文化底蕴，丰富的文化遗存

作为世界上里程最长、工程最大的古代运河，京杭大运河承载着沿线极为丰富的文化遗产，是典型的超大型线性文化遗产，文化产业可持续发展已经成为人类对于未来经济增长模式的普遍共识。新时代建设大运河文化带，不仅要重现大运河历史上的繁荣景象，更要以文化为载体，推动中国区域空间格局的重塑。在于大运河文化带的八个省市中，北京、天津、江苏、浙江四个省市均是中国经济发达省市，而且根据历年统计数据计算，大运河文化带的 GDP 要高于长江经济带，有雄厚的经济基础，同时，大运河文化带中河南、山东两省均为人口大省，可承接发达地区的

产业转移来促进自身产业结构升级,发展潜力巨大。然而,在大运河文化传播方面,江苏目前还缺乏统一的推广平台。个别非遗项目由于受众急剧减少、传承后继乏人,存在断代危险。

(三) 交通体系发达,通达能力较强

在带状经济的发展中发挥着纽带核心作用的是基础设施建设,特别是交通基础设施的建设。大运河文化带作为一种带状经济区,包含中国东部六省和中部两省,是中国交通体系相当发达的地区。我国铁路干线中的京九线、京广线、京沪线等纵贯南北的铁路大动脉,高铁京哈线、京沪线、京九线等,以及沿海的运输线均经过大运河文化带,同时,这里也是中国高速公路网最密集的地区,新技术提升了交通通达能力,这大大促进了沿线城市经济的发展。

三、大运河文化带建设的对策思考

(一) 明确水利工作在建设中的重要使命

大运河文化带建设需要依托良好的水利工作基础。近年来,江苏省加强大运河水利工程建设,新建和改造了一批水闸、泵站,完成新沟河、新孟河延伸拓浚工程,使防洪、调水、排涝等综合功能得到进一步提升。建立了水量调度和水情预报中心,形成覆盖全国、相当完善的水利工程管理系统,以最大限度地实现原有运河的水利工程功能。

在大运河文化带建设中,应当紧密结合生态河湖行动计划各项要求,把大运河及周边湖泊建设成生态河湖的示范区,提升大运河环境治理和生态修复水平及文化建设水平,把大运河文化带建设纳入水利建设发展规划,推动水利工程与运河文化带有机融合,全面保护展示运河沿线核心遗产遗迹,打造一批运河博物馆群,加快运河沿线水生态文明城市建设。从法治层面规范大运河水利建设和管理,以法令形式保持运河本体和其他文化遗产,促进大运河防洪、供水、生态等水利功能的良好发挥。

(二) 落实保护传承利用规划,逐步缩小区域发展差距

区域的"空间优化",即是要求经济与人口在一定空间上趋于均衡,各地区获得大致相同的发展机遇。目前,中国区域空间不平等现象比较严重,实现区域空间平等发展的目标任重而道远。通过大运河文化带的建设可以有效地优化区域空间结构、缩小区域间发展差距、填补区域发展的空白。我国国家战略中的带状经济包括环渤海经济带、长江经济带和新丝绸之路经济带三大经济带,但这其中未能涵括山东和河南两个经济大省和人口大省,而大运河文化带中包括这两大省份,使得中国的带状经济趋于完善。

(三) 发挥政府对城市协同建设指导作用

中国大运河沿线各城市在大运河文化带建设中,需要坚持整体规划、统筹推进与分步实施原则,打破各自为政的思维定式。建立常态化沟通机制,注重流域内区

域合作和部门协调。落实协同建设,需要在协同的理念、精神及国际化的视野上来谋划协同、操作协同、推动协同。要从大运河文化带国家战略整体定位出发,跳出原有行政区域的局限,高起点调整完善发展思路,重构区域发展的大格局。科学重构要素、产业、交通布局乃至区划功能,当接则接、当舍则舍,进一步加强产业对接协作,杜绝"小循环",做到错位发展、互通有无、有效互补。要更加注重共享发展,把"全民共享、全面共享、共建共享、渐进共享"的理念融入到大运河文化带协同建设中去。

(四) 建设复合型发展带,发挥运河的综合性功能

打造文化共同体,是大运河文化带建设的一个核心内容,需要把大运河文化带拓展成为一个沿线地区的复合型发展带:注重区域分工,发挥区域优势。具体而言,京沪高铁到海岸地区可以建设服务业与高新技术产业发展带;大运河沿线核心区可以建设文化旅游产业带以及生态修复带。保障经济的水运需求量很旺盛是京杭运河江苏段的一个主要特点,与公路运输方式相比,年节约社会运输成本 200 亿元,在区域物资运输中发挥了不可替代的支撑性作用。下阶段要进一步通过发展集装箱运输和科学化、信息化的管理,丰富货物运输的种类,提升其运输能力;要做好环境治理和景观打造,既提升南水北调水源的质量,又能发挥运河主题旅游的功能。在大运河文化带建设规划上要合理划分大运河文化带建设的核心区、拓展区和辐射区,营造文化与生活共栖的功能空间,实现保护、传承、利用的总体要求。

(五) 打造大运河文化品牌,传承千年文脉

以打造大运河文化品牌为核心,注重品牌价值提升。大运河文化带是第一个以文化为引领推动地区协调发展的区域,中国大运河沿线各城市应全面系统地挖掘、梳理历史文化遗存、古籍文献和历史档案等文化资源;通过科技手段和增强文化体验感;推进大运河文化研究及国内外传播,要努力组织和举办国际水平运河城市论坛等学术活动,提升运河文化的国际影响力;产业发展应当分布在京沪高铁到海岸的地带,运河带要着重发展文化与生态,其使命就是传承千年中华文脉。

结语

大运河文化带的建设和发展在推动中国区域空间格局重塑和经济社会发展等方面潜力极其巨大。加强大运河文化带建设,努力打造具有世界影响力的大运河文化品牌,是新时代我国经济社会从高速增长向高质量增长转换过程中,在文化建设方面不断满足人民群众对美好生活向往的重要举措。随着大运河文化带建设的推进,中国的区域空间结构必将向更加协调的方向优化,大大促进区域的协调发展。

参考文献

[1] 孙久文.重塑中国经济地理的方向与途径研究[J].南京社会科学,2016(6):15-20.

［2］孙久文，易淑旭.大运河文化带建设与中国区域空间格局重塑[J]. 南京社会科学，2019(1)：11-16.
［3］邵波，钱升华.论大运河文化带建设中的文物保护与传承利用[J].聊城大学学报(社会科学版)，2019(1)：10-17.
［4］王晓明.以长江经济带建设与契机实现江苏省港口跨越式发展[J]. 交通企业管理，2014(9)：9-10.
［5］韩全林，曹东平，游益华. 对大运河文化带建设的水利立法思考[J]. 中国水利，2019(4)：9-12.
［6］黄杰. 建设大运河文化带的历史价值、时代意义与可借鉴的国际经验[J].大运河印记，2019(2)：67-70.
［7］王韬.江苏大运河的特性[J].大运河印记，2019(1)：65-70.
［8］中国江苏省委党校第30期省管干部进修班.江苏大运河文化带建设怎样才能走在全国前列[J].唯实・学员论坛，2019(3)：32-35.
［9］姜师立.中国大运河文化的内涵、特征及分类研究[J].中国名城，2019(2)：82-87.

推进江苏区域经济协调发展探讨

于力革

江南大学

摘要： 根据江苏经济发展阶段的新环境和新要求，强化制度创新机制，构建区域现代化发展的制度保障，从多个层面探索相关发展路径，以综合规划引领整体发展，促进空间、生态和土地利用，基础设施、公共服务、产业发展等多规合一、相互衔接、相互支撑，塑造江苏探索区域现代化之路的新动力、新优势。

关键词： 区域经济协调发展；制度；生态；人才

习近平总书记在党的十九大报告的第四和第五部分中，突出强调实施“区域协调发展战略”，并要求按照全面建成小康社会各项要求，“紧扣我国社会主要矛盾变化，统筹推进经济建设、政治建设、文化建设、社会建设、生态文明建设”，还要求“突出抓重点、补短板、强弱项”。

江苏从本省的实际情况出发，比较早地实施了“区域协调发展战略”，十八大以来取得了重大进展，但目前仍然存在不少问题。因此，江苏要坚持以习近平新时代中国特色社会主义思想为指导，围绕战略重点解决当务之急，更好地推进区域经济协调发展，从而为高质量建成“强富美高”新江苏奠定更加坚实的基础。

一、区域经济协调发展存在的主要问题

可以毫不夸张地说，解决区域经济发展差距问题，是一个世界性的经典难题，而区域经济协调发展格局的真正出现，绝非一蹴而就、轻而易举！江苏为此奋斗了40年。对照目标看现实，放眼全国看自身，棘手问题之一仍然是区域发展不平衡、不协调。管理学上的“木桶理论”告诉我们，一只木桶到底能装多少水，不是取决于最长的木板，而是取决于最短的木板。江苏今后更好推进区域协调发展，首先就要找出短板、认清弱项。

（一）区域综合实力明显不协调，区域之间的绝对差距仍在扩大

根据江苏省统计局资料——《江苏统计概览2016》，2016年，苏南的GDP分别等于苏中、苏北的2.9倍和2.47倍。同时，苏南的一般公共预算收入分别等于苏中、苏北的3.6倍和2.67倍。从更具比较价值的人均指标来说，苏南的人均GDP分别等于苏中、苏北的1.44倍和2.23倍。截止到2016年，苏北的经济增速虽然已经连续10年快于全省平均水平，但毕竟是以占全省1/2强的面积和近2/5的人

口，只创造了占全省 1/5 强的 GDP，综合实力仍然薄弱。再从绝对值指标的变化来看，区域发展的绝对差距仍在拉大。2012 年，苏南人均 GDP 比苏中、苏北分别高 39 160 元和 60 472 元，2016 年差距扩大到 41 341 元和 74 344 元。

（二）区域城乡居民人均收入状况和储蓄存款差距很大

2016 年，苏南居民人均可支配收入为 42 795 元，苏中为 29 138 元，苏北为 22 174 元，苏南分别等于苏中、苏北的 1.47 倍和 1.93 倍。其中，苏南城镇常住居民人均可支配收入已达 49 920 元，苏中为 37 585 元，苏北为 28 515 元，苏南比苏中、苏北分别多 12 335 元、21 405 元；苏南农村常住居民人均可支配收入达到 24 638 元，苏中为 18 320 元，苏北仅为 15 102 元，苏南比苏中、苏北分别多 6 318 元、9 536 元。再从居民储蓄存款情况来看，差距也十分明显。2016 年，苏南各项存款余额（人民币）达到 80 846.02 亿元，苏中为 21 734.91 亿元，苏北仅为 18 524.53 亿元，苏南分别等于苏中、苏北的 3.72 倍和 4.36 倍。

（三）区域投资结构存在较大差异，经济发展方式转变不平衡

人民群众的收入水平，与区域投资方式和产业结构关系极大。高投资率虽然能够拉动经济快速增长，有助于形成规模经济，但很容易造成发展不平衡，导致投资主要集中在工业领域，对消费产生挤出效应。最近 10 年来，苏北、苏中经济增速比较高，主要就是依靠“招商引资”来拉动的，还处在“投资驱动”发展阶段。同时，苏中、苏北的科技创新能力相对薄弱，经济发展方式转变较慢，因此，表现在产业结构上，2016 年苏南第三产业增加值占 GDP 比重已达 52.7%，苏中、苏北这一指标分别为 46.7%和 44.9%，苏南比苏中、苏北分别高出 6 个和 7.8 个百分点。

（四）区域公共资源分布差距很大，公共服务供给不平衡

最近十几年来，江苏十分重视推进区域基本公共服务的均等化，但由于长期以来苏北积重难返，目前区域公共资源分布和公共服务供给仍然很不平衡。在这方面，教育、医疗卫生资源分布的不平衡更为突出。以 2015 年为例，江苏公共预算财政支出中教育经费支出 1 718.8 亿元，同比增长 14.2%，占 GDP 比重已达 2.5%，但苏南拥有普通高校 91 所，分别是苏中、苏北的 5.4 倍、3.5 倍，拥有普通中专 92 所，分别是苏中、苏北的 3.8 倍、1.6 倍。苏南平均每所高校拥有专任教师 832 个，苏北仅为 504 个。苏北拥有的医疗卫生技术人员共 15.84 万人，占全省的34.5%，但低于其人口所占比重。到 2016 年，苏南拥有普通高校达 94 所，苏中、苏北分别拥有 17 所和 30 所，差距依然很大。

（五）县域经济发展不协调、不平衡，两极分化仍然比较明显

县域经济是典型的区域经济。江苏经济之所以在全国有地位，相当程度上得益于县域经济的支撑，县域经济是其稳定发展的关键领域、对外开放的前沿阵地、扩大就业的广阔空间、建设“强富美高”的重要基石。更进一步说，江苏县域经济还是领跑全国县域经济的先锋力量，昆山、江阴、张家港和常熟 4 市，经常位于全国“百强县”的前四名，进入前十名的也保持在 6 个左右。然而，江苏县域经济发展的

不协调、不平衡,也是不容忽视的。

二、江苏在开启全面建设社会主义现代化国家新征程中的先导作用

江苏等相对发达省份理应发挥先导带动作用。为全国发展探路是中央对江苏的一贯要求。这是因为:一是江苏的省情与国情相似。江苏省的苏南地区较为发达,苏中、苏北相对落后,与全国东部、中部、西部的梯度发展差异比较相似。相似的区域发展情况可以为全国统筹推进社会主义现代化建设提供经验借鉴。二是区位优势突出。作为东部发达省份,江苏省地处发展基础好、体制环境优、整体竞争力强的长三角都市圈的核心区,不仅自身自然资源丰富、生态环境良好,而且通江达海,交通条件也非常便利。三是经济社会发展水平高。江苏省经济总量位居全国各省市区第二位,在世界各国(地区)GDP 排名可以进入前 20 位。以人均 GDP 计算,2017 年江苏人均 GDP 为 107 189 元人民币,按世界银行标准已进入上中等收入经济体行列,正处在推进现代化的关键阶段。四是科技创新能力强。江苏省科教资源丰富,区域创新能力连续多年位居全国各省市区前两位。2017 年,全省科技进步贡献率达 62%,全省专利申请量和专利授权量分别为 51.4 万件和 22.7 万件,全省共有普通高校 142 所,均位居全国各省市区前列。物联网、信息技术、太阳能、风能、生物制药等战略性新兴产业发展势头良好,具有较强的市场竞争能力。

江苏在国家区域发展总体布局中具有举足轻重的地位,长三角一体化、江苏沿海开发、苏南现代化建设示范区、苏南国家自主创新示范区、“一带一路”倡议、长江经济带建设、南京江北新区建设等多重国家战略在江苏重合叠加,为江苏区域经济协调发展提供了良好的战略支撑。为了进一步促进区域协调发展,2017 年,江苏正式启动了“1+3”功能区战略:“1”是扬子江城市群,由南京、镇江、常州、无锡、苏州、扬州、泰州、南通沿江八市组成,扬子江城市群处在“一带一路”倡议和长江经济带建设国家战略的融合交汇地带,也与长三角一体化、苏南现代化建设示范区、苏南国家自主创新示范区、南京江北新区等国家战略深度融合。“3”为三个部分,一是沿海经济带,由连云港、盐城、南通三个沿海城市组成,对应“一带一路”、长江经济带、长三角一体化、沿海开发等国家战略;二是“三湖”生态经济区,涵盖宿迁、淮安以及苏中北部围绕洪泽湖、高邮湖、骆马湖的部分地区;三是淮海经济区,以徐州为中心,辐射宿迁、连云港、淮安和盐城。“1+ 3”功能区战略为“苏南提升、苏中崛起、苏北振兴”揭示了科学的战略方向,也为江苏区域协调发展奠定了完备的战略框架。

三、区域经济协调发展的应对策略

(一) 完善战略体系,打通融合协调发展的纵横通道

立足“1+3”主体功能区战略,积极对接“一带一路”、长江经济带、长三角一体

化、沿海开发、苏南现代化建设示范区、苏南国家自主创新示范区、南京江北新区等国家战略，制定科学的区域协调发展战略规划，构建统一权威高效的战略决策与协调平台，进一步理顺不同战略之间的互动关系，形成完备的区域协调发展战略体系。在“一带一路”和长江经济带交汇融合地带建设扬子江城市群，在长三角一体化进程中主动对接上海，在苏南着力建设两大示范区，彻底打通东西方向和南北之间的融合通道。

（二）以大运河文化带建设为契机，贯通苏北苏中与苏南

南北方向的融合通道尚缺乏高端战略支撑，以沿海开发战略为支撑的沿海经济带仅部分解决了苏中苏北的联通，对苏北苏南的联通作用有限。为此，应以大运河文化带建设为契机，积极推动淮海经济区、“三湖”生态经济区、南京江北新区与大运河主动对接，打造大运河生态经济文化带，尽快使大运河生态文化保护开发上升为国家战略，使大运河成为南北融合的主通道，进而在战略层面实现东西南北的全面贯通。

（三）推进生态环保一体化

生态系统不受行政边界限制，最需要协同治理、共同保护。面对日益严峻的资源生态环境压力，必须走生态一体化之路，提升区域生态环境总体质量，共建生态共同体。要按照“谁开发谁保护，谁受益谁补偿”的原则，完善多元化生态补偿机制和资源有偿使用机制。加强生态规划与监管，明确跨区域生态文明建设的边界范围、基本要求、保护标准和行动计划，在环境保护、资源开发、污染治理等方面制定统一规划，建立统一的区域生态监管技术平台。要完善立法严格执法，建立统一的生态环境法律体系及配套政策，严格遵循生态环保法律的立法、司法、执法和监督程序，加强跨界污染联防联治、联合执法，扭转“违法成本低、守法成本高”的局面。

（四）加强基础设施建设

基础设施建设是区域经济发展的重要支撑和基础条件。要以布局合理、功能配套、安全高效为目标，推进基础设施互联互通，为高效整合区域内资源、加速区域经济一体化进程提供强有力的支持。要加快铁路、高等级公路、内河航道等交通干线建设，推进公、铁、空、水等基础设施互联互通，完善集疏运条件和多种交通方式无缝衔接，强化重点城市综合交通枢纽功能，构筑紧密协作、高效便捷、互联互通的综合交通运输网络。要以电力为中心，加强区域内电源、电网、热电联供等能源基础设施建设。要以构建多种通信形式、性能安全可靠的数字化信息网络为目标，联合建设政府信息资源共享平台，构建信息安全保障体系，重点在科技服务、人才资源、法人单位、自然资源和地理空间等领域实现互联互通，不断提升信息基础设施建设水平。

（五）强化要素支撑，突破区域协调发展的多维瓶颈约束

1. 多元化的资金支撑

加大财政投入，提高财政资金使用效率，以财政专项资金为主导，吸引民间资

本参与，共同组建省市县不同层次的区域协调发展投资基金。对于符合区域经济协调发展战略规划的重大基础设施建设项目，给予多元化的融资支持。

2. 集约化的土地供给

坚持集约节约规划使用土地，对符合区域经济协调发展战略的建设项目优先满足用地需求，对于不符合协调性、整体性原则的重复建设、面子工程则从紧限制用地审批。鼓励重大基础设施的共建共享，适度控制土地开放强度，提高土地资源的利用效率。

3. 专业化的信息和技术平台

建设多层次、多类型、多功能的线上线下一体化的专业化、权威化的信息平台，降低区域发展主体的信息获取成本和交易成本。加强技术研发和科技成果转化，围绕区域经济协调发展的重大技术需求开展联合攻关，形成有自主知识产权的重大科技创新成果。鼓励不同区域之间的信息和技术共享，打破区域协调发展的信息壁垒和技术瓶颈。

4. 高素质的人才资源

提高人力资本投资规模和质量，着力培养和引进适合区域经济协调发展需要的高素质人才资源。强化对劳动力的职业培训，提升劳动力的总体素质，扫除劳动力流动的体制壁垒，以高质量的人力资源促进区域经济协调发展。鼓励更多外出劳动力返乡创业，切实增强后发地区的内生发展能力。

四、结语

统筹区域经济协调发展就是要按照科学发展观的要求，统筹兼顾、合理布局，妥善处理区域发展中的各方面关系，走各地区经济协调发展、共同富裕之路。统筹区域经济协调发展是实践科学发展观的重要方面，是促进国民经济持续快速健康发展和社会全面进步，实现全面建设小康社会目标的重要途径，也是结构调整的重大任务。

参考文献

[1] 储东涛. 江苏更加坚定推进区域协调发展的当务之急[J]. 江苏大学学报(社会科学版)，2018,20(1):79-86.

[2] 臧建东，陈清华，蒋晗. 着力打造区域一体化发展新格局[J].唯实，2018(1):52-55.

[3] 章寿荣. 发达地区推进区域现代化的模式与路径——以江苏为例[J].现代经济探讨，2018(6):8-13.

[4] 刘国斌，宋瑾泽. 中国区域经济高质量发展研究[J].区域经济评论，2019(2):55-60.

[5] 章寿荣. 跨越经济高质量发展“江苏拐点”[J].群众，2018(8):39-41.

大数据时代大运河文化带宿迁段呈现与传承的思考

张　腾

江苏省宿迁技师学院

摘要：现在的社会是一个高速发展的社会，科技发达，信息流通，人们之间的交流越来越密切，生活也越来越方便，大数据就是这个高科技时代的产物。与之相反，古老的传统的运河文化正逐渐远离我们，流失现象特别严重。本文以大运河文化带宿迁段为标本，分析大数据时代在传统文化保护方面应该提前统筹的工作，实现传统文化更好的传承与保护。

关键词：大数据；运河文化；呈现；传承

一、大数据时代大运河文化带宿迁段现状

大数据的兴起开创了新时代，是社会文化转型的新机遇。尽管不同的学者和专家对大数据有不同的见解，但普遍认为大数据有别于传统的信息技术，突出优势在于，通过海量数据的交换、整合和分析，人类可以突破已有知识的禁锢，重新发现新的知识并创造新的价值。这种新型的基于互联网的大众参与的资源组织使用模式，有利于合理资源配置，蕴藏丰富的创新潜在价值，其成果已经越来越多地应用于社会生产和生活。现代信息技术的极大发展也加快了文化活动的发展，为文化的发展提供了更为广阔的空间涵盖面，呈现和传承大运河文化，展现更为有活力的姿态，让这条古老的大运河更好地向世界展现中华文明。

宿迁地处长三角北翼、江苏北部，坐拥骆马湖、洪泽湖两大淡水湖，享有“华东净土、江苏氧吧”的美誉。宿迁自古便有“北望齐鲁、南接江淮，居两水（即黄河、长江）中道、扼二京（即北京、南京）咽喉”之称。乾隆六下江南五次驻跸于此，赞叹宿迁为“第一江山春好处”。历史上大运河流经宿迁地区，主要有三个不同时期的河段，一是隋唐时期的洛阳至扬州的通济渠，我市现存泗洪古汴河段 31.6 公里；二是元明时期漕粮行运至北京，“借黄行运”的古黄河段；三是清代新开之运河——中河宿迁段（112 公里）。2013 年大运河被国务院公布为国家级文物保护单位。2014 年，中运河皂河三湾至大王庙 41 公里段和龙王庙行宫被联合国教科文组织列入世界文化遗产名录。据不完全统计，目前我市大运河沿线各类遗产有 47 项，其中水利工程及相关遗产 18 项、聚落遗产 2 项、其他运河物质文化遗产 3 项、非物

质文化遗产 20 项、生态和景观保护区 4 项。京杭大运河这个独特的狭长线性运河文化区，穿越由古代燕赵文化演变的京津文化区、受齐鲁文化滋润的山东大地、古代吴越文化发展而来的江浙地区。数千年的融合与交流，哺育了宿迁这个年轻又古老的城市，赋予了其独特而又有活力的大运河文化带。

二、运河文化保护与传承工作存在的问题与困难

（一）文物遗存保护工作不足

目前大运河宿迁段现有水利遗址公园、顺河集（顺河大营）行宫遗址、顺河堤石桥、仰化行宫遗址、龙王庙行宫、陈家大院、新盛街区、大王庙等现存遗址，各类现存遗址仅有龙王庙行宫创建成国家 3A 级景区。大运河文化带宿迁段部分未列入申遗名单的古迹点如顺河行宫、大王庙等保存状况不佳，其真实性、完整性均遭到不同程度的破坏。沿线生态基底脆弱，部分河道环境卫生状况、水质维持难度大，运河全线整治的任务任重道远。

（二）非物质文化遗产保护传承堪忧

相较于物质文化遗产而言，推进大运河文化带建设中的非物质文化遗产保护工作面临着更大的困难。长久以来，逐水而居的宿迁人创造了丰富灿烂的非物质文化遗产，如泗州戏、淮海戏、柳琴戏、洪泽湖渔鼓舞等特色传统戏曲舞蹈，洋河酒酿造、黄狗猪头肉制作、乾隆贡酥制作等传统技艺。目前，宿迁共有非物质文化遗产国家级代表性传承人 1 人，省级传承人 14 人、市级传承人 261 人。大多数非遗项目传承人年事已高，且从业人员工资收入低、社会认可度不高。单靠政府扶持来保护非物质文化，尚显动力不足。目前非物质文化遗产市场化开发不足，市场化产品较少，导致非物质文化传承产业前景较窄、传承者缺乏。

（三）整链打造文脉提升不足

运河文化带宿迁段打造目前尚无整体统一规划，以运河为界，宿城区和宿豫区目前仍是各自开发，没有达到互相补充、错位彰显的效果。运河文化带宿迁段缺乏统一的规划设计愿景和层次感。其次从散落的各个遗址来看，资源的开发利用呈碎片化，并没有形成一条成熟的、可以承载宿迁运河历史文脉的旅游线路，资源亟待梳理和整合。

（四）运河文化带宿迁段古数据库缺乏

宿迁作为众水汇集之地，目前具有完备的三种运河形态，即利用自然河道、人工沟通自然河道和人工河道，运河形态长期多线并存。另外，宿迁留下了三条不同历史时期的活态大运河遗存，即隋唐大运河通济渠，元代明代运河古黄河和清代的中河。宿迁是唯一的运河形态和运河历史并存的运河城市。然而对运河数据进行收集时，以“大运河文化带宿迁段”为主题，百度显示共有约 86 万条搜索记录，多为政府开展活动的宣传报道稿件，知网搜索“大运河文化”相关主题共有 567 条文献，搜索“大运河文化宿迁”相关主题共有 0 条文献。宿迁运河的大数据库尤其是古运

河的数据库尚未建立。

三、对策与建议

文化遗产是记录历史的坐标点，也是地域文化、特定文化的基因库，更是一个地域，一个群体可提升的文化资源与实力。加强文物保护利用和文化遗产保护传承，迫切需要与大数据深度融合。如何利用大数据技术，让运河文化和遗产“活”起来，是运河沿线城市竞相研究的课题。

（一）打造宿迁运河文化数据库

宿迁运河段具有丰富的运河遗产资源和历史文化积淀，依托大数据可以将这些资源进行全面的梳理与更好的呈现。建议，一是建设宿迁运河文化数据库系统，扩充运河文化传播途径。利用大数据的先进信息技术手段，实现对宿迁运河文化资源信息的整合、梳理、分析、凝练，破除“碎片化”的呈现与传承。二是梳理宿迁运河文化遗产，实现遗产的数字化、档案化，提供图文音像并茂、丰富多彩的交互式人机界面，提供高效便捷的检索途径，要突出宿迁运河文化特性，打造成为中国有宿迁标签的第一个集群式运河文化大景观。三是实施差异化定位，区别于运河沿线其他城市的打造定位，嫁接大数据、人工智能和云计算等现代科学技术，重点打造宿迁运河段的大数据和人工智能体验呈现馆，用现代技术还原和呈现大运河曾经的辉煌和文化内涵，更加智能和直观传播运河文化的精神与文化。

（二）创新大运河文化新形态

现代信息技术的进入使传统的大运河文化存在形态得到极大的拓展，大数据这种动态的、虚拟化的基于互联网、大众参与的新形式与传统的千年大运河文化遗产长廊结合在一起，形成了大运河文化新形态，赋予了其在数字化时代新的内涵。建议，一方面要采用先进的数字技术，创建大运河文化宿迁段网络平台。将非物质文化遗产与网络媒体相结合，加大以宿迁大运河文化为载体的文化创作，将泗州戏、淮海戏、柳琴戏、洪泽湖渔鼓舞等特色传统戏曲舞蹈等非物质文化运用原创视频，博客，电子杂志，三维动画等网络文化产业相结合，设立专门大运河文化遗产的官方网站，提供文化背景介绍及文物遗存的体验服务，从而塑造宿迁大运河文化带的独特的品牌与形象，使网络信息平台成为宣传与展示的主要渠道。另一方面要在信息技术支持和加强监管的基础上，推进大运河文化新形态方式下的传播。打造宿迁大运河文化内容为依托的手机媒体和移动电视节目，广泛传播且短小精悍的文化宣传片、视频广告。利用手机 APP 的个性而又迅速的特性，以宿迁段大运河文化遗产为视频、知识竞赛等创作素材，充分挖掘大运河文化元素符号。

（三）构建非物质文化遗产保护系统

针对当前非物质文化遗产不断流失的现状，拓宽其保护途径和数据价值变得刻不容缓。建议，从政府层面引导大数据技术与非物质文化遗产的结合应用，率先开发建设区域性非物质文化遗产管理大数据系统。通过大数据信息化的技术，使非物质文化遗产得以数据固定和共享传播，从而引导更多的群体参与到非物质文化遗产的保护和传承中来，引发更多的网民传播和解析非物质文化遗产。运用大数据的共享、溯源和整合技术，实现数据的多维处理，进而产生综合数据集合效应，最终实现非物质文化遗产数据价值的最大化。

四、结语

大运河文化是千年人民智慧的结晶，民族精神的依托。在大数据时代，加强对大运河文化宿迁段的传承与保护，主要也是在立足现实文化遗产的基础上，借助于现代信息化技术，充分发挥大数据的特性，使我们在呈现与传承大运河文化过程中，能够最大限度地保护运河文化根基，保持运河文化特色和印迹。

参考文献

[1] 夏宁博. 非物质文化遗产的传承途径探究[D]. 昆明：云南艺术学院，2011.
[2] 毛峰，等.京杭大运河时空演变[M].北京：科学出版社，2013.
[3] 维克托·迈尔-舍恩伯格，肯尼思·库克耶. 大数据时代[M]. 杭州：浙江人民出版社，2013.

创新城乡发展机制，促进新农村小城镇化建设的思考及建议

陈利明

江苏八达重工机械股份有限公司

摘要：本文是针对江苏区域如何完成优化城乡结构，深入实施乡村振兴战略，努力实现城乡融合发展、共同繁荣的目标而提出的有关思考及建议，旨在为江苏的振兴与发展，以及对拉动整个国家的振兴与高质量发展，加快建设全面实现小康社会起到助推引领作用。

关键词：创新机制；土地集约化；小城镇；农村产业公司；农工商一体化

党的十九大报告提出，把农业农村农民问题作为国计民生的根本性问题，作为全党工作的重中之重，统筹实施乡村振兴战略。中共江苏省委 2018 年 1 号文件《关于贯彻落实乡村振兴战略的实施意见》对乡村振兴战略作出全面部署，并制定了重点工程配套实施方案，在谋篇布局、规划定位、政策引领等方面，绘制了乡村振兴这一宏伟战略的蓝图。

江苏区域完成优化城乡结构，深入实施乡村振兴战略，努力实现城乡融合发展、共同繁荣，是振兴江苏经济及社会建设的重大战略。江苏的振兴与发展，对整个国家的振兴与高质量发展，具有重大战略意义。实施农村“小城镇化”建设，是一条很好的深化“三农”改革，加快全面实现小康社会的康庄大道。

实施小城镇化建设，并不是让农民弃田进城，而是做小城镇上现代化的农业工人和新居民。对此，我们应在全省一盘棋的前提下，因地施策，明确各地的目标定位和实施路径，并呼吁政府配套好相关政策。否则建而不康，便是败笔，甚至导致农民以弃田为代价而进城，便无疑是一场国家灾难。

笔者认为，“小城镇化建设”应以县一级区域为单元核心，整合乡镇一级行政区域，即实施与县一级城市相距 10—30 公里间距的卫星城镇，根据每个县级区域的人口及面积情况，集中所有村、组，以及所有散落的住户，组建以 10 万左右人口量的现代化、特色化小城镇。

一、规划实施“小城镇化建设”的必要性和紧迫性

目前，我省人口密度在全国排名第五，但在农村，特别是苏中和苏北，农民散落

居住的现象仍十分明显，占据了大量宝贵的土地资源。特别是随着年轻人走出求学，中年人走出创业或进城打工，以及经济条件好一些的农民都在“村往镇上搬，镇往县里迁”等等现状，导致农村人口老龄化、居房空心化、产业低端化，以及教育、医疗、环境卫生等落后问题越来越明显、突出。不解决好这一普遍的农村问题，便不会有江苏真正的整体振兴与跨越式发展。

回顾我国两千多年的社会发展史，“安居乐业”始终是社会进步和发展的基础。而社会发展到当今阶段，“乐业安居”则成为我国社会发展的新动向，并迎来了新转折。未来国民如没有“乐业”，便不会有“安居”。居随业迁、人同业往，将是未来人民生活的必然趋势。

因此，我们要想解决好江苏的农村问题，首先要解决好农业问题，业不兴则民不富。没有产业支撑，农村的发展便没有出路，终将导致继续的不良循环。所以，只有努力解决农村的产业结构问题，才能实现农民的安居，从而在根本上缓解城市的各种压力。为此，科学调整农村产业结构，努力推进小城镇建设，是实现城乡融合发展、共同繁荣的一项战略举措。

二、规划实施“小城镇化建设”的两个方面

调整农村产业结构，推进小城镇建设应注重两个方面，一是科学规划小城镇的新兴产业发展方向，二是科学规划小城镇的独特建筑风格，以及集现代生活要素为一体的特色小城镇特色生活风貌。在这两个方面，首先是通过农民土地的流转，实现固有价值，以投资入股的方式，由政府产业基金作为引导，共同出资并牵头成立农村产业公司，实施农业发展的集约化，并使之融入工业、商业运营及管理模式，先解决农“业”的升级问题，才能保障小城镇的可持性发展。另一方面是社会资本的融入，由相关房地公司实施以产业特色为基础的现代化小城镇规划建设，并以盘活的农村大量原居住占地，通过评估折现后(评估折现应包括土地的价值，而不能仅限于房屋的建筑价值)，用于在小城镇购房，实现安居目标，从而实现传统农业生产模式和农民生活质量的蜕变。

三、规划“小城镇化建设”的实施方案

关于“小城镇化建设”的实施，首先是通过对计划实施小城镇建设的局域农村的产能特征，规划“农、工、商、旅”等特色产业建设方向，解决传统农业向多元经济发展方向提升和转变问题，方可实现农民的“乐业”和今后的“安居”。具体实施方案如下：

(一) 科学规划局域的产业结构及实施方案

为了实现上述发展目标，可由地方政府通过社会或政府的产业基金，组建比乡镇规模更大一级(将原有临近的 2—3 个乡镇合并)的区域性新农村产业公司，根据国家土地流转政策，号召农民以手里的土地作价入股，实施将传统农业，向

工业化、特色化、集约化运行的模式转变，因地制宜地开展种植、养殖、收割、粗加工、深加工，而将农副产品变为商品，努力实现传统农业向工业化和商业化运营，即实施由农到工，由工到商的现代化运行和管理模式，拉长农业产业链，大幅提高集约化、规模化运行效率及经济效益，从而为小城镇化建设和农民的“乐业”奠定基础。

在实施操作过程中，必须先解决农民手中土地的流转问题，要将农民一家一户的土地全部以科学、公正的价值进行折现后，以股份形式，投入到农业公司，实施工业化、公司化运行机制，才能整合资源，提高未来农业生产效率和经济效益。

在这个过程中，农村产业公司要制定农民向工人、职员角色转变(主要从事农副产品深加工、细加工、精加工和商业化工作)的培训及再就业方案，即将年龄偏大，已失去繁重劳动力的农民，不仅享有土地股份收益，而且还可以在农业工场(或工厂)里从事合理分配的粗加工、细加工和商品包装等工作，实现老有乐劳(不是所劳)、老有所值、老有所托、老有所归的新型健康生活。

针对农村公司化运营中，可将所有农副产品，全部按工业化生产模式，制定相关安全、卫生、质量标准，推行品牌化运作，强化质量监控，从而彻底保证食品安全，从而对全面提高人民群众生活及健康质量，具有更重大的社会意义。

(二) 关于实施小城镇化的规划与方案

实施小城镇化的规划和建设目标，应在综合公共安全、医疗卫生、文化教育、养老娱乐等方面，以现代化、标准化、信息化，以及特色化等方面，规划建设出“新、小、精、美”既不失传统，又充满现代化的小城镇。

如此，一旦全国建成千千万万个新小城镇，便可形成一个双向吸引居民的磁场，一方面可以从大城市吸引进城的农民工回来参加新农村改造事业，减轻大城市的人口压力；二是将散落在村、庄、户中的农民，从落后的居地迁出，吸引到新小城镇居住。对此，2019 年中央一号文件，在第五部分第 2 条中已提出了：“开展闲置宅基地复垦试点”政策要求，包括“允许在县域内开展全域乡村闲置校舍、厂房、废弃地等整治，盘活建设用地重点，用于支持乡村新产业新业态和返乡下乡创业”的相关政策等，将农民“新建未交旧”“一户多宅”等大量的村民宅基土地资源，以及原集体有关闲置的土地资源盘活，扩大宝贵的耕地面积，科学而高效地用于适宜的产业发展，从而提高改善农民落后的生活方式。

乡村振兴，是一个系统、宏伟工程，在这个过程中，要注意政策指导、舆论宣传、监控核查，杜绝腐败的滋生，避免引起新的矛盾。对此，各级地方政府要解放思想，敢于创新，敢于担当，制定规划，出台政策，大胆尝试，以点带面，形成新农业更加有力的创新驱动和发展模式，从而实现新农村健康、全面、科学而持续发展。如此，实现江苏经济发展的整体振兴，在全国率先全面实现小康社会，以及推进全国范围全面实现小康社会的伟大目标，则指日可待。

进一步加快苏北区域经济可持续发展的思索

樊银辉

徐州矿务集团有限公司技术中心

摘要：苏北经济的发展远远落后于苏南地区，是江苏经济最薄弱地区，与苏南的差距很大，而且这种差距越来越大，如何加快发展苏北经济是摆在江苏面前的一道严峻的考题。文章简述了苏北经济现状，分析了发展优势和存在的不足，提出了建设性的发展策略。

关键词：苏北经济；可持续发展；策略

区域经济发展不平衡是世界各国、各地区普遍存在的一种现象，江苏与全国一样，区域经济发展的梯度特征十分明显。江苏北部地区（简称“苏北”）包括徐州、淮安、盐城、连云港、宿迁等5个设区市，共37个县（市、区），面积占全省的52%，人口约占全省的44.5%，但由于历史原因和自然条件等多种因素的影响，该地区的经济发展远远落后于苏南地区，属于经济欠发达地区，是江苏经济发展最薄弱的“洼地”。改革开放以来，苏北经济发展取得了很大成就，区域经济跨入了新的台阶，保持了较快的发展速度，基本达到了以县为单位全面实现小康的目标。但目前苏北地区经济发展仍然比较困难，仍是江苏经济最薄弱的地区，主要经济指标远远低于苏南，与苏南的差距仍然很大，而且其差距还在不断扩大。能否加快苏北经济发展，直接关系到江苏的社会和经济能否持续发展，直接关系到江苏能否在全国率先基本实现现代化。

一、苏北区域经济现状

苏北地处黄海之滨。2016年，土地面积5.49万平方公里，常住人口3 021万人，实现地区生产总值18 160.2亿元，分别占江苏省51.2%、37.8%、23.9%。苏北海岸线长557.58公里，拥有大面积滩涂和众多湖泊，水资源充沛，自然资源富集，是江苏省增量空间和增长潜力最大的区域。

1. 经济实力

2016年，在全国283个设区市GDP排名中，苏北五市全部进入前100名；有7个县（市）进入全国县域经济与县域基本竞争力百强县（市）。产业结构逐步优化，农业现代化持续推进，工业经济加快发展，服务业比重不断提高，新能源、新材料、新医药、电子商务等新经济、新产业、新业态发展势头良好。

2. 社会发展

2016 年，苏北地区城乡居民收入分别达 28 515 元、15 102 元，同比增长 8.2%、9.1%，增速均高于全省、全国平均水平。2015 年底，农村低收入人口整体实现 4 000 元脱贫目标。基础教育均等化水平、医疗卫生服务能力不断提高，社会救助体系日趋健全，社会保障水平稳步提升。

3. 环境保护

盐城市、盐城市大丰区、东海县、沭阳县等 4 个国家可持续发展实验区建设扎实推进，东台市国家级海洋生态文明示范区建设成效明显。徐州市荣获国家生态园林城市、环保模范城市、中国人居环境奖、联合国人居环境奖，连云港市成功创建国家园林城市、绿化模范城市，淮安市获批国家低碳试点城市、生态文明先行示范区，盐城市获批全国绿色发展优秀市、绿色化示范城市、绿色模范城市，宿迁市荣获中国最具生态竞争力城市、中国人居环境奖、绿色模范城市。

二、优势分析

1. 区位优势

苏北区域区位优势明显，地处黄海之滨，海岸线 557.58 公里，与日本、韩国隔海相望，紧靠以上海为龙头的长江三角洲地区，处在南下北上、东出西进重要位置，是全国沿海经济带重要组成部分。拥有新亚欧大陆桥即陇海铁路、京沪铁路、京杭大运河、数条高速公路和国道、徐州观音机场、连云港机场、盐城机场等骨干通道和基础设施，交通十分便利。连云港是江苏省唯一大型海港，是国家主枢纽港之一，也是欧亚水陆联运的重要结合点。同时，苏北地区也是“一带一路”的重要节点。

2. 资源优势

苏北地区拥有矿产、海洋、土地等较为丰富的自然资源，在资源短缺的江苏以及华东地区具有重要地位。在矿产资源方面，有徐州的煤炭、石膏和石灰石，淮安的岩盐、芒硝和凹凸棒土，以及连云港的水晶、金红石和蛇纹石等，都具有良好的开发条件与利用价值。丰富的矿产资源为苏北大力发展重化工业提供了重要条件，丰富的海洋资源和土地资源也为苏北发展海洋产业及现代农业提供了基本保证。

三、存在的不足

1. 农业现代化进程滞后

苏北区域农业产业化经营水平低，主要是初级产品加工，缺乏大而强的龙头企业和知名品牌的带动，农副产品精深加工能力弱，农产品附加值低，一些地区农村劳动者的素质不高，思想落后，创新能力弱，直接导致了现代农业推广困难，剩余劳动力转移不充分，经济发展缓慢，地方财政收入较低，发展现代农业和农村公共事业资金投入不足，农业现代化步履维艰，发展缓慢。

2. 工业发展缓慢

苏北区域总体上仍为农业社会，工业规模和比重过小，普遍缺少骨干企业、优势企业，工业的主体以县属中小企业居多，传统工业比重大，工业化进程明显落后，处于工业化初级阶段。二产增加值比重低于全省平均和苏南地区，工业结构尚未进入高加工阶段，附加值较低，没有形成具备一定规模的产业集聚和产业链条，加大了企业生产配套的成本。由于工业不发达，服务业不兴旺，造成城市反哺农村、工业反哺农业的可能性下降，导致农民增收速度减慢，给苏北经济的发展带来较大的负面影响。

3. 服务业根基薄弱

苏北服务业基础十分薄弱，服务业的发展速度、层次和水平都不高，无法以市场化、产业化、社会化的标准来发展。苏北城镇布局分散，中心城镇规模偏小的格局严重制约了服务业的集聚发展。服务业功能缺失，研发、金融、中介等服务业基础薄弱；餐饮、购物、文化娱乐、教育医疗等服务业消费也严重外流；苏北的房地产业和商贸业，金融保险、中介服务等功能性产业发展严重滞后，信息服务、科技教育、内容产业等新兴服务业培育乏力，功能性产业发展严重软化等，极大地制约了苏北地区功能的提升。

4. 经济发展方式比较粗放

2016 年全社会研发投入占 GDP 比重仅为 1.84%，比全国平均水平低 0.24 个百分点，万人发明专利拥有量不足 6 件，自主创新能力较弱。高新技术产业产值占比 33.6%，低于全省 8 个百分点，造纸、化工、印染、酿造、食品、冶炼等传统产业产值约占区域工业总产值的三分之一，工业废水排放量、固定废弃物排放量、二氧化硫和氮氧化物排放量明显高于全省平均水平。基础设施支撑能力不强，铁路人均里程数不足全国的二分之一，连云港、淮安、盐城、宿迁四个设区市还未通高铁；单位国土面积拥有高速公路里程数仅 33 米/平方公里，为全省的 77%、苏南的 49.7%。

5. 社会事业发展相对滞后

2016 年城镇化率为 60.7%，比全省低 7 个百分点。基础教育优质资源供给不足，高等院校数量不到全省的五分之一。医疗资源明显不足，每千人拥有卫生技术人员数量低于全国平均水平。相对贫困问题突出，全省 94%的农村低收入人口、94%的经济薄弱村均在苏北地区。作为江苏省劳动力的重要输出地，留守妇女、留守儿童、留守老人等问题比较突出。

6. 环境治理和生态保护任务艰巨

苏北地处流域尾闾，突发性水污染事件易发、多发，饮用水源地安全面临诸多挑战，农业面源污染治理任重道远。劣 V 类水质占 7.2%，比苏南高 4.7 个百分点，水功能区达标率 63.8%，距离 2020 年 82%左右的国家控制目标有较大差距。耕地、园地、林地、草地、水域等生态空间不断被挤占，一些地方天然水系遭到破坏，人均耕地、人均森林面积远低于全国平均水平。湖泊存在沼泽化现象，生态系统功能明显退化，生态服务功能进一步减弱。

四、发展策略

1. 农业产业化战略

农业产业化是以市场为导向，以效益为中心，依靠龙头带动和科技进步，对农业和农村经济实行区域化布局、专业化生产、一体化经营、社会化服务和企业化管理，从而联合分散的小农户进入市场，克服了盲目进入市场带来的一系列不良后果和风险，同时也大大地提高了农民的组织化程度和生产的社会化水平，从根本上改变了农业的弱质状况，推动农业走现代化之路，促进了商品生产基地的建立，使得先进技术及时推广、生产效率得以提高、农民收入得以增加。因此，应加快推进苏北地区农业产业化，促进传统农业向现代农业的转化。

2. 加大省级财政转移力度，深入推进产业结构调整

要加大省级财政扶贫转移力度，提高国家级贫困线以下人口补助标准，对于留守妇女、儿童、老人问题，要引起各级政府高度关注；降低创新创业门槛，对于主要解决就业问题的小微企业和创新创业型小微企业，实行企业所得税低税或免税政策；对于承接苏南以及其他地区适宜苏北发展产业，给予一定财税减免和土地建设指标，尽一切可能降低企业因产业转移造成的成本上升；对于农民工、大学生返乡创业，既要降低税负，同时，政府要放宽市场准入门槛，并成立创业引导基金，通过政府搭建平台，加强企业与银行对接，解决小微企业融资问题。

3. 产业集群战略

苏北应把经济发展战略的重点放到发展产业集群上来，产业集群这种组织形式，最主要的特点是将大企业的内部分工外部化，集群整体对外相当于一个具有市场垄断能力的大企业，而集群内企业则是平等互助的专业化分工与协作关系，外部的垄断性与内部的有效竞争并存，使产业集群产生了 1＋1＞2 的竞争优势，产业集群对苏北发展工业起着巨大的推动作用。

4. 招商引资战略

苏北地区有很好的资源、地缘优势，但资金、技术、人才缺乏，自我发展能力不足。要实现全面建设小康社会的奋斗目标，仅靠自己的财政来解决发展中的问题是远远不够的，要把招商引资放到经济工作的突出位置，招商引资的力度决定经济发展的速度。

5. 民营企业战略

苏北要充分利用民间力量把民营经济打造成工业经济的新生力量，使民营经济成为区域经济发展的主课题。通过大力营造鼓励全民创业的外部环境，充分释放民间张力，激发经济的内生活力，大力推进区域经济的民营化进程是苏北经济发展的现实选择。

6. 科教发展战略

苏北要坚持实施科教发展战略，把科技创新和教育发展放在更加突出地位，加大人才培养使用力度，着力提高经济增长的质量和效益。要通过中心城市进一步统筹整合科技教育资源，加大改革力度，创新体制，增强可持续发展的动力和活力，走内涵发展的路子。进一步办好高质量的各级各类教育，培养高质量的各级各类人才，科技发展要加强与科研单位、企业、高校在人才培养和技术研发等方面的合作，实现优势互补，互相促进，要加快科技成果向现实生产力转化，在推动以信息化带动工业化、走新型工业化道路方面发挥骨干和引领作用。

7. 搭建科技创新平台

成立国家级苏北可持续发展研究院，引入国际国内创新资源，实行国家、省、市三级联动，加强可持续发展战略与政策研究，发布产业技术政策，组织开展共性关键技术攻关，加快重大创新成果产业化，应用推广先进适用技术，建立产学研合作协同机制，开展国际科技创新交流合作。强化重点领域和关键环节的重大技术研发，突破制约苏北地区可持续发展的技术瓶颈，重点在循环经济、现代农业、生态保护、公共安全等领域，组织实施一批重大科技创新项目，加强科技供给。

8. 南北区域合作战略

江苏三大区域苏南、苏中、苏北经济发展差异很大，从全省的整体出发，应重点鼓励苏南地区与苏北地区的合作，以更大的力度推进苏南产业向苏北转移。从而加快苏北产业升级。产业转移不仅注重苏南企业、项目的空间移位，更注重苏南先进管理体制的移植。先发优势在苏南，后发优势在苏北，苏北地区要紧紧抓住苏南资本向苏北转移的大好契机，深入贯彻落实科学发展观，促进区域协调发展，加快形成南北互动、共同发展的格局。同时，要主动依托和服务上海，积极参与“长三角”经济一体化进程，构建优势互补、互利共赢的跨区域合作机制。

目前，苏北地区正处于重要战略机遇期和转型发展关键期，要深度挖掘和利用各自的资源禀赋，摆脱传统路径依赖，积极探索生态优先、绿色发展的新路子。推进苏北地区可持续发展，是自觉践行联合国 2030 年可持续发展议程的实际行动，是贯彻落实创新、协调、绿色、开放、共享新发展理念的重大举措，也是破解苏北地区乃至全省可持续发展瓶颈制约问题，推进“两聚一高”新实践，加快建设“强富美高”新江苏的必然选择，对于在更高层面、更大范围推进可持续发展工作，具有积极的实践价值和深远意义。

进一步“精准”制订科技成果转化对策，推动江苏高质量发展

侯贵华　王红梅　解明华　张文惠

盐城工学院

摘要：目前虽然已经有了许多科技成果转化的政策，但是成果转化率仍然不高。针对现状，作者认为一是要大力提升成果转化直接受益者企业对创新的认识水平，使其切身体会到科技创新是企业持久存在的关键，并深刻认识到优良的待转化成果是深厚知识积累和巨大工作量投入的结果，以提升企业主自身渴望创新、敬重知识的内在素质。二是倡导高校和科研院所建立更为适用的考核指标，避免对每个人都有全面性指标要求，使成果转化能力强的研究者专心于成果转化。三是建议政府对已结题的成果转化项目“回头看”，调研企业核心技术成果水平、产值及影响、产学研联合深度及三者的关联度，以进一步制订精准的资助政策，杜绝为获得资助而开展形式上的成果转化。四是加大对企业的后补助力度。加大对高校与科研院所的基础与应用基础研究的资助，以培育原创性的科学与技术，为持续发展奠定基础。五是增加项目盲审专家的人数，并增加盲审结果在项目审批中的权重。

关键词：科技成果转化；核心技术；产学研合作

一、科技成果政策及转化现状

近年来，为促进科技成果转化，国家、地方及相关职能部门相继出台许多政策和办法，其中包括《中华人民共和国促进科技成果转化法》(2015 年修订)、《国务院关于优化科研管理提升科研绩效若干措施的通知》(国发〔2018〕25 号)、江苏省《关于深化科技体制机制改革 推动高质量发展若干政策》(苏发〔2018〕18 号)和《省教育厅贯彻落实省委省政府关于深化科技体制机制改革 推动高质量发展若干政策的实施细则》(苏教科〔2018〕9 号)等文件，各高校和科研院所亦相继出台若干科技成果转化与激励政策。另一方面，国家科技部投入巨资设立国家科技重点专项，江苏省科技厅在“十二五”期间即设立了重大科技成果转化项目，每项资助金额高达 1 000 万元左右。其外，国家、省资助设立了国家工程技术中心、产业研究院、省级工程技术中心、院士工作站、企业博士后工作站等若干推动企业科技创新与成果转化的平台，这些政策与平台有力地推动了科技成果转化工作。研发出大批具有较高自主性、创新性、实用性和成熟度的科技成果，2018 年全国发明专利申请量突破

100 万件，连续 5 年世界第一，国际科技论文数量连续 6 年居世界首位，被引数居世界第 4 位[1]。

在取得上述成果的同时，我国具有世界级水平的自主创新关键核心技术成果严重不足，大量科技成果有待转化和推广应用，作为创新主体——企业的连续性创新意愿明显不足，创新能力有待提升，关键技术储备更为淡薄，甚至在一定程度上存在为获得资助而表面创新、为完成表观指标而申请专利的情况。因此，进一步“精准”制订科技成果转化对策，对推动江苏高质量发展具有十分重要的意义。

二、成果转化影响因素及科技工作的政策方向

科研工作可分为基础、应用基础研究及产业化研究，在产业化研究中又可分为小试、中试、试生产及正式生产运行几个阶段。广义上的科技成果包括专著、论文、专利等，就整个过程来看，从基础到产业化是个冗长的持续过程，仅就产业化过程来看，影响因素包括主体因素、知识因素、管理因素和环境因素等四种类型[1,2]，其中主体因素包括企业、高校和科研院所、政府、金融机构、科技中介服务机构等，就我国科技成果情况来看，高校和科研院所是成果源的主要来源地，企业是科技成果需求方，政府是成果转化促进者，金融和科技中介是成果转化的协同者；知识因素主要是指知识产权属性、成果水平及成果拥有者的科研能力；管理因素包括在成果转化过程中涉及到的制度、体制、组织结构、组织战略等因素[3]；环境因素是包括文化环境、服务环境、融资环境等方面。总体上，成果转化影响因素是一个相对庞大且复杂的多元体系。正因为有如此多的相关因素，使得成果转化工作的推进成为一项极具挑战性的工作。因此，成果转化过程存在着很大的风险，但是，不进行创新近乎于“等死”。2018 年 4 月 24 日至 28 日，习近平在湖北考察时指出：具有自主知识产权的核心技术，是企业的“命门”所在。企业必须在核心技术上不断实现突破，掌握更多具有自主知识产权的关键技术，掌控产业发展主导权。

习近平在中国科学院第十九次院士大会、中国工程院第十四次院士大会上指出“要坚持科技创新和制度创新‘双轮驱动’，以问题为导向，以需求为牵引，在实践载体、制度安排、政策保障、环境营造上下功夫，在创新主体、创新基础、创新资源、创新环境等方面持续用力，强化国家战略科技力量，提升国家创新体系整体效能”。习总书记的讲话为科技工作指明方向，同时，也高度概括了科技工作要素。

三、成果转化现存问题及建议

(一) 关于企业

在科技成果转化的链条中，企业是最重要的主体因素，是成果转化效益的直接获得者。但是，从现状看，大多数企业存在如下情况：一是对科技工作的重要性认识程度不足，在企业正常运转时，不想进行创新，而当企业遇到“瓶颈”时，虽想到了科技创新改变命运，但由于资金紧张，以及无足够时间进行技术创新或成果转化，

致使成果转化无法开展，或由于仓促上马，效果不佳。二是对成果所含价值认识不足，不能认识到科技成果是深厚知识积累和巨大工作量投入的结果，于是与成果拥有者在洽谈转让时难以达成一致，甚至部分企业宁愿抄袭，不愿支付足够的成果使用费。三是大多数企业技术开发能力不足，因此开展的科技创新所取得的效益不佳，进而有“不搞创新等死，搞创新找死”的说法。四是多数企业技术储备不足，甚至没有技术储备。上述情况总体上可归结于企业主们对创新内涵认识不足，致使其自身对创新的积极性不高。因此，开展多种渠道提高企业主对创新本质的认识十分必要。建议政府举办关于创新的重要性、创新目标、方法、风险防控的培训，使企业真正体会到创新是企业生存的核心力量，体会到不同层面的企业应有不同的创新渠道，体会到创新不可能是一朝一夕之功，体会到一项成果是长期的知识积累和大量艰难困苦的工作结果，以培养起企业自身具有创新意识，并具有持续开展创新的意愿。另一方面，把参加培训列为企业考评的硬性指标，或作为申请项目、获得高新产品和高新企业的硬性指标。

（二）关于高校与科研院所

在科技成果转化的链条中，高校与科研院所是创新主体因素中的创新源头。近年来，社会关于高校与科研院所能力的评价体系常常是由各项科技指标的综合而成的，进而直接关系到高校与院所的财政收入、领导水平认定与晋升，并直接影响到高校与院所的发展。所以，高校与院所制订的自身科研考核指标几乎涵盖了从基础研究到产业化的全过程，这些指标包括论文、专利、专著、教材、科研项目数量与级别、人才类项目数量与级别、纵向科研经费、横向科研经费、教学成果奖、科技成果奖等。这些指标落实到某一个人或团队上，必然造成精力的分散。在基础研究到产业化的冗长链条中，高校与院所的社会分工应该是基础研究和应用基础研究，在产业化的环节中，高校与院所应该是至关重要的参与者。指望某一个人或一个团队完成从基础研究到产业化的冗长过程不是大概率事件，也不能体现发挥社会各个个体的长处。因此，建议高校制订更为精准的个人考核指标，对于善于产业化的研究人员，制订更有利于产业化的指标项，使其成果更易于与企业对接。

（三）关于政府

集中力量办大事是我国社会主义制度优越性的体现，科研成果在“两弹一星”等国家重大工程方面已得到充分体现。近些年来，对于科技成果转化的重视程度已成为国家发展战略，亦是各级政府的重要工作，已推动了一大批科技成果的产生与应用。但是，就科技成果转化工作来说，作者认为，总体上政府用资金资助类方法引导成果转化的工作多，在培育和提升企业自身开展创新的意愿和持续开展创新的方法少，若企业无论在其顺境中还是逆境中都能持续投入资金开展科技创新，那将是我国社会持续发展的不二动力。因此，建议政府一是设法培育企业持续创新的意愿和决定。二是建议政府对已结题的成果转化项目“回头看”，调研企业核心技术成果水平、产值及影响、产学研联合深度及三者的关联度，以进一步制订精准的资助政策，杜绝为获得资助而开展形式上的成果转化或产学研。三是建议政府对企业加大后补助范围与力度。对于高校与科研院所，加大对基础与应用基础研究的资助，以培育原创性的科学与技术，为持续发展奠定基础。四是增加项目盲审专家的人数，并增加盲审结果在项目审批中的权重。

四、结语

从基础研究到产业化是十分冗长且繁杂的工作，依据社会分工不同，“精准”制定相关政策，做好企业、高校和科研院所与政府的协同发展，提升企业成果转化的自身需求，发挥成果转化链条上高校和研究院所、企业及政府的各自优势，进而形成成果转化合力，是未来需要开展的工作。

参考文献

[1] 孙彦明，赵树宽.中国科技成果产业化影响因子分析及路径选择[J].宏观经济研究，2019(1)：125-135.

[2] 张方华.技术创新主体演进模式研究：社会资本观[J].江苏科技大学学报(社会科学版)，2007(3)：12-18.

[3] 王念，刘细发.我国高校科技成果转化的因子分析与路径选择[J].企业经济，2011(8)：55-61.

[4] 殷绚，周峰，吕凤兰，管国锋.高校科技成果转化的障碍因素及改革思路分析[J].才智，2019(1)：230.

[5] 申云凤.高校科研成果为地方经济服务存在问题及对策研究[J].科技经济导刊，2019，27(4)：1-3.

乡村振兴战略背景下的盐城大丰斗龙港生态组团田园综合体建设方案探讨

苏　华

交通银行无锡分行

摘要：盐城市大丰区斗龙港生态组团规划区域将建成“一镇三园”四个旅游功能区，形成“一心、两轴、三点、五片区”的空间结构。“建设美丽乡村区”将被列入五片区之一。田园综合体是国家近年来大力推进的乡村振兴模式，建设美丽乡村与田园综合体建设密不可分。在深入分析、了解田园综合体建设现状及问题后，大丰斗龙港生态组团田园综合体建设可制订以下方案：将农业、旅游业及健康养老等产业进行融合，解决当地农民的就业问题和养老保障问题，并大力吸引城市外来人员在当地旅游居住并进行消费，增加当地农民收入，改善当地农民生活条件，实现城乡融合发展，并积极进行招商引资，引进国内知名企业参与大丰斗龙港生态组团田园综合体建设，共图乡村振兴。

关键词：乡村振兴；田园综合体；养老产业；建设方案

早在 2017 年 2 月，中央政府一号文件就提出了“田园综合体”概念，并且将其作为农村居住建设及经济发展的新模式，同年 10 月，习近平总书记在党的十九大报告中也提出“乡村振兴战略”，要求要以新的时代思维、新的历史高度，谋划今后一段时间如何发展农村问题，乡村振兴战略要以解决“三农”问题为基本导向，通过建设美丽乡村，推动农村经济发展。乡村振兴战略下的田园综合体建设要从实际出发，抓住我国农村经济发展新现状，大力建设美丽乡村，完善养老体制，对人民的未来生活有着充分的保障[1]。田园综合体作为一种新型的农村经济组织模式，其建设获得了国家资金及政策方面的大力支持。

为了能够最大限度地挖掘斗龙港水生态优势，打造富有特色的生态旅游小镇，时任盐城市委书记王荣平同志在听取斗龙港生态组团规划编制情况汇报并进行实地调研后强调：水资源丰富、生态环境良好是斗龙港生态组团的最大优势和竞争力所在。斗龙港生态组团要积极抢抓高铁时代机遇，围绕“融入大市区、展现原生态、体验慢生活”的功能定位，做强旅游、做足生态、做美小镇，打造极富特色的生态旅游城市组团，全面提升城市的品质，丰富城市的内涵，展示城市的魅力。同时在 2018 年盐城市八届人大会议上，时任盐城市市长戴源同志在政府工作报告中也提出要贯彻中央一号文件重要思想，指明盐城大丰斗龙港生态组团建设方向，并提出了有效的规划建设方案。

一、乡村振兴战略构建下乡村田园综合体的实现意义

乡村振兴战略是以解决三农问题为基本导向，加速农业经济的转型，促进乡村旅游发展[2]；以乡村振兴战略为基本导向，推进田园综合体的建设，尽可能地整合生态资源，在文化、旅游、农业生产等产业，进行多产业融合发展。因此，在乡村振兴战略构建下，乡村田园综合体的建设，能够以全新的发展理念以及新的发展思维盘活农村经济，助力城乡建设一体化改革，具有重大的历史意义。

二、乡村振兴战略构建下的乡村田园综合体的实现策略

乡村振兴战略，是中国特色社会主义新时期党和国家领导人站在历史的新高度，经过全国人民共同的努力，深思熟虑，为全面深化“三农”建设而提出的重要举措。乡村具有大量的生态自然资源、乡土民俗文化，这些具有中国特色的元素的构建，是田园综合体建设的重要基础。通过建设特色小镇、挖掘乡土文化、开发旅游资源以及建设养老产业等密切结合，在很大程度上促进了田园综合体在农村社会经济中建设的生根发芽。在我看来，田园综合体的建设要立足实际，一切要从当地的情况出发，紧扣农村社会经济发展的现状，发展特色农业，大力建设休闲旅游、文化创意、养老产业等田园综合体，推动农村社会经济的快速发展。可以从以下几个方面来进行具体阐述[3]。

（一）以招商引资为重要途径，引进先进技术，大力发展经济

招商引资以及扩大开放是加快经济社会发展的重要手段之一，大丰斗龙港生态组团田园综合体项目进行招商引资建设不仅仅解决了政府自身资金不足带来的影响，还能引进一些知名企业的入驻来增加当地的知名度。比如，倘若能够和蓝城集团这样具有建设特色小镇的先进经验的优秀企业合作，大丰区不仅能够更好学习蓝城是如何成功建设特色小镇的，学习他们的先进理念，而且能够更好地运用蓝城的先进模式和资金开展斗龙港生态组团田园综合体的建设，不断挖掘当地社会经济发展的潜能，大力发展经济，丰富人们的幸福生活。引入优秀企业，开发斗龙港生态组团的土地资源，让土地的利用最大化，对当地农民的土地进行流转承包，发展特色农业，将特色农产品进行产业化、规范化。通过发展特色生态农业，加快农业产业带的建设，大力推广绿色、有机农产品，生态农业产业区域环境的治理，形成以生态农业管理机制来增强发展经济的实力；并且大量招聘当地的百姓入职，解决他们的就业问题，增加经济收入，让他们过上幸福的生活，同时对美丽乡村的建设具有促进作用[4]。

（二）以特色小镇建设为载体，探索田园综合体新模式

斗龙港生态组团田园综合体的建设要充分利用土地，尊重、克制、修缮、还原是其中最重要的态度和方法；继承当地人文，要充分了解当地的地域文化，将大丰风

物、民俗、名人、历史、故事等充分运用到斗龙港生态组团的田园综合体特色小镇建设中来。居住空间要强调营造围合式空间，产品的形态要丰富。居住空间要注重庭院的设计，因为庭院往往都是田园综合体的真正的价值所在，因此斗龙港生态组团田园综合体应多以敞开式手法营造围合式空间，来设计主院、侧院、偏院以及天井。主院主要是造景、侧院负责种菜、后院负责收纳，以此满足居民的不同生活需求。道路的设计也是小镇的特色之一，斗龙港生态组团田园综合体的道路需要作为独立项去规划和设计，道路的功能性、便捷性、舒适性以及类别、材质、色彩、尺度等因素大多是人们主要考虑的因素。同时特色产业的导入也是建设特色小镇的核心所在，产业是小镇经济发展的生命力。倘若只做住宅，大部分的小镇都将会显得太大了，很难会有那么大的人口迁徙。没有特色产业辅助的话，人口是保不住的。小镇的产业主要是农业、文化旅游和创新等产业，斗龙港生态组团田园综合体项目应按照地区的优势、资源特点来培育最有潜力、最具成长性的主导产业，围绕着主导产业来广泛延伸产业链，这样也能够为小镇居民提供就业机会，集聚人口。斗龙港生态组团田园综合体以及配套特色小镇的产业构成应包括农业、颐养、健康、旅游、文化、商业、科技、宗教、艺术等要素[5]。

(三) 以人文乡土文化的传承为依托，加强人文文化的挖掘与构建

人文乡土文化是农村社会经济发展的重要组成部分，在田园综合体的建设中，应当以人文乡土文化的挖掘和传承为依托，让田园综合体变得更加丰富多彩，并成为名镇古村的重要名片。在与田园综合体配套的特色小镇文化建设的过程中，斗龙港生态组团可以重点打造人与人和谐相处的良好环境，做到人与人之间互相关爱。对于特色小镇管理和维护，斗龙港生态组团可以倡导自治的模式，小镇可以通过创建小镇生活理事会，这个组织包括镇长、副镇长、秘书长以及各个部门的主要负责人，甚至还需要包括村长、村民代表等，这些成员要通过小镇的公开选举投票或者民主推荐来产生，他们要在小镇居民的监督以及帮助下对小镇的日常运营管理负责，共同创造真正的小镇人文乡土文化，让南来北往的游客能够有宾至如归的亲切感。

在传统的乡村经济建设之中，乡土文化的缺失，导致了农村社会经济发展出现变形。因此，乡村振兴战略下的田园综合体的建设，应当充分利用乡土文化，打造具有乡土文化气息的文化产业的新模式，以便更好地发展农村经济建设。在绍兴嵊州，蓝城集团利用当地为中国女子越剧起源地这一特色文化打造的越剧小镇，形成了以“文化+旅游”为主体的文化产业模式。并且通过文化旅游带动区域经济发展，在文化艺术、休闲农业的融合发展中，不仅充分实现了传统文化的极大保护与传承，而且在以民俗文化为主元素的田园综合体中，极大促进了民俗文化的健康发展。大丰本地也有众多的人文文化元素，可以把这些元素糅合进特色小镇的建设中去，从而丰富田园综合体项目的内涵。

(四) 依靠高科技元素、养老养生等概念聚集乡村田园综合体的人气

田园综合体需要人气来拉动其效益，依靠一些高科技元素以及养老养生概念

的植入，可以起到极好的效果。由于我国人口老龄化的进程加剧，养老产业的快速发展已成为历史必然的选择。养老产业是保障人们生命长期健康和幸福的重要产业，对人们生命的延续具有重大的意义。可以充分利用斗龙港生态组团优美的生态环境，在循环农业、创意农业、农事体验于一体的田园综合体外再开辟出配套居住设施，另外比如引入深圳碳云智能的人工智能技术打造一个全新的高科技养老养生特色小镇也是一个不错的想法。

深圳碳云智能希望建立一个健康大数据平台，运用人工智能技术处理这些数据，帮助人们做健康管理，目前该公司也是国内这一行业的顶尖企业。养老产业与碳云智能的人体基因技术相融合，建设数字生命活力圈；以家庭为中心的创新智能健康的养老社区，依托智能管理系统和智能健康的居住环境，为入住人员提供全方位、立体式的精准健康管理服务；活力圈中通过移动的智能管家全方位检测、记录、管理人们的健康数据，合理为人们安排饮食起居，并在身体数据发生异常时进行提醒并及时提出相应的建议，提供解决方案；有着丰富的健康管理应用，人们可以根据自己的喜好合理选择一些应用，为自己订制专属的健康方案；AI 数字生命档案不断丰富人们的动态健康数据，帮助真实还原人们的生命运行状况；健康园林生态家居、专业的健康服务团队以及顶尖人才技术团队让人们享有健康、快乐和充满活力的新生活，从而提高生命的质量和更长寿的福祉。这种高科技健康管理社区的建设目前在国内尚处于起始阶段，市场前景非常看好。将碳云智能的这些技术植入大丰斗龙港生态组团的特色小镇社区，能够极大带动大丰斗龙港生态组团乡村田园综合体的吸引力，聚集人气，可以很好地吸引城市高收入人群，改善当地的经济状况，增加财政收入，进行城乡融合，为真正实现乡村振兴提供坚实的基础。

三、结束语

总而言之，乡村振兴战略是党和国家领导人站在历史的新高度，谋划我国新时代中国特色社会主义“三农”建设的重要指导思想。乡村振兴是根植于中华文明、发展现代优秀文明的基本需要。中国是一个超级农业大国，高度发达的农耕文明，因其所特有的地域多样性、民族多元性、历史传承性以及乡土民间性，赋予了中华民族文化源远流长、绵延不断、长盛不衰的基因以及厚重感。乡村振兴是实现城乡区域和农村区域以及人的均衡发展的必要条件。因此乡村田园综合体迅速成为各地农业社会经济发展的重要载体。以乡村振兴战略为基本导向，通过建设特色小镇，积极探索田园综合体的建设模式，为田园综合体能够更好地服务农村社会经济发展，创设更好的条件[6]。人文乡土文化是农村社会经济的重要组成部分，田园综合体在融合式的发展中，要加强对人文乡土文化的挖掘与构建，以人文乡土文化为重要依托，建设更具人文乡土文化气息的乡村田园综合体。乡村田园综合体建设还应当与脱贫攻坚以及养老产业密切相结合，以田园综合体的新业态、新产业、新模式，大力推动农村社会经济的发展，为中国梦的实现添加新的篇章，为真正实现全面建成小康社会、实现中华民族的伟大复兴作出巨大的贡献[7]。

参考文献

[1] 杨柳.田园综合体理论探索及发展实践[J].中外建筑,2017(6).

[2] 刘晓峰.我国乡土文化的特征及其转型[J].理论与现代化,2014(1).

[3] 李慧.田园综合体:用创意点亮美丽乡村[N].光明日报,2017-08-26.

[4] 杨丽本.我的田园 我的美丽乡村——如何以农民合作社为主体发展“田园综合体”[J].中国合作经济,2017(5).

[5] 郑昕，康伟.生态乡镇、生态村的创建——[J].中国水土保持，2016 (11).

[6] 王国灿.田园综合体是改善农村经济的重要战略实践研究[J].中国国际财经,2017(17).

[7] 胡锦涛.坚定不移沿着中国特色社会主义道路前进 为全面建成小康社会而奋斗[R].党的十八大报告,2012-11-08.

创新农村家庭医生式服务
高质量发展农村卫健事业

刘　刚

扬州市邗江区方巷中心卫生院

摘要： 随着我国社会经济发展、人民生活水平的提高，疾病谱也相应发生了很大变化，传统以医院和疾病为中心的医疗卫生服务模式难以满足群众对长期、连续健康照顾的需求。然而，我国的家庭医生式服务的开展尚处于起步阶段，而乡镇农村开展家庭医生式服务更是不同于城市社区而是依托农村乡镇卫生院及所属社区卫生服务站、村卫生室，为居民提供包括基本医疗、公共卫生和约定的健康管理等服务内容。目前，客观存在家庭医生特别是全科医生的数量不够，签约服务质量不高，居民获得感不强等与居民的较高预期存在差距等诸多的困难和问题。本文从加强全科医生人力资源建设，加强基层信息化建设等方面就如何全面提高全科医生积极性和创新活力，提高家庭医生服务签约率和续签率，提升农村居民的获得感和健康幸福感进行了探索。

关键词： 乡镇农村；家庭医生式服务；提高签约率

随着社会经济发展、生活水平的提高、城镇化、环境的改变及人口老龄化的加速，人们生活方式和膳食结构已经发生了改变，慢性病俨然已成为中国人民的头号健康威胁。然而通过改变生活方式和控制行为风险等行为干预模式对慢性病患者的疾病发展发挥着极其重要的作用。

家庭医生签约服务工作是 2016 年 5 月启动的，乡镇农村开展家庭医生式服务更是不同于城市社区而是依托农村乡镇卫生院、社区卫生服务站、村卫生室，为居民提供包括基本医疗、公共卫生和约定的健康管理等服务内容。家庭医生特别是全科医生的数量不够，签约服务质量不高、居民获得感不强，部分地区家庭医生签约服务支持性政策还不到位，签约服务的宣传力度还不够，与居民的较高预期存在差距。如何创新农村家庭医生式服务模式提升综合服务水平与能力？笔者就此进行了探索。

一、优先解决农村全科医生人力与人才问题

农村家庭医生式服务以全科医生为团队长，公共卫生医生为联络员，护理人员参与全程。全面提高全科医生职业吸引力，职称晋升政策向农村倾斜，拓展全科医生职业发展前景。通过将乡镇卫生院从“差额拨款单位”更正为“全额拨款单位”，

充分体现“乡镇公益一类事业单位”的公益性等综合措施，留住现有的医疗人才以防止流失[1]。

全面实行村医人员“县招乡管村用”，把乡村医生作为家庭医生式服务团队主力军，承担农民健康档案管理、慢性病规范化管理等工作，首诊负责家庭医生服务团队更好地开展健康宣教，最大限度地发挥乡村医生的作用。原有在岗及新招聘非编制内的村医，按照卫生院人力资源劳务派遣人员待遇。通过劳务派遣将具有电脑基础技能的年轻人派到有需求的农村社区卫生服务站、村卫生室进行钟点式服务，以协助村医进行一些文字工作以及材料录入等，减轻乡村医生人员偏少、知识结构偏低、年龄偏大等问题，减少家庭医生签约式服务中的困难。

各级相关部门根据各地实际村医缺口情况制定并增加村医培育人数，农村订单定向医学生免费培养计划应以逐渐减少初中起点中专层次的定向培养人数，逐步过渡到高中起点的专科、本科层次的定向培养，以此提升村医的整体培育质量和素质。

二、提升基层信息化建设创新家庭医生式服务的方式

重视农村医疗机构的信息化建设，主动顺应信息技术应用发展新形势，创造性地做好基层卫生信息化工作，持续优化基层卫生信息化发展应用新环境[1]。

定期对区域卫生信息平台系统的使用展开调研，将基层单位反映的问题特别的是有关家庭医生式服务的问题进行汇总，并选派技术人员到农村进行指导，定制各类“互联网＋农村卫生”信息服务；高度重视“互联网＋农村卫生”的信息平台建设，对农村医疗机构的宽带网络建设和信息平台开发提出技术指导；一、二、三级医院之间，医联体中基层医院和龙头医院之间实现信息互联互通，优质医疗资源共享；将区域医疗信息数据平台、居民健康档案信息平台、家庭医生签约服务平台整合为真正、全面的“区域卫生信息平台”；将新农合、城镇居民医保、城镇职工医保“三合一”整合，实现真正意义上信息共享的“一卡通”[2]。

家庭医生式服务的服务方式要创新尝试开展网络在线或短信平台服务，采用微信、App 等互联网线上签约、服务的方式，实现家庭医生“诊前咨询＋诊中治疗＋诊后健康管理”一站式移动医疗服务，实现各种随访数据及时上传，避免二次重复录入，提高工作效率。通过移动医疗服务模式，弥补签约医生服务能力不足的问题，提升居民签约之后的获得感和依从性[3]。

三、综合提升服务能力提高家庭医生服务签约率和续签率

组建农村中医药医疗集团、开设“西学中”培训班并同时纳入全科医师规范化培训考核范围、全面推广《互联网＋基层中药常见病、多发病数据库》工程、委托国家、省级中医药学会组建中医药综合服务人才库与乡镇卫生院“精准”扶贫，发挥中医药在“治未病”领域的主导作用[4]。

与第三方临床检验机构全面开展合作以增加检验项目，节约医疗资源；逐步培育和扶持特色小专科，激发卫生院的综合运行活力和吸引力；规划建设农村区域医疗卫生中心，推进卫生资源下移，真正把农村医疗技术能力和水平“提上来”；扩大农村全科医生开药权限，保障慢性病患者用药品种并提供医保报销优惠政策；把急救工作的重点继续“下沉”，加强村医急救技能培训，配备急救药品和急救器材，以提高农村患者的急救成功率[5]。

村医变等患者上门强化为主动上门服务，针对患者不同的性别及病程阶段，培养患者的自我管理技能，提高服务质量。通过一个村医、一个健康团队、二级以上医院慢性病相关专科医生组建“1＋1＋X”家庭医生式服务模式，畅通农村居民对健康的需求。探索提供差异性服务、分类签约、有偿签约等多种签约服务形式，满足居民多层次服务需求；积极创新“家庭医生网格化服务”和“家庭医生签约式服务”等服务形式，提高签约率。

积极推动乡村医生“县招乡管村用”政策的落地，关心他们的职业规划和职称晋升，改善他们的工作环境和生活待遇，真正做到“吸得住、留得下”，逐年提升续签率。

四、建立和完善家庭医生考核和激励机制提高积极性和创新活力

家庭医生团队与公立医院医务人员不同，如果缺乏较完善的激励机制，全科医生的积极性难以持续发展。建立完善全科医生绩效考核、补偿制度和激励机制，调动家庭医生团队签约服务积极性显得尤为重要。建立科学、客观、合理的绩效考核指标体系，评价家医服务签约后的服务质量，不能只注重签约人数、签约率，还应注重家医服务团队的业绩、诊疗能力、解决常见慢病能力、公共卫生服务能力。经济刺激是对于家庭医生团队建设的良好手段，落实政策是重要保障。奖励性绩效不应该封顶，总额之外的收入应该从人均公共卫生经费中支取，充分体现多劳多得、优绩优酬[6]。

农村社区卫生服务站、村卫生室考核应该弱化输液等诊疗考核比例，加大家庭医生签约服务及中医药适宜技术服务的考核比例。现招聘的村医乡管村用，工资及绩效由卫生院进行考核，提高原有村医的待遇并建立考核制度；优先考虑解决从事家庭医生服务优秀村医的编制问题，将优秀的村医优先吸纳到正式在编队伍中以留住人才，确保家庭医生队伍的稳定性；提高农村全科医生的岗位吸引力，吸引更多的医务人员到农村工作。通过培育家庭医生“专家”，打造“品牌”效应，起到以点带面作用，提升家庭医生的知名度、可信度。

五、加大对家庭医生式服务的宣传激发农村居民签约需求

通过加大与乡镇、村委会协调整合力度，充分发挥综合力量以及电视、广播、报刊、网络等新闻媒介的作用，营造理解和支持家庭医生服务工作，形成“家庭医生制

度好”的良好舆论氛围。乡镇卫生院及所属社区卫生服务站、村卫生室利用各自的LED电子显示屏、健康教育宣传栏、医保宣传栏、拉横幅、发放宣传小画册、拍摄家庭医生公益小视频、开展健康知识讲座、家庭医生健康服务团队入户宣传、发放“致广大农村居民的一封信”的宣传单等让广大农村居民全面了解家庭医生式服务工作流程和内涵实质，同时强调家医服务是为签约居民提供个性化、连续性的健康管理，是帮助居民提高健康意识、改善生活方式、预防控制慢性病和促进健康的服务，而不是私人保健医生[7]。

家庭医生式服务团队自身服务态度和服务质量也是很好的口碑效应，通过提升自身综合素质和服务态度提高农村居民的好感度，通过农村居民亲身体验和良好感受口口相传，更容易获得农村居民的获得感和信任感，转变农村居民重治疗、轻防保的传统医疗观点，提高农村居民的预防保健意识[8]。提升农村居民主动参与的意识，变被动签约为主动签约，为家庭医生签约服务工作的稳步推进夯实基础，从而有利于扩大签约覆盖面，显著提高家庭医生签约率。

参考文献

[1] 钱雯，林乐平，戴俊明. 上海市社区就诊病人自报家庭医生签约现状与人口学特征分析[J]. 中国初级卫生保健，2014，28(2)：47-49.

[2] 沈鹏悦，刘晓珊，李瑞锋. 我国家庭医生签约服务发展现状分析[J]中国医药导报，2017，14(26)：169-172.

[3] 王敏，赵京、赵建功，等. 北京市社区医务人员家庭医生式服务认知现状研究[J]. 中华全科医学，2016，14(8)：1243-1246.

[4] 扈静，陈榕，蒋雪花，等. 社区开展家庭医生服务签约现状及影响因素分析[J]. 山西医药杂志，2017，46(7)：764-767.

[5] 程东英. 基层家庭医生签约服务模式推进现状与建议[J]. 中国农村卫生事业管理，2017，37(2)：141-142.

[6] 任田、彭美华. 成都市温江区家庭医生签约服务模式现况及影响因素分析[J]. 社区医学杂志，2016，14(24)：10-12.

[7] 周苑、江启成. 我国分级诊疗背景下家庭医生服务研究的现状及问题探讨[J]. 中国农村卫生事业管理，2017，37(6)：633-636.

[8] 宋徽江，庄康璐，薛岚. 全科医生移动签约平台的构建与探索[J].中国全科医学，2016，19(7)：771-776.

农村电商的发展瓶颈与出路

张云松

扬州市工商行政管理局

摘要：随着“互联网＋”战略被全社会认同，随着国家对电信基础设施投入的提高，随着电子商务热潮翻涌，这为农村电商经营模式的转变创造了有利条件。本文根据农村电商经营的概况，结合对制约发展的瓶颈问题的分析，从而探究新模式下农村电商的营销策略。

关键词：农村电商；瓶颈问题；经营模式；发展思路

近年来，随着“互联网＋”战略被全社会认同，随着国家对电信基础设施投入的提高，随着电子商务热潮的到来，这为农村电商经营模式的转变创造了有利条件。在新形势下，如今我国城镇市场的发展逐渐呈饱和状态，随着广大农村劳动者回乡创业热潮翻涌，使得的农村的电子商务市场得到进一步开发，并逐渐成为全社会电子商务平台持续发展的重要组成部分。无处不在的互联网，彻底改变了当前广大农民传统的消费观和生产观，他们在运用新的零售模式来购买价格和质量适宜的商品的同时，也通过这种新的零售模式把自己生产的农产品推销出去。然而就目前农村电商的发展状况来看，我国农民当前最急切的是解决农产品的营销问题，即应该怎样运用电子商务的经营模式将农田里的农产品销售到各个地方，甚至走向世界，快速打开农村市场，促进农民经济水平的提高等一系列问题。

毋庸置疑，由于当前互联网的普及化程度高，人们越来越偏向于网上购物，减少了开实体店的运营成本，这也为我国农村电商的发展创造了有利条件。根据对相关调查数据的分析可以发现，有超过百分之七十的消费者倾向于在网上购买农产品，与以往的农产品销售情况相比，农产品在网上的销售量占据城镇农产品总销售量的较大比重，预计在2020年将达到百分之二十五左右，市场对农产品的需求量越来越大，农村电商的发展也越来越快。此外，我省农村基础交通设施、通信设施基本完善，物流畅通、通信畅通，客观上使得农产品市场的交易规模得到扩大，带动了农村电商的迅速发展。但是对于整个农产品市场的交易额而言，农村电商的交易份额还相对偏低。其主要原因在于电商行业的飞速发展，使得原有的电商零售模式发生了深刻的变动，大数据的运用催生出以垂直细分为主的新营销模式，不但距离非常遥远的消费者也能够随时了解到商品的流通情况，而且可以根据消费者的偏好，靶向性推送个性化的商品，整个服务与体验的过程都非常个性化。这种新的发展变化，也潜移默化改变了消费者的关注点，由传统的商品消费转变为服务消费，由大众消费碎片化转变为更多的小众消费，更注重品牌化和个性化。

电商如果想要更快的发展，必须跟上如今大数据发展的潮流，根据自身的特色，把线上和线下高度融合起来，线上销售线下体验，苦练内功，找到制约发展的问题症结所在，精准施策，不断完善自我。就目前我们对农村电商的深入研究考察，其主要问题如下：

一是电商平台的农产品同质化严重。商业社会普适真理是“人无我有，人有我优”，现在打开销售农产品的销售平台，就会发现钱上卖的产品大家都差不多，产品同质化问题十分严重，既然商品同质，那么价格战就不可避免，价格战是“七伤拳”，即伤人先伤己，最有害的是拉低了行业的平均利润，最终损害的是整个行业。

二是个性化程度低，产品普遍缺乏特色。由于我国幅员辽阔，土地自然禀赋不同，时令、气候差异明显，农产品的上市时间不尽相同，所以农产品是最能做出个性差异，最能做出特色的东西。但是没有多少人在这些地方动脑筋，使得农产品不管是在种类上还是在品质上都缺乏鲜明的特色。

三是在农产品的营销上也没有进行精细化的定位，没有做到以销定产。普遍缺乏对市场的分析数据、客户的消费数据分析，没有对消费者进行精确化的目标定位，把目标定位转化为定单数据，真正做到以销定产。

四是过滥地打农民牌、打环保牌。在商家的宣传里，农民代表着淳朴，环保代表着绿色无公害，农民自家种的、自己吃的，表示可以放心使用。这是一种宣传策略，但是所有的商家都这么宣传的时候，反而让人腻味、大倒胃口。

五是地理标志商标的滥用，导致地方特色产品公信力丧失。地理标志商标是标示某商品来源于某地区，并且该商品的特定质量、信誉或其他特征主要由该地区的自然因素或人文因素所决定的标志。申请地理标志证明商标是目前国际上保护特色产品的一种通行做法。通过申请地理标志证明商标，可以合理、充分地利用与保存自然资源、人文资源和地理遗产，有效地保护优质特色产品和促进特色行业的发展。地方特色农产品由于商家鱼龙混杂，最终劣币驱逐良币，反而做砸了地理标志商标。

农村电商要想取得长足发展，要想找到新的出路，必须考虑以下问题：

一是不同参与主体的协同配合。中国的农村市场异常庞大且复杂，从目前的发展情况来看，未来很难在农村市场形成一个模式统吃的局面，农村电商主体如生产、销售、物流等基于自身条件、定位和目标，在实践中呈现出不同的模式，应该根据这些参与主体不同的角色定位，把它们各自的长处整合起来，产生有效协同配合的合力。因此，有关部门可以出台一些加强这些主体之间融合协作的可操作性政策。

二是鼓励一些农村电商企业兼并。当前我国农村电商在网上的商铺数量超过了三万，其中农产品电商商铺有四千家左右，商铺数量多，农产品的市场竞争力也越来越大。为促进农村电商的发展，各个从事农产品零售的电商创建出了各种新型的经营模式来引起顾客的注意，比如说有定期配送等，然而因为这种经营模式的成本较高且有巨大的耗损等问题，所以给盈利带来了一定的难度。基于小而散、抗风险差、运营成本高的特点，应该鼓励一些农村电商企业兼并，鼓励资本收购。

三是注重农产品品牌的打造。由于当前电商部分农产品的品质不高，没有注重农产品品牌的打造，同时也没有经过专门的食品安全认证，所以很多消费者对这样的农产品缺乏信任，认为缺乏质量的保障，没有完备的质量追溯制度。同时，我国大多消费者对农产品中生鲜产品的消费习惯就是对于不能眼见为实总要预设置疑的心理特征，所以没有过硬的名牌，一般消费者是不会买账的，这给农村电商的发展带来一定影响。因此对于农产品品牌的打造显得特别重要。

四是注重农产品的文化特色赋予。许多特色农产品是独特的地理环境生成，因此可以充分挖掘其在独特民俗传统中的文化价值、人文价值，讲好特色农产品的故事，根据消费市场的需求，精准进行恰如其分的文化特色赋予。

五是推广线上服务与线下体验相结合的模式。线上的电商与线下的直营店或农产品超市可以结合起来发挥各自的长处，线上电商可以通过与消费者的接触，将消费者的有关消费数据收集起来进行分析，进而构建一个信息数据库，根据对其日常消费习惯的分析，掌握消费者的实际需求，然后可以为消费者提供个性化的线上服务，根据顾客的兴趣进行匹配，从而达到增强顾客消费黏性的效果。线下是指通过直营店或农产品超市的购物体验，建立起对线上产品的场景化。这样，消费者在线下体验中可建立起对线上商品的信任，线上服务的有效性也能得以充分发挥。这种线上服务与线下体验相结合的形式，无形当中让产品的品牌得到塑造，也有利于进一步推广。

六是注重覆盖广度与覆盖深度的关系问题。从目前出现的农村电商电子商务模式中，我们可以观察出这样一个客观现象：覆盖广度与覆盖深度呈负相关关系，即由于资源和组织的限制，如果企业追求覆盖广度，那么就做不到市场业务的深入发展；而一旦追求业务深度，那么在全国层面上就做不到广覆盖。对单个电商企业而言，农村战略最终是在覆盖深度和覆盖广度之间的平衡，而根据不同的企业定位和目标，深度和广度的侧重点又各有不同。需要说明的是，尽管别人可以见仁见智，但就企业本身而言，覆盖广度和覆盖深度之间并没有绝对的优劣之分，只是不同电商平台根据自身经营理念和目标的选择。

七是应注重农村电商上下游的协同配合问题。以农村电商为主体的农村电子商务实际是一个非常庞大繁杂的系统工程，农产品上网需要一套集生产、品控、物流和营销等为一体的服务体系，需要上下游各个主体紧密协同配合才能完成这一体系的建立，所以这一协同配合机制的完善和运营高效非常重要。

综上所述，在农村电商经营中，只有注重经营模式的转变，才能应充分利用互联网进行农产品的推广，以有效提高订单量，有利于农村和农业的发展。

新时代我国城乡一体化的困境和路径选择

何卫红

扬州大学附属中学

摘要：十八大以来，我国城乡一体化也进入新时代，进入了由中级阶段向高级阶段发展的关键时期。城乡一体化存在城乡收入差距扩大，农民工资性收入和财产性收入增长过慢等问题和城乡一体化战略地位认识不足等误区。国外城乡一体化的成功做法主要表现在城乡协调发展，统筹推进；城乡通盘规划，产业融合；缩小城乡差距，服务均等等方面。新时代我国城乡一体化需要提高城乡一体化的战略地位，加强顶层政策设计；合理产业布局，实现城乡资源全面、自由、双向流动；稳妥有序推进城乡社保一体化、城乡公共服务均等化。

关键词：城乡二元结构；新时代；城乡一体化

一、我国城乡一体化进入新时代

（一）新时代我国城乡一体化进入关键时期

城乡一体化是一个从初级阶段向高级阶段逐步发展的历史过程。我国城乡一体化的初级阶段(1949—1978)表现为以农补工，以乡促城。这一时期以农村促城市的发展，以发展重工业为主，以农产品剪刀差为工业积累资金，同时压低城市人口规模和城市建设资金投入为工业发展解决资金。城乡一体化的中级阶段开始于改革开放(1978)，表现为以工促农，以城带乡。这一时期农村和城市次序改革，通过农村联产承包责任制和城市经济体制改革，释放城乡生产力，农村家庭联产承包责任制稳固农业发展的势头，社会主义市场经济改革增强城市发展的动力，城镇化速度加快，城乡都获得了大幅度的发展。城乡一体化取得了显著的成绩，2018 年我国城镇常住人口 83137 万人，城镇化率为 59.58%，全国轨道交通、公共交通建设发展加速。住房制度改革和住房保障加快，住房质量和居住环境明显提高和改善。新农村建设战略开始实施，农村基础设施建设取得重大进展，农村社会事业发展取得全面进步。但也出现了城乡差别加剧现象，资本、技术和人员更快地向城市集中，城市发展迅速，农村发展边缘化。

城乡一体化的高级阶段主要表现为工农均衡，城乡一体。十八大以来，我国城乡一体化也进入新时代，进入了由中级阶段向高级阶段发展的关键时期。这一时期的主要任务是加快改造传统农业、建设社会主义新农村、实施乡村振兴战略，实现中国特色农业现代化，破除城乡二元结构，形成城乡经济社会发展一体化新格局。2018 年中国 GDP 总量达到 13.46 万亿美元，人均 GDP9630 美元，离跨入高收入国家行列（人均 1.2 万美元）还差一个台阶。从国际经验来看，凡是进入高收入行列的国家都是成功地解决了城乡二元结构问题，第一、二、三产业的劳动生产率大体相同，城乡居民收入相对平衡。凡是落入中等收入陷阱国家的一个共同点就是城乡发展差距明显且长期得不到解决。[1] 我国城乡一体化能否成功解决城乡二元结构问题，从城乡一体化的中级阶段顺利过渡到高级阶段，关系到中国特色社会主义新时代宏伟目标的实现，既是对中国特色社会主义市场经济体制活力的考验，也是对中国共产党执政能力的考验。

（二）新时代城乡一体化存在的问题

我国城乡一体化取得显著的成就，但也存在一些问题。主要表现在城乡收入差距扩大，农民工资性收入和财产性收入增长过慢。农村的生产要素特别是土地、房产等还没有市场化或处于半市场化状态，资源源源不断流入城市，而城市的资源却流不进农村。城市资本过剩推动房价不断上涨，农村资本短缺房价越来越便宜。农村公共服务的财政支持力度不足，国家在教育、医疗、养老等公共服务方面向农村的资金投入明显不足。支持“三农”的金融体系薄弱，“三农”贷款门槛过高，农民贷款难问题仍然比较突出。城乡社保体系衔接不够 ，农村社会保障体系建设滞后，城乡在社会保障方面均有各自的制度体系，进城农民工住在城市却不能成为城市居民，服务城市却不能享受城市生活。农村“空心化”不断加剧，形成中国独特的“留守儿童”“留守老人”等现象。

此外，还存在城乡一体化认识上的误区。对城乡一体化的战略地位认识不足，把城乡一体化单纯理解为以城市为中心，单纯地推进新型城镇化，把农民变市民，把农村变城市。此外还有破除农村土地两权分离是搞土地私有化，会冲击 18 亿亩耕地红线，城市资本下乡会掠夺农村资源等认识误区。[2]

二、国外城乡一体化的成功做法

（一）城乡协调发展，统筹推进

坚持城乡协调发展，既增强城乡发展的整体性、协调性，又体现两者差异性和互补性。纵观日本、韩国、法国、美国、德国等发达国家，无不经历了城乡尖锐对立的社会发展阶段，出现了城乡发展不协调所带来的种种问题，也都是在城乡发展极不均衡的情况下，采取各种不同措施，实现了城乡高度一体化。日本在上世纪前半叶因追求发展工业，出现工农收入和城乡差距拉大等现象，通过根本性制度安排从源头上避免城乡二元结构的形成，实现了较为均衡的统筹发展，不仅实现了城乡共同富裕和高度城市化，还发展了农业、确保了大米完全自给和大部分蔬菜自给。城与乡作为两种不同经济社会空间形态，具有不同的自然属性、人口分布、社会功能，推动城乡协调发展，既要“求同”、突出一体化，也要“存异”、避免等同化。如法国有

37 万个村庄风貌 200 多年都未改变，但一样实现了农村现代化。[3] 城市与乡村拥有诸多方面的互补性和共生性，农村的发展离不开城市的辐射和带动，城市的发展也离不开农村的促进和支持。日本消除阻碍人员、资金等经济要素在城乡间流动的壁垒，促进各种资源向农村和落后地区流动，建立较为完善的农业耕地和农村住宅流转体制，鼓励城市人口到农村居住或投资，东京的城市规划以放射状大容量轨道交通为依托，沿轨道交通站点建设生活服务、文化娱乐和治安配套完善的居民区，大量东京居民选择在距东京市中心数十公里的千叶县和埼玉县等地居住，既减轻了超大城市的人口压力，也给地方带来大量投资并拉动个人消费，避免出现城乡结合部和贫民窟。[4]

（二）城乡通盘规划，产业融合

注重城乡一体化的顶层设计，主导经济发展的模式，制定相关发展规划和计划，实现农业现代化，推进城乡发展一体化。韩国在成功实施出口导向发展战略并取得城市内工业经济腾飞的同时带动农业一起发展，实现了工业和农业的协调发展，通过"农户副业企业"计划、"新村工厂"计划、"农村工业园区"等计划的实施，快速实现了农业现代化，完成了城乡发展一体化，实现了城乡经济社会全面、协调、可持续发展。英国针对工业革命后城市化速度大大加快、乡村人口大量向城市转移、农村日益荒凉的实际，提出了将城市问题与乡村问题合并解决的"田园城市"构想，制定《城乡规划法案》，设立独立的城乡规划管理机构，成为世界上第一个建立城乡规划体系的国家。城乡协调发展，产业是关键，缺乏产业支撑，城乡发展一体化就会成为无源之水、无本之木。从国外实践看，发达国家都十分重视城乡产业统筹发展，合理分工城乡产业。日本曾一度出现农村人口急剧流向城市、城乡差异扩大的现象，后来通过制定《新全国综合开发计划》《农村地区引进工业促进法》等政策举措，鼓励城市工业向农村转移，强化企业对接乡村的能力，有力推动农村工业化，实现了均衡统筹发展。韩国在 20 世纪 90 年代实施"一村一社"计划，立法要求有实力的企业对接村庄、帮扶产业，包括农产品开发、观光农业、村庄整治等。[3]

（三）缩小城乡差距，服务均等

基础设施、公共服务、社会治理，是除去产业之外城乡之间存在的差距所在。城乡发展一体化，必须在夯实乡村基础的前提下，才能有效推进。发达国家高度重视基础设施建设，有的甚至把城市基础设施延伸到了乡村一级。日本通过建立统一的社会保障体系、建设高标准的卫星城和小城镇、维持农产品较高价格以保障农民收入等措施，打通了城乡之间存在的各种壁垒，城乡居民享受同等的政治经济待遇，在户籍、政治权利、社会保障和人员流动等政策上对城乡居民一视同仁，避免人为造成城乡差别。美国自 20 世纪 30 年代以来一直重视农村的道路、水电、排灌、市场等基础设施建设，积极构建高度城镇化的"大都市区"城镇体系，持续加强对农业农村地区发展政策扶植，一系列重大举措使美国成为全球范围内城乡一体化发展最为成功的国家之一，目前在大都市周围百公里范围内，很难分清城乡界限，传统意义的农村社区几乎不再存在，城市和乡村除去主体产业和景观差别外，生活水平和现代文明程度基本趋同。[3]

三、我国城乡一体化发展的路径选择

处于城乡一体化高级阶段的发达国家已经成功解决城乡二元结构，在推进城乡一体化方面的实践与经验对我国具有重要的借鉴意义。

（一）提高城乡一体化的战略地位，加强顶层政策设计

城乡一体化是工业化、城镇化、农业现代化发展到一定阶段的必然要求，是农村改革的最终目标，也是我国经济建设和社会发展绕不过去的门槛，国家应当高度重视将其作为国家发展的重大战略来设计和实施，结合新农村建设和乡村振兴计划全面推进城乡一体化，为2020年实现全面小康提供保障，避免落入拉美国家的中等收入陷阱，到2022年进入高收入国家行列。我国城乡一体化发展归根结底就是要解决城镇与乡村相互对立、工业与农业相互隔离的二元发展结构，进而逐步实现城镇与乡村、工业与农业的良性互动及其协调发展，这就需要政府加强顶层政策设计，坚持政府主导、政策倾斜的发展模式。坚持城乡并重，把工业与农业、城市与乡村、城镇居民与农村居民作为一个有机整体统筹推进，促进城乡相互融合、共同发展，在城市能品味到乡村的生活品质，在乡村能享受到城市的现代文明。应当研究借鉴国外成功经验，把城市和乡村作为一个整体，通盘考虑、统筹谋划、一体设计，实行城乡总体规划、土地利用总体规划，切实解决规划上城乡脱节、重城市轻农村的问题。

（二）合理产业布局，实现城乡资源全面、自由、双向流动

抓住产业这个关键，引导城市企业的资金、人才、技术等现代经济要素向农村流动。要按照主体功能区的不同，统筹规划工业与农业、城镇与农村的空间布局，有针对性地将一些商务区、工业区布局到城郊和农村，带动农村发展，促进城市的现代物流、电商、农产品加工等产业在农村合理布局，逐步缩小城乡在产业发展水平上的差距。在城市和农村之间建立平等的生产要素交换关系，在耕地、建设用地、社保、子女教育等方面建立城乡统筹机制，生产要素在城乡之间全面、自由和双向流动，积极探索农村土地流转的制度体系，建立城乡一体的土地管理制度，赋予农户对所占有的承包地、宅基地以财产权，在不改变土地集体所有制性质的前提下，使土地用益物权成为可以转让、整合的商品，使农民在市场交易中获得财产性收入。建立全国城乡统一的建设用地市场，在全国各地城乡之间进行建设用地的调整，使农村人口减少而闲置的建设用地及时退出以满足城市新增人口对建设用地的需求，抑制房价过快上涨。发展城乡一体化金融服务体系，逐步建立和完善农村金融体系，更好地为农户和中小企业提供金融服务，放宽农村金融机构准入政策，鼓励社会资本参与设立村镇银行、农村资金互助社和小额贷款公司等新型农村金融机构，鼓励引导工商资本到农村发展适合企业化经营的现代种养业，鼓励社会

资本投向农村建设，允许企业和社会组织在农村兴办各类事业。

（三）稳妥有序推进城乡社保一体化、城乡公共服务均等化

推进城乡社会保障制度改革，实现卫生、医疗、教育、养老等社会保障资源在城乡的均衡分布，尽快实现城乡养老保险制度衔接，统筹城镇居民医保和新农合等城乡社保体系的兼容性，打破城乡社会保障二元结构，加快户籍、土地、社保、就业、教育等一系列制度联动改革，让城乡居民人人享有均等化的基本公共服务。坚持“城乡共建、城乡联网、城乡共享”的原则，推进城市的道路、供水、污水管网、垃圾处理、电力、电信、环保、信息化等基础设施向农村延伸覆盖，做到无缝对接、互联互通，让农民享受现代文明的生活。推进城乡协调发展，坚持城市与农村错位发展，划定城市发展边界，避免城市无限扩张、取代乡村，通过城乡基础设施一体化建设，在空间形态上使城市更像城市、农村更像农村。在城镇化的过程中吸引更多城市人口到农村休闲居住，做到“进城”和“下乡”各得其所，增强农村活力形成优势互补、相互依存的城乡一体化生产生活格局。

参考文献

[1] 付娜.发达国家城乡一体化经验对中国进一步城乡统筹发展的启示研究[J]. 世界农业，2014(08).
[2] 李国祥.实现乡村产业兴旺必须正确认识和处理的若干重大关系[J]. 中州学刊，2018(1).
[3] 薛苏明，夏永祥.发达国家城乡一体化发展之“镜”与“径”——基于“四个自信”的我国城乡一体化发展路向探析[J]. 北方论丛，2017(6).
[4] 贾江涛.日本多措并举促进城乡统筹发展[N]. 中国信息报，2012-06-21.

创新主体功能区推进策略
推动区域协调融合发展

赵俊华

九三学社镇江市委员会

摘要：长期以来在区域发展方面存在的最大误区，是把经济增长作为区域发展的首选。而主体功能区划的提出，打破了传统的区域经济发展思路与发展模式。只是受传统行政区发展思维的制约，推进主体功能区制度有效实施，还面临着一些问题和瓶颈。

关键词：功能区；创新机制；协调发展

区域布局是一个地方发展理念和思路的集中反映，也是发展内涵和水平的直观体现。而长期以来，在区域发展方面存在的最大误区是，把经济增长作为区域发展的首选，把 GDP 的增长速度和有关经济发展水平的排序作为衡量区域发展状态和进行发展业绩考核的关键指标，导致一些地方政府把做大当地 GDP 作为中心工作，忽视当地的自然条件，盲目开发建设，尤其是欠发达地区把招商引资作为制胜法宝，导致地区间产业结构趋同，国土粗放式开发现象严重，对生态环境造成较大的破坏。主体功能区划的提出，打破了传统的区域经济发展思路与发展模式，有利于构筑区域经济优势互补、主体功能定位清晰、国土空间高效利用、人与自然和谐相处的区域发展格局，逐步实现不同区域基本公共服务均等化，是促进区域协调发展的新突破，它既能合理地调整产业布局，还能有效地建立完善的财政、投资政策及土地和人口管理政策，更能有效地建立绩效评价和政绩考核新机制，从体制的层面上引导地方政府在发展道路、发展目标上进行新的调整和布局。

江苏省政府在 2017 年 5 月，正式提出了建设扬子江城市群、沿海经济带、江淮生态经济区和淮海经济区中心城市的“1＋3”重点功能区战略，把江苏作为一个城市来经营，充分发挥扬子江城市群对沿海和江淮地区的带动和传导作用，激发江苏发展新动能，形成江苏区域协调发展的新布局。

由于很多政府领导受传统行政区发展思维的制约，统筹推进主体功能区制度精准落地、实现以重点功能区为主的创新发展，还面临着一些问题和瓶颈，特别是建立完善主体功能区动态调整机制，打破行政壁垒，实现行政区到功能区的转变；发挥财政政策、投资政策、产业政策、土地政策、农业政策、人口政策、环境政策等政策合力，形成科学合理的补偿和财政转移支付政策；完善空间治理体系建设的公众参与机制，增强功能区内部各发展单元之间的联系与合作；形成与功能区发展相适应的评价取向，实行不同的绩效评价指标和政绩考核办法，还需要加大改革创新力度和政策支撑强度，才能形成更加有力的战略推进机制，推动区域协调融合发展。

为此建议：

一、创新主体功能区推进策略，把基本公共服务均等化作为区域均衡发展的核心目标

体现“以人为本”谋发展的根本理念，一方面要支持合理地发展经济，做大人均GDP，实现缩小经济发展差距的目标。同时，突出生态屏障等主体功能的建设，缩小不同区域间人民生活水平和公共服务等方面的差距。另一方面，随着工业化、城市化、新型城镇化进程的推进，要按照不同的主体功能区，合理引导生态环境脆弱、发展经济条件差的区域人口逐步转移，减少这些区域实现基本公共服务均等化的社会成本。要加大对全市交通网络建设的规划和实施，做到各主体功能区间道路畅通便捷，市中心与辖市中心交通快速高效，百姓出行便利。要加大重大医疗设施建设，确保医保在市内无障碍，在省内互联互通、简单方便。要加大教育基础设施建设，促进城乡教育条件、师资配备、教学水平和教育政策的均衡发展。

二、创新推进主体功能区规划体系，制定科学的衡量标准

一要逐渐将涉及人均收入和财富、城乡协调发展状况、地区宜居程度、区域可持续发展能力等方面的内容作为衡量区域协调发展的标准。二要准确把握发展阶段的变化趋势和标志，不断优化促进区域协调发展的内容和内涵，推进新型工业化、信息化、城镇化、农业现代化及其相互间的融合协调和互动。三要量化指标体系和考核标准，指标体系越具可计量性，越能准确衡量区域协调发展的程度，也越能发现存在的问题，从而找出工作的着力点。四要在体制机制上进行系统改革和创新，突出政府力量和市场力量的共同作用下，营造区域发展的“造血”机制、创新能力和增长动力，健全互促互动互帮互助机制，在区域互补中实现互惠，在区域联动中达到共赢。

三、创新主体功能区规划政策，增强政策的精准性

一要把握好不同区域规划间的整体联系，加快形成系统性规划体系，按照推进形成主体功能区的具体要求，以主体功能区规划为基础，以城市总体规划、土地利用规划和其他专项为支撑，使之成为在体现各自特色的同时规划定位清晰、功能互为补充、相互衔接、有机统一的系统性规划体系。二要注重制定和实施区域政策过程中各项政策的衔接，最大限度地发挥区域政策的功效，既注重在解决同一问题上形成政策合力，又注重运用组合政策来解决除缩小地区差距之外的其他问题。三要尽快研究制定各类主体功能区开发强度、环境容量等约束性指标并分解落实，协

调、更新国土空间动态监测管理系统，开展对实施主体功能区规划的跟踪评估。尤其是要将主体功能区规划作为城市各个乡镇发展定位的一种初始性设定，定期、及时地根据自然、经济和社会基本情况的发展变化，对主体功能区规划和分类管理政策进行及时调整，以保证规划本身的科学性和有效性。四要对规划实施情况的监督检查，确保主体功能区规划落到实处，进一步明确市、县（区）、乡镇（街道办）三级政府在推进形成主体功能区中的主要职责，对于重点开发区域，要注重赋予其在体制机制和政策创新上更大自主权和灵活性；对于禁止开发区域，要加快成立和完善管理机构，注重发挥好政府的主体作用。五要加快制定和完善不同的土地、人口、环境、产业、投资、财政等政策。在土地政策上，适当扩大重点开发区域建设用地规模，严格控制农产品主产区建设用地规模，严禁重点生态功能区改变生态用途的土地供应，不断完善城乡之间建设用地增减挂钩、城乡之间人地挂钩的政策；在人口政策上，重点开发区域要实施积极的人口迁入政策，加强人口集聚和吸纳能力建设，放宽户口迁移限制，引导区域内人口均衡分布。限制开发和禁止开发区域要实施积极的人口退出政策，增强劳动力跨区域转移就业的能力，鼓励人口到重点开发区域就业并定居，并引导县域内人口向县城和中心镇集聚；在环境政策上，重点开发区域要大幅度减少污染物排放量，重点生态功能区域要实现污染物排放总量持续下降和环境质量状况达标，禁止开发区域要确保污染物的“零排放”；在产业政策上，进一步明确不同主体功能区鼓励、限制和禁止的产业，重大制造业项目原则上应布局在重点开发区域。通过设备折旧补贴、设备贷款担保、迁移补贴、土地置换等手段，促进城市重点生态功能区和农产品主产区内的产业跨区域转移或关闭。

四、创新主体功能区推进机制，增强规划实施的有效性

要努力促进“一张蓝图贯到底”，区域规划和政策文件贯彻落实受到的最大影响可能是地方班子换届和主要负责人的更替，应推动建立完善的工作机制和强有力的保障体系，同时加强检查督促和分期评估，确保制定的区域规划实施不因班子和人员变动受到影响；要有效解决实施后继乏力、前强后弱、前紧后松等问题，加强区域规划和政策文件的中期评估和修订，增强区域政策的鲜活性和实用性，从而强化区域规划和政策文件的可持续执行力；要把规划的实施纳入地方政府政绩评价和干部考核机制，增加与推进实施主体功能区规划相关的考核内容，强化实施区域规划和政策文件的责任心和创造力，按照不同区域的主体功能定位，实行各有侧重的绩效考核评价办法，提高区域规划的约束性；要推动强化部门落实规划政策的积极性，强化区域规划和政策文件相关内容的部门责任分工，明确落实主体和时限。要切实做好规划适时调整修编，注重已出台的区域规划和政策文件贯彻实施与环境变化、需求变动的衔接，适时调整相关内容，提出新的政策举措。

五、创新主体功能区管理机制，建立区域良性互动机制

要加强区域行政管理体制创新，推动行政区和经济区融合，促进资源要素在跨行政区范围调动、配置和流动。推动建立多层次的区际合作协调机制，促进在重大区域问题上的协商解决，推进重大跨地区项目的合作共建。要抓住重点环节，推进形成区际利益平衡机制，促进区际良性互动和协调发展。建立跨地区投资、产业转移等重大事项利益分享机制，促进区际间产业有序承接转移和“飞地经济”加快发展；要进一步清理并坚决废止各种不合理规定，打破地区封锁和行政壁垒，促进生产要素在区际间的自由流动。加强法律手段和经济手段的有机配合，发挥地区比较优势，促进地区间的合理分工，实现优势互补、互利共赢。

六、创新主体功能区发展机制，搭建功能试验平台

紧扣促进区域协调发展的总体方向和战略目标，适时搭建具有创新试验功能的平台，注重在建立区际间利益平衡格局、形成区域协调发展机制、统筹城乡发展、深化内外联动等方面进行探索试验，探索研究各类创新试验形成的做法和经验，促进区域协调发展面临的共性问题的有力解决。要努力形成具有较强市场竞争力的管理体制、运行机制和发展模式，更好参与国际竞争与合作，赢取更大发展利益。

关于江苏主体功能区发展的思考

郜沛沛

江苏农林职业技术学院

摘要：主体功能区作为一项长期性的制度安排，已经成为我省未来特色治理空间思想的重要组成部分。江苏“1+3”重点功能区战略的有益探索将为我国区域发展布局的优化、格局的重塑以及空间治理体系和能力的现代化提供借鉴。

关键词：功能区；协调；发展

党的十九大报告提出，要创新引领率先实现东部地区优化发展，建立更加有效的区域协调发展机制，长三角一体化要有新路径与新机制。在全球化、信息化的浪潮下，地域的空间组织结构、协调发展动力、区域合作困境与治理机制等逐渐成为区域协调发展所关注的重点。区域协调发展是现代经济发展的必然，是开放、分工与合作的本质要求。相互协调良好的区域经济，可以使地理位置、要素资源和产业结构不同的地区承担不同的经济功能，实现单个市场无法达到的规模经济和集聚效应。

江苏省不同地区之间资源禀赋和发展水平差异巨大，新时期区域分化现象愈加凸显，加之以往的无序开发和恶性竞争使得区域发展不平衡不充分问题更加突出，这些问题的长期存在，症结在于现行的机制难以适应经济发展的要求，甚至矛盾于区域协调发展战略，因此解决这些问题，就需要各地通过合作，形成相互产业配套，实现最优产出水平，就是要建立更加科学、更加有效的区域协调发展新机制。

一、江苏“1 + 3”功能区阐要

以往江苏以 GDP 为主要政绩指标，设区市为单位，把全省划分为苏南、苏中、苏北三大区域，实行差别化的政策，虽然取得了一定的成效，但由于历史和自然条件差异很大，发展基数的悬殊，地区间的差距仍呈现不断加大趋势。2017 年 5 月，江苏正式提出“1+3”重点功能区战略：“1”即扬子江城市群，“3”是沿海经济带、江淮生态经济区和淮海经济区中心城市（徐州），形成江苏区域协调发展的新布局。“1+3”重点功能区战略，也可以把江苏看作一个城市来经营，扬子江是这个城市的内河，沿江南岸是建成区，重在优化提升，沿江北岸和沿海是待开发区，江淮是生态经济区，徐州是具有综合功能的副城，这样的布局旨在最大限度发挥扬子江城市群对沿海和江淮地区的带动和传导作用，激发江苏发展新动能。

江苏作为多重国家重大战略的融合发展示范区，进入新时代“一带一路”“长江经济带”“长三角城市群建设”“全球科创中心建设”“海洋强国”等多重国家战略在长三角地区的叠加效应将逐步得到释放。“围绕国家战略，服务国家战略”是江苏区域协调发展的核心，率先推进从行政区划为主进入超越行政区划、以经济功能和经济社会联系为主的新阶段。

二、新时期江苏区域发展面临的问题

（一）高耗能低生态的产业趋同

众所周知，我省改革开放以来始终存在较为严重的市场分割与产业同构现象，究其原因，政府的主导地位以及政绩考核的同一性，地方政府往往忽略各自辖区天然条件与发展水平互补性，竞相采取以邻为壑的“囚徒”策略，以争取基本一律的更多出口与投资。在这一困局下，相邻各地产业严重同质化，再加上地方利益的驱动，以及缺乏区域内产业发展规划的协调，导致我省尤其苏南的产业结构严重趋同。各城市生产布局重复，产业结构同化，产业集中度较低，低水平重复建设比较明显。特别是，由于整个区域仍然处于工业化的过程，每个城市几乎无一例外地把加快工业发展作为本地经济发展和提升城市地位的主要路径，各个城市为了做大GDP总量，都把主导产业放在电子信息、石油化工、汽车及汽车零件、医药等大容量的制造业上，造成了产业结构的高度趋同。早期，典型的苏南模式多数以劳动和土地为实现工业发展的资本积累，以乡镇为单位，农民离土不离乡，进厂不进城，进行自下而上的城市化。这种城市化缺乏统筹机制，土地利用分散、资源配置低效率、生态环境遭破坏，以上种种问题成为现今经济转型的阻碍，工业在向产业化和高科技化转变时城镇发展并没有为此提供良好的环境支撑。苏南工业化与城镇化综合发展的高水平并不意味着工业化与城镇化发展协调性的高阶段。

现阶段功能区因行政分割，整合失力，各县市之间在产业布局、城镇空间拓展、基础设施对接等方面相互掣肘。产业结构决定城镇就业结构，影响城市功能的发挥，工业立县的成功探索使政府及资本市场对区域工业的发展尤为关注，产业发展的结构性失衡使传统制造业向高端制造业质的飞跃迫在眉睫，所导致的就业结构低质化进而影响城镇人口构成及消费市场，阻碍城市经济、文化等职能的发挥。在大城市过度集聚、农村人口大量外流、工业化地区半城市化诸多城市病凸显的今天，推进沿江各县域单元从单纯的工业强县向独具魅力的中小城市转型，是江苏当前及未来功能区协调发展的重要战略。

随着区域协调发展动力的转变，城市的空间结构不断演变，其核心城市也不停轮换。过去政府可以通过城市规划改善交通配置、进行决策、进行区域内的资源配置；如今，城市主要靠市场辐射吸引，以及企业间的分工协作来发挥其对区域的作用；未来信息社会，在“互联网＋”的作用下，信息技术弱化了空间的相互作用与距离之间的关系，对距离衰减律、区位论和中心地理论等均提出了前所未有的挑战。

过去工业化长期以劳动和土地替代资本，造成工业的松散化与低效率。虽然近年苏南诸多行政辖区内推行“相对集中”政策，但效果并不理想，相较于城镇居民点用地的集聚，工业用地存在明显的分散化现象，成为公共服务配套的阻碍。苏南在改革之初即形成的“村村点火、家家冒烟”发展模式早已固化，随着城市发展空间的拓展，这些分散的工业用地未加改造就被纳入城市建设区。在土地和劳动等要素供给难以为继、环境承载压力持续加大的今日，上述对传统发展路径的惯性依赖成为功能区协调发展的明显障碍。

资源，尤其是土地资源是城市建设的物质载体，宜居的生态环境是人口尤其是高素质人才导入的必要条件。随着城镇化的深入推进，对资源要素的需求逐渐增大，但由于土地利用空间结构的生态内涵丧失、工业用地的破碎化与分散式布局、耕地资源极度稀缺，各县市不断推进的工业化与城镇化进程与日益锐减的环境容量形成巨大反差。高水平的基础设施不仅要类型全面以满足城市建设、产业发展和居民生活的多样化需求，布局均衡以实现城乡之间、区域之间统筹的均等化，还要适当分级以实现居住区、产业区等功能区的配套。江苏甚至全国普遍存在着城市公共基础设施不能满足生产生活的需要，不同基础设施之间的建设、管理各自为政所造成的资源浪费与运行低效现象。工业化与城镇化造成城市空间无序蔓延，以资源大量消耗和生态环境牺牲为代价的发展模式难以为继，转变发展理念即打破传统的路径依赖成为功能区发展的当务之急。从区位价值看，功能区是国家沿海带动内陆的战略支点，都市区内城市之间便捷的空间联系、密切的功能联系及广泛的社会认同会带来物流、客流和信息流等强大的要素流动。

（二）行政分割的困局

现今严格的行政区划分割及城市间激烈的竞争，导致尽管地域相邻的周边市县，但囿于不同行政区划的市、县间调控权非常弱，跨县市层面的协调发展目标往往让位于各市县自成体系的财政体制及规划蓝图，尤其是对于城际道路、垃圾焚烧场和污水处理厂等具有很强互补性的大型公建项目。又由于市场机制缺失，各市县争夺发展资源的力度不断加大，招商门槛过低，造成各地产业特色不强，低水平重复建设问题突出，区域协调发展的困境日益凸显。未来功能区的协调发展面临诸多挑战：体制机制不完善，创新要素跨界流动和共享受限；对外技术依赖严重，自主协同创新的载体效率低下；地方政府创新投资力度大，但城市间协同创新不足。为此，在加强城市连通性的同时，迫切需要破除行政分割、各自为政的现有格局，搭建着眼于功能区城市群范围内的创新主体分工合作、互动联系的区域创新网络。

再如在区域协调问题上，经济发展不同的市县对这一问题反应并不一样，经济发达的县市认为周边市县在经济合作上对其不具吸引力，接轨的性价比不高，有被“搭便车”和“要素流失”的疑虑，担心周边弱市县壮大后成为强有力的竞争对手，可能导致本地企业和资本的流失。加之缺乏强有力的高层平台统筹区域协调发展，同城化项目进展缓慢，这是形成经济利益共同体和区域功能区的主要障碍。

当前功能区协调发展的困境源于固有行政区划、整体利益不明朗和产权制度残缺。对于功能区未来发展，其协调发展既可以依靠产品贸易、技术扩散和基础设施空间溢出等内生动力，也可以依靠区域政策管理、区际立法和区域发展规划的外生动力，但是纯粹的市场机制与全面的政府干预都是不可取的。未来功能区的规划调控方式、力度、效果应该与国家层面的制度体系密切相关，依托交通、首府、市场决定要素的集聚、分配和流动，未来“互联网＋”将成为影响要素流动的关键因素。

三、未来江苏区域发展展望

国外根据不同区域的资源环境承载能力、开发密度和发展潜力，按区域分工和协调发展的原则划定具有不同主体功能的区域，实行不同的发展战略和政策，取得了明显成效。未来江苏功能区协调发展，政府引导的重点应在基础设施的对接、生态空间的保护和服务平台的打造等方面，产业的提升与区域协作则应由市场主导。

为了完善功能区包容性协调体制机制，提出几点建议，一是尽快推出在国家战略层面框架下的顶层设计与统筹协调机制，江苏的区域协调发展率先走出新路子，必须在国家战略层面有新的突破，其中战略实施机制的创新突破是重要方面。区域协调发展战略要从跨区联动的格局出发，在生态、城镇化、交通走廊、上中下游产业布局、区域发展格局等方面进行全局考虑，而且需要有目标取舍。二是研究制定相关法律，将功能区放在“一路一带”、国家沿海、长江发展战略中去思考，以法的形式确定下来，设定底线与红线。三是明确部门、地区间跨区域合作机制的主要形式、权利与义务。四是强化区域合作监督考核。

加强依据山川湖海自然条件跨区域跨部门协调机制，目前很多跨区域协调工作，有些也不完全是受制于区域之间的壁垒，而是受制于区域与部门之间、部门与部门之间的不协调。目前，江苏区域建设推进最顺利的是交通基础设施工作，其得益于江苏对于立体综合走廊进行了详细阐述与项目跟进。现如今需要建设流域性与专项部门相结合的管理机制，具体到各县市要充分把握这一战略机遇，形成特色鲜明的功能分区，进而提升自身在区域的能级。面向功能区内部，依据自身的特色产业优势，进一步强化其在区域及全国的竞争力；赋予政府职能部门对功能区更强的协调能力，推动在交通、环保、功能性设施上的统筹；基于产业的合作现状，推动公共服务领域的同城化，形成产业协同圈和服务功能轴，同时通过进一步加强产业新区共建、打造同城化通道来实现城区对接，当原有的行政区发展到一定阶段，想要扩大市场腹地以获取最大利益时，则需要打破原有行政分割的壁垒，寻求与其他节点的合作，联动更强的合作伙伴去提升自身在更大范围的竞争力，面向长三角区域，任何一个功能区与周边，如杭州都市区等相抗衡。

各功能区需从外向蔓延式扩张向内涵式增长转型，以“引导＋约束”的理念优化空间结构，实现土地的集约化利用和城市的高质量发展，同时转变“以需定供”这一被动满足城市发展需要的传统资源供给方式，构建建设用地增长与经济发展相匹配的协调发展格局，消化供而未用土地，促进低效用地再开发。推动产业结构的战略性调整，坚持存量经济高新化和增量经济规模化，大力发展以新能源为主体的低碳产业、车船装备为主体的机械装备制造、新材料（石化）和现代物流四大新兴产业集群，在服务业上推动生产性服务业向专业化和价值链高端提升、生活性服务业向品质化和精细化转型，发展商贸物流、现代金融、特色旅游等。坚持环保优先的发展理念，推动污染物排污权有偿使用，健全环保问责机制。对居住集中的社区辅以学校、卫生院等服务设施的配套，并实现交管、城管、环卫、绿化四位一体联动的精细化管理。在产业层级上，以大集团引导传统工业高新化和高新产业规模化，打破行政区划限制，整合功能区土地资源，形成各行政单元之间协作开发、利益共享的机制，包括“市场推动、政府引导”的运作机制，“沟通衔接、全面推进”的协商机制，“分工协作、滚动实施”的工作机制，高层对话和议事机制，科技、教育和人才共享机制等。坚持城市与产业同步转型，围绕规划统一编制、设施统一建设、城乡环境统一整治，不断提升区域协调发展水平。

实行市场准入政策，各功能区形成统一的认准标准、监管标准，并且一地认证，各地通用。比如生态补偿政策，各地应加强协同、衔接，产业和人口集聚度高的地区适当反馈，以保障生态功能区可以全面承担生态功能。减少分割，实现制度和政策的对接，通过区域共同市场，建立统一、公平、开放、有序的市场环境，实现资本、人力、科技、信息等各类生产要素的跨县市优化配置，降低区域商务成本，构建合理的税收转移机制和同城共享创新收益机制，科技成果转化收益和税收问题，可以通过税收的转移机制、同城共享创新的收益来解决。此外，要建立柔性的人才流动机制，能够使高端的创新创意人才在整个区域范围内自由流动和配置。

功能区战略，是经济社会发展到一定阶段的必然结果，有利于促进经济发展动力重塑和动能跃升，实现由粗放的资源型发展向精致的集约型发展，由高速度增长转向高质量发展的战略转换。主体功能区由规划层面上升到战略和制度层面，将促进我省区域发展布局的优化、格局的重塑以及空间治理体系和能力的现代化，成为顺应新时代、解决新矛盾、开辟新征程的重要实现路径。

参考文献

[1] 李江苏，王晓蕊，苗长虹，等.城镇化水平与城镇化质量协调度分析——以河南省为例 [J].经济地理，2014，34(10).

[2] 晓华，张欣珏，李阳.中国制造业与生产性服务业动态协调发展实证研究 [J]. 经济研究，2018(3).

[3] 张勇，蒲勇健，陈立泰.城镇化与服务业集聚——基于系统耦合互动的观点 [J].中国工业经济，2013(6).

[4] 周蕾.四川省旅游产业与区域经济耦合协调度研究[J].四川师范大学学报(自然科学版)，2016，39(3).

[5] 刘志彪.区域一体化发展的再思考——兼论促进长三角地区一体化发展的政策与手段[J].南京师范大学学报(社会科学版),2014(6).
[6] 洪银兴,王振,曾刚,等.长三角一体化新趋势[J].上海经济,2018(3).
[7] 权衡.长三角高质量一体化发展:发挥上海的龙头带动作用[J].上海城市管理,2018(4).
[8] 徐琴.多中心格局下的长三角一体化发展[J].现代经济探讨,2018(9).
[9] 江南.G60科创走廊:长三角更高质量一体化发展重要引擎[J].江南论坛,2018(6).
[10] 高长春.长三角区域创新网络协同治理思路和对策[J].科学发展,2018(9).

活态遗产视野下的江苏大运河文化带建设探析

孙　凯

九三学社镇江市委

摘要： 大运河江苏段是“活的”世界遗产，其保护和开发模式存在复杂性和特殊性，江苏的大运河文化带建设不能割裂历史文化传承和现实功能需求两者关系。本文在对活态遗产概念阐释基础上，总结江苏运河遗产的活态特征，并对活态保护路径进行分析和研究，为我省高质量推进大运河文化带建设提供合理化建议。

关键词： 活态遗产；大运河江苏段；水利功能；保护管理

大运河已有2500多年历史，既是古代中国的重要交通动脉，也是中华民族宝贵的历史文脉。2017年，习近平总书记对大运河保护、传承、利用作出重要指示：大运河是祖先留给我们的宝贵遗产，是流动的文化，要统筹“保护好、传承好，利用好”。当前，大运河文化带建设正在运河沿岸各地普遍展开，但各地对大运河文化带如何建，怎么建的问题认识还不统一，甚至出现了一些群众反映的违规建筑、破坏河道原生态的问题。大运河文化带的建设，必须坚持实事求是的态度，综合考虑历史背景、地理环境和当地经济建设要求等，不能仅仅从历史角度考虑，不能夸大历史甚至生造历史，更不能割裂历史与现实功能作用两者间关系。

江苏省在大运河文化带建设中处于关键位置，江苏位于大运河这条大动脉上的枢纽位置，也是大运河沿岸最重要的省份，大运河江苏段全长690公里，约占京杭大运总长度的五分之二，至今仍发挥着交通运输、防洪灌溉等实用功能，堪称“活的”世界遗产。大运河江苏段沿线数千年来，名贤辈出，人文荟萃，商肆繁荣，拥有丰富的历史遗存。面对天赐的优质资源，江苏当仁不让，理应秉持运河遗产活态保护开发的原则，将大运河文化带建设这张牌用好打好。

一、大运河江苏段活态特征分析

（一）活态遗产概念阐释

“活态遗产”概念最初来源于《佛罗伦萨宪章》（1982）中的“活态古迹”。所谓“活态”，主要指该遗产不仅具有“遗产”的属性，是历史与文化的双重见证，而且仍然具有其原始的使用功能，在现代社会生活中仍在持续发挥作用。“活态遗产”既具有作为历史文化见证的原初功能，又具有现实使用功能，采取活态保护方式可以将此类遗产不断传承下去；同时针对活态遗产的管理也不同于其他一般性遗产，其管理模式的构建应基于遗产的活态保护与传承体系。活态保护是对遗产整个发展过程的保护，不仅保护遗产的物质个体，还应包括遗产所处的环境和遗产中所包含的连续的历史。[1]

（二）大运河江苏段“活态”特征

1. 大运河江苏段河道的活态特征

大运河按照自然地理及水系特点分为8段：通惠河、北运河、南运河、会通河、中运河、淮扬运河、江南运河、浙东运河，江苏境内主要是中运河、淮扬运河和江南运河三段。目前大运河江苏段全程均保持了良好的河道形态，承担有输水、防洪排涝、航运、生态和景观等水利功能，中运河和淮扬运河还承担了南水北调东线的调水任务。大运河江苏段沟通了淮河、长江、太湖三大水系，江苏境内与运河直接相关的主要河流和湖泊有40余条，共同构成了复杂的运河水系网络。[2]

2. 大运河江苏段水利工程的活态特征

据统计，京杭大运河上现存主要水利遗产工程有122项，其中34项位于大运河江苏段，涵盖了堤防、堰坝、闸、桥涵、泉、渠道等几乎所有传统水利工程形式。位于江苏段的古代水利工程遗产中有20项仍在发挥水利功能，其“活性”比例高于京杭大运河其他河段。[3]新中国成立以来，大运河上新建了大量现代水利工程，据统计，运河上的现代水利工程共137处，其中71处位于大运河江苏段，主要发挥防洪、排涝、供水和航运等水利效益，在所在地区的水利格局中占据重要位置。

3. 大运河沿岸文化遗产的多样性传承

大运河江苏段沿线有着大量的物质遗产和非物质遗产。大运河江苏段拥有水利文化遗产19处，包含了运河、漕运直接相关的历史水利管理建筑或遗址，水神崇拜或祭祀建筑、设施或遗址，以及相关水利碑刻、文献和管理制度等，它们是运河水利文化的主要载体。[4]此外，大运河江苏段沿线8市有81项非物质遗产入选了国家非物质文化遗产代表性项目，涵盖了流传于运河两岸的民间传说、饮食文化和戏曲民俗等，它们都与运河沿线城市居民的生活和艺术观赏紧密相关。[5]

综上，大运河江苏段是活着的、功能型的文化遗产，是活态遗产的典范。运河沿线的城市及民众与运河世代相伴，密不可分。大运河不仅与沿线城市的经济建设、公共安全紧密相关，而且已经融入了居民生活中，与民众日常生活息息相关，运河沿线的人们对于大运河有着浓厚的感情。大运河江苏段的活态性也决定了大运河的保护和开发必然具有复杂性和特殊性。

二、大运河活态遗产保护和开发总体思路

大运河不同于一般古建筑、古遗址，传统的文化保护思路难以适应江苏运河遗产的客观现实，必须针对大运河江苏段的活态保护与功能需求，构建相适应的遗产保护和开发机制。

大运河文化带建设中必然面临着各种利益诉求，如文物保护、南水北调、航道

整治、水利工程、旅游线路和民生需求等，在这一开发过程中，需要坚持将功能和遗产保护开发同等并重，要保证运河仍然发挥“重要的交通、运输、防洪、灌溉、输水等作用”，协调好大运河在历史文化价值、旅游景观和水利功能三者间的关系。既要重视运河功能的活态延续，也要重视运河遗产的活态传承；既要重视运河沿线物质遗产的保护和传承，也要重视运河沿线非物质遗产的保护和传承。

三、大运河活态遗产保护开发实施路径

（一）运河功能的活态延续

1. 深化运河环境整治和生态修复

实行最严格的环境保护制度，结合“263”专项行动和“河长制”，对威胁运河遗产安全和环境的企业、房屋、设施、码头等进行整治，岸线开发利用率控制在50%以内。建立合理的垃圾管理体系，沿岸居民生活垃圾无害化处理率100%，船舶生活垃圾收集处理率提高到65%。大运河两边沿岸1公里范围、主要支流两边沿岸0.5公里范围禁止畜禽养殖，禁养区畜禽养殖场关停率100%。加快修复运河沿线林带、湿地等生态功能区，促进关联河湖生态系统的修复保育。优化水资源配置，进行生态系统的水量调度，保证大运河及其支流留有合理的生态环境水量。加快水环境治理设施建设，推进重点河道水质自动监测站、与运河相连各湖泊及支河水环境综合整治、沿线污水处理厂和污水管网、雨污分流管网等工程建设。排口设置在大运河的污水处理厂执行污水综合排放一级A标准，沿岸城镇生活污水处理率提高到90%，村庄生活污水处理设施覆盖率提高到70%。加强运河沿线化工园区、工业园区、企业的清洁生产水平。加强运河沿线工业污染、土壤污染防治和农业面源污染综合防治，强化有毒有害物质管控，工业企业废水达标排放率100%。实现大运河省控以上断面水质达标率100%，运河及其支流三类水占比达75%。

2. 推进绿色水运

做好船型标准化工作，持续提升船型标准化率、船舶装备技术水平、船舶自身安全系数。继续实施清洁船舶示范工程，以京杭运河水运应用LNG示范建设为抓手，加快LNG船舶改造步伐。严格控制航运污染，建立健全船舶污染物接收、转运、处置监管制度，提高船舶污染物接收处置能力，船舶含油污水、化学品洗舱水污水收集处理率提高到65%以上。全面禁止以船体外板为液货舱周界的单壳化学品船、600载重吨以上的单壳油船进入京杭运河航行。

3. 推进智慧水运

围绕打通大运河主线瓶颈、加强运河与联通航道的互联互通、提升分流航道通过能力三个方面，着重推进运河河道和沿线交通线路整治。加快修复各市市区内运河故道、水工设施、码头桥梁，提升河湖水系连通性，按照通航标准维护好通航水深和航宽。积极探索“物联网+运河”建设，实现对运河各类基础设施的数字化感知和航运的智能化服务。继续推广VITS系统（船舶身份设别与轨迹传感器）和船

舶安全预警系统，整合水上 ETC、"感知航道"、智能过闸系统等各项航运服务系统。

（二）大运河文化遗产梳理和保护

1. 梳理保护运河物质遗产

通过实地调查、查阅文献等方式，调查整理近年新发现遗址遗迹、重要考古发现及相关出土文物，尽快摸清"家底子"。梳理现有的历史地名、标志碑、解读牌等，统一设置保护标志、解读说明标识，推动沿线文化遗产保护管理标准化、规范化。坚持保护优先原则，严格执行《中华人民共和国文物保护法》和国家《大运河文化遗产保护与管理总体规划》等法律规定。结合我省历史文化名城保护规划，实施推进运河文化遗产维修文保项目，推进各地运河码头等遗址保护工程。

2. 梳理保护运河非物质遗产

全面梳理大运河相关非遗目录，开展运河特色项目《一带一路》《运河 2018》创作研究活动。推广与运河相关的古地名、民间故事、苏州评弹、锡剧、淮剧等非遗文化。打造一批大运河文化传承保护基地，展现大运河历史文化风貌。依托沿运河各市社科联，联合沿运河各市史志办和历史文化名城研究会、水利学会等部门和团体，组织专题调研，开展重点课题研究。充分发挥大运河文化带建设研究中心智库作用，将"大运河文化带建设"研究纳入我省未来几年的社科应用研究指南，全面研究大运河江苏段的文化资源、人文生态、保护现状等方面情况，为大运河文化带建设提供决策咨询。开展与大运河相关的文化挖掘、故事搜集、文化辞条整理、历史典故征集等工作。

（三）运河文化品牌开发

1. 成立专业的品牌研究和开发机构

目前江苏省已经成立了大运河文化研究机构如江苏大运河文化带建设研究院，运河沿线各市也分别成立了运河文化研究会、大运河研究中心等，对运河历史文化的理论研究和资源开发利用已经有一定基础，但没有独立的或挂靠于这些研究机构下的运河文化品牌研究和开发机构。建议在这些研究机构下设立当地的大运河文化品牌研究机构和开发实验室，整合历史、文学、美术、经济等方面的人才，进行品牌开发研究和设计、传播推广，打造一批高度商业化和市场化、拥有知名度的品牌。在具备一定基础和经验后，可以成立专门的江苏大运河文化品牌研究机构和品牌实验室。

2. 运河水文化的传承开发

研究推进唐、宋、元、明、清各代粮仓遗址博物（陈列）馆建设。依托现有闸站管理用房、广场绿地，打造省内各市有特色的运河文化展示主题馆（街）群。整理运河相关馆藏文物，策划大运河考古成果展。积极推进我省大运河文化主题活动，弘扬大运河历史文化。举办行走大运河、绿色骑行、运河文化惠民活动等系列文化活动，重点打造大运河（江苏段）全域文化休闲旅游，介绍运河古迹、品茗江苏运河沿线各市风土人情和饮食文化。打磨运河历史文化社会实践课，以微课形式推进运河历史文化进校园。建立大运河文化带建设志愿者组织，开展文物保护、环境保护、义务宣传、探寻运河遗迹等志愿服务活动。整合“最美水地标”宣传链，传承水文化，打造“文化水旅”品牌。

3. 运河沿线非物质文化的传承开发

利用好江苏古运河段名人轶事、历史事件、传说故事等历史文化资源，通过现代科技和创意手段，将文化资源优势转变为文化产业优势。支持利用运河遗存打造文创园区、众创空间，营造良好的创新创业生态环境。加快培育新型文化业态，鼓励运河沿线招引网络传媒、数字创意、非遗产业、文创设计等项目。发展运河孕育的苏绣、惠山泥人、镇江香醋、镇江锅盖面等历史经典产业，形成新的文化产业高地。依托运河沿线历史文化街区建设，打造一批集文化遗产风貌、民俗风情、手工艺传承、旅游休闲等于一身的运河旅游风情小镇和精品运河旅游景区。进一步挖掘运河历史文化内涵，改善现有景区环境，提升运河沿线旅游景区质量。加强运河旅游推广，策划一批大运河精品旅游线路，通过旅游网站、展会、促销活动等多种渠道，加大对运河人文景观的宣传推介力度，推动大运河旅游向国际化、高端化、品牌化发展。

参考文献

[1] 单霁翔.“活态遗产”：大运河保护创新论[J].中国名城，2008(2)：4-6.

[2] 谭徐明，于冰，王英华，等.京杭大运河遗产的特性与核心构成[J].水利学报，2009，40(10)：1219-1226.

[3] 邓俊，谭徐明，王英华，等.文化遗产背景下大运河保护与管理的研究[J].中国水利水电科学研究院学报，2012，10(3)：203-207.

[4] 王元，朱光亚.试论申遗背景下中国大运河遗产保护管理对策[J].建筑与文化，2010(12)：76-78.

[5] 李麦产，王凌宇.论线性文化遗产的价值及活化保护与利用——以中国大运河为例[J].中华文化论坛，2016 (7)：75-82.

进一步优化城乡结构,实现城乡融合发展

虞伟林

丹阳市审计局

摘要: 实施乡村振兴战略是党和国家作出的重大决策部署,是全面建设社会主义现代化国家的重大历史任务,近年来,我省高度重视城乡融合发展工作,城乡面貌焕然一新,但毋庸置疑,我省城乡一体化发展不平衡、不充分,是江苏区域协调发展中一块"短板",亟须抓住乡村振兴战略这一历史机遇,进一步优化城乡结构,从而实现城乡融合发展、共同繁荣。

关键词: 城乡结构;融合发展

实施乡村振兴战略是决胜全面建成小康社会的重大历史任务,是中国特色社会主义进入新时代做好"三农"工作的总抓手,近年来,我省城乡融合得到有力发展,但城乡发展不一依然是我省经济社会发展中的突出问题之一。

一、城乡发展存在的主要差距

在新型城镇化政策的驱动下,城市虹吸效应明显,大量农民涌向城市,农村缺少人气和生机,总体呈现萧条和破旧之状,表现为:

(1) 农村集体经济发展落后,村集体经济基础薄弱,缺少有效投资,多数村集体收入依赖上级拨款;现在,农村青壮年大都外出打工,农村多数田被流转给承包大户,农民按土地面积获得有限的田亩收入(每亩不足千元),农村经济依然落后,农业发展依然滞后。

(2) 农村环境未发生根本改观,虽对农村环境进行整治,但未建立长效管理机制,农村脏乱差环境未发生根本改观;一些乡镇被撤并后,其基础设施和行政管理相对薄弱;一些村和农户为了致富,盲目引进高污染的加工小作坊,反而恶化了当地生态环境。

(3) 农村优质教育资源严重匮乏,优质教育资源基本集中在城市,不少中小学甚至幼儿园不断被撤并,在农村就读的学生越来越少,农村教学质量和成果也无法与城区中小学相比。

(4) 农村医卫事业相对落后,城市医院人满为患,基层医院冷冷清清,服务基层能力下降,人才缺失,队伍老化,双向转诊形同虚设,公卫服务严重弱化,农民看病依然很难、很贵。

(5) 农村基础设施建设乏力，特别是污水得不到有效收集处理，一些偏远村、空心村、贫困村根本无力运营污水处理设施，让乡村污水处理设施“中看不中用”；农路质量相对较差，多数农路破损严重且路面狭窄，农路安全设施普遍不全，农路绿化和亮化水平不高；城乡公交车总数和班次相当有限，无法满足农民便捷出行需求，城乡公交普惠性不够，年老农民乘坐公交无法享受免费待遇。

(6) 农村惠农政策落实不到位，近几年来，各行政村的招商引资、征地拆迁交易、工程建设工作量大幅增加，但村级财务管理混乱，白条满天飞，侵害群众权益等非法行为层出不穷。有的村干部在集体资产资源管理中暗箱操作、以权谋私；扶贫政策落实不到位，扶贫资金效益低下，涉农补贴资金使用不规范甚至被截留、挪用，农民难以享受国家改革发展的成果。

二、加快推进城乡融合发展的建议

乡村振兴布局是农业农村优先发展，目标是“强、富、美”，途径是城乡融合发展，载体是美丽乡村建设，而城乡发展一体化是解决“三农”问题的根本路径。

(一) 进一步加大农村改革力度

深化农村改革，加快构建城乡融合发展的体制机制和政策体系，深入推进人才、土地、资本等要素在城乡间双向流动和平等交换，激活乡村振兴内生活力，加快构建城乡融合发展的体制机制和政策体系。

一方面，突出机制创新，让政府和市场同时发力，形成务实高效的资金投入和建设运营机制，打破城乡二元界限，发挥市场功能，在不参与集体土地分配和宅基地购买前提下，引导城市居民到农村投资兴业；另一方面，实现资源要素平等交换，在城乡之间自由流动，积极探索建立放弃宅基地使用权、土地承包经营权补偿制度和宅基地异地置换等政策措施，突破行政区域限制，鼓励农民自愿以土地换股份、换社保、换住房；巩固和完善农村基本经营制度，完善农村承包地“三权分置”办法，发展多种形式农业适度规模经营，突出抓好家庭农场和农民合作社两类农业经营主体发展。

(二) 加强农村特色经济培育

建立健全集体资产各项管理制度，完善农村集体产权制，发展壮大新型集体经济，赋予双层经营体制新的内涵。以农业供给侧结构改革为主线，建立健全质量兴农评价体系，深入推进农业绿色化、优质化、特色化、品牌化，调整优化农业生产力布局，推动农业由增产导向转向质量导向；推进特色农产品优势区创建，建设现代农业产业园、农业科技园，实施产业兴村强县行动，推动标准化生产，培育农产品品牌，保护地理标志农产品，打造一村一品、一镇一业发展新格局。

大力培养新型职业农民，造就更多乡土人才，全面实施新型职业农民培育工程，支持新型职业农民通过远程教学、集中培训、参加田间学校等提高技能；完善配套政策，引导高级农艺师定期下乡蹲点、大学生回乡致富、大学生村官驻村支农，为农村储备专业人才队伍。

（三）科学规划建设新型村镇

以城乡一体理念，统筹考虑土地利用、产业发展、人口分布、公共服务、生态保护等，注重不同地区和村庄的差异，划定保留区、控制区、建设区，突出建设品位，提升文化韵味，推动城镇化高质提升。

积极稳妥推动城镇化向质量提升转变，逐渐拆除偏远村和空心村，并入到整齐划一的中心村，以节约土地、逐步改善农民生活条件；建设中心村时充分考虑农民意愿，以多层楼为主，因为高层楼不符合农民居住习惯且生活成本较高；在对自然村改造时尽可能与村庄环境整治、危旧房改造相结合，鼓励村民在遵循村整体规划前提下，按改造面积给予适当的装修补贴。

强化被撤并乡镇建设管理，结合被撤并乡镇产业特色、基础设施、资源配置等通盘考虑，对被撤并乡镇集镇区进行污水管网、破旧道路整修、公共绿化亮化、停车场所增设等环境整治工作；进一步建立机制、明确责任，延伸行政管理，完善社会治理，提高居民的安全感和幸福感。

（四）补齐公共设施网建设"短腿"

有序推进农村基础设施建设，逐步建立全域覆盖、普惠共享、城乡一体的基础设施服务网络，当前重点抓好农村交通运输、污水处理等基础设施建设。

加快城乡公路建设和通达工程建设，高质量地提升农路标准，大力提升行政村、自然村双车道四级路覆盖率，全面拓展农路通达深度；加强农路的养护工作，高起点、高标准地加宽和维修农路，在重要地段设置安全设施、交通标识，以提高其安全防护水平；明确有关方职责，确保农路得到经常性养护；紧紧围绕美丽乡村建设，大力整治农路路域环境，因地制宜搞好农路绿化、亮化工程，在重要路段配置节能环保的路灯，实现农路由"交通线"向"风景线"转变；重点发展城乡公交事业，通过政府购买服务，进一步增加发车班次，满足农民便捷出行需求；增强乘坐公交的普惠性，让符合条件的年老农民也能够享受免费乘坐公交的待遇。

构建污水处理市镇村三级监管体系，加快污水处理厂配套管网建设和设备购置，提高污水收集率，确保污水处理厂负荷满足总量减排相关要求，环保和建设相关部门应为乡镇污水处理厂正常运转提供有力支持和必要保障。

（五）进一步发展民生服务事业

提升群众的获得感和满意度，借助乡村振兴战略实施，让农民享受和城里人一样的社会福利。

一要均衡发展教育事业，科学规划教育布局，结合农村实际，配置教育布点；进一步优化师资配备，适时组建教育集团，促进城乡学校一体化管理、培训、招生等，实现互动共赢；实行中小学教师及校长归县级政府统一管理，各学校根据需求对教师进行聘任，定期在县域内中小学轮流任职；正确引导优秀教师在城乡学校合理流动，使教师"下得去""留得住""教得好"，力促农村义务教育均衡发展。

二要大力发展农村医卫，实现医卫事业城乡融合发展就是推动医疗卫生工作重心下移、医疗卫生资源下沉。继续加大对医卫设备的更新和投入，完善人才激励，加强高校专业人才的引进，大力实施乡镇全科医师务实进修计划，着力提升农村基本医疗服务水平；完善制度，加快建立完善“基层首诊、双向转诊、急慢分治、上下联动”分级诊疗机制，促进转诊实施到位。

三要适当调整农保政策，将新农合整体纳入城镇居民医疗保险体系，建立城乡居民医疗保险基金，纳入财政专户管理；整合城乡医疗保障管理资源，提高专业化管理水平；同步完善相关配套改革措施，使城乡医保制并轨得以顺利实现，以防农民因病致贫。

(六) 大力提升村级依法理财能力

注重农村普法工作，加强村干部法律知识的教育培训，大力提升村干部的财经法规意识，确保农村基层依法办事和依法理财。

创新资金使用管理，整合三农领域相关资源，提升农业基础设施使用水平和农业科技创新水平；全面推行村级资金镇财政集中收付，在“村账镇管”的基础上，将村级资金的收付纳入镇财政集中收付系统，实行专户管理、专款专用；大力推行“村务卡”，取消现金结算方式，纪检部门实时跟踪监督村级资金的流向和使用。

三、当前急需推进的四项工作

(1) 统筹推进城乡一体化，乡村振兴是历史性任务，要求至 2020 年，乡村振兴取得重要进展，到 2035 年，乡村振兴取得决定性进展，因而要建立健全统筹协调的推进机制，成立专门班子，集中精力抓紧对重大问题的调研和决策。应抓紧研究制定各领域城乡一体化的实施方案和措施，在政府统一部署下，扎实推进，通过上下联动，形成推进城乡融合发展的强大合力。

(2) 防范农村非法集资风险。当前，农村非法集资依然猖獗，一些人打着发展新型农业、现代生态农业等旗号，在农村大肆进行非法集资，不少农民的养老钱、保命钱惨遭被骗，农民蒙受巨大损失，因此除加强相关宣传教育，增强农民风险意识和识别能力外，应将监管关口前移，构建立体化、社会化、信息化的监测预警体系，在基层组建高素质的打非信息员队伍；出台非法集资举报制，加大奖励力度，广泛发动农民参与，以有效遏制农村非法集资犯罪活动。

(3) 提高扶贫项目的资金效益，充分发挥惠农政策效能。有关扶贫项目事先须进行可行性论证，规划设计应经充分的法律咨询，上级政府应完善扶贫项目实施的申报程序，实地调研并全程监管，确保扶贫项目的精准性和真实、合法性，从而增强扶贫项目的综合效益。

(4) 严打农村工业污染，继续“263”专项行动，以排查农村工业污染源为前提，加大对农村非法作坊企业的关停力度，淘汰落后设备和产能；对农村企业建立排污在线监测系统，实行 24 小时监控，并由专人实行常态化巡查；保持环境执法的高压态势，加大对农村作坊企业非法排污的处罚力度，让违规作坊企业付出沉重代价。

科技型民营企业技术创新现状及分析

石　伟

镇江市税务局

摘要：近年来，江苏省科技型民营企业规模快速增长，竞争力不断提升，但创新能力的提升也遭遇到了一些瓶颈。本文对苏南某市具有代表性的一些科技型民营企业进行摸牌调研，深入分析创新受阻背后的制度性障碍，以期为促进科技型民营企业更好发展提供参考。

关键词：科研转化；技术创新；申报知识产权

2014 年 9 月，李克强总理在夏季达沃斯论坛上提出，要鼓励“大众创业，万众创新”。在 2015 年的《政府工作报告》中，他多次提到“创业”和“创新”。在此背景下，掀起了科技型民营企业的诞生热潮。从 2015 年至今，各种大型企业的大量资金进入了房地产行业，为一些小企业留下了发展的空间，特别是那些服务比较细分的行业市场空间比较大。科技高速发展，新兴产业兴起，市场上出现了一些行业的空白，为企业带来了极好的机遇。在成长与创新的道路上，科技型民营企业在夹缝里求生存，比一般企业面临着更多的困难。

一、科技型民营企业创新现状

（一）产学研脱节，成果转化难

技术创新就是核心竞争力，具有巨大的经济价值。科技型民营企业仅仅靠自身团队的研发是远远不够的，非常渴求与掌握高端技术的外部科研机构、高校合作，与此同时，高校的科研成果转化率却不到 10%。学术圈和工业圈缺乏交流平台，产学研严重脱节，科研成果转化为经济效益很难。

（1）学术圈和工业圈目标不同。企业看重商业价值，需要以市场为导向的科研。而科研机构和高校看重的是学术价值，科研项目是为了完成科研任务、职称评定、支撑论文和学术观点的结果，有些项目理论性很强，并未考虑投入成本，缺乏市场可行性。一些高校科研经费充足，对于主动服务企业和市场需求不感兴趣。政府在对高校的资源配置中并未有效整合企业需求，高校的评价导向引导着高校老师只追求专利和论文，并不注重成果转化，与产业技术创新的目标形成差异。

（2）出于商业保密的原因，企业在和高校以及外部科研机构的合作过程中，在初期交流的时候，双方都可能会有意识地隐瞒核心机密，都不可能很直接地表达技术参数，导致外部专家的解决方案无法对症下药，和企业的核心技术难题难以完美匹配。出于同样的原因，发明持有者也倾向于隐瞒核心技术，导致同一个科研成果，不同的科研机构给出的估值，有可能相差几十倍，企业无所适从。

(3) 学术圈和工业圈沟通不畅，缺乏交流的桥梁和平台，缺乏职业技术经纪人。企业有技术难题不知道找谁来解决，科研机构、高校有成果也不知道哪个企业需要。有些高校设立了科技处，负责在高校的网站上发布科研成果。但是科技处是隶属于高校的，由在编的高校老师任职，他们不知道市场行情，很少会主动联系企业。科技成果转化需要的职业技术经纪人，是懂技术、懂法律、懂经营管理、懂成本控制，熟悉商业流程和资本运作，还要懂人际交流和沟通谈判的综合性人才，这样的人才少之又少。

(4) 高校大学生实习课程也是一个敏感问题，如果放在定点工厂，会牵涉到劳动强度、工资待遇、福利保障各种问题，甚至会被质疑校方将实习课程变为捞钱项目。目前高校对于实习内容基本不做具体规定，导致大学生学习的内容和企业实际脱节，实习的内容和专业不对口。科技型企业普遍反映，大学生课本上学习的内容已经落后新技术十几年。

（二）科技项目申报难，成果转化补助门槛高

科技项目验收程序较为繁琐，并且需要会计师事务所出具审计报告。一般中小企业会选择代理机构代办，收费标准一般为科技项目经费或者财政补贴金额的15%。项目实施中期和末期都会组织至少一次的专家评审会，不仅要耗费人力，还要耗费时间和财力。不少企业反映，去掉各种花费支出，实际拿到的补贴金额只有一半。

科技成果转化专项资金享受门槛比较高，要求企业销售额达到 3 000 万—5 000 万元以上。新研发的产品正在探索市场脉搏，质量不稳定，市场未完全打开，需求尚在起步，销售额很难达到这个门槛。而且，光以销售额指标来一刀切是不合理的，有些行业属于小宗行业，本来市场体量就小，如果再以上千亿市场体量的销售额来衡量几十亿的，显然有失偏颇。销售额是一方面，产品在行业里的地位也应该是很重要的评价因素，但是科技部门并未将行业地位予以考虑。

（三）核心技术人才流失严重

科技型民营企业规模小，稳定性差，薪酬水平低，核心技术人才流失严重。持续走高的房价，也让年轻人倾向于在科技型民营企业积累经验之后，再跳槽到大企业谋求更好的发展。有的核心人才跳槽，会带走团队，甚至会带走核心技术，直接造成泄密。尤其是在二三线城市互联网、软件、IT 服务、信息传输业、新材料和高科技制造业更加严重。相比其他行业，这些新兴科技行业在二三线城市与一线城市的薪酬差距被放大，人才流失也更加严重。镇江市区一民营软件企业，初创团队有十位软件工程师，五年以后全部跳槽到南京、苏州和上海。技术团队跳槽去向都是同行业竞争对手的相近岗位，造成研发停顿，核心技术被带走，直接经济损失无

法估量。

据调查，科技型民营企业人才流失率接近50%，其中占较大比例的是高级管理人才、中层测试人才、技术工种人才和财务人才。这些人才在同一个公司工作不会超过五年，一般为一到两年。为了帮助企业留住人才，政府出台了高端人才的补贴政策。但是都需要企业准备各种申报材料，手续繁琐，审核苛刻，尤其是要求社保缴纳满两年，刚好和离职高峰重合，错过了企业最需要留住人才的高峰期。

政府的人才引进项目，有各种条件的设置，尤其是人才的学历和学位以及申报企业的销售收入和纳税情况作为一个占比很重的考量指标，而对人才是否是急需的、尖端的、真正落地的，却关心甚少。许多实力雄厚的企业，和大学建立挂靠合作关系，大学里的兼职博士能够入选，而真正落地到科技型民营企业的急需的、小众的、尖端的、特殊的人才却享受不到政策。

镇江某科技公司主要生产蓄电池关键零部件——隔离膜，国际上该产品技术壁垒高，目前国内大大小小的企业不到十家，但国内高端隔离膜仍然依赖进口。2014年初创时，该公司引进了一位德国电池行业顶尖专家，他是镇江市首位入选省外国专家百人的顶级人才，2017年又入选国家高端外国专家。国家外专局来考查时，一位司长与德国专家一番交谈，感慨这样一位行业中顶尖专家能够选择和民营科技型初创企业一起创业实属不易。这样的一位人才，在2017年该公司为其申报镇江市"金山英才"计划顶尖人才项目时，却因为专业小众而尖端，不为大众所知，在专家面试时被淘汰。2018年，该公司又因注册满三年而失去了申报资格。

(四) 知识产权维护费用高，保护难

科技型民营企业的核心竞争力就是技术创新。研发一项新技术和新产品，往往要投入大量的时间、人力和物力，经历多次试制和失败，在市场推广阶段还要经过多次升级换代。加强知识产权保护，就是保护企业技术创新的动力。多个企业反映，如果一项新技术产出立即被模仿和抄袭，那公司就会丧失做研发的积极性。在中国，技术驱动的公司很难有商业竞争力的原因就在于此。知识产权的保护涉及多个领域，任何一个领域的单兵突进，都不足以覆盖知识产权保护的所有环节。

(1) 知识产权的保护力度不够。侵权举证困难，赔偿金额小，维权成本高，认定侵权的司法过程漫长。研发正版的企业没有精力去发现和取证侵权行为，导致企业花了很大的代价研发的技术被侵犯，给企业造成巨大的损失。有的企业甚至因为申报知识产权需要网上公开部分数据，容易造成技术泄密，干脆放弃申报，被复制和仿造以后更难运用法律手段维权，形成恶性循环。

(2) 知识产权维护费用高昂。为了鼓励企业申请知识产权保护，对于上年度纳税额低于30万元的企业，国家知识产权局给予申请专利官费减缴75%，但是后期年费逐年递增，从630元/年递增到5 600元/年。科技型民营企业知识产权比较多，高新技术企业更是需要每年增加五个以上才能保证不摘牌，对企业来说，十几个、几十个甚至上百个知识产权的维护费用是一笔不菲的支出。实际上，有些企

业在五六年以后就会放弃缴费。

(3) 知识产权失效风险高，恢复权利困难。科技型民营企业一般不设专人管理知识产权年费缴纳，超过缴费期限形成滞纳金，忘记缴费会导致耗费时间精力申请下来的知识产权面临失效，含金量较高的知识产权需要提请申诉并缴纳上千元的手续费才能恢复权利。

二、对策建议

(1) 政府加强对产学研结合的统筹，搭建沟通交流平台，举办面对面交流会，促进成果转化，大力推动产学研结合。鼓励高校和科研机构重视成果转化，引导高校和科研机构面向产业、面向市场。

(2) 改进科技成果转化评价方法，引入同行业竞争力评价指标，不简单按照销售额进行一刀切。简化科技成果转化专项资金的申请手续，推出线上申报工具，方便企业申报项目和补贴。

(3) 建立以能力和业绩为导向的科技人才评价机制，对企业优秀科技人才的选拔评价标准，应该与企业的实际情况和需求相结合，以人才的业绩贡献和应用性成果为重点，充分考虑科技人才创造的经济效益，降低社保年限、企业销售收入和纳税情况等门槛。人才评价和职称评定要向在企业全日制工作的人才倾斜，为科技型企业急需的“高精尖缺”人才开辟人才认证和职称评审的绿色通道，不受职称外语、学历、论文、任职年限和结构比例等限制。人才计划设置和评审向科技型民营企业适度倾斜，依托个人所得税申报系统、社保费缴纳系统等大数据平台监控人才流向，建立人才预警机制，不断调整各地区、各行业的人才政策。对在科技型民营企业就职的人才，提高个人所得税起征点，按照人才的层级级别，分档定额减免个人所得税，在落户、购房、配偶就业、子女上学等方面给予各种优惠待遇。

(4) 呼吁全社会重视知识产权保护，形成良好氛围，充分尊重创新，尊重人才。加大知识产权保护力度，取消专利年费递增，对欠缴的知识产权年费，只收取滞纳金，免手续费。

全域旅游格局下引导文化消费、促进文化旅游融合发展的思考

陈一进

句容市文体广电和旅游局政策法规科

摘要：文化旅游消费在旅游市场中占据越来越重要的位置，促进文化与旅游融合发展是大势所趋。本文通过对我省文化产业发展的现状分析，探讨文化旅游融合中面临的现实问题，以期对推动文旅融合可持续发展提供借鉴参考。

关键字：全域旅游；引导文化消费；文旅融合

文化消费是指消费主体在文学、艺术、教育、科学、旅游、体育、娱乐等文化产品和服务方面的支出和消费活动。在文化消费中，文化和旅游消费占据重要地位。

据国家统计局数据，2018 年国庆期间 90％的游客参加了文化活动，37.8％的游客在文化体验的停留时间为 2—5 天；央视报道 2019 年春节旅游市场活跃，在文化游览方面人均花费 500—1 000 元的游客占 40％，其中观看各类文化演出的占 34.8％，去博物馆、美术馆、图书馆和科技馆、历史文化街区的分别是 40.5％、44.2％、40.6％、18.4％，旅游者越来越倾向于有文化附加值的项目。

推动文化和旅游融合发展是以习近平同志为核心的党中央作出的重要决策，近十年来国家部委每年(除 2012 年)都有相关政策提到文旅融合发展；2018 年 4 月 8 日，文化和旅游部正式挂牌，开启了文化和旅游融合发展的大幕；2019 年是文旅深度融合的开局之年，依靠文化消费拉动内需、促进产业结构和经济布局调整，日益显示出重要性和紧迫性。因此，必须促进文旅融合发展，在全域旅游格局下大力引导、培育文化消费，使文化成为旅游的“点金石”。

一、文化消费的现状

(一) 文化消费发展不均衡

从 2016 年和 2017 年国家统计局相关统计数据看，全国文化消费并非一直向上，而是忽高忽低，有波动的，2017 年居民人均教育、文化和娱乐消费支出在支出中的占比没有增长，反而比 2016 年降低 0.01％；2017 年镇江统计年鉴显示：镇江市居民文化消费支出偏重于教育，且文娱支出方面偏重于文娱用品而不是文化产

品，每百户城镇居民拥有彩电 202.9 台，家用电脑 111.5 台，中高档乐器（钢琴）2.1台，健身器材6.1 台；居民人均文教娱乐用品及服务支出 3 510 元，占全年消费性支出的12.9％，其中教育和娱乐支出比为 5.5∶4.5。

（二）文化消费投入的保障机制不够健全

近些年，各级政府对文化的投入力度不断增加、投入机构不断完善、投入方式不断创新，投入效果是比较明显的。目前，镇江市从事文化事业的机构共 182 个，体育场地 192 个，文化业务用房和活动用房 14.7 万平方米，博物馆展览用房 5.2 万平方米，各类娱乐场所 1 456 个，艺术场馆 3 个，演出 7 070 场次，观众 26.2 万人次，放映电影 6 834 场次。但是，目前促进文化消费的主要模式是通过各种补贴来刺激和带动的，不可避免地出现以满足硬性指标为导向、忽视公众实际需求的问题，导致资源浪费。

（三）文化消费供给侧不够精准

与发达国家相比，我国文化产业总量较小，在人均 GDP 同等水平下，我国文化消费规模也仅为发达国家的 1/3 左右，在有限的供给中，低端供给、过剩供给、“僵尸”供给和“呆滞”供给等还挤占了相当大的市场。

1. 传统行业服务效能不高。旅游作为享受型的文化消费，市场广阔，句容超群旅行社曾派业务员到农村挨家挨户推销旅游产品，成功地组织了多批村民外出旅游；户外组织的一日游、两日游，因兼具观光和健身功能、相对自由与自主的组织方式，受到各年龄段、各收入层次、各行各业的人参与。而很多旅行社把自己的业务范围定位在企事业单位和城市居民，攻略也不如户外组织。

2. 文化消费品的产出比较主观。消费者更愿意选择参与性的文化消费，句容举办“我要上春晚”节目，尽管参赛选手费用自理，要经过多次选拔才能最后上春晚舞台，但参与者仍然众多；而“十二五”期间，我国电视剧产量每年在 1.5 万集左右，居世界第一，除了少数精品，大多收视率不高；每年图书出版约 30 万种，但大量图书销售量低至收不回印刷成本。

二、对策和建议

文化消费观念是在一定的指导思想和文化中形成，要以先进的思想引导大众树立正确的文化消费观念。

（一）提高对文化消费的认识

1. 加强全民宣传教育，开展引导活动

抓好学校和企事业单位工作人员的各类学习，提升这部分人群的文化消费的能力；利用社区教育、老年大学和各类培训机构等社会教育资源，实施长期教育培训计划，满足年龄、文化层次不同的社会人终身学习的需要，培养文化消费的习惯；加强对各类社会组织（协会）的管理，培育他们成为活跃的文化消费主体，作为激发文化消费的强大引领力量。

2. 培育和提高全民文化消费自主和自治能力，提升主动消费意识

文化消费一直以来都是“成本很高，人民群众获得感有限”，且政府方面的投入一旦终止或刺激减弱，文化消费就会冷落下来。可以参考日本社区的“公民馆”模式，该模式是让文化消费者充分自治：从兴建开始，在基本构想、设计阶段就充分听取社区居民意见，让社区居民决定公民馆的建设面积、投资情况和功能设计，确保设施满足居民的需要，社区居民既是学员又是老师，既是活动的组织者又是活动的参与者，既提供文化服务又享受文化服务；此外，社区居民还有充分的监督权，对社区教育的运行效能、经费使用提出意见和建议。

3. 统筹全社会资源，加强合作

文化管理部门要转变观念，不要满足于“群众文化活动的组织和动员者”的传统角色，而要转型为按市场规律和人民群众文化消费需要去制定政策和配置公共资源的服务者。统筹利用好宣传文化、教育培训、旅游促销、体育健身、流动图书、电影电视等相关方面的公共资源，在城市依托社区服务中心、农村依托乡镇文化站推进“文化综合体”建设，建成一个集学习培训、阅读娱乐、体育锻炼、旅游咨询、生活帮助、集会展览甚至社会救助等各种功能为一体的文化消费场所，并发挥好引导文化消费的作用。

（二）大力发展文化产业

1. 培育文旅企业，促进产业发展

鼓励本地民营企业参与文化旅游产业发展；以文旅项目开展招商引资，吸引规模较大的文化企业、文创企业、高科技旅游娱乐企业落户本地，开发具有本地特色的文化消费产品；引进主题游乐品牌，推动本土主题游乐企业向集团化、国际化发展，提升地方文化品位。

2. 开发文旅产品，优化供给结构

注重文化产品向旅游等大众消费领域的嵌入，以大型会展、重要文化活动和体育赛事为平台，培育新的旅游消费热点。

一是开展文化体验旅游。推动剧场、演艺、游乐、动漫、科技等文化产业与旅游业融合，鼓励专业艺术院团与本地重点旅游景区、景点合作，深挖本地文化底蕴，策划旅游演艺，打造特色鲜明、艺术水准高的专场剧目；利用科技工程、科普场馆、科研设施发展科技体验旅游；把革命传统教育、爱国主义教育、国情教育与旅游相融合，开发红色旅游、研学旅游；打造特色鲜明、品质高、信誉好的主题公园，并提升主题公园的旅游功能；在影院放映淡季，可联系小型演出或让团体和个人租用，满足小众文化体验。二是开展节庆会展旅游。以购物节、旅游节、影视节、动漫节、读书季、时装周等为载体，开展各类文体会展活动；开发具有地方和民俗特色的节庆品牌，组织群众参加参与性强的文化旅游活动。三是开发文化、文物旅游。利用好传统村落、文物遗迹及博物馆、纪念馆、美术馆、艺术馆、世界文化遗产、非物质文化遗产展示馆等文化场所开展文化、文物旅游；加快这些场馆向旅游景点、A 级景区迈

进的进程；加强本地非遗的保护和申报工作，制定系统有效的保护措施和计划，保证非遗项目的实际生存和可持续发展，在博物馆或景区设非遗传习所，培养更多的非遗传承人，同时增强消费者的文化体验。

3. 统筹规划，提升服务能力

一是做好统筹规划。把各类文化、体育、旅游产业发展专项引导资金和项目资金统筹安排，以旅游的标准完善“文化综合体”及其周边基础设施建设；对现有设施加以整合，做到资源共享，融合发展，增强服务功能。参照星级酒店内设游泳馆、健身馆和KTV等设施的模式，也可实现“文体场所＋茶吧、咖啡吧、简餐、超市”等配套服务，增强文体设施对消费者的吸引力，使影院等文化设施的收入不再仅仅依靠票房。二是建设信息平台。利用智慧旅游服务中心推进文化消费资源信息共享工程建设，结合文体广旅系统评星定级活动，鼓励优质企业入驻平台；将工、青、妇、教育、科技等部门文化资源吸纳进平台，使平台汇集各类活动与场馆资源，提供活动预约、场馆预订、在线参与、服务评价等高品质文化服务；将政府提供的文化消费补贴用于入驻单位、企业和通过平台订购服务的消费者，使消费者在各类文化消费中获得优惠。三是做好线下资源整合。将图文体博场馆、公园纳入本地旅游线路；在图文体博场馆和乡镇的文化站增设旅游咨询台，拓宽旅游产品销售渠道；各类赛事、演出、放映、活动等信息可通过旅行社进行宣传、售票，鼓励旅行社组团观看；推广“景区＋游乐、景区＋剧场、景区＋演艺、景区＋图书馆”等景区娱乐模式。

（三）深化文化旅游外延的融合

一是发展旅游购物消费，利用文化特色、创意IP打造特色项目、开发文创产品；建设有地方特色的商业街区，鼓励发展特色餐饮、主题酒店；传承弘扬老字号、老品牌，并努力培育成能体现地方特色的旅游商品品牌。二是鼓励与周边地区（国家）联合开发旅游线路，区域联动，带动文化娱乐、旅游和体育等相关消费；以各类主题活动，将旅游融合拓展到体育、文化、时尚、娱乐、健康等诸多领域，扩大消费渠道。三是在文化消费引导上，要兼顾年龄、文化层次、个人爱好，既要满足看书、打球等一般消遣型消费，观看演出、旅游等娱乐享受型消费，还有必要提供少数比如收藏等奢侈型消费；建设数字图书馆、电子阅览室，开发APP，开辟直播等时尚娱乐方式，方便各类消费者获取文化消费品。

（四）加强人才培养，保障文旅融合可持续发展

“功以才成，业以才广”，要积极建立人才库，为提高文旅消费供给端服务质量提供源头保障。对外，广泛吸收各级各类优秀文体旅游复合型人才，招考高质量文体旅游复合型人才；对内，注重行业融合培训，编制文化旅游应知应会手册，从法律法规、本地资源禀赋、基本常识方面加强熟知度；组建市、镇、村三级“文化消费引导”志愿者队伍，并制作志愿者“联系卡”，发放到各单位、企业、镇办、村居，保证服务清流永不枯竭，使我们的文旅事业不断向前推进。